Sozialökonomische Schriften zur Ruralen Entwicklung
Socioeconomic Studies on Rural Development
Band/vol. 61

Oz - C-Π - 3 -36

D1729883

Herausgeber / Editor: Prof. Dr. Dr. Dr. h.c. Frithjof Kuhnen
Schriftleiter / Executive Editor: Dr. Ernst-Günther Jentzsch
Büsgenweg 2, D–3400 Göttingen
Tel. 05 51/39 39 02

Hans-Jürgen Wiemer

Agrarstruktur in Tonga

Eine sozial- und wirtschaftsgeographische Analyse
der Relation von Landrecht und Landnutzung
im Kontext wachsender Marktorientierung
am Beispiel eines Inselstaates im Südpazifik

edition herodot

Geographisches Institut
der Universität Kiel
Neue Universität

D 82 (Diss. T.H. Aachen)

ISSN 0175-2464
ISBN 3-88694-061-6

gewidmet

meinen   Eltern

AGRARSTRUKTUR IN TONGA

Eine sozial- und wirtschaftsgeographische
Analyse der Relation von Landrecht und Landnutzung in Kontext wachsender Marktorientierung
am Beispiel eines Inselstaates im Südpazifik

KURZFASSUNG

Die vorliegende Studie trägt der Überzeugung Rechnung, daß in
Tonga - wie in den meisten wirtschaftlich weniger entwickelten
Ländern - die Förderung des Agrarsektors von vitaler Bedeutung
für die nationale Entwicklung ist. Die dazu in den letzten etwa
fünfzehn Jahren von der Regierung dieses pazifischen Inselstaates
beschleunigt eingeleiteten Schritte dienen der intensiveren Nutzung des agrarischen Ertragspotentials mit zwei Zielen: Einerseits soll die bislang weitgehend gewährleistete Deckung des Subsistenzbedarfs erhalten werden, andererseits soll durch die
Substitution von Lebensmittel-Importen und den Ausbau einer exportorientierten Agrarproduktion dem rasch wachsenden Defizit in
der Handelsbilanz entgegengewirkt werden.

Als einer der wesentlichen entwicklungshemmenden Faktoren ist
in diesem Prozeß von den zuständigen Planungsbehörden der insti-
tutionelle Rahmen der Landnutzung - also das seit über 100 Jahren
nahezu unverändert in der Verfassung verankerte Landrechtsystem -
anerkannt worden. Anhand einer repräsentativen Auswahl von fünf
Beispieldörfern versucht deshalb diese Arbeit eine Evaluierung
des Effekts, den die inflexiblen statutarischen Landrechte auf
die agrarische Produktivität ausüben. Darüber hinaus geht die Untersuchung auf den sich im Zuge wachsender Marktorientierung her-
ausbildenden informellen Bereich von Landrechten ein und überprüft
dadurch die These, daß mit wachsender Sicherheit der Landrechte
die Intensität der Landnutzung zunimmt.

Um die damit formulierte Kernaussage in den erforderlichen
Zusammenhang stellen zu können, befassen sich die ersten Kapitel
der Arbeit mit der Ausstattung Tongas an natürlichen Ressourcen,
mit den historischen und sozialen Grundlagen, die zur Ausprägung
der konstitutionellen Monarchie geführt haben, mit der demographischen Struktur, mit der wirtschaftlichen Entwicklung und der Entwicklung des formalen Landrechts.

Als wesentlich zum Verständnis des empirischen Ansatzes muß die
hierarchische Struktur von Landrechtformen angesehen werden; ein
System, das grob vereinfacht aus umfassenden Kontrollrechten der
Aristokratie an Ländereien und - für die Pazifik-Länder einzig-
artig - aus individualisierten Nutzungsrechten der erwachsenen
männlichen Tonganer an Parzellen besteht. Die in diesem Rahmen er-
folgende eingehende Diskussion der offiziellen Landbesitzstatistiken zeigt, daß nur ein Drittel der zu Parzellen berechtigten Tonganer tatsächlich über rechtlich abgesicherte Besitztitel verfügt.
Demnach ist der durch die Dorfbeispiele zu erfassende informelle
Bereich des Landrechts von ausschlaggebender Bedeutung.

Die Ergebnisse der Untersuchung bestätigen die Grundannahme einer mit wachsender Sicherheit der Landrechte zunehmenden agrarischen Produktivität im Sektor der kommerziellen Landnutzung. Im Subsistenzsektor läßt sich eine solche Intensitätsbeziehung nicht mit hinreichender Exaktheit nachweisen, weil eine komplexe Fülle von informellen Pachtabsprachen die Ernährungsgrundlage auch für die formal landlosen Haushalte sicherstellt.

Die über die Eigenversorgung hinaus produzierten Überschüsse weisen aus, daß Haushalte mit gesicherten Landrechten ein wesentlich höheres agrarisches Nettoeinkommen erzielen als solche mit lediglich informellen Nutzungsrechten. Das von der letzteren Haushaltsgruppe zu tragende Risiko bewirkt, daß sie - auf einem insgesamt geringeren Niveau - vorwiegend kurzfristige "cash crops" anbauen und damit in ihren Möglichkeiten des Marktzugangs zusätzlich benachteiligt werden.

Gemessen an dem von den staatlichen Entwicklungszielen ins Auge gefaßten Ausbau vor allem langjähriger Kulturen ist deshalb für die Zukunft damit zu rechnen, daß - bei unveränderten institutionellen Bedingungen - die angestrebte größere Marktbeteiligung sich bestenfalls für die mit rechtlich abgesicherten Landbesitztiteln ausgestatteten Haushalte realisieren läßt.

Die Analyse der tonganischen Agrarstruktur belegt, daß der Spielraum für eine umfassende Verteilung der produktiven Ressource Land nicht ausgeschöpft ist. Vielmehr klammert sich eine privilegierte Minderheit an historisch abgeleitete Kontrollrechte ("property for power"), die im heutigen Kontext zu einer wachsenden sozialen Ungleichheit führen.

Unter den gegebenen politischen Bedingungen erweist sich die Qualität von Nutzungsrechten ("property for use") als besonders problematisch. Dazu werden als Lösungsansätze für eine Modernisierung des Landrechtsystems im abschließenden Kapitel Möglichkeiten diskutiert, die zu einer Optimierung der Landnutzung beitragen können. Dies sind unter anderem:
- die wesentlich zu beschleunigenden amtlichen Titelregistrierungen mitsamt der umfassend zu rationalisierenden Verfahren der Land-Administration,
- die Einführung einer stärker an der Produktionskapazität orientierten Grundsteuer,
- eine teilweise Legalisierung der bislang informell getroffenen Pachtabsprachen in der Weise, daß schrifliche Verträge einfach, langfristig und verbindlich zustande kommen können,
- gesetzliche Maßnahmen, die zu einer gesicherten Nutzung von Parzellen führen, deren Besitzer lange Zeit im Ausland leben,
- letztlich arbeits- und betriebsorganisatorische Maßnahmen, die unter Ausnutzung traditioneller kooperativer Landnutzungsformen und unter Beibehaltung der Besitztitel an standardisierten Kleinparzellen auch für Tonga einige Vorteile einer großmaßstäblichen Produktion nutzbar machen können.

AGRARIAN STRUCTURE IN TONGA

A geographical analysis of the social and economic
relations between land tenure and land use
in the context of growing market-orientation
from the example of an island state in the South Pacific

ABSTRACT

The present study takes into account, that in Tonga - as in most
other economically less developed countries - the advancement of
the agricultural sector is of vital importance for national development. To serve this need, the goverment of this Pacific island
state has in the last fifteen years accelerated steps to intensify
the use of the agrarian yield potential. The aim is twofold: first
to preserve the covering of subsistence needs which has so far been
largely guaranteed; and second to substitute food imports and to extend export-oriented agrarian production in order to counteract the
swiftly growing deficit in the trade balance.

The institutional framework of land use - i.e. the system of land
tenure, which is for over 100 years constitutionally anchored and almost unchanged - has been identified as an important factor hamper-
ing development by the competent planning officials. Taking a rep-
resentative selection of sample villages, this thesis therefore
attempts to evaluate the effect of the inflexible statutory land
rights on agrarian production. Furthermore, the analysis consideres
the scope of informal land rights which have developed with growing
market participation, and thereby verifies the hypothesis that with
growing security of land rights the intensity of land use increases.

To put this statement into context, the first chapters deal with
the Tongan setting of natural resources, the historical and social
factors that have led to the current form of a constitutional monarchy, the demographic structure, the economic development and the
development of formal land rights.

The hierarchical structure of forms of land rights must be considered essential for an appreciation of the empirical approach.
Roughly simplified, the tenure system consists of extensive rights
of control held by the aristocracy over estates, and - unique in the
Pacific - of individualized rights of use held by adult male Tongans
over allotments. Within this framework, a detailed discussion of
official land ownership statistics indicates that only one third of
the Tongans who are entitled to allotments actually have a legally
secured ownership title. Accordingly, the informal sphere of land
rights covered in the study by the village examples, is of decisive
significance.

In the commercial land use sector, the results of empirical research confirm the basic assumption, that with growing security of land rights agrarian productivity increases. In the subsistence sector, such an intensity relation can not be substantiated with sufficient exactness, because a complex abundance of informal lease arrangements also secures the fundamental food supply for those households which are formally landless.

Production in excess of self-subsistence indicates that households with secure land rights achieve significantly higher agrarian net incomes than those with only informal rights of use. The risk to be taken by the latter group of households causes them - on an altogether lower level - to cultivate predominantly short-term cash crops, by which they are additionally disadvantaged in their access to markets.

Measured against development targets which aim to extend the cultivation of longterm crops above all, and given that the institutional conditions remain unchanged, the future prospects are that the greater market participation aspired to will only be realizable for those households with legally secured land ownership titles.

The analysis of the Tongan agrarian structure indicates that the scope for a complete distribution of the productive resource 'land' is not exhausted. Rather, a privileged minority clings to historically legitimized rights of control ("property for power"), which in the present context lead to increasing social inequality.

Within the given political conditions, the degree of security of usehold rights ("property for use") proves to be especially problematic. Therefore, in the concluding chapter, approaches to a modernization of the land tenure system which can contribute to an optimization of land use are discussed. Identified as problem fields are:
- the official title registration which must be substantially accelerated including a comprehensive rationalization of the procedures of land-administration,
- the introduction of a land tax with a stronger orientation to the production capacity,
- a partial legalization of the leases so far informally arranged in the sense that binding written contracts can be entered into simply and over the long term,
- legal measures, that lead to a secure usehold of allotments, whose owner lives overseas for an extended period,
- finally, labour-organisation and management measures, which utilize traditional cooperative forms of land use and preserve ownership titles to standardized small allotments, but make available some advantages of large scale production to Tonga.

VORWORT

Die Ergebnisse, die in dieser Arbeit dargelegt werden, beruhen im wesentlichen auf zwei Aufenthalten im Pazifik: Der erste, der mich auf einer längeren Reise in den Monaten November und Dezember 1977 unter anderem nach Hawaii und Tonga führte, diente der Einarbeitung in die Literatur und einem ersten Kennenlernen der lokalen Gegebenheiten. Der zweite Aufenthalt, vom April 1980 bis zum August 1981, war der Durchführung des Forschungsvorhabens im Untersuchungsland Tonga gewidmet und wurde ergänzt durch vertiefende Literaturstudien in Fiji, Neu-Kaledonien, Neuseeland und Australien.

Für die Unterstützung, die mir auf diesen Reisen zuteil geworden ist, möchte ich einer so langen Reihe von Personen meinen herzlichen Dank aussprechen, daß sie in diesem kurzen Vorwort nicht alle namentlich genannt werden können. Neben den in Kapitel I,5. aufgeführten Personen möchte ich jedoch die freundliche Anteilnahme all jener Tonganer hervorheben, die in die Untersuchung direkt oder indirekt einbezogen wurden. Insbesondere gilt dies für die Herren Professor Futa Helu, Dr. Epeli Hau'ofa und Dr. Langi Kavaliku.

Sehr herzlich möchte ich auch dem Kollegium des "Land Tenure Center" in Madison (USA) danken, wo ich von August bis Dezember 1982 - dank eines Stipendiums des Deutschen Akademischen Austauschdienstes - Gelegenheit natte, die theoretische Einarbeitung zu vertiefen und einige vorläufige Ergebnisse der vorangegangenen Feldforschung zu erörtern.

Das Manuskript der vorliegenden Studie ist mehrfach überarbeitet und ergänzt worden. Nicht zuletzt ist dies den sachkundigen Anregungen einer Reihe von Personen zu danken, die einen Teil oder die vollständige Arbeit in einer früheren Version kritisch durchgesehen haben. Verbunden bin ich dafür den Herren Professor Dr. W. Schoop (Misereor, Aachen), Tropenlandwirt Dipl.-Ing. agr. G. Espig (Stuttgart-Hohenheim), Dr. H. Jüttner (ITZ, Aachen) und Dr. P. Schröder (TU Berlin). Mein besonderer Dank gilt Herrn Professor Dr. H. J. Buchholz (TU Hannover), der das Projekt seit unserem Kennenlernen in Tonga konstruktiv begleitet hat.

Den Fortgang dieser Arbeit in unersetzlicher Weise gefördert haben vor allem Herr Privatdozent Dr. W. Kreisel, von dessen Forschungstätigkeit ich seit meiner ersten Pazifikreise angeregt wurde, und Frau H. Hölper, die während des Aufenthaltes in Tonga meine Beobachtungen durch ihre eigene Forschungsperspektive bereichert hat.

Für die Aufnahme der Arbeit in die Reihe "Sozialökonomische Schriften zur Agrarentwicklung" danke ich Herrn Dr. E. G. Jentzsch sowie Herrn Professor Dr. Dr. Dr.h.c. F. Kuhnen (Institut für Rurale Entwicklung, Göttingen).

HJW

INHALTSVERZEICHNIS

VERZEICHNIS DER ABBILDUNGEN

Nr.   Titel   Seite

VERZEICHNIS DER TABELLEN

GLOSSAR DER VERWENDETEN TONGANISCHEN TERMINI:

'api	Grundstück, Parzelle/Kernfamilie
'api kolo	Dorfparzelle
'api tukuhau	Buschparzelle
'api 'uta	allg. Buschland, auch Parzelle
'eiki	ranghöher im gegebenen Kontext, früher: "Häuptling"
faifekau	Pfarrer, Pastor
faka'apa'apa	Respekt gegenüber dem/der Ranghöheren oder Obrigkeit
fakamisionali	jährliche große Kollekte
faka tofi'a	Privatland der Adeligen
fale	Haus, Hütte
fale koloa	kleines Einzelhandelsgeschäft
fale Pālangi	Haus in europäischem Baustil
fale Tonga	Haus, Hütte in tonganischem Baustil
fatongia	ehem. Fron- oder Zwangsarbeit
fiki	Stütz- und Schattenbaum für Vanilleranken
ha'a	hierarchisch geordnetes Großfamiliensystem
hele pelu	Buschmesser, Machete
hiapo	Papiermaulbeerbaum
hopa	Kochbanane (verschiedene Sorten)
hopi	selbstgebrautes alkoholisches Getränk
huo	Spaten, Hacke
huo lafalafa	abgeflachte Hacke
huo langa	Gabel (zur Ernte)
huo sipeiti	spitze Hacke
'inasi	ehem. der jährliche Tribut an den Tu'i Tonga
kāinga	traditionelle Großfamilie
kape	Riesentaro
kautaha	allg. jede gesellschaftliche Gruppierung, hier Arbeitsgruppe
kautaha fefine	Frauen-Arbeitsgruppe
kautaha ngāue	gegen Bezahlung/Lohn tätige Arbeitsgruppe
kautaha toungāue	im Wechsel auf den Feldern einzelner Mitglieder tätige landwirtschaftliche Arbeitsgruppe

kautaha '*uḟi*	Arbeitsgruppe für den Yams-Anbau
kava	pazifische Volksdroge
kavenga	Gabe, Geschenk zur Erfüllung familiärer Verpflichtungen
keleḟatu	krümeliger Lehmboden, fruchtbar
kole	Verlangen, Wunsch
kolo	Dorf, Stadt, Siedlung, ehem. Festung
koloa	Eigentum (an beweglichen Gütern)
kumala	Süßkartoffel
liku	Luv-Seite der Inseln
Lotu	Kirche
ma'ala	Yams-Feld mit Mischkulturen
manioke	Maniok, Cassava
mei	Brotfrucht(baum)
mātāpule	ehem. Zeremonienassistenten der "Häuptlinge", später: untergeordnete, rangniedere "Häuptlinge" bzw. Adelige
ngatu	Tuch aus der Rinde des Papiermaulbeerbaums (*tapa*)
niu	Kokosnuß
Nopele	landbesitzender Adeliger
'*oḟa*	gegenseitige Liebe, Freundschaft, Solidarität
Pa'anga = T $	tonganische Dollar (Wert 1981 ca. 2,80 DM)
Pāpālangi	Weiße/r, Europäer/in
saliote	einachsiger Pferdekarren
siaine	Banane (verschiedene Sorten)
sipi	Hammelrippchen
talo	Taro (verschiedene Sorten)
tapa	Handelsbezeichnung für "*ngatu*"
ta'ovala	rockähnliches Kleidungsstück
tapu	Tabu, Verbot
toḟi'a	Länderei, Grundbesitz eines Adeligen
toki	Axt
tou'one	lehmig-sandiger Boden, weniger fruchtbar
Tu'i Tonga	traditioneller Herrscher des Inselreiches
'*uḟi*	Yams
'*ulu*	wörtlich: Kopf; hier: Haushaltsvorstand
'*ulumotu'a*	Führer einer Großfamilie

KAPITEL I

EINLEITUNG

1. RAUMSTRUKTUREN ALS GEGENSTAND GEOGRAPHISCHER
   ENTWICKLUNGSLÄNDERFORSCHUNG

Sozial- und wirtschaftsgeographische Studien, die sich auf die
Dritte Welt beziehen[1], versuchen in zunehmendem Maße dem Anspruch gerecht zu werden, über eine beschreibende Länderkunde
hinaus praxisbezogene Fragestellungen aufzugreifen und daraus
entwicklungsrelevante Lösungsansätze abzuleiten. Dieser Tendenz
unterliegt nicht nur die Bestrebung, dem von manchen so gesehenen
"schlechten Image"[2] geographischer Forschung entgegenzuwirken;
vielmehr setzt sich darin die Forderung um, "die wirtschaftlichen, sozialen und kulturellen Bedingungen und Voraussetzungen
zur Verbesserung der Lebensverhältnisse in den Entwicklungsländern zu untersuchen."[3]

Die damit implizierte Zielvorstellung von "Entwicklung" - ein
nicht eindeutig zu definierender Begriff - bezieht auch die Geographie in den wissenschaftlich unbefriedigenden, in der Praxis
aber kaum auflösbaren Konflikt unterschiedlicher Entwicklungs-
verständnisse ein, deren Theoretiker nach "Fachgebiet und Ideologie in kriegsführende Stämme"[4] geschieden werden können. Nicht
nur "durchgängigem Theoriedefizit"[5], sondern auch dem Umstand,
daß entwicklungstheoretische Modelle ihres ursprünglich raum-
strukturellen Gehaltes entkleidet wurden,[6] ist es zuzuschreiben,

---

1) Zur Begriffsgeschichte s. etwa NOHLEN, D. & NUSCHELER, F. (Hrsg.), 1982,S.11ff
2) MONHEIM, H., 1976, S. 200; eine Zusammenfassung der kritischen Argumente
   etwa in: LÜHRING, J., 1977, S. 232
3) BRONGER, D., 1974, S. 195
4) BERGER, P.L., 1974, S. 24
5) HARTKE, W., 1960, S. 132
6) etwa: Zentrum-Peripherie-Modelle, s. SCHILLING-KALETSCH, I. in: HOTTES,K.H.
   (Hrsg.), 1979, S. 39 ff

daß sich Teile der geographischen Entwicklungsforschung "nicht
mehr als Raumwissenschaft, sondern als Sozialwissenschaft"[1]
begreifen und damit auf die Aneignung und Verwendung von Theorien der benachbarten Disziplin angewiesen sind. Um aus dieser
Position heraus eine sachgerechte Forschung zu betreiben, sieht
sich auch der Geograph der Forderung ausgesetzt, seine Wertvorstellungen offenzulegen und durch eine unvermeidbar subjektive
Definition in der entwicklungspolitischen Diskussion Stellung zu
beziehen.

Für den Zweck dieser Studie wird deshalb - in Anlehnung an
ein weithin akzeptiertes Konzept - unter dem Begriff "Entwicklung" das Ziel der Entfaltung der im Menschen liegenden Möglichkeiten verstanden.[2] Um diese, von Seers vorgeschlagene, zunächst
sehr allgemeine Definition mit Inhalt zu füllen, bieten sich -
grob vereinfachend - zwei konkurrierende Strategien an:

Vertreter der Dependencia, deren argumentative Stärke wohl
eher in der historisch-genetischen Analyse liegt, glauben, in
der Abkoppelung von den Industrieländern ("Dissoziation") [3]
einen Lösungsansatz gefunden zu haben, der von den realisierbaren
Möglichkeiten der meisten Entwicklungsländer allerdings weit
entfernt ist. Die andere Schule,die mit dem Begriff "Modernisierung" nicht selten das Leitbild der entwickelten Länder ideali-
siert, sieht sich einer Kritik ausgesetzt, die die Nachahmens-
würdigkeit der Industriegesellschaften - sowohl ihrer westlichen
wie östlichen Ausprägung - in Zweifel zieht.

In den Ländern der Dritten Welt konkretisieren sich indes
Bestrebungen nach einer selbstbestimmten Entwicklung, die die
Eingebundenheit in weltwirtschaftliche Verflechtungen - trotz
ungleicher Austauschverhältnisse - anerkennt und noch am ehesten
durch eine, sich der eigenen Kultur bewußte "kritische Moderni-
sierungstheorie"[4] umrissen werden kann.

---

1) BLENCK, J. in: HOTTES, K.H., 1979, S. 15
2) SEERS, D., 1972, 1974 a/b
3) Als Beispiele für diesen ideologisch geprägten Ansatz gelten im deutschen
   Sprachraum SENGHAAS, D., 1972, 1974 und besonders 1977
4) NOHLEN, D. & NUSCHELER, F. (Hrsg.), 1982, S. 52

Wenn auch langfristig die Wahrnehmung gemeinsamer Interessen der Länder des "Nordens" und der Länder des "Südens" eine Art "Weltinnenpolitik[1]" erfordert, bleibt der Begriff der Entwicklung damit zunächst dort lokalisiert, wo er als Prozeß stattfinden muß: eben in den Entwicklungsländern selbst. Dort stellen sich der "Entfaltung der im Menschen liegenden Möglichkeiten" Hindernisse in den Weg, die Seers auf die drei bekannten Kernfragen[2] nach der Armut, der Arbeitslosigkeit und dem Zustand der Ungleichheit reduziert:

> "Wenn alle drei der mit diesen Fragen angesprochenen
> Probleme kleiner geworden sind, dann bedeutet dies
> zweifellos, daß das betreffende Land eine Periode der
> Entwicklung durchgemacht hat. Wenn eines oder zwei
> dieser Kernprobleme noch ernster geworden sind, oder
> dies gar für alle drei zutrifft, wäre es absurd, das
> Ergebnis "Entwicklung" zu nennen, selbst wenn das
> Pro-Kopf-Einkommen gestiegen wäre." [3]

Aus den damit aufgestellten Forderungen nach Nahrung, Arbeit und sozialer Gleichheit ergibt sich noch keine Übereinkunft über Prioritäten, die sich politisch umsetzen lassen; doch mag das zugrundeliegende Verständnis von Entwicklung als einem Prozeß, in dem ökonomische und soziale Verbesserungen integriert sind, die Wertvorstellungen andeuten, auf denen diese Studie basiert.

Bei der Untersuchung einzelner Länder der Dritten Welt enthebt dies jedoch nicht der Notwendigkeit, nach den Ursachen von Unterentwicklung zu fragen und unter den jeweils vorherrschenden Bedingungen entwicklungshemmende Faktoren aufzuzeigen. Als ein wesentlicher Vorzug des weitgefächerten geographischen Methodenspektrums stellt sich dabei die Möglichkeit der zusammenfassenden Betrachtung des vielfältigen Zustandes "Unterentwicklung" heraus, dessen Bedingungsfelder ansonsten nur in fächerüber-

---

1) s. dazu die Berichte der von den Vereinten Nationen eingesetzten UNABHÄNGIGEN KOMMISSION FÜR INTERNATIONALE ENTWICKLUNGSFRAGEN, 1980 und 1983
2) Die Reihe der Entwicklungsprobleme ließe sich durch eine Vielfalt von Indikatorenmodellen und "Teufelskreisen" ergänzen; als Grundfragen erörtern NOHLEN, D. & NUSCHELER, F., 1982, Bd. I, zusätzlich "Partizipation" und "Unabhängigkeit", S. 63 ff
3) SEERS, D., in: NOHLEN, D. & NUSCHELER, F., 1974, Bd. I, S.225; vgl. dazu die Bedeutung eindimensionaler Indikatoren in WORLD BANK, 1982

greifenden Untersuchungen analysiert werden können.[1] Der spe-
zifisch geographische Ansatz bleibt in diesem Rahmen - auch wenn
sich die Fragestellung aus sozio-ökonomischen Problemen ergibt -
die Untersuchung raumbezogener Strukturen.

Eigentums- und Besitzverhältnisse an Land werden als Gegenstand geographischer Entwicklungsländerforschung dem Anspruch
gerecht, mit den angeführten entwicklungspolitischen Kernfragen aufs engste verbunden zu sein. Ländliche Massenarmut, chro-
nische Unterbeschäftigung und anwachsende Ungleichheit in Einkommen und Vermögen rücken in einem Entwicklungsland, das -
wie Tonga - von der Landwirtschaft dominiert wird, in einen
ursächlichen Zusammenhang mit den sich im Raum manifestierenden
Strukturen. Abweichend von Industriegesellschaften, deren soziale Schichtung weitgehend durch die Verfügungsgewalt über
Kapital bestimmt wird, kommt in agrarischen Entwicklungsländern
der Verfügungsgewalt über Grund und Boden eine wesentlich höhere wirtschaftliche und politische Bedeutung zu.

Die Untersuchung von Grundbesitzverhältnissen eröffnet damit
zum einen die Möglichkeit, in einer historisch-geographischen
Analyse die Ursachen von Unterentwicklung zu erschließen; zum
anderen können aus kleinräumigen, empirisch begründeten Studien
der Relation von Landrecht- und Landnutzungsformen Anstöße zur
Überwindung von Entwicklungshemmnissen gewonnen werden. Bevor
jedoch aus diesen Möglichkeiten eine präzise Fragestellung formuliert werden kann, sollen im folgenden die aus den geographischen Gegebenheiten resultierenden Strukturprobleme kleiner
Inselstaaten erläutert und die Bedeutung von Agrarstrukturen
in Entwicklungsländern hervorgehoben werden.

---

1) so z.B. MANSHARD, W., 1963

2. STRUKTURPROBLEME KLEINER INSELSTAATEN

Das Untersuchungsgebiet - der Pazifikstaat Tonga - hat mit
einer Reihe anderer Länder und Territorien gemeinsam, daß es sich
um eine in verschiedener Hinsicht kleine politische Einheit
handelt. Grenzt man das Spektrum der damit angesprochenen Kleinstaaten auf diejenigen ein, die - und das ist die Mehrheit -
der Dritten Welt zugerechnet werden, ergeben sich aus der Charakterisierung "klein" besonders ungünstige Voraussetzungen für eine
nationale Entwicklung.[1]

Vergleichbar der spezifischen Problematik der "landlocked
countries" (also Ländern ohne eigenen Zugang zum Meer) ist eine
Teilgruppe dieser kleinen Entwicklungsländer zudem durch die Isolation ihrer geographischen Lage gekennzeichnet, die die Verbindung nicht nur untereinander, sondern auch zu wichtigen kulturellen und wirtschaftlichen Zentren erschwert: Es sind dies die
Inselstaaten vorwiegend des karibischen Raumes, des Indischen
Ozeans und die Länder des Pazifik (s. Abb. Nr. 1).

Eine systematische Untersuchung der Konsequenzen von "Kleinheit" selbstständiger Territorien begann im Zuge des Entkoloniali-
sierungsprozesses nach dem Ende des Zweiten Weltkrieges. Forderungen nach eigener nationaler Identität trafen in dieser Phase auf
die wachsende Einsicht in den "Mutterländern", daß die direkte politische Kontrolle zu aufwendig war, um die Handelsbeziehungen mit
den Überseegebieten aufrechtzuerhalten.[2] In diesen schrittweisen
Abbau kolonialer Imperien wurden immer mehr der kleinen und kleinsten Territorien einbezogen.[3] Durch die Besonderheiten dieser dann
selbständigen Kleinstaaten wurden die Planer einer stabilen post-
kolonialen Entwicklung vor zum Teil völlig neuartige Aufgaben gestellt.

---

1) vergl. HAHN, B., 1982, S.3ff
2) vergl. NUHN, H., 1978, S.344
3) eine Zusammenstellung der souveränen Kleinstaaten und abhängigen Territorien
   bei NUHN, H., 1978, S.341

ABB.1: KLEINSTAATEN UND -TERRITORIEN

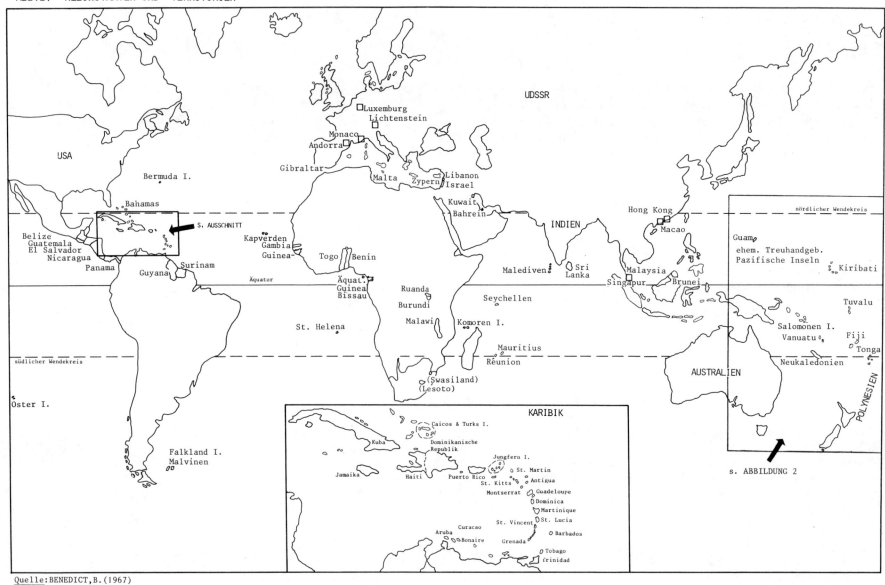

Quelle: BENEDICT, B. (1967)

Der Entwicklungsplaner Selwyn, der zu jener Zeit im "British
Colonial Office" angestellt war, stellte dazu fest:

"... the then conventional wisdom about paths of development as well as about planning aims or systems appeared
to have little relevance to the problems of such (small)
places, and indeed was frequently downright misleading." 1)

Die einsetzende theoretische Diskussion wurde von Beginn an
durch Wirtschaftswissenschaftler dominiert, die - in Ermangelung
einer Definition von "Größe" oder "Kleinheit" von Nationen -
zunächst das Volumen des Binnenmarktes als einziges Abgrenzungs-
kriterium heranzogen und zu dem Schluß kamen, daß nur in diesem
Sinne große Länder "economies of scale in production" entwickeln
und damit langfristig überlebensfähig seien.$^{2)}$ Obwohl gegen eine
voreilige Einschätzung erhebliche Bedenken angeführt wurden,$^{3)}$
stellte das Entwicklungsverständnis der sechziger Jahre besonders den kleinen Inseln das baldige Ende ihrer Existenz als selb-
ständige politische Einheiten in Aussicht.$^{4)}$ In der direkten Folge
konzentrierte sich deshalb die entwicklungsstrategische Diskussion darauf, verschiedene Arrangements regionaler Integration zu
entwickeln; das heißt, Inselstaaten zu Gruppen zusammenzufassen,
um eine Basis für großmaßstäbliche Produktions- und Handelsein-
heiten zu schaffen.$^{5)}$

Wirtschaftswissenschaftliche Untersuchungen kleiner Insel-
staaten$^{6)}$ förderten eine breitere Diskussion auch demographischer,
soziologischer und politischer Bedeutungen. Die "problems of
smaller territories"$^{7)}$ wurden auf diese Weise nicht nur Gegenstand breiter akademischer Erörterung, sie fanden ihren Nieder-

1) SELWYN, P., 1975, S. 10; der Artikel versucht, aus politökonomischer Sicht
den "Room for Maneuvre" abzustecken; aus anthropologischer Sicht dazu ein
Beitrag von MAIR, L., 1969, Chap. 10: "How small-scale societies change"
2) So die Konferenz von Lissabon zu den "Economic Consequences of the Size of
Nations" in: ROBINSON, E.A.G., 1960
3) z.B. durch LLOYD, P.J., 1968, S. 127
4) z.B. WARD, R.G., 1967, S. 96; gegenteilig z.B. ABBOT, G.C., 1975, S.105ff
5) NUHN, H., 1978, S. 346ff, stellt am Beispiel des karibischen Raumes eine
Reihe von kurzfristigen Bestrebungen wirtschaftlicher Integration vor. Im
Pazifik fanden solche Bestrebungen ihren Niederschlag in der "South Pacific
Commission", im "South Pacific Forum" und im "South Pacific Bureau for
Economic Co-operation"; s. etwa CARTER, J., 1981, S. 33ff
6) als Pionierleistung: DEMAS, W.G., 1965, insb. S. 37f und S. 90f
7) so der Titel von BENEDICT, B., 1967

schlag auch in Expertengremien der Vereinten Nationen und in
entwicklungspolitischen Regionalkonferenzen.[1] Konsens konnte
dabei im allgemeinen über die Ausgangsbedingungen der Kleinstaaten - ihren sehr geringen Spielraum zu autonomen Entscheidungen[2] - erreicht werden; kontrovers wurden dagegen die sich
daraus ergebenden Konsequenzen beurteilt.[3]

Als eines der wesentlichen Hindernisse auf dem Weg zu einheit-
lichen Lösungsansätzen stellt sich das nach wie vor bestehende
Problem einer Definition von "Kleinheit" nationaler Einheiten
dar. Die oben erwähnten Studien verwenden hierzu unterschiedliche - dem jeweiligen Zusammenhang angemessene - Kombinationen von Kriterien, deren wichtigste die Landfläche, die Bevölkerungszahl und das Bruttoinlandsprodukt sind.[4] So ist die geringe physische Ausdehnung kleiner Länder (in den meisten Fällen) gleichzusetzen mit der begrenzten Verfügbarkeit natürlicher
Ressourcen, die geringe Bevölkerungszahl drückt sich als be-
grenztes Arbeitskräftepotential aus, das Bruttoinlandsprodukt
gilt als Indikator der Größe des internen Marktes.

Die Festlegung von Grenzwerten, unterhalb derer die Auswirkungen von "Kleinheit" offensichtlich werden, ist bei allen genannten Kriterien bislang recht willkürlich erfolgt. Die im Laufe der sechziger Jahre rapide gewachsene Zahl kleiner und kleinster unabhängiger Staaten[5] hat dabei eine Verschiebung der
Grenzwerte nach unten - also im Interesse der am stärksten betroffenen Länder - bewirkt; ebenso wurde bei der Kombination der
zugrundegelegten Kriterien pragmatischen Gesichtspunkten der Vor-
rang vor definitorischer Präzision eingeräumt. Wie Schiavo-Campo
feststellt, erscheint dieses Vorgehen legitim:

1) so z.B. UNCTAD 1973 und die Barbados Konferenz des Institute of Development Studies, in: SELWYN, P. (Hrsg.), 1975
2) s. dazu die Interpretation von "Abhängigkeit" bei SCHAFFER, B. 1975
3) Das Spektrum entspricht der Vielfalt der herangezogenen Disziplinen und
   Ideologien; hervorhebenswert erscheint die von BROOKFIELD, H.C. 1975
   diskutierte Möglichkeit einer "riskavoidance through diversification at
   the individual and company level".
4) Um den Stand der Diskussion zusammenzufassen, wird im folgenden dem Beitrag von SHAND, R.T., 1980, S. 3 ff gefolgt.
5) Gemessen etwa an der Bevölkerungszahl verzeichnet UNITAR 1971 96 Länder
   und Territorien mit weniger als eine Million Einwohnern, davon die Hälfte
   mit weniger als 100.000 (S. 34-38)

"the saving grace, fortunately, is that with notable
exceptions the several possible criteria of size yield
the same broad groupings of countries ... A territorially
small country usually has also a small population, a limi-
ted resource base, a small supply of savings and, as a
result, a small absolute national income."   1)

In von anderen kleinen Inselstaaten nur graduell unterschiedlicher Weise ergeben sich damit für den Pazifikstaat Tonga
(s. Abb. Nr. 2) strukturelle Benachteiligungen, die den genannten Kriterien entsprechend aufgeschlüsselt werden können. Dazu
lassen sich folgende qualitative Aussagen treffen[2]:
Je geringer die Landfläche eines Inselstaates oder Territoriums
ist,

- desto geringer ist die Bandbreite der Produktionsbedingungen
  und demzufolge die - vornehmlich auf den Export gerichtete -
  Produktionspalette des primären Sektors. In Extremfällen - so
  in einigen Ländern des Pazifik - beschränken sich die Möglichkeiten auf den Anbau weniger oder gar eines einzigen Produktes (z.B. Kokosnuß), wodurch etwa Naturkatastrophen wie Wirbelstürme verheerende Auswirkungen auf die gesamte Volks-
  wirtschaft haben können,

- desto geringer ist das Gesamtvolumen der Produktion. Auf einer geringen Nutzfläche erhöhen sich damit die Verarbeitungs-,
  Transport- und Vermarktungskosten pro Stück bzw. pro Massen-
  einheit und gefährden bei Exportprodukten die Wettbewerbsfähigkeit auf dem Weltmarkt,

- desto größer ist die Konzentration auf bestimmte Überseemärk-
  te und damit die Abhängigkeit der Inselstaaten von Fluktua-
  tionen der Weltmarktpreise.[3]

---

1) ERBO , G.F. & SCHIAVO-CAMPO, S., 1969, S. 187; s. auch SHAND, R.T.,1980,S.9
2) Thesenartig wiedergegeben in der Einleitung zu SHAND, R.T., 1980, S. 13
3) Die erhöhte Abhängigkeit der Inselstaaten von internationalen Verflechtungen
   gehört damit auch zu den politischen Charakteristika. Allerdings lassen sich
   dazu unter dem Aspekt der "Kleinheit" kaum allgemeingültige Aussagen treffen,
   weil der geographischen Lage des jeweiligen Staates besondere Bedeutung zu-
   kommt. Wie HAHN, B., 1982, S. 10, bemerkt: "Ein insularer Kleinstaat im Pazifik wird nur schwerlich für größere Staaten so attraktiv sein können wie ein
   Staat in einer zur Zeit strategisch günstigeren Lage in der Karibik oder im
   Mittelmeer; militär-strategische Überlegungen sind hier von besonderer Bedeutung."

ABB.2: PAZIFIKSTAATEN UND -TERRITORIEN

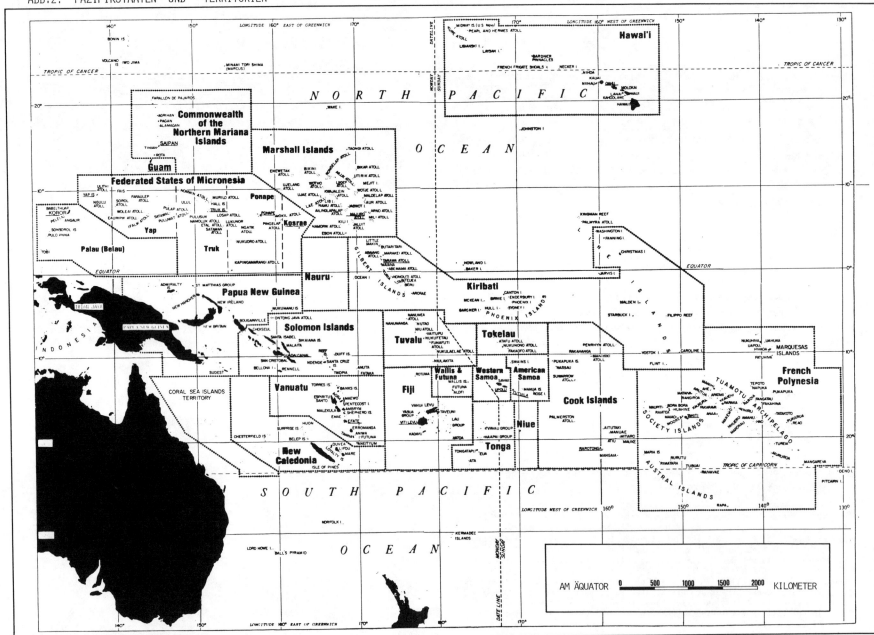

Quelle: Karte "The New Pacific", Hawaii Geographic Society, 1980

Die bloße flächenhafte Ausdehnung der Inseln kann jedoch nicht
als einziger Indikator der Verfügbarkeit natürlicher Ressourcen
gelten; modifizierend wirkt sich auf die genannten Zusammenhänge
etwa der Prozentsatz des nutzbaren Landes an der Gesamtfläche
aus. In Einzelfällen kann das Vorhandensein wertvoller Bodenschätze (wie auf der Phosphatinsel Nauru) den Faktor "Kleinheit" an Landfläche kompensieren; während die Fraktionierung
der Landfläche auf weit voneinander entfernt liegende Archipele
(am deutlichsten in Kiribati) die strukturelle Benachteiligung
noch erheblich verschärft.[1] (s. Abb. Nr. 2)

Die demographische Entwicklung kleiner Inseln hat - wie
auch in anderen Ländern der Dritten Welt - zu besorgniserre-
genden Bevölkerungskonzentrationen geführt. Während jedoch in
einigen größeren Ländern dieser Entwicklung zum Teil durch die
Erschließung weiterer Nutzflächen entgegengetreten werden kann[2],
sind dieser Strategie bei Inseln natürliche Grenzen gesetzt.
Empirische Untersuchungen über Wanderungsbewegungen ergeben, daß
je kleiner die Bevölkerung der Inselländer ist, desto eher auch
die traditionell bewährte Verteilung der Einwohner aus der Balance gebracht werden kann.[3]

Die geringe Bevölkerungszahl kleiner Inselstaaten wirkt sich
auch - ebenso wie die Landfläche - limitierend auf Volumen und
Diversifikationsmöglichkeiten dieser Volkswirtschaften aus.[4] Mit
dem Erreichen höherer Lebensstandards zieht dabei einerseits
die Expansion des tertiären Sektors zusätzlich Arbeitskräfte
aus produktiven Bereichen ab; andererseits müssen spezielle
Dienstleistungen von der Regierung aufgebracht werden, weil die
relativ geringe Inanspruchnahme private Unternehmungen auf diesem Gebiet nicht profitabel erscheinen läßt.

In der klassischen Analyse der "diseconomies of scale"[5]
kleiner Inselstaaten werden somit Defizite nicht nur auf der
Angebotsseite offensichtlich; vielmehr stellt sich als das

1) am deutlichsten beim Transportfaktor; s. BROOKFIELD, H.C., 1980
2) Auch dort erweist sich die Agrarkolonisation als problematische Alternative zur Agrarreform, wie KOHLHEPP, G.,1979, für Brasilien nachweist.
3) s. BEDFORD, R.D., 1980, S. 57
4) Zu den Problemen struktureller Differenzierung kleiner Staaten sind zwei
   Beiträge aus soziologischer Sicht hervorzuheben: GESER, H. & HÖPFLINGER,
   F., 1976, und EISENSTADT, S., 1977
5) so SHAND, R.T., 1980

vielleicht gravierendste Problem die äußerst begrenzte lokale
Nachfrage heraus, die - zusammen mit den Unwägbarkeiten einer
vorwiegend auf den Export gerichteten Produktion - eine industrielle Entwicklung in vielen Fällen unökonomisch und deshalb
illusionär erscheinen läßt.[1] Wie Nuhn formuliert:

> "Nach den Prinzipien der 'Economy of Scale' wird eine kosten-
> günstige Fertigung meist erst bei Massenprodukten erreicht.
> Für viele Erzeugnisse ist aber die Aufnahmefähigkeit des In-
> landmarktes von Kleinstaaten geringer als der optimale Out-
> put einer modernen Fertigungsanlage." [2]

Der Binnenmarkt kleiner Inselländer wird deshalb in der Regel durch
Importe ausländischer Unternehmen dominiert, die aufgrund ihrer
größeren Kapitalausstattung multinational operieren und sich die
Vorzüge großmaßstäblicher Technologie zunutze machen können.

Der sich aus dieser Struktur zwangsläufig ergebenden Abhängigkeit von externen Interessen haben kleine Inselländer nur
wenige Alternativen entgegenzusetzen. Als eine Möglichkeit bietet sich die teilweise Substitution von Konsumgüterimporten
durch eine auch bei geringer Produktionskapazität wirtschaftlich arbeitende Kleinindustrie an.

Realisierbar erscheint dieser Weg zum einen jedoch nur unter dem - zumindest temporären - Schutz von Zollschranken, um
die Wettbewerbsfähigkeit gegenüber der ausländischen Konkurrenz,
die gelegentlich durch "dumping" Märkte absorbiert, sicherzustellen. Zum anderen macht er kostspielige Investitionsanreize,
wie eine von der Regierung zu stellende Infrastruktur, erforderlich. Das dazu notwendige Kapital muß aber - bei unzureichender Verfügbarkeit im privaten Bereich - von der öffentlichen Hand auf den internationalen Kreditmärkten (bestenfalls unter weichen Darlehensbedingungen) beschafft werden.
In Abweichung von größeren Ländern, bei denem mit einiger Berechtigung auf ein "take off" zu einer eigendynamischen Entwicklung gehofft werden kann, ist bei kleinen Inselländern die

---

1) Dies gilt zumindest für große Fertigungsanlagen; von den Vermarktungs-
problemen sind "small-scale industries" aber in ähnlicher Weise betroffen; s. WARD, M., 1975
2) NUHN, H., 1978, S. 342

Amortisation solcher Auslagen auf lange Zeit nicht absehbar.

Industrialisierung ohne hinreichende Eigenkapitalbildung durch
den primären Sektor führt deshalb besonders bei kleineren Ländern
zu einer Zementierung asymmetrischer Abhängigkeitsverhältnisse
und kann nur unter besonders günstigen Umständen als vorrangiger
Lösungsansatz angesehen werden.

Von der aufgrund ihrer Folgekosten inzwischen problematisch[1]
gewordenen Tourismuswirtschaft abgesehen, verbleibt den meisten
kleinen Inselländern die Modernisierung ihrer Landwirtschaft.
Dazu kann am Beispiel der Pazifikländer festgestellt werden:

> "Pacific islanders have opted for increasing partici-
> pation in the cash economy. The principle sector for
> this participation has been agriculture. Unfortunately,
> the characteristics of small size, which may be bene-
> ficial in a subsistence economy, become increasingly
> disadvantageous in a commercial economy." [2]

Zu dem alle Exporteure von Primärgütern betreffenden Dilemma
der sich verschlechternden "terms of trade" gesellen sich bei
den kleinen Inselländern also ihre spezifischen Strukturmerkmale. Diesen Problemen im Prozeß des ökonomischen Wandels versucht die vorliegende Studie am Beispiel des Untersuchungs-
landes Tonga dadurch gerecht zu werden, daß von der Notwendigkeit einer ausgewogenen, also sowohl die Eigenversorgung als
auch die Marktproduktion betreffende, Förderung des Agrarsektors ausgegangen wird.

Die dazu in den letzten etwa fünfzehn Jahren von der Regierung dieses pazifischen Inselstaates beschleunigt eingeleiteten Schritte dienen der intensiveren Nutzung des zum Teil brachliegenden Ertragspotentials mit dem Ziel, einerseits durch Substitution von Lebensmittelimporten und den Ausbau einer exportorientierten Agrarproduktion dem rasch wachsenden Defizit in
der Handelsbilanz entgegenzuwirken, andererseits die bislang
weitgehend gewährleistete Deckung des Subsistenzbedarfs zu erhalten. Der damit umrissene technische Entwicklungsansatz tan-

---

1) Fragwürdig erscheint der Tourismus aus wirtschaftlichen Gründen u. a.
   deshalb, weil die Netto-Deviseneinnahmen durch erhöhte Konsumgüter-
   importe erheblich unter den einstigen Erwartungen bleiben; dazu kommen soziale wie ökologische Begleiterscheinungen, sich sich nur schwer
   beziffern lassen.

2) WARD, R.G., 1980, S. 23

giert jedoch soziale Rahmenbedingungen, die sich - wie in vielen agrarisch dominierten Entwicklungsländern - in einer problematischen Struktur der Besitzverhältnisse an Grund und Boden niederschlagen, die aber auch - eben durch die "Kleinheit" einer Inselgesellschaft - besonderen Charakter annehmen können.

3. AGRARSTRUKTUREN IN ENTWICKLUNGSLÄNDERN

In den Ländern der Dritten Welt muß - in Rahmen des ökologisch vertretbaren Maßes - die Steigerung landwirtschaftlicher Produktivität als eines der wichtigsten Entwicklungsziele betrachtet werden. Auf diesem Weg kann die Förderung des Agrarsektors für viele Länder als notwendige Vorstufe eines angestrebten Industrialisierungsprozesses aufgefaßt werden.[1] Besonders in den ärmsten Regionen verfolgt die Entwicklung im ländlichen Raum jedoch das vorrangige Ziel der Sicherung menschlicher Grundbedürfnisse.[2] Unabhängig von der Betrachtungsweise kann aber gelten:

"Grundlage jeder Erörterung der Probleme der agrarischen Entwicklung muß die Analyse der lokalen Produktionsstrukturen im ökonomischen, sozialen, kulturellen und politischen Kontext der Dorfgemeinschaft, der Region, des Nationalstaates und des internationalen Systems sein." 3)

Eine derart weitgefaßte Konzeption wird jedoch erst dann verwendbar, wenn sie die Analyse nach den einzelnen Produktionsfaktoren aufschlüsselt und Prioritäten der räumlichen Betrachtungsebene setzt. Schwerpunkt der folgenden Darstellung wird deshalb zunächst die nationale Einheit sein, die in das System internationaler Verflechtungen einzuordnen ist (die kleinräumige Betrachtung folgt in Kap.III). Bei den Produktionsfaktoren erfolgt die Auswahl

---

1) Dabei fällt der Landwirtschaft und der Bevölkerung, die zum größten Teil in den ländlichen Gebieten der Dritten Welt lebt, die undankbare Rolle zu, einen Überschuß produzieren zu müssen, der als Investition in den Aufbau der Industrie fließt. Die Zusammenhänge zwischen Agrarverfassung und dem Prozeß der Kapitalbildung werden in ELSENHANS, H., 1979, S.505ff deutlich.
2) kritisch dazu CHRISTODOULOU, D., 1974 und 1975
3) STAVENHAGEN, R., 1974, S. 276; dies schließt die historische Dimension ein, s. z.B. COHEN, S.I., 1978, S. 4ff; JACOBY, E.H., 1971, S. 19ff

aus den oben erläuterten Gründen zugunsten des Faktors Boden
(und speziell der Verfügungsgewalt darüber), weil er die Voraussetzung der Ausübung landwirtschaftlicher Tätigkeit bildet.

Beziehungen zwischen Menschen einerseits und jenem Teil
ihrer physischen Umwelt, der ihnen in Form von "Land" oder
"Boden" als produktive Ressource zur Verfügung steht, sind in jeder Gesellschaft durch ein System von vereinbarten Verhaltensweisen geregelt. Dieses System kann sich (wie in allen modernen
Gesellschaften) als statutarisches Landrecht oder Agrarverfassung niederschlagen; es schließt aber auch (nicht nur in
traditionellen Gesellschaften) Beziehungen ein, die außerhalb
so fixierter Normen existieren. Die wirtschaftliche und gesellschaftliche Bedeutung des Bodens ist damit nur durch eine Definition zu erfassen, die über den Rechtsbegriff europäischer
Prägung hinausgeht.

Im deutschen Sprachgebrauch bezeichnet "Agrarstruktur" ein
Konzept, das die Gesamtheit der in der Landschaft bestehenden
technischen, wirtschaftlichen und sozialen Produktions- und
Lebensbedingungen umfaßt. Im engeren Sinn wird unter "Agrarverfassung" die soziale Komponente dieser Gesamtheit verstanden.[1]
Für den Zweck dieser Studie sollen in Ermangelung einer adäquaten
Übersetzung die deutschen Termini synonym zum englischen "land
tenure" verwendet werden; ein Begriff, der ein Bündel von wirtschaftlichen wie sozialen, legalen wie informellen Bedingungen
beinhaltet.[2]

Die Ansätze zu einer "land tenure" Definition geben das
Spektrum der akademischen Disziplinen wieder, die sich mit
dem Problem auseinandersetzen: Ökonomen und Agrarökonomen, Juri-
sten, Psychologen, Soziologen, Historiker, Ethnologen und nicht
zuletzt Geographen. Die Akzentuierung variiert je nach Disziplin
und es seien hier nur zwei Versionen vorgestellt, um dies zu
verdeutlichen: Für den Agrarökonomen Dorner beinhaltet ein

---

1) zur begrifflichen Abgrenzung s. bes. KUHNEN, F., 1982 (Agrarverfassungen),
   S. 69; Bezug genommen wird auf eine weithin akzeptierte Definition
   VON DIETZEs, 1957; vergl. auch CONZE, W., 1956, MEINHOLD, W., 1966, und
   RINGER, K. 1967.
2) terminologische Anmerkungen von BOHANAN, P., 1963

"land tenure system ... those legal and contractual or
customary arrangements whereby people in farming gain
access to productive opportunities on the land." 1)

Das Schwergewicht liegt hier, wie aus der weiteren Literatur der
Fachrichtung deutlich wird, auf der praktischen Bedeutung von
Landrechtsystemen. - Ein anderes Beispiel liefert der Sozio-
loge Crocombe. Für ihn ist

> "land tenure ... seen as a system of interpersonal and
> intergroup relationships through which man's relation-
> ship with part of his environment is mediated." 2)

Durch diese Art der Betrachtung gewinnt die Analyse des sozialen Hintergrundes an Bedeutung, was insbesondere in vielen sich rasch verändernden Gesellschaften der Dritten Welt
als vordringlich für das Verständnis von Landrechtsystemen
angesehen wird.

Gesellschaftliche Vereinbarungen, die die Inwertsetzung des
Raumes ermöglichen, gewinnen neben den Rechten der Nutzung eine weitere Dimension : die damit korrespondierenden Pflichten.
Die Feststellung, daß "...es ein unbeschränktes, im Sinne des
rezipierten und in den Kodifikationen Kontinentaleuropas theoretisch ausgebildetes Eigentumsrecht an Grund und Boden ohne
wirtschaftliche und soziale Bindung nie gegeben..." 3) hat, läßt
sich - ohne die Verhältnisse in den heutigen Entwicklungsländern leichtfertig zu parallelisieren - auch als universell
gültige Einschränkung von Besitzansprüchen an Land formulie-
ren. 4)

Ist so der mit dem Landrecht verbundene Gegriff des "Eigentums" seiner Qualität nach eingegrenzt, 5) erhebt sich die Frage nach der Aneignung bestimmter Rechte und Pflichten durch

---

1) DORNER, P., 1972, S. 17
2) CROCOMBE, R., 1974, S. 17
3) KUEHNE, J., 1970, S. 17
4) So im FAO "Terminology Bulletin No. 35", 1979, zur Definition von
   "land tenure structure" (No. 379)
5) Zur Differenzierung schlägt CROCOMBE, R.G. 1974 eine hierarchische
   Ordnung von Landrechten und -pflichten vor (S. 5-7); konkretisiert am
   Beispiel des Pazifik von TIFFANY, S.W., 1976.

Individuen, Gruppen und Schichten eines Landes. Die gesellschaftliche Problematik ist dabei nur vordergründig die einer
als mehr oder weniger gerecht empfundenen Verteilung des aus
Besitzrechten fließenden materiellen Nutzens. Wie ein Präsi-
dent der Weltbank in bezug auf Agrarstrukturen formulierte:

"It is about the uses - and abuses - of power, and the
social structure through which it is exercised." 1)

Die sich als räumliche Strukturen darstellenden Herr-
schaftsverhältnisse sind von Sozialwissenschaftlern in ihrer
ganzen Bandbreite erfaßt und bewertet worden. Der hier inter-
essierende Aspekt kann deshalb darauf eingegrenzt werden, die
Beziehungen zwischen agrarischen Eliten - das heißt Bevölkerungsgruppen, deren privilegierter Status sich über Kontrollrechte an Land definiert - und einer Bauernschicht, die bestenfalls über Nutzungsrechte unterschiedlicher Qualität verfügt,
zu betrachten.

Diese Beziehung ist von einer Abhängigkeit gekennzeichnet,
die so lange als gegenseitig - also gerechtfertigt - aufgefaßt
werden kann, wie die Gleichwertigkeit des Transfers von Gütern
und Dienstleistungen zwischen diesen Gruppen gewährleistet ist.[2]
Wird diese - wenn nicht objektiv meßbare, so doch subjektiv
erfahrbare - Balance von Rechten und Pflichten gestört, hören
die Bauern auf, sich als Teil einer "vertical community"[3] zu
fühlen; die Elite verliert ihre Legitimität und ist gezwungen,
will sie nicht den Zerfall des Gemeinwesens riskieren, ihre
Stellung mit entsprechenden Maßnahmen zu verteidigen.[4]

Dieser vereinfacht dargestellte Ablauf wiederholt sich in der
Geschichte aller Kulturen durch teilweise radikale Umwälzungen
ländlicher Produktions- und Besitzstrukturen. Wie Tuma in einer
historischen Analyse aufzeigt,[5] fanden diese Bewegungen ihren

---

1) MCNAMARA, R.S., 1973, S. 19; s. auch STAVENHAGEN, R., 1975
2) Auf dieser Basis lassen sich auch Feudalsysteme rechtfertigen, z.B.:
   MITTEIS, H., 1933/1958 und WITTVOGEL, K.A., 1962
3) SCOTT, J.C. & KERKVLIET, B.J., 1973, S. 501
4) KANEL, D., 1971, S. 35
5) TUMA, E.H., 1965, S. 1 und S. 72 f; kurz auch DIETZE, C.,1969

Niederschlag entweder in Agrarreformen oder wurden in Fällen
schärfer ausgeprägter Gegensätze als Massenbewegungen zu
Agrarrevolutionen; immer jedoch fanden sie unter den Bedingungen raschen ökonomischen Wandels statt.

Diese notwendige Voraussetzung darf für die Nachkriegsphase
dieses Jahrhunderts als gegeben angesehen werden; denn die
letzten Jahrzehnte waren nicht unwesentlich geprägt einerseits
durch den dem Wirtschaftssystem der Ersten Welt eigenen Zwang
zur Expansion der Märkte, andererseits durch die vor allem welt-
anschaulich begründeten Ausdehnungsbestrebungen der Zweiten Welt.
Die internen Verhältnisse in den heutigen Entwicklungsländern ge-
raten dabei immer stärker in den Sog hegemonialer Blockinteressen.
Gegen Ende einer Epoche von Kolonialverwaltungen, die in ihren
Territorien das geltende Rechtsverständnis entscheidend beein-
flußten,[1] wird deutlich, daß sich in verschiedenen Ländern der
Dritten Welt ein soziales Unruhepotential aufgestaut hat. Die Ent-
ladung dieses Potentials durch Revolutionen kann aber den Industrieländern nicht gleichgültig sein, weil dadurch Handelsströme
unterbrochen und Einflußshären verschoben werden.

Am stärksten betroffen zeigten sich solche Länder, in denen
monetäre Verflechtungen am weitesten fortgeschritten waren,
"in denen die Voraussetzung der Verkäuflichkeit des Bodens gegeben war oder durchgesetzt wurde" und in denen "sich unter den
Bedingungen ungleicher Einkommensverteilung Großgrundbesitz
herausgebildet"[2] hatte. Der Zusammenhang zwischen extremen
Besitzkonzentrationen einerseits und politischen Unruhen andererseits[3] führte im Zuge der Verschärfung der Ost-West-
Spannungen und ihrer Ausdehnung auf die Peripherie zu einer

---

1) Im wesentlichen durch die Modifikation autochtoner Landrechtssysteme:
Kernpunkt war hier die Überführung tradierter Rechtsformen in "Eigentum",
das entweder von den Agenten selber (s. z.B. BECKFORD, G.L., 1972) oder
von den lokalen Eliten als Privatbesitz angeeignet werden konnte.
2) ELSENHANS, H., 1979, S. 510
3) RUSSET, B.M., 1963-64

Wiederbelebung des Agrarreform-Gedankens als Strategie zur Vermeidung von Konflikten:

"In this context, then, the questions of land reform turn out to be questions of whether and how adjustments can be made within the structure of economic and political arrangements, so that violent revolution is avoided, tension relieved, conflicts mitigated, and the economy kept going while the productivity is increased."[1]

In diesem Sinne greifen auch die noch relativ jungen Organe der Vereinten Nationen das Problemfeld auf.[2] Ausgehend von der vielfach belegbaren Konzentration der Kontrolle über Land wird die daraus folgende wirtschaftliche Polarisierung zum Ansatzpunkt praktischen Handelns. An extremen Beispielen kann dazu aufgezeigt werden, daß Vermögen, das "...aus der jahrelangen Akkumulation von Ersparnissen aus laufenden Einkommen resultiert,...noch beträchtlich ungleicher als die bloßen Bodenressourcen und die Einkommen verteilt sind, und daß sich in der Tat alles Fix- und Betriebskapital über Grund und Boden hinaus praktisch gänzlich in den Händen der Großgrundfarmer befindet."[3] Diese Umstände befördern den "economic case for land reform"[4], in dem die Befürworter zwar keine hinreichende, aber eine notwendige Voraussetzung zum Abbau ländlicher Massenarmut erkennen.[5]

Die Anteilnahme, die die entwicklungshilfegebenden westlichen Industrienationen dieser "cumulative inequality"[6] zuteil werden lassen, darf dabei nicht immer als Karitas überinterpretiert werden: Die Sache der Armen hat nicht in allen Fällen

---

1) PARSONS, K.H., PENN, R. & RAUP, P.H. (Hrsg.), 1963, S. 22; Tenor der ersten internationalen "land tenure" -Konferenz in Madison; s. auch SCHICKELE, R., 1955 und im weiteren KUHNEN, F., 1982 (Agrarreformen) und ders. 1982 (Man and Land).
2) Schon zu Beginn werden dabei wirtschaftliche wie soziale Aspekte gleichermaßen betont: FAO, 1947, S. 3; 1970, Vol. 2, Chap. 11; STERNBERG, G. (ILO), 1971, UN 1966 und deren Berichte "Progress in Land Reform"; vergl. auch WORLD BANK, 1974 und RESTREPO, C.L., 1971, S. 4 ff
3) FEDER, E., 1973, S. 31 f
4) DORNER, P. & KANEL, D., 1971
5) KANEL, D., 1976; VARGHESE, T.C., 1977
6) PARSONS, K.H., 1974, S. 755

mit der Mittelvergabe (unter anderem für Agrarreformprogramme) zu tun;[1] vielmehr kann es auch als Wahrnehmung eigener Interessen aufgefaßt werden, die häufig durch Kapitalflucht und Luxuskonsum der Eliten gekennzeichnete Wirtschaftsstruktur von Entwicklungsländern zugunsten einer höheren Massenkaufkraft zu verändern. Ziel von Agrarreformen ist auch, breitere Bevölkerungsschichten an einer wirtschaftlichen Entwicklung zu beteiligen und dadurch eine größere Nachfrage zu erzeugen.[2]

Die agrarischen Strukturen in den sich entwickelnden Ländern eignen sich in unterschiedlicher Weise für dieses Vorgehen. Während in einigen Ländern der erfolgreiche Versuch unternommen wird, durch die Verbesserung agrartechnischer Ausstattung eine "Grüne Revolution"[3] durchzuführen, wird in anderen - abhängig von der Kooperationsbereitschaft der lokalen Oberschichten[4] - der Maxime "land to the tiller"[5] gefolgt.

Die Forderung, daß das Agrarland denjenigen gehören soll, die es auch bearbeiten, stößt verständlicherweise auf Abneigung bei denjenigen, die sich in rechtmäßigem Besitz großer Ländereien glauben. Je nach den politischen Verhältnissen in den betreffenden Ländern stehen sich dabei nicht selten zwei Gruppen gegenüber: zum einen Bevölkerungsmehrheiten, die oft auf den unregelmäßigen Tagelohn von Landarbeitern angewiesen sind; zum anderen Bevölkerungsminderheiten, die oft auch die staatliche Verwaltung kontrollieren. Die Auseinandersetzung zwischen diesen beiden Gruppen hat in vielen Fällen zu Ansätzen einer Umstrukturierung ländlicher Besitzverhältnisse geführt; in anderen Fällen dagegen wird die Hoffnung auf eine friedliche Lösung von manchen Kritikern[6] als gering eingeschätzt.

Das beschleunigte Eindringen marktwirtschaftlicher Produktionsweisen auch in bislang (mit Einschränkungen) als traditionell eingestufte Gesellschaften der Pazifik-Inseln wirft die andernorts

---

1) vergl. THIESENHUSEN, W.C., 1978
2) GRIFFIN, K., 1970, S. 93
3) Auch dieser Weg - die Einführung moderner Technologie ohne Wandel der Verteilungsstruktur - erweist sich als nicht unproblematisch, s. GRIFFIN, K., 1974, kurz auch PFLAUMER, G., 1972
4) Dazu eine schematische Darstellung von TAI, H.C., 1972
5) Etwa von JACOBY, E.H., 1971, als moderne Version eines agrarischen Glaubensbekenntnisses aufgefaßt, S. 88 ff
6) Stellvertretend für viele: JANVRY, A.de, 1981, bes. S. 221 ff

bereits bekannten Probleme auf:[1] Die Kommerzialisierung der Landwirtschaft führt ökonomisch gesehen dazu, "Land" zum transferier-
baren Wertobjekt werden zu lassen; in sozialer Hinsicht deutet sich
der Abbau von Verpflichtungen an, die traditionell mit dem Besitz
von Land verbunden waren:

> "Left to spontaneous social and economic processes, deve-
> lopment allows the stronger groups to divest themselves
> of patronal obligations and emerge as resource owners
> with access to incomes accruing to entrepreneurs and
> resource owners, while leaving weaker groups more inse-
> cure than before. Land reforms, by establishing more
> egalitarian rural societies ... can enable rural commu-
> nities to adjust to social and economic change with some-
> what less stress and with wider distribution of bene-
> fits." [2]

In bezug auf die kleinen Inselgesellschaften des Pazifik eröffnet sich damit die Möglichkeit der Wiederverwendung des in an-
anderen Regionen (mit unterschiedlichen Ergebnissen) praktizierten
Verfahrens der Agrarreform. Aus den bisherigen Erfahrungen mit
der Kommerzialisierung ländlicher Produktionsstrukturen kann
dazu übernommen werden, daß die im Rahmen der derzeitigen Agrarverfassungen eingeleitete Entwicklung zu ungleicher Gewinnanhäu-
fung nicht notwendigerweise zu hohen Investitions- und damit
Wachstumsraten führt.[3] Vielmehr muß gerade bei kleinen Inselländern davon ausgegangen werden, daß eine breitere Streuung der
Gewinne zur Erzielung entsprechender Nachfrage vorrangig ist.[4]

Die angestrebte Steigerung des Grads der Marktorientierung ist
somit zum einen gebunden an eine in etwa gleichmäßige Einkommensverteilung,[5] deren Abhängigkeit von entsprechenden Landnutzungsarrangements mit der vorliegenden Untersuchung verdeutlicht werden soll. Zum anderen ist die Marktorientierung der Agrarproduktion an ein verändertes Verhalten der Landbewohner geknüpft, von
denen langfristig erwartet werden muß, daß sie bereit sind, über
den eigenen Bedarf hinaus zu produzieren und die erzielten Gewin-

---

1. Die naheliegendste Parallele ergibt sich zur Situation einiger afrikanischer
   Länder, s. PARSONS, K.H., 1982
2. KANEL, D., 1976, S. 17; vgl. ders., 1971
3. Um den Preis der Verelendung breiter Bevölkerungsschichten ist der Erfolg
   eines solchen Konzepts theoretisch aber auch nicht auszuschließen, s. THIE-
   SENHUSEN, W., 1974, S.44; vgl. dazu die Diskussion neoklassischer und po-
   larisationstheoretischer Ansätze von SCHÄTZL, L., 1983
4. ELSENHANS, H., 1979, S. 507 versucht die Notwendigkeit einer Bodenreform in
   diesem Sinne allgemein zu belegen.
5. allgemein: DORNER, P., 1964; zum Pazifik: BROOKFIELD, H.C., 1979 ;
   vergl. auch VON BLANCKENBURG, P., 1979

ne entweder zu sparen oder selber produktiv zu investieren. Die
dazu als notwendig erachteten Schritte sind jedoch keineswegswegs
so groß wie manche westliche Beobachter in Darstellungen des "rück-
ständigen" Bauern in der Dritten Welt glauben machen wollen.[1] Tra-
diertes "Know-how" kann im Gegenteil eine Produktivkraft darstellen,
die durch die Ausnutzung ökologisch bewährter Agrartechniken und
durch die Vermeidung des Risikos von Ernteausfällen (etwa durch "mixed cropping") als wirtschaftlich durchaus zweckmäßig anzusehen ist.[2]

Unter diesen Prämissen können neben das Defizit an ökologisch
und sozio-kulturell angepaßter Agrartechnologie bestehende Grund-
besitzstrukturen und deren Auswirkung auf die Einkommensverteilung
als Ursache ländlicher Unterentwicklung hinzutreten.[3] Obwohl
in der entwicklungspolitischen Diskussion derzeit zurückgedrängt,
muß - wenn "Modernisierung" nicht zur Antithese von "Entwicklung"
werden soll - nach wie vor als programmatisch aktuell gelten:

> "... the productivity of land and the social advance-
> ment of the people are dependent as much upon the evo-
> lution of sound systems of land tenure as upon the de-
> velopment of improved agricultural practice."   4)

Agrarische Strukturen lassen sich jedoch nicht nach abstrakten
Kriterien hinreichend differenziert bewerten; für ihre Evaluierung ist darüberhinaus die eingehende Auseinandersetzung mit den
lokalen Besonderheiten unerläßlich.[5] Der mit einer traditionell
hierarchischen Gesellschaftsordnung ausgestattete pazifische Inselstaat Tonga, der erst vor weniger als zwei Jahrzehnten "ill-
prepared and at a most unfavourable moment"[6] die Arena internationaler Verflechtungen betreten hat, wirft dabei spezifische Fragen
auf, die im folgenden auf die zu bearbeitende Problemstellung reduziert werden sollen.

---

1. s. z.B. SOUTHWORTH, H.M. & JOHNSTON, B.F. (Hrsg.), 1967
2. s. z.B. NAIR, K., 1979; GLAESER, B., 1979
3. CHRISTODOULOU, D., 1974; s. auch ders. 1977
4. Aus einem Report der Anglo-American Caribbean Commission, 1943, zitiert von
   Lord Hailey im Vorwort zu MEEK, C.K., 1949, S. XXVI
5. JACOBY, E.H., 1966, S. 28 ff
6. HAU'OFA, E., 1978, S. 162

- 23 -

4. PROBLEMSTELLUNG

Die Kombination struktureller Benachteiligungen, die sich im
Zuge wachsender Marktorientierung aus den physischen Bedingungen
kleiner Inselstaaten ergeben, und einer feudale Elemente ent-
haltenden Agrarverfassung, verdichten sich im Königreich Tonga
zu einer einzigartigen Konstellation: Kodifiziert im 19. Jahrhundert (und seitdem nahezu unverändert) galt das Bodenrecht lange
Zeit - und nicht nur unter Südsee-Insulanern[1] -als beispielhaft
adaptiert an die Eigenversorgungsbedürfnisse der Bevölkerung;
gleichzeitig wurde damit aber eine Machtstruktur fixiert, die bis
heute den Monarchen zur herrschenden Figur und eine landbesitzende
Adelsklasse zu einer privilegierten Elite machen.

Grob vereinfachend besteht die tonganische Agrarverfassung auf
einer höheren Ebene aus umfassenden Kontrollrechten des Königs
und der Aristokratie an Ländereien, von denen sich - auf der niederen Ebene - vererbbare Nutzungsrechte auf ca. drei Hektar gros-
se Buschlandparzellen für alle erwachsenen männlichen Tonganer ableiten. Bezeichnend für dieses System ist der - im Unterschied zu
anderen pazifischen Gesellschaften - individualisierte Charakter
der Landbesitztitel. Seine offensichtlichen Vorteile liegen im
Verbot der Veräußerbarkeit von Land, eine Bestimmung, die die permanente Aneignung (insbesondere durch Ausländer) erfolgreich verhinderte und Spekulationen bislang in Grenzen hielt.

Problematisch erscheint dagegen einerseits die weitgehende Abhängigkeit des Systems von den Manipulationsmöglichkeiten der Aristokratie, die ihre historisch legitimierten Rechte in wachsendem
Maße als "Eigentum" begreift, andererseits der durch die rapide
demographische Entwicklung keineswegs erschöpfend zu erklärende
Umstand, daß heute nur ein Drittel der in Frage kommenden Einwohner über rechtlich abgesicherte Landnutzungstitel verfügt. Die
egalitäre Komponente der Agrarverfassung ist damit in ihrer justi-
stischen Umsetzung ad absurdum geführt; die eingeleitete Kommerzialisierung der Landwirtschaft trägt - soweit sie zusätzlich raumbe-

1. MEEK, C.K., 1949, S. 215

anspruchend wirkt - zur Verschärfung einer konfliktträchtigen
Situation bei.

Erste Reaktionen der staatlichen Entscheidungsträger anerkannten zwar grundsätzlich die Existenz eines Landproblems,[1] beschränk-
ten sich aber im folgenden auf Appelle nach intensiverer Nutzung
der bereits verteilten Buschlandparzellen.[2] An dieser Landvergabe - Politik artikulierte sich im Laufe der siebziger Jahre immer
deutlicher zu vernehmende öffentliche Kritik: Initiiert von kirchlichen Gruppen, die sich auf ihre moralische Verantwortung berufen,[3]
getragen aber auch von einer im westlichen Ausland ausgebildeten
Intelligenz und nicht zuletzt durch aufstrebende Vertreter des
"agrobusiness", die sich in ihren Entfaltungsmöglichkeiten eingeschränkt sehen, beginnt sich eine oppositionelle Haltung zu formieren. Es darf deshalb als folgerichtig betrachtet werden, wenn die
Regierung der Landrechtproblematik nunmehr ernsthaftere Beachtung
schenkt und durch ihre zuständigen Behörden zum wichtigen Planziel proklamiert hat:

> "To evaluate the effects of the land tenure system on
> land utilization and agricultural productivity and to
> take any legislative and administrative action deemed
> necessary." [4]

Die bestehende Agrarverfassung Tongas ist somit - zumindest in
ihrer kurzfristigen wirtschaftlichen Dimension - als entwicklungs-
hemmender Faktor anerkannt. Der Umstand, daß die praktizierten Formen des Landrechts in wechselseitiger Beziehung zu bestimmten Formen der Landnutzung stehen, ist darin enthalten. In Übereinstim-
mung mit den Planungsvorgaben besteht deshalb der Schwerpunkt der
vorliegenden Untersuchung darin, die Art dieser Wechselbeziehung in
ihrer räumlichen Manifestation darzustellen, in ihren sozio-ökonomischen Konsequenzen zu erfassen und letztlich - soweit das aus der
Perspektive des Außenstehenden möglich ist - sinnvolle Optimierungs-
ansätze vorzustellen.

---

1. "There's not enough land to go round, Tonga's King says." In: Pacific Island
   Mounthly (PIM), Nov. 1967, S. 37
2. "Don't loose touch with the land." In: PIM, Nov. 1969, S. 47
3. s. FONUA, S.H. (Hrsg.), 1975, Seminar des "Tonga Council of Churches" zu "Land
   and Migration"
4. KINGDOM OF TONGA, CPD, 1981

Die Evaluierung der gesetzlich fixierten, aber auch der informell sich verändernden Landrechtvereinbarungen macht sich damit zunächst an der agrarischen Produktivität und der daraus abzuleitenden Einkommensverteilung fest. Wie Dorner allgemein konstatiert,
hängt der Zugang des (u.a.) aus landwirtschaftlicher Tätigkeit
fließenden Einkommensstroms von zwei Aspekten ab:

"(1) the initial access route, and
(2) the continued security of such access." 1)

Damit werden zwei Betrachtungsebenen angedeutet, die der Untersuchung als Gliederungsschema zugrunde liegen:

Der erste Aspekt - der ursprüngliche Zugang zu Kontroll- und
Nutzungsrechten an Land und deren Zuteilung im heutigen Kontext -
ist außer über die wirtschaftliche Entwicklung[2] nur hinreichend zu
erschließen über die Bilanzierung der zur Verfügung stehenden produktiven Ressourcen. Der Einschluß der sozio-kulturellen und historischen Dimension[3] wird dabei als notwendig für das Verständnis
der Agrarstruktur erachtet.

Ausgehend von der klassischen Dreiteilung der pazifischen Kul-
turräume (s. Abb. Nr. 4) und deren Überformung durch den Einfluß
euro-amerikanischer Elemente[4] können die bestimmenden Faktoren
aufgezeigt werden, die die spezifische Ausprägung der tonganischen
Agrarverfassung erst nachvollziehbar werden lassen. Diese Faktoren stecken letztlich den Spielraum von Veränderungsmöglichkeiten
eines Systems ab, von dem angenommen wird, daß es einer traditionellen Produktionsweise angemessener wäre als den heutigen.

1. DORNER, P., 1964, S. 248
2. Dazu liegt eine Reihe von Arbeiten einiger agrarwirtschaftlicher Experten
   vor, z.B.: HARDAKER, J.B., 1971 u. 1975; FAIRBAIRN, I., 1972; MIMLER, K.,
   1975; SORRENSON, W.J., 1980; DEAN, M.K.D., 1981; DUTTA-ROY, D.K., 1981;
   RATHSMANN, P., 1981; SCHRÖDER, P., u.a., 1983, u.a.m.
3. Als Grundlage bieten sich für eine historisch-genetische Analyse bspw. an:
   WOOD, A.H., 1932/78; CUMMINS, H., 1972; LATŪKEFU, S., 1973, 1974; RUTHER-
   FORD, N., 1971, 1977, u.a.m.
4. Über pazifische Landrechtssysteme zu generalisieren ist aufgrund dieser kul-
   turräumlichen Unterschiede auch heute noch ein schwieriges Unterfangen. In
   der voluminösen Literatur überwiegen deshalb Fallstudien, z.B.: CROCOMBE, R.G.,
   1961 und 1972; LUNSGAARD, H.P.(Hrsg.), 1974; FRANCE, P., 1969; LAMOUR, P.,
   1979, 1981; SOPE, B. (n.d.); SACK, P.G.(Hrsg.), 1974; ULUFA'ULU, B., 1977;
   VANTREASE, H., u.a., 1981 u.a.m.

Anforderungen.[1]

Der zweite Aspekt - die Sicherheit von Landrechten - erfordert,
über eine Untersuchung der Verteilung produktiver Ressourcen hinaus, eine Analyse des Zusammenhangs zwischen Qualität von Rechten
und agrarischer Produktivität. Über diese Verbindung ist - das Investitionsverhalten herausgreifend - allgemein festgestellt worden:

> "The third primary obstacle is to be found in the land
> tenure institutions themselves: it is closely related
> to land concentration, but suspectible of separate ana-
> lysis. The lack of security of tenure is particularly
> important (for) the lack of incentives for the cultiva-
> tor to invest in his holdings and to intensify produc-
> tion, even if he has sufficient resources. The terms of
> tenancy have an equally important bearing on the invest-
> ment behaviour of both tenant and landlord." 2)

Unter Einbeziehung mündlicher Nutzungsabsprachen soll deshalb
der durch andere Fallstudien nahegelegten Korrelation

> "between increasing levels of tenure security and increa-
> sing degrees of farm performance" 3)

nachgegangen werden. Durch die empirische Erfassung repräsentativ
ausgewählter Dörfer und Haushalte soll damit für Tonga die These
belegt werden, daß mit wachsender Sicherheit der Landrechte die
Intensität der Landnutzung zunimmt. Dabei werden als Indikatoren
der Anteil der kultivierten Flächen an den zur Verfügung stehenden
Parzellen und die Höhe des aus landwirtschaftlicher Tätigkeit erzielten Einkommens herangezogen.

Die wirtschaftliche Betrachtung wird auch auf dieser Ebene ergänzt durch die Betrachtung kulturell determinierter Verhaltens-

---

1. Der damit angedeutete Agrarreformgedanke ist auch im Pazifik keineswegs neu;
   s. etwa: South Pacific Commission (SPC), 1969; CROCOMBE, R.G., 1968/75;
   DORAN, E. (Hrsg.), 1969. Das Spektrum divergierender Ansätze wird deutlich
   in den Einschätzungen von FEINBERG, D., 1956, der für Individualisierung
   und Veräußerbarkeit von Landrechten eintritt, während JAMES, R.W. 1975 für
   eine stärkere Orientierung an traditionellen Kulturmustern plädiert.
2. UN 1976, "Progress in Land Reform, Sixth Report", S. 11, zitiert wird
   STERNBERG, G., in ILO, 1971, S. 7-9; vgl. JACOBY, E.H., 1968, S. 20
3. THOME, J.R., 1971, S. 238, zitiert SALAS, O., u.a., 1970, S. 22

muster[1], wie sie in der sich wandelnden sozialen Bedeutung von Landbesitz beim Übergang von Subsistenz- zu marktorientierter Produktionsweise zum Ausdruck kommt, denn "land tenure ... is not simply an instrumental variable easily manipulated by governments for economic reasons alone."[2]

Ebenso wie sich durch die Nutzbarmachung informeller und zum Teil außerlegaler Pachtabkommen[3] Umschichtungen der Machtstruktur auf nationaler Ebene andeuten (der wachsende Einfluß eines agrarischen Mittelstandes), ergeben sich auf der lokalen Ebene Anzeichen eines sich verändernden räumlichen Verhaltens: Das immer kleiner werdende Familienverständnis ist nicht nur Ausdruck schwindender sozialer Kohäsion, es spiegelt sich auch in der Zerstückelung landwirtschaftlicher Betriebseinheiten wider.

Die Agrarverfassung Tongas ist bislang - außer in diversen Arbeiten, die das Landrecht inhaltlich streifen[4] - nur durch eine einzige Untersuchung umfassend behandelt worden.[5] Der Geograph Alaric Maude, der seine Feldforschung vor etwa zwei Jahrzehnten abgeschlossen hat, konnte in seiner Arbeit die neue Entwicklung einer beschleunigten Marktorientierung agrarischer Produktion nicht berücksichtigen und beschränkte sich in der Darstellung der Relation von Landrecht und Landnutzung auf die - vermutlich auch derzeit schon zu kurz gegriffene - Feststellung, daß "land use by no means coincides with the tenure of land."[6] Ausgehend von den von Maude gelegten Grundlagen erscheint es jedoch lohnend, die damaligen Erkenntnisse auf den heutigen Stand zu bringen, was nicht zuletzt mit der vorliegenden Arbeit in dem Bewußtsein versucht werden soll, daß

> "Tonga's system of land allocation has many useful features. ... The system does not work in practice exactly as the legislation intends, but many features are worth studying and some could result in useful improvements to tenure systems elsewhere in the Pacific." 7)

1. Dazu liegt eine Reihe anthropologischer Arbeiten vor, z.B.: AOYAGI, M., 1964, 1966; DECKTOR-KORN, S., 1974, 1976, 1977; KAEPPLER, A., 1971; MARCUS, G.E., 1975, 1980; ROGERS, G., 1968, 1975; URBANOWICZ, C.F., 1972, u.a.m.
2. KANEL, D., 1971, S. 23
3. zum Vergleich: KAMIKAMICA, J., 1982
4. SEVELE,F.W.,1973;BOLLARD,A.,1974;CLARK,W.F.,1975;THAMANN,R.R.,1975,u.a.m.
5. MAUDE, A., 1965; s. auch ders. 1970, 1971, 1973
6. MAUDE, A., 1971, S. 123; aufgrund der verstrichenen Zeitspanne ist die Aussage heute kaum noch verifizierbar.
7. CROCOMBE, R.G., 1968/75, S. 68; eine vergleichbare Einschätzung in: WARD, R.G. & PROCTOR, A. (Hrsg.), 1980, S. 384

5.   QUELLEN UND ARBEITSMETHODEN

Die vorliegende Arbeit zur Agrarstruktur in Tonga ist zu
einem Teil aus der Durchführung eines geplanten Forschungsvorhabens entstanden, zum anderen Teil ist das Konzept erst während
des Forschungsaufenthaltes entwickelt und präzisiert worden. Dies
hat zwei Gründe: Der eine, der hier nicht weiter vertieft werden
soll, besteht aus einer Verkettung von Umständen, die dazu geführt haben, daß die Vorbereitungszeit für den Aufenthalt in Tonga relativ kurz und die Vorstellungen über die Verhältnisse im
Lande vor Antritt der Forschungsreise im April 1980 dementsprechend undifferenziert waren.

Daran änderte auch wenig, daß der Verfasser sich schon vorher,
nämlich im November/Dezember 1977, für einen Monat in Tonga aufge-
halten, erste Kontakte geknüpft und eine grobe Orientierung von
den Problemen des Landes gewonnen hatte. Schon hilfreicher war die
in den Jahren 1978/79 durch die Beschäftigung mit Landrechtkon-
flikten in Nordaustralien gewonnene Einsicht, daß weder ein ein-
dimensional-ökonomisch ausgerichteter Ansatz, noch die bloße Gegenüberstellung von Wertvorstellungen bezüglich der gesellschaftlichen Bedeutung des Bodens zu einem zufriedenstellenden Ergebnis
führen würden. Vielmehr sollte eine Verbindung dieser beiden Aspekte angestrebt werden.

Der zweite Grund, warum die Forschungsreise nicht mit einem bis
ins Detail ausgearbeiteten Konzept angetreten wurde, ist also ein
methodischer: Die fünfmonatige Vorbereitungsphase in Tonga bis zum
Ende September 1980 diente dem Kennenlernen der lokalen Gegebenheiten, worunter nicht nur die für einen Europäer reizvolle, weil
exotische Umwelt fällt, die durch ausgedehnte Reisen auf den drei
Inselgruppen Tongas erkundet wurde, sondern auch die intensive
Auseinandersetzung mit dem kulturellen und sozialen Umfeld.

Um diesem zunächst sehr weitläufig erscheinenden Anspruch nach-
zukommen, hat es sich als nützlich erwiesen, in den ersten drei
Monaten des Tonga-Aufenthaltes einen intensiven Sprachkursus am

Atenisi-Institute zu absolvieren.[1] Bei den darauffolgenden,
mehrwöchigen Aufenthalten in tonganischen Dörfern, bei denen
der Versuch unternommen wurde, sich soweit wie möglich den gegebenen Lebensbedingungen anzupassen, eröffneten die - anfangs
sehr bescheidenen - tonganischen Sprachkenntnisse die Möglichkeit, mit Tonganern aller sozialen Schichten Gespräche zu führen.

Differenzierte Informationen, wie sie etwa zur Durchdringung
des sozio-politischen Gefüges notwendig sind, waren allerdings
nur in englischer Sprache zugänglich; eine mögliche Fehlerquelle,
weil die englische (Amts- und Unterrichts-) Sprache bei weitem
besser von derjenigen Bevölkerungsgruppe beherrscht wird, die
der Elite des Landes nahesteht. Trotzdem konnte natürlich auf
solche in informellen Interviews mit führenden Persönlichkeiten
gewonnenen Auskünfte nicht verzichtet werden, denn

> "those attempting evaluation (of agrarian structures)
> must possess adequate knowledge of the political and
> social conditions in the society or its various strata
> in addition to the knowledge of the operation of the
> economy." [2]

Während bei den Lernaufenthalten in verschiedenen Dörfern durch
eine Form der teilnehmenden Beobachtung der "human factor"[3] im
Vordergrund stand, konzentrierte sich die Arbeit in der Hauptstadt Nuku'alofa auf die Auswertung demographischer und ökonomischer Daten, um die wirtschaftlichen und bevölkerungspoliti-
schen Rahmenbedingungen des Landes zu verstehen. Neben einer
Vielzahl von Einzelinformationen von fast allen Regierungsde-
partements kamen der Zusammenarbeit mit dem Statistics Department,
dem Landwirtschaftsministerium, dem Zentralen Planungsamt und dem
Lands & Survey Department die größte Bedeutung zu. In der letztgenannten Stelle waren umfangreiches Kartenmaterial (insbesondere
eine für das Land flächendeckende Katasterkarte), eine vollstän-

---

1. u.a. nach SHUMWAY, E.B., 1971 und TU'INUKUAFE, E., 1979; auch:SCHNEIDER,T.,'77
2. JACOBY, E.H., 1966, S. 11
3. Ebd., S. 26

dige Liste der offiziell abgeschlossenen Pachtabkommen und Grundbesitzstatistiken[1] zugänglich, über deren Wert allerdings - ebenso wie über die zum Teil sehr zögernde Kooperation führender Mitarbeiter des Ministeriums - im weiteren noch zu berichten sein
wird.[2]

Mit dem Abschluß der Vorbereitungsphase konkretisierte sich ein
Katalog von Fragen an die Dorfbewohner, der einen demographischen
Aspekt, Formen von Landbesitz und Landnutzung, Umzugsverhalten,
Einkommensverhältnisse und abschließend ein Motivationsprofil ab-
decken sollte. Bei der Formulierung des standartisierten Frage-
bogens waren Professor Futa Helu und Dr. Epeli Hau'ofa in mehreren
Arbeitssitzungen eine unersetzliche Hilfe, da sie als Wissenschaft-
ler und Tonganer über eine Einsicht in die Denkweise ihrer Lands-
leute verfügen, die von einem Außenstehenden auch nach längerem
Aufenthalt nicht zu erwarten ist.

Um die in Deutschland (hier insbesondere am Geographischen
Institut Aachen, in den Völkerkundeseminaren Köln, Hamburg, Berlin und am Weltwirtschaftsinstitut Kiel), Hawaii (University of
Hawaii and Bishop Museum) und Tonga (University of the South Pacific Extension Service, 'Atenisi University) betriebenen Literaturstudien zu vertiefen, war es notwendig, Tonga für einige
Zeit zu verlassen. In den Monaten Oktober und November 1980 ergaben sich im Zusammenhang mit der Literaturforschung an den dafür
wichtigsten Instituten zahlreiche Gelegenheiten, mit kompetenten
Wissenschaftlern über das bis dahin erarbeitete Konzept zu diskutieren.

In Fiji waren das in mehreren fruchtbaren Gesprächen Professor
R.G. Crocombe vom Institute of Pacific Studies, Dr.R. Thaman und
Dr.H. Manner, Geographen der University of the South Pacific; in
Nouméa, Neukaledonien, bei der South Pacific Commission waren das
Dr. Feleti Sevele, Wirtschaftsgeograph, und John May, Demograph;

---

1. Dorner bemerkt dazu allgemein: "...census enumerations tend to understate
   ownership concentration." In: DORNER, P., 1972, S. 43
2. Die führenden Mitarbeiter sind Teil der landbesitzenden Elite bzw. deren
   Abhängige.

in Canberra, an der Australian National University, waren das
Professor R.G. Ward, Geograph, Professor E.K. Fisk, Ökonom und
Dr.R.K. Darroch, Psychologe, in Wellington Professor R. Watters,
Geograph und in Auckland Dr.G. Rogers, Anthropologe.

Für die Sichtung historischer Quellen erwiesen sich die Arbeit
in der Australian National Library, Canberra, der Turnbull Library,
Wellington und dem Palace Office, Tonga, als unerläßlich. Wichtige
Hinweise gaben in diesem Zusammenhang Elisabeth Wood-Allem, Histo-
rikerin, und Dr. Gay Powles, Jurist.

Darüberhinaus ergaben sich in Tonga Gelegenheiten, mit Pro-
fessor B. Hardaker, Agrarökonom, Dr.B. Skuller, Mitarbeiter der
FAO, und Stephen Zorn, Rechtsanwalt und Berater der Vereinten
Nationen, Gespräche zu führen.

Allen erwähnten Personen sei an dieser Stelle für ihre sach-
kundige Anteilnahme und konstruktive Kritik herzlich gedankt!

Zu Beginn des Monats Dezember 1980, zurückgekehrt nach Tonga,
wurde der bis dahin mehrfach überarbeitete Fragebogen an etwa
zehn englischsprachigen Tonganer auf Verständlichkeit überprüft
und sodann nach der von Brislin/Lonner/Thorndike[1] vorgeschlagen-
en Methode von zwei unabhängig voneinander arbeitenden Tonganern
vom englischen Original ins Tonganische und wieder zurück über-
setzt.[2] Diese Sorgfalt für den Übersetzungsvorgang schien angebracht, weil der Verfasser zu diesem Zeitpunkt nicht über aus-
reichende Sprachkenntnisse verfügte, um in der folgenden Interviewserie die Fragen unmißverständlich in tonganisch auszudrük-
ken, und weil nicht darauf gehofft werden konnte, bei der Auswahl
der Forschungsassistenten in den Dörfern immer hochqualifizierte
Übersetzer anzutreffen.

Zur Auswahl der fünf Beispieldörfer ist zu bemerken, daß von
dem ursprünglichen Gedanken, eine Abfolge zu bilden entsprechend
dem Grad westlichen Einflusses (also von noch sehr stark subsi-
stenzorientierter bis zu stark marktorientierter Produktion), ab-

---

1) BRISLIN, R.W./ LONNER, W.J./ THORNDIKE, R.M., 1973, "Cross Cultural Research Methods", S. 32 ff
2) ebd., S. 57

gewichen werden mußte. Der Grund war, daß nicht - wie unter Labor-
bedingungen - eindeutige Typen und dementsprechende Beispiele für
das ganze Spektrum gefunden werden konnten. Letztlich wurde entschieden, schon vorher besuchte Dörfer mit einem relativ hohen
Grad westlichen Einflusses auszuwählen, weil davon ausgegangen
werden muß, daß die von den staatlichen Entscheidungsträgern her-
beigeführten ökonomischen und sozialen Veränderungen einen langfristigen Trend auch für den Rest der Dörfer anzeigen. Zu dieser
Erkenntnis und der Auswahl der Beispieldörfer haben nicht unwesentlich zahlreiche Gespräche mit Mitarbeitern des Landwirtschaftsministeriums und Professor Futa Helu beigetragen.

Weitere Kriterien für die Auswahl der Dörfer waren, daß sie in
etwa die Verhältnisse in der betreffenden Inselgruppe bzw. einem
Teilgebiet repräsentieren sollten, daß die Bevölkerungszahl und
dementsprechend das zu ziehende Sample der Haushaltsvorstände in
der Relation untereinander in etwa die demographischen Verhältnisse auf den Inselgruppen widerspiegeln,[1] daß die angrenzenden Landflächen für die durchzuführende Flächennutzungskartierung zusammenhängende Gebiete darstellten[2] und nicht zuletzt, daß die Landflächen (einschließlich der Dörfer) weitgehend auf den Gütern
(*tof'ia*) der landbesitzenden Adligen (*Nopele*) liegen sollten.

Aus der Summe dieser Kriterien wurde entschieden, folgende Dörfer auszuwählen "Kolonga" für Ost-Tongatapu, "Nukunuku" für West-
Tongatapu, "Lotofoa" für Ha'apai, "Taoa" für die Hauptinsel von
Vava'u und "Falevai" für die äußeren Inseln dieser Gruppe (s.Abb.Nr.3
und Abb. Nr. 23).

Für die Durchführung der Umfrage und der Flächennutzungskartierung konnte aus verschiedenen Gründen das von Fisk und Watters vorgeschlagene Rotationsverfahren[3] nicht durchgeführt werden. Dieses

---

1. Grundlage für diese Entscheidung war der Zensus 1976.
2. Die exakten Flächenberechnungen wurden von einem Mitarbeiter des Lands &
   Survey Department ausgeführt.
3. Für die Fisk-Schule mag Lockwoods Samoa-Studie gelten: LOCKWOOD, B.A., 1968,
   1970; für die Gruppe um Watters die einzeln veröffentlichten Studien über
   Kiribati: WATTERS, R.F., 1978, GEDDES, W.H., 1975, SEWELL, B., 1976.

Verfahren besteht in der Hauptsache darin, in den ausgewählten
Dörfern umlaufend nur relativ kurze (etwa einwöchige) Forschungs-
aufenthalte zu absolvieren, dafür aber mehrere Durchgänge dieser
Art zu leisten. Sinn dieser Übung kann sein, das in den ersten Tagen erhöhte Interesse der Dorfbewohner an dem als Fremdkörper erscheinenden Weißen für eine effektivere Datenerhebung auszunutzen.
Aus zeitlichen und finanziellen Gründen,sowie wegen der unzuver-
lässigen Transportmöglichkeiten, die die weit auseinander liegenden
Beispieldörfer miteinander verbinden, konnte diese Methode jedoch
nicht zur Anwendung kommen.

Hinzu tritt, daß für die Art der im Fragenkatalog verlangten
Informationen (s. Anhang "Fragebogen"), die zum Teil weit in die
persönliche Sphäre des Interviewpartners eindringen, ein angemessenes Vertrauensverhältnis geschaffen werden muß, bevor man davon
ausgehen kann, daß die gegebenen Antworten halbwegs der Wahrheit
entsprechen.[1]

Um dem nahe zu kommen, wurde die Entscheidung getroffen, vorher
geknüpfte Kontakte zu einzelnen Personen aus den Dörfern auszubauen, was unter anderem die Auswahl des Wohnortes in den betreffenden Dörfern tangierte. Dabei wurde darauf geachtet, daß der
Gastgeber ein akzeptiertes und angesehenes Mitglied der Dorfgemeinschaft war; der land- und geldbesitzenden Elite jedoch nicht zu
nahe stand, um möglichen Negativbesetzungen der Dorfbewohner gegen die Untersuchung vorzubeugen.

Zudem wurde - als eine Art "vertrauensbildende Maßnahme" - die
Flächennutzungskartierung, die jeweils zwischen zehn Tagen und vier
Wochen dauerte, zeitlich vor die Fragebogenaktion gelegt, so daß
für informelle Gespräche am Abend oder an Wochenenden genügend Zeit
blieb, sich gegenseitig kennenzulernen. Es bleibt festzustellen,
daß aus diesen Gesprächen, häufig im Rahmen der landesüblichen

---

1. s. hierzu auch: "The ethics of inquiry: social responsibilities of research
workers", 2. Teil, S. 20 ff von MAMAK, A. & MC.CALL, G. (Hrsg.), 1978

Kava-Runde,[1] mehr und wichtigere Informationen über die Denk-
weisen und die Sozialstruktur der Dorfgemeinschaft gesammelt werden konnten, als dies durch standardisierte Fragen möglich war.

Die Nutzungskartierung des die Dörfer umgebenden Buschlandes
erfolgte auf der Grundlage der Katasterkarte im Maßstab "4 Chains
to an inch" (entspricht etwa 1:1594), wobei zur Orientierung die
Karten "40 Chains to an inch" im Fall von Tongatapu und Vava'u und
"20 Chains to an inch" für Ha'apai hinzugezogen wurden. Mit Hilfe
eines ortskundigen Führers wurden in jedem Dorf alle zugehörigen
Buschgrundstücke abgeschritten[2] und die etwa vorhandene Bepflanzung nach Art und Kultivierungsstand auf vorgefertigte Karten übertragen.

Vor der Durchführung der Interviewserie wurde in jedem Dorf
durch den Town Officer[3] eine vollständige Liste aller Familienoberhäupter erstellt, in der Reihenfolge der Häuser von einem Dorf-
ende zum anderen. Angestrebt wurde, 25% aller Haushaltsvorstände
zu erfassen; die Zufallsauswahl erfolgte durch zweimaliges Werfen
einer Münze zur Ermittlung eines Probanden aus jeder Vierergruppe
aufeinanderfolgender Namen. Nach dreimaligem Nichtantreffen des
gewünschten Haushaltsvorstandes (in aller Regel das älteste männliche Mitglied der Familie) wurde in der Reihenfolge: seine Frau,
sein ältester Sohn, seine älteste Tochter verfahren. In seltenen
Fällen, in denen auch das nicht zum Ziel führte - etwa weil die
ganze Familie weggezogen war - mußte der nächste auf der Liste ausgewählt werden. Zum Sample-Umfang von 25% ist zu bemerken, daß etwa nach jeweils der Hälfte aller Interviews in einem Dorf keine wesentlich neuen Erkenntnisse mehr zutage traten.

---

1. Eine treffende Beschreibung einer solchen Kava-Runde findet sich bei FELD-
MAN, H., 1980. - Die wissenschaftliche Literatur über den profanen wie den
rituellen Gebrauch der Rauschdroge Kava (Piper methysicum) ist umfangreich;
als Beispiele seien hier nur COLLOCOTT, E.E.V., 1927, URBANOWICZ, C.F., 1975
und SCHMIDTBAUER/SCHEIDT, 1976 erwähnt; hervorzuheben ist die Dissertation
von ROGERS, G., 1975 über die soziale Bedeutung des Kava-Trinkens.
2. Stichproben haben ergeben, daß die Fehlerquote dieser Technik nicht mehr als
5% beträgt.
3. In etwa vergleichbar der Rolle eines Dorfschulzen oder Bürgermeisters.

Für die Interviews wurde in jedem Dorf ein Übersetzer rekrutiert, der zumindest über gute englische Sprachkenntnisse und ein "higher leaving certificate"[1] verfügte und im Dorf ein gewisses Ansehen genoß. Im einzelnen stellten sich in ihrer Freizeit zwei Lehrer, ein Town Officer, ein Absolvent des 'Atenisi Institute, ein angehender Bankkaufmann und ein junger Vanillefarmer zur Verfügung; ihnen sei an dieser Stelle für ihre zu gering entlohnte Hilfe herzlich gedankt.

Die Interviews fanden mit Hilfe der Übersetzer in mündlicher Form statt und dauerten im Durchschnitt etwa zwei Stunden, woran sich in vielen Fällen - das Interesse und die Initiative des Interviewpartners vorausgesetzt - ein offenes Gespräch anschloß. Der Verfasser ist sich darüber bewußt, daß die Länge dieser Gespräche eine hohe Anforderung an Geduld, Gastfreundschaft, Zeitaufwand und Konzentration für die Betroffenen bedeutete. Es bleibt nur zu hoffen, daß das Ergebnis dieser Arbeit, deren Verfasser dem Phänomen des "Eurozentrismus wider Willen"[2] sicher nicht ganz entgangen ist, den Anspruch rechtfertigt, ein wenig beizutragen zu den "genuine needs and concerns of the research population."[3]

In Deutschland begann Ende des Jahres 1981 - nach einer kurzen Wiederanpassungsphase an die Verhaltensnormen einer hektischen Industriegesellschaft - die Sichtung des in Tonga gesammelten Materials. Die vorläufigen Ergebnisse der empirischen Untersuchung - ausgewertet mit dem "Statistical Package for the Social Sciences"[4] konnten bei einem weiteren Forschungsaufenthalt von August bis Dezember 1982 an der University of Wisconsin/Madison, USA, vorgestellt werden.[5] Dank eines Stipendiums des Deutschen Akademischen Austauschdienstes war es am dortigen "Land Tenure Center" möglich, die theoretische Einordnung zu vertiefen und konkrete Agrarreformansätze zu diskutieren. Neben einer Reihe anderer Fachwissenschaft-

---

1. Entspricht etwa der "Mittleren Reife"
2. So der Titel eines kulturkritischen Aufsatzes von ENZENSBERGER, H.M. in: "Transatlantik", 10/80, S. 62 ff
3. Aus Punkt 8 einer 32 Punkte umfassenden Resolution der Konferenz zur Pazifikforschung vom August 1976, in: MAMAK, A. & MC.CALL, G. (Hrsg.), 1978, S. 256-260
4. KLECKA, W.R., 1975
5. WIEMER, H.-J., 1982

ler verschiedener Disziplinen trugen Professor Eugene Havens,
Agrarsoziologe und Professor William Thiesenhusen, Agrarökonom,
durch wertvolle Anregungen zur vorliegenden Fassung der Studie
bei.

KAPITEL II

NATURRÄUMLICHE AUSSTATTUNG UND KULTURLANDSCHAFT TONGAS

1. PHYSISCH-GEOGRAPHISCHE GRUNDLAGEN

1.1 Die Lage Tongas im Südpazifik

Nach der Proklamation von König George Tupou I vom 24. August 1887 wurden die Grenzen des Südseekönigreiches Tonga wiefolgt definiert: Sie umschließen das Gebiet mit der nördlichen Grenze 15° 00' südlicher Breite, der südlichen Grenze 23°30' südlicher Breite, der westlichen Grenze 177°00' westlicher Länge und der östlichen Grenze 173°00' westlicher Länge.[1] Dies entspricht einer Fläche von circa 400.000 km² des Pazifischen Ozeans.[2]

Am 12. Juni 1972 erweiterte König Taufa'ahau Tupou IV das Staatsgebiet Tongas an der Südwestseite durch Annexion des Minerva-Riffs, um der einseitigen Proklamation eines Freihandelsstaates durch eine in den USA ansässige Firma entgegenzutreten.

Kulturräumlich liegt Tonga an der Südwestseite des sogenannten "Polynesichen Dreiecks" (s. Abb. Nr. 4), das von Hawaii im Norden, Neuseeland im Süden und Französisch-Polynesien (Tahiti) aufgespannt wird.

Um eine grobe Vorstellung einer Tonga-zentrierten Weltsicht zu bekommen, sollte man sich vorstellen, daß die Luftlinienentfernungen zu wichtigen Städten in den Pazifik-Anrainerstaaten ungefähr betragen nach:
- Auckland (Neuseeland) 2100 km,
- Sydney 3600 km,
- Tokyo 8300 km,

1) Tonga Goverment Gazette, Vol.II, No.55 (Aug.24, 1887)
2) Berechnung auf der Grundlage der "Map of the Kingdom of Tonga" des Lands & Survey Department, Nuku'alofa, 1969

ABB.3: PAZIFIK-KULTURRÄUME

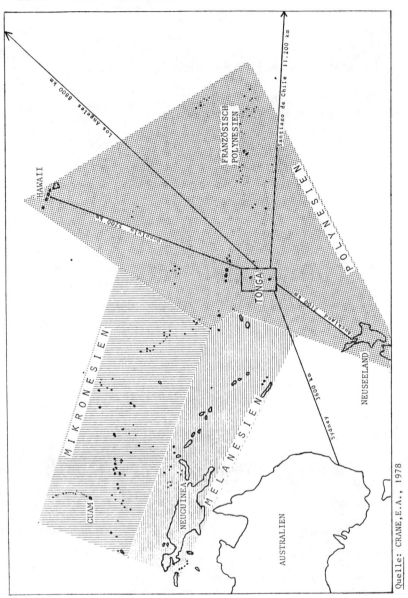

Quelle: CRANE,E.A., 1978

- Honolulu 5200 km,
- Los Angeles 8800 km und
- Santiago de Chile 11200 km.

Die Entfernungen von der Hauptstadt Nuku'alofa zu den pazifischen Nachbarstaaten betragen (circa) nach

- Suva (Fiji) 790 km,
- Apia (West-Samoa) 930 km,
- Pango Pango (Amerikanisch Samoa) 930 km,
- Niue 600 km und
- Avarua (Cook-Inseln) 1640 km.

1.2 Struktur und Genese des Archipels

Tonga besteht aus 169 Inseln,[1] wobei man sich zur Angabe der
exakten Zahl darüber streiten kann, was noch als aus dem Wasser
herausragender Felsen oder schon als Insel zu bezeichnen ist. Die
gesamte Landfläche dieser Inseln beträgt - einschließlich des da-
zugewonnenen Minerva-Riffs - umgerechnet 747,34 km^2, [2] wobei
256,9 km^2 (=34,4%) von der Hauptinsel Tongatapu eingenommen werden.[3] Die Landfläche des Minerva-Riffs, bestehend aus den Erhebungen Telekitonga und Telekitokelau, wird mit umgerechnet 49 km^2
angegeben.[4]

Als bewohnt gelten 36 der Inseln Tongas;[5] eine etwas problematische Zahl, weil bedeutend mehr als 36 Inseln ständig ökonomisch genutzt werden durch auch zu abgelegenen Inseln pendelnde
Tonganer, die dort ihre Kokosnüsse abernten, ihre Gärten bearbeiten und vorübergehend dort wohnen. Umfassende Daten hierzu sind
jedoch nicht erhältlich.

Die Inseln verteilen sich in zwei SSW - NNO streichenden,
parallelen Ketten auf drei Inselgruppen: Vava'u im Norden, Ha'apai

1) CARTER,J. (Hrsg.), 1981, S.407
2) KINGDOM OF TONGA: Statistical Abstract 1975, S.138; die Fläche entspricht
   etwa der von Hamburg
3) WODD,A.H., 1932, S.96
4) Report of the Lands & Survey Department, 1972 und folgende, Anhang II
5) CARTER,J. (Hrsg.), 1981, S.407

ABB.4: TONGA

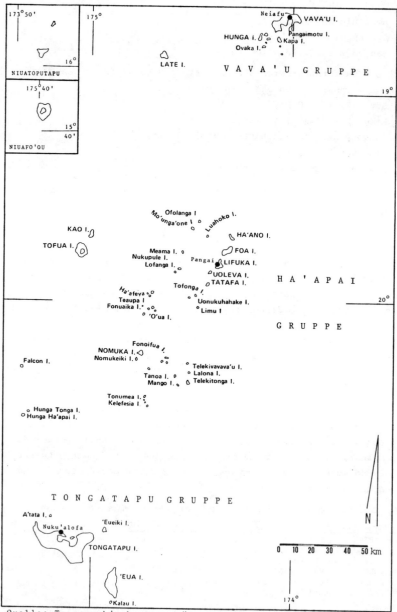

Quelle: Topographische Karte "Kingdom of Tonga"

im Zentrum und Tongatapu (mit 'Eua) im Süden. Die westliche Kette
besteht aus Inseln vulkanischen Ursprungs, die östliche aus tek-
tonisch gehobenen Koralleninseln und Atollen.

Die Inseln Tongas liegen in einem Gebiet, in dem sich die Asia-
tisch-Australische Kontinentalplatte auf die Pazifische Platte der
Erdkruste aufschiebt.[1] Als Folge des hierdurch verursachten Ab-
tauchens der Pazifischen Platte (s. Abb. Nr. 5) vertieft sich der
Meeresboden am Ostrand der Asiatisch-Australischen Platte in dem
von nördlich von Neuseeland bis Samoa reichenden Tonga-Graben auf
bis zu 10.793 m. Mit der Theorie der Plattentektonik lassen sich
auch die Entstehung der vulkanischen wie der Korallen-Inseln erklären: Die westliche Kette der Vulkan-Inseln liegt über der Linie,
auf der die Pazifische Platte von der Asiatisch-Australischen Platte in den Erdmantel gedrückt wird. Das Gestein schmilzt dabei in
einer Tiefe von 100 bis 160 km auf[2] und dringt als Magma an die
Oberfläche. Bei entsprechender Häufigkeit und Ergiebigkeit dieser
Entladungen führt dies zur Entstehung von Vulkanen, die über den
Meeresspiegel reichen. Ein Unikum stellen dabei die sogenannten
"Jack-in-the-Box"-Inseln dar, die nahe Fonuafo'ou, Metis Shoal
und Curacao Reef durch Aufschüttung relativ geringer Mengen Vulkanasche recht häufig entstehen und durch das Meer ebenso schnell
wieder bis unter den Wasserspiegel abgetragen werden.[3]

Gewissermaßen im Gegenzug zum oben beschriebenen Vorgang drückt
die Pazifische Platte den östlich dieser Linie gelegenen Rand der
Asiatisch-Australischen Platte nach oben, was bei ausreichend geringen Wassertiefen (um 40m) zu den Wachstumsbedingungen von Ko-
rallenpolypen führt.[4] Die Kalksteinablagerungen der Korallen
wachsen zu Riffen, die bis oder sogar etwas über die Wasseroberfläche reichen; dies ist der Entstehungsprozess von Koralleninseln
(s. Abb. Nr. 5).

Die Wachstumsbedingungen für Korallen existieren ebenso am
ringförmigen Saum von aus dem Wasser ragenden Vulkanen und solchen,

---

1) Ausführliche Darstellungen des folgenden bei: LISTER,J.J., 1891; SCHOFIELD,
   J.C., 1967; NAVAL INTELLIGENCE, Vol.III, S. 15ff; CRANE,E.A.,1979, S.7ff;
   KENNEDY,T.F., 1959, S. 8ff
2) CRANE,E.A., 1979, S. 7
3) CRANE,E.A., 1979, S. 13
4) NEEF,E., 1970, S. 691f

ABB.5:

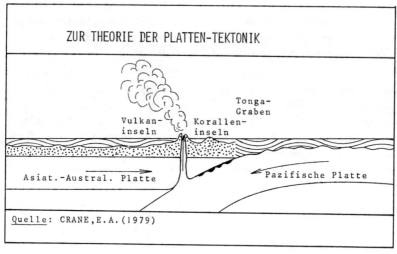

ZUR THEORIE DER PLATTEN-TEKTONIK

Tonga-
Graben

Vulkan-
inseln

Korallen-
inseln

Asiat.-Austral. Platte

Pazifische Platte

Quelle: CRANE,E.A.(1979)

ZUR GENESE VON VULKAN- UND KORALLENINSELN

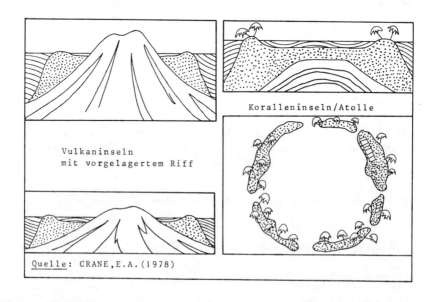

Vulkaninseln
mit vorgelagertem Riff

Koralleninseln/Atolle

Quelle: CRANE,E.A.(1978)

- 43 -

die nur bis kurz unter die Wasseroberfläche vorgedrungen sind bzw. bei solchen, die durch Abtragung bis unter den Meeresspiegel erodiert worden sind. Letzteres kann zur Bildung von ringförmigen Riffen oder Atollen führen wie sie sich in der östlichen Ha'apai-Gruppe realisieren.

Durch weitere, zum Teil abrupte tektonische Hebungen der Erdkruste können die Korallen-Inseln aus dem Wasser gehoben werden. An der geologisch ältesten Insel Tongas, dem 20 km südöstlich der Hauptinsel gelegenen 'Eua, lassen sich sieben dadurch entstandene Hebungsstufen ablesen, deren Terrassen auf Hebungen zwischen 30m und 50m schließen lassen.[1] Dieser Prozeß setzt sich auch heute fort durch die Korallen, die mittlerweile im Saum rund um die Insel ein neues Riff aufgebaut haben, das nach der nächsten Hebung eine neue Terrasse bilden wird. Lehrbuchartig lassen sich solche Hebungsstufen - außer auf 'Eua - auch auf der Insel Vava'u ablesen.

Die Sprunghaftigkeit dieser Hebungen ist darauf zurückzuführen, daß der Reibungswiderstand zwischen den Kontinentalplatten im ruhenden Zustand größer ist als in der Bewegung. Dadurch staut sich ein Energie-Potential auf, das sich bei Erschöpfung einer bestimmten Toleranz plötzlich entlädt. Die Konsequenzen sind häufig auftretende schwache und seltene folgenschwere Erd- und Seebeben, wie sie z.B. im Juni 1977 in der Nähe der Insel 'Ata, 160 km südwestlich von Tongatapu, mit der Stärke 7,2 auf der Richter-Skala entstanden.[2]

Auf der Inselkette zwischen 'Ata im Südwesten und Tafahi im Nordosten können katastrophale Folgen auch durch Vulkanausbrüche auftreten.[3] Die folgenschwerste Eruption in der jüngeren Geschichte ereignete sich am 9. September 1946 auf der am äußersten Nordwestrand des Staatsgebietes gelegenen Insel Niuafo'ou,[4] deren Vulkan schon vorher (1943, 1936, 1929, 1853) durch die Dörfer und Felder überflutende Lava zu schweren Schäden geführt hatte. 1946

1) HOFFMEISTER,J.E., 1932, S.14
2) JOHNSTONE,R.D., 1978, S.153
3) Wie sich das auf das Denken und Zusammenleben der Bewohner auswirkt, s. RIDDLE,T., 1979
4) Eine Augenzeugenschilderung bei CRANE,E.A., 1979, S.10; vergl. ders., 1978, S.4

mußten sogar alle 1300 Einwohner evakuiert und nach 'Eua umgesie-
delt werden; erst 1958 begann man mit der Rücksiedlung von 200
Bwohnern,[1] seit 1981 scheint die Wiederbesiedlung durch die Vergabe von Landbesitz-Titeln vorläufig abgeschlossen.[2]

Da die vorhandene Literatur die übrigen Inseln Tongas in zahlreichen Einzeldarstellungen erschöpfend beschreibt, kann auf einen
längeren deskriptiven Teil an dieser Stelle verzichtet werden. Soweit dies zum Verständnis erforderlich ist, wird im Kapitel III
bei der Darstellung der Beispieldörfer der physisch-geographische
Hintergrund mitberücksichtigt.[3]

1.3   Natürliche Ressourcen

Bei jeder Diskussion auf der Grundlage auch unterschiedlicher
Entwicklungskonzepte ist es angebracht, zunächst die Auflistung
der auswertbaren natürlichen Ressourcen in Betracht zu ziehen.

Wie im einführenden Kapitel angedeutet, müßte eine Bilanz der
Umweltgegebenheiten eigentlich für Tonga - und andere kleine Inselstaaten - auf der negativen Seite beginnen, weil

> "the general tendency over the last century has been for
> the isolation of the Pacific countries from the major cen-
> tres of technical innovation and industrial development
> relative to other parts of the world, to increase rather
> than decrease, and for small size and intra-country frag-
> mentation to become increasingly disadvantageous relative
> to conditions in larger and more compact states." 4)

Etwa beim Versuch der Partizipation an weltweiten Handelsverflech-
tungen entstehen einem Land wie Tonga also Nachteile gegenüber
gößeren Ländern. Diese Nachteile (z.B. die Isolation in seiner
geographischen Lage, die Kleinräumigkeit und die Zersplitterung

---

1) CRANE,E.A., 1979, S.11
2) Eine Arbeit über die durch diese Vorgänge und die Abgelegenheit dieser
   Insel beeinflußte Sozialstruktur hat ROGERS,G., 1968, verfaßt.
3) s. dazu im einzelnen das von der amerikanischen NAVAL INTELLIGENCE DIVISION
   herausgegebene Handbuch "Pacific Islands, Vol.III", S.14ff und bes. S.90-112.
   In deutscher Sprache s. auch das Werk von OLDOFREDI,A.E., 1975, das sich auf
   den Seiten 17-40 eng an die obengenannte Vorlage anlehnt.
4) WARD,R.G. "The Environmental Context" in WARD,R.G. & PROCTOR,A. (Hrsg.),
   1980, S.22f

der Gesamtfläche) nehmen nicht - wie man vermuten könnte - mit
der technischen Entwicklung ab, sondern relativ zu kompakteren
Kontinentalstaaten zu.

Bezogen auf etwa in Tonga vorhandene Bodenschätze vertritt das
Central Planning Department in seinem letzten Entwurf zum vierten
Entwicklungsplan (1980 - 1985) eine ähnlich pessimistische Hal-
tung. Es wird festgestellt:

"No commercially exploitable minerals have yet been dis-
covered, although intensive research is being undertaken." 1)

In einem merkwürdigen Mißverhältnis zu dieser Aussage steht die
Tatsache, daß die Suche nach Bodenschätzen - und hier in erster
Linie Öl-Exploration - das "primary objective"[2] der tonganischen
Entwicklungsstrategie darstellen soll, obwohl die Aussichten, auf
eine ergiebige Ölquelle zu stoßen, denkbar gering sind.[3] Der
Hintergrund dieser Entwicklung wird nur halbwegs einleuchtend,
wenn man bedenkt, daß in einem speziell erlassenen Öl-Gesetz[4]
dem ausländischen Öl-Konsortium Webb (Resource Inc., USA) weitest-
gehende Vorteile eingeräumt wurden. Schon überzeugender ist das
Argument, daß durch die von Webb Tonga für die bisher erfolglosen
Probebohrungen an der Südostseite Tongatapus investierten - und
steuerlich absetzbaren - 10 Mill. US $ immerhin "some local em-
ployment" initiiert wurde.[5]

An tatsächlich vorhandenen "Bodenschätzen" sind zu nennen der
Sand an den Küsten Tongas, von dem allein auf Tongatapu zwischen
1975 und 1980 circa 100.000 t für Bauzwecke abgetragen wurden [6]
und Korallengestein, das als Drainage für den Straßenbau und als
Rohmaterial zur Herstellung von Hohlblockziegeln Verwendung findet. 1979/80 wurden davon in 14 Steinbrüchen jährlich circa
75.000 t abgebaut.[7] Der ökologischen Fragwürdigkeit dieses Raub-

1) KINGDOM OF TONGA, Central Planning Department "Revised Draft, DP IV, Chap.
   Mining, Quarring and Natural Resouces, 21. May 1981", S.2
2) ebd., S.7; vergl. auch ebd., S.1
3) vergl. ALLING,H.L., 1932, "Petrography" in HOFFMEISTER,J.E., 1932
4) KINGDOM OF TONGA "Act No.3 of 1969, Petroleum Mining Act", Zusatzartikel
   "No.1 of 1970, Petroleum (Income Tax) Act" und Zusatzartikel "No.15 of 1976"
5) KINGDOM OF TONGA, CPD, 1981, S.8
6) ebd., S.8
7) ebd., S.9f

baus an "nicht regenerierbaren Rohstoffen"[1] wird neuerdings durch
Gesetzesentwürfe zur Kapazitätsbeschränkung Rechnung getragen. Die
beabsichtigten Gesetzesänderungen sind unter anderem auf eine Um-
weltstudie der South-Pacific Commission zurückzuführen,[2] aber
auch auf die starke Staubbelästigung auf den Straßen.

Dieselbe Studie macht auf die Gefährdung einer anderen über-
strapazierten Umweltressource aufmerksam: dem letzten in Tonga erhaltenen Stück Primärwald auf der Insel 'Eua.[3] Die Möglichkeiten,
die Hölzer dieses Waldes als Baumaterialien zu verwenden, werden
sehr bald erschöpft sein, wenn man nicht schnellstmöglich mit der
Wiederaufforstung bereits abgeholzter Flächen beginnt. Der drohenden Gefahr der völligen Vernichtung sind die Sandelholzbestände
Tongas bereits fast erlegen: Von europäischen Händlern im letzten
Jahrhundert und von asiatischen in den letzten Jahrzehnten ausgebeutet, hat man heute Mühe, einige wenige Stücke zur Herstellung
kunsthandwerklicher Schnitzereien aufzufinden.[4]

Über die natürliche Ausstattung eines Inselstaates zu reden,
ist nicht möglich, ohne das Potential des umgebenden Meeres mit
in Betracht zu ziehen. Schon für frühere Zeiten ist festgestellt
worden:

"Traditionally, coastal communities in the Pacific Islands
obtained a significant proportion of their protein food
from the lagoons, reefs and offshore waters."   [5]

Die Nutzung der Fischbestände in den Lagunen, im inneren Riff-
bereich und in den küstennahen Gewässern Tongas zeigt allerdings
auch schon bedenkliche Konsequenzen: Durch die stark angewachsene
Bevölkerung, Austrocknung der Mangroven-Sümpfe als Brutstätten
der Riff-Fische und durch verbesserte Fangtechniken zeigen sich
insbesondere in der Nähe von Nuku'alofa Tendenzen einer Über-
fischung des Bestandes. Auf den äußeren Inseln deutet sich eine
ähnliche Entwicklung bisher nur an. Der Ersatz dieser auf Sub-

1) so die Klassifizierung nach GLOBAL 2000, 1980, z.B. S.27
2) DAHL,A.L., 1978, spez. S.4 und 9
3) ebd., S.6; vergl. auch MEYER,P.A., 1974, S. 63ff
4) s. CROCOMBE,M., 1964, als Vergleich zu den Cook-Inseln
5) WARD,R.G., 1980. in WARD,R.G. & PROCTOR,A. (Hrsg.), S.17

sistenzbasis zu erzielenden Proteinquelle durch importierte Fisch-
konserven - ein Prozeß, der sich selbst in der heute noch fischreichen Ha'apai-Gruppe vollzieht - muß als ökonomisch fragwürdig
und ernährungsphysiologisch unsinnig angesehen werden.

Dabei scheint die Möglichkeit, die im Vergleich zur Landfläche
riesigen Hochseegewässer Tongas ökonomisch zu nutzen, auf der
Hand zu liegen: Wirtschaftlich interessant sind vor allem Tun-
fischarten wie "Skipjack", die auch in tonganischen Gewässern in
großen Mengen durchziehen.[1] Bislang sind solche Entwicklungsmöglichkeiten vor allem an den hohen Investitionskosten für eine
Hochsee-Flotte und der mangelnden Ausbildung tonganischer Fischer
gescheitert. Stattdessen werden die Skipjack-Bestände auch heute
noch - auf einer fragwürdigen Rechtsgrundlage - durch ostasiati-
sche, sowjetische und amerikanische Flotten ausgebeutet; ein Zustand, gegen den die aus zwei Patroullienbooten bestehende tonganische Marine machtlos ist.

Zwar hat Tonga einseitig - wie viele andere Länder - eine ex-
klusive Wirtschaftszone (EEZ) von 200 Meilen erklärt; diese und
erst recht darüber hinaus gehende Ansprüche werden jedoch von
anderen Ländern aufgrund des bisher nicht ratifizierten neuen
internationalen Seerechtsabkommens, das vor allem von den großen
Industrieländern boykottiert wird, nicht anerkannt.[2] Streitpunkte
in diesen Verhandlungen für eine neue Konvention sind - neben
migratorischen Fischarten wie dem Skipjack[3] - vor allem große,
auch im Pazifikbecken vermutete Manganknollenvorkommen.

Diese bisher recht dürftig ausfallende Bilanz der natürlichen
Ausstattung des tonganischen Archipels nimmt eine positive Wen-
dung, wenn man die Böden des Landes in Rechnung stellt, deren
außerordentliche Fruchtbarkeit auf einem Bodenkunde-Seminar von
neuseeländischen Spezialisten festgestellt wurde:

"Most tropical countries have their fair share of poorer
soils, but in Tonga we are constantly amazed at the superior

---

1) KEARNEY,R.E. & GILLET,R.D., 1978
2) s. BUCHHOLZ,H.J., 1983; DABB,G., 1981, in CARTER,J. (Hrsg.)
3) s. SPC, 1976

quality of the greater proportion of your soils." [1)]

Obwohl auch diese Einschätzung nur auf wenigen Stichproben-Analysen beruht, kann davon ausgegangen werden, daß sie auf den überwiegend vorkommenden krümeligen Lehmboden, der unter dem Lokalbegriff *keleʃatu* bekannt ist, zutrifft (s. Abb. Nr. 6). *Keleʃatu*, entstanden durch die von der westlichen Inselkette herübergewehte und inzwischen verwitterte Vulkanasche, ist allgemein anzutreffen auf den höhergelegen (über 3m ü.d.M.) Inselteilen,[2)] wovon nur größere Teile der Insel 'Eua ausgeschlossen sind.[3)] Dieser rötlichbraune bis schwarze, lehmige Boden erreicht Mächtigkeiten zwischen einem und drei Metern,[4)] hat (für tropische Länder wichtig!) gute Drainage-Eigenschaften und verteilt sich annähernd homogen auf die meisten Inseln der östlichen Kette.

Davon ausgenommen sind - wie erwähnt - weite Teile 'Euas, ein schmaler Küstenstreifen am Nordrand der Hauptinsel Tongatapu (etwa 10% der Gesamtfläche) und vor allem große Teile der niedrigen Koralleninseln in der Ha'apai-Gruppe. Diese Gebiete werden bedeckt von einem lehmig-sandigen, weniger fruchtbaren Boden mit der Lokalbezeichnung *tou'one*. Diese *tou'one*-Böden stammen "von verwitterten Korallenriffen und marinen Alluvionen",[5)] reichen in der Farbe von hellgrau bis dunkelbraun und sind wegen ihrer sandigen Textur, die einen schnelleren Wasserablauf bewirkt, sehr gut geeignet für einige der traditionellen Hackfrüchte.

Die beiden beschriebenen Bodentypen machen durch ihre chemische Zusammensetzung[6)] und gleichmäßige Verteilung die wichtigste - wenn nicht einzig bedeutende - natürliche Ressource Tongas aus; jede Strategie zur Entwicklung des natürlichen Potentials Tongas sollte von dieser Tatsache ausgehen.

---

1) hier zitiert nach CRANE,E.A., 1979, S.18; s. auch WIDDOWSON,J.P., 1977; im gleichen Sinne äußert sich GIBBS,H.S., 1967, auf den die Unterscheidung der im folgenden beschriebenen Bodentypen als "A=uplands", "B=lowlands" zurückgeht, S.220
2) THAMAN,R.A., 1975, S.31; auch MAUDE,A., 1965, S.12ff
3) MEYER,P.A., 1974, umschreibt dies in seiner Studie durch: "Unlike most of the Tongan Islands, 'Eua is not comletely arable by traditional methods of agriculture", S.88
4) nach THAMAN,R.R., 1975, S. 31 und COTTRELL-DORMER,W., 1941, S.3
5) so bezeichnet von MURR,K., 1971, S.1971, S.197; vergl. HARDAKER,J.B., 1975,S.87
6) s. dazu WIDDOWSON,J.P., 1977; MAUDE,A., 1965, S.217

ABB.6: BODENKARTE VON TONGATAPU

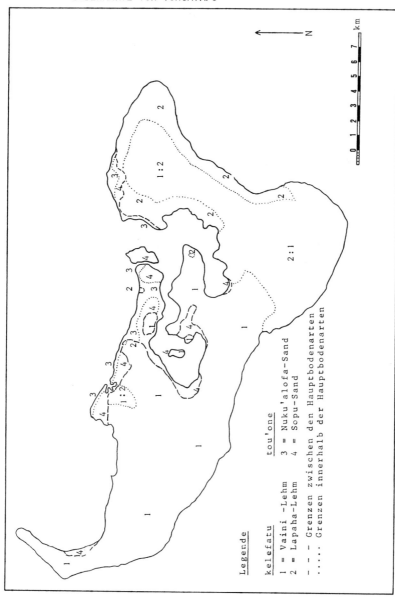

Legende

k e l e f a t u   t o u ' o n e

1 = Vaini -Lehm   3 = Nuku'alofa-Sand
2 = Lapaha-Lehm   4 = Sopu-Sand

– – – Grenzen zwischen den Hauptbodenarten
..... Grenzen innerhalb der Hauptbodenarten

Quellen: GIBBS,H.S.(1968); THAMAN,R.R.(1975)

1.4   Klima und Vegetation

Neben der Fruchtbarkeit der Böden stellt das wechselfeuchte,
milde Klima eine weitere günstige Naturausstattung dar; in der
Klassifikation von Köppen und Geiger hat es die Bezeichnung Am.[1]
Tonga liegt im Bereich der Südost-Passate und am Rande der tropischen Zone, was insbesondere in der Trockenzeit zwischen Mai
und November ein merklich kühleres Klima bewirkt als etwa in den
nördlichen Nachbarländern Samoa und Fiji. Die Jahresdurchschnitts-
temperatur liegt bei 24,4°C [2] mit einer Amplitude der monatlichen
Durchschnittstemperaturen von nur 4°C (s. Abb. Nr. 7).

Der Verlauf der Niederschlagswerte, die ein jährliches Mittel
von 1728mm erreichen,[3] ist der Temperaturkurve ähnlich. Die
monatlichen Minima liegen in den kühleren (um 22°C) Monaten Mai
bis Oktober, was in dieser Zeit den Anbau von Agrarprodukten der
gemäßigten Breiten möglich macht und damit - zumindest theoretisch -
den Vorstoß auf den australisch-neuseeländischen Markt (etwa mit
Tomaten im Süd-Winter) eröffnet. Diese klimatische Begünstigung
wird unter den anderen Pazifik-Staaten nur von den südlichen
Cook-Inseln geteilt; ein Umstand, der im Hinblick auf eine mögliche Konkurrenzsituation beim Aufbau einer Exportwirtschaft von
Bedeutung sein kann.[4]

Immerhin liegt Tonga soweit im Einflußbereich tropischen Klimas,
daß es von gelegentlichen Wirbelstürmen (Cyclones) nicht verschont
bleibt. In der feuchten Jahreszeit zwischen Dezember und März
schieben sich solch verheerende Wetterlagen im Abstand von einigen
Jahren bis an eine Grenze zwischen Ha'apai und Tongatapu vor. Relativ selten sind Cyclone-Schäden auf der südlicheren Hauptinsel,
wie etwa durch Cyclone Fay im Dezember 1978 oder - als bisher
folgenschwerster - Cyclone Isaac vom 3. März 1982. Die katastro-

---

1) s. u.a. CRANE,E.A., 1979, S.25; THAMAN,R.R., 1975, S.23ff; WOOD,A.H., 1932,
   S.85; KENNEDY,T.F., 1959
2) nach CRANE,E.A., 1979; die Angaben bei THAMAN,R.R., 1975, weichen etwas davon ab, S.24
3) ebd.
4) vergl. WARD,R.G., 1980, S.12

ABB.7: KLIMADIAGRAMM

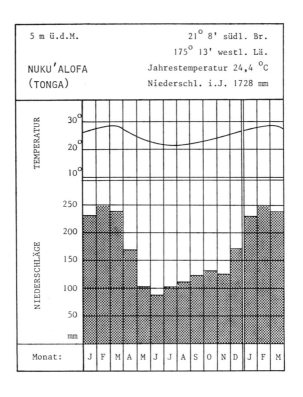

5 m ü.d.M.   21° 8' südl. Br.
                             175° 13' westl. Lä.
NUKU'ALOFA   Jahrestemperatur 24,4 °C
(TONGA)   Niederschl. i.J. 1728 mm

phalen Folgen solcher Unwetter liegen äußerst selten in Personen-
schäden; regelmäßig werden dabei jedoch große Teile der Bananenernte zerstört. - Vergleichbar destruktive Wirkung können auch
kleinere Wirbelwinde mit der lokalen Bezeichnung *ahiohio* haben,
wie das Beispiel der totalen Verwüstung eines Hotels in Nuku'alofa
im Mai 1981 gezeigt hat.

Fruchtbarkeit der Böden und ein im allgemeinen gemäßigt tro-
pisches Klima waren die Voraussetzungen zur Ausprägung von Vege-
tationsformen, deren Primärstadium als dichter Regenwald heute
noch - wie erwähnt - in einem zusammenhängenden Gebiet auf 'Eua
zu finden ist. Weitere Reste des Primärwuchses sind als tropischer
Wald nur noch in kleineren Enklaven erhalten, vor allem auf abgelegenen Inseln wie Niuafo'ou, aber auch in Teilen von Vava'u.
Zudem sind - auch auf kleineren Flächen - andere primäre Pflanzen-
formationen erhalten wie die Mangroven- und Sumpfvegetation, die
Küstenvegetation (vor allem an der windzugewandten *liku*-Seite[1]
der Inseln) und Pflanzen, die sich an die Wachstumsbedingungen
auf relativ jungem vulkanischen Material angepaßt haben.[2]

Der auf über 3.000 Jahre angesetzte menschliche Einfluß[3] hat
aber auch in Tonga bewirkt, daß durch Formen der "shifting cultivation" der heute auf den nicht aktiv genutzten Flächen anzutreffende dichte "Busch" als Sekundärwuchs zu bezeichnen ist.[4] Dabei
ist 'nicht aktiv genutzt" häufig unzutreffend: Dieser aus Guava
(Psidium guajava), Lantana (Lantana camara) und anderen Klein-
bäumen bestehende Busch ist zumindest zum Brennholz-Sammeln und
als extensive Weide für Pferde, Rinder und Schweine geeignet. Die
häufig überpflanzten Kokospalmen werden auf solchen Flächen -
aufgrund des dichten Unterwuchses - allerdings nur episodisch genutzt.

---

1) Zu den Pandanus-Formationen an den Kliffküsten der liku-Seite äußert sich
   SETCHELL,W.A., 1926, S.440 ausführlich.
2) Eine umfassende vegetationsgeographische Darstellung der Flora Tongas findet
   sich vor allem bei THAMAN,R.R., 1975, S.36ff und insbesondere die Karte
   S.38. Hier wird zwar exemplarisch Tongatapu herausgegriffen, die Verhältnisse auf den anderen Inseln sind jedoch sehr ähnlich; vergl. auch MAUDE,A.,
   1965, S.18ff
3) GROUBE,L.M., S.313
4) Nach einer Schätzung von SEVELE,V.F., 1979, S.21, machen diese nicht durch
   Pflanzungen genutzten Flächen mehr als 65% der gesamten Landfläche Tongas
   aus.

Obwohl in der Literatur umfassend dargestellt,[1] erscheint es
zum Verständnis der in den folgenden Kapiteln geschilderten Landnutzungsuntersuchung sinnvoll, hier eine kurze Darstellung der
wichtigsten Kulturpflanzen Tongas zu geben:

Eine der ältesten Kulturpflanzen der Menschheit hat auch in
Tonga als prestigeträchtiges, mit hohem Sozialstatus assoziiertes
Nahrungsmittel große Bedeutung: Yams (tonganisch: *'ufi* / Dioscorea
esculenta). Auf Yams basierender Ackerbau hat sich um 3.000 v.Chr.
in zwei voneinander unabhängigen Kulturen in Westafrika und Süd-
ostasien entwickelt und gelangte von Asien vor etwa 2.000 Jahren
- also weit vor Ankunft der Europäer - in die Pazifischen Inseln.[2]
Diese Hackfrucht, von der auf der jährlichen Agrarausstellung
Exemplare von über zwei Meter Länge und 15 Kilogramm Masse gezeigt werden, wird allgemein auf Subsistenzbasis in der trockenen
Jahreszeit gepflanzt und braucht ein halbes bis ein Jahr zur Reife.
Die Erträge liegen zwischen 15 und 20 t/ha.[3]

Ähnlich hohes Prestige und einen relativ hohen Nährwert besitzt
eine weitere Knollenfrucht, der (Riesen-)Taro (tonganisch: *kape* /
Alocasia macrorrhiza), dessen Reifezeit ebenfalls bis zu einem Jahr
dauert und der Erträge um 25 t/ha liefert. Andere, sehr geschätzte
Taro-Varietäten sind *talo tonga* / Colocasia esculenta und *talo
futuna* / Xanthosoma violaceum mit Erträgen um 15 t/ha; besonders
diese Sorten haben sich in den letzten Jahren zum erfolgreichen
Exportprodukt für im Ausland lebende Tonganer entwickelt.

Die Süßkartoffel (tonganisch: *kumala* / Ipomoea batatas) hat im
Zusammenhang mit der akademischen Auseinandersetzung um Ursprung
und Migration der polynesischen Völker nahezu Berühmtheit erlangt.[4]
Man kann feststellen, daß die Süßkartoffel - im Gegensatz zu den
anderen Kulturpflanzen - von Amerika in den Pazifik gelangt ist;
bedeutend für die Untersuchung dagegen ist die Tatsache, daß die

---

1) vor allem HARDAKER,J.B., 1975, S.310ff; THAMAN,R.R., 1975, S.48ff
2) nach PLUCKNETT,D.L. (Hrsg.), 1970, S.87f
3) HARDAKER,J.B., 1975, S. 313; auch die weiteren Ertragsangaben sind diesem
   Titel entnommen
4) s. z.B. die Darstellung bei Te Rangi Hiroa (Sir Peter Buck), 1938, S.321-324;
   in diesem Kapitel wird auch detaillierter auf die Einführung anderer Kulturpflanzen in den Pazifik eingegangen; vergl. auch KREISEL,W., 1981

Pflanze seit 1980 von einer eingeführten Blattkrankheit befallen
ist und seitdem kaum noch erfolgreich angebaut werden kann.

Eine weitere Knollenfrucht, der Maniok (englisch: manioc, cassava oder tapioca; tonganisch: *manioke* / Manihot esculenta) ist
als Nahrungsmittel sehr umstritten. Maniok verfügt über die Ei-
genschaften, schnellwüchsig und genügsam zu sein; d.h. mit geringem Arbeitsaufwand kann die Pflanze auch auf ausgelaugten Böden
oder als letztes Glied in der Fruchtfolge angebaut werden. In der
Energiebilanz heißt das: "it can convert enormous amounts of
energy into a basic raw material, starch."[1] Es heißt aber auch,
daß die Pflanze außer Stärke kaum verwertbare Inhaltsstoffe hat,
nämlich nur 1,0% Protein, und damit die "least nutritious of the
root crops"[2] ist. Obwohl auch vom Geschmack und dem mit der Pflanze verbundenen Sozialstatus dem Maniok weniger abgewinnen können
als den anderen Knollenfrüchten, nimmt es doch bezüglich Anbaufläche und Konsumhäufigkeit die erste Stellung ein mit 37% der
Hauptanbaufrüchte.[3] Die beschleunigte Entwicklung zu diesem Zustand, der in Ländern, in denen der Bedarf an Grundnahrungsmitteln
weitgehend gedeckt ist, als ernährungsphysiologisch nicht wünschens-
wert bezeichnet werden muß, ist in Tonga noch nicht sehr alt
(Schätzungen des Landwirtschaftsministeriums belaufen sich auf
circa 15 Jahre). Ob dies hinreichend mit dem Vorzug für "less
labour demanding crops, such as cassava"[4] erklärt werden kann,
erscheint zweifelhaft; vielmehr soll hier die These formuliert
werden, daß dieser Rückgriff auf weniger zeit- und arbeitsinten-
sive Methoden zur Deckung der Nahrungsgrundlage in Zusammenhang
steht mit den erhöhten Flächen- und Arbeitsanforderungen einer
wachsenden marktorientierten Produktion. Anhand der Ergebnisse
der Landnutzungsuntersuchung soll diese Aussage überprüft werden
(vergl. Kap. IV).

Ein Hauptnahrungsmittel mit ähnlich großer, wenn auch nur sai-
sonaler Bedeutung sind die Früchte des Brotfruchtbaums (tonganisch:

1) MARTIN,F.W., 1970, S.53 in PLUCKNETT,D.L. (Hrsg.)
2) WARD,R.G., 1980, S.41
3) THAMAN,R.R., 1975 b), "The Nature and Importance of Tongan Root Crop Production", S.3
4) WARD,R.G./HAU'OFA,E., 1980, in WARD,R.G. & PROCTOR,A. (Hrsg.); vergl. auch
HAU'OFA,E., 1979

mei / Artocarpus altilis), deretwegen die Briten im 18. Jahrhundert Expeditionen in die Südsee schickten, um ihre Sklavenkolonien in der Karibik zu versorgen. [1]

Lange Zeit das einzige und heute noch das wichtigste Exportprodukt ist die Kokosnuß (tonganisch: *niu* / Cocos nucifera). Kokospalmen , machmal in Reihen, aber öfter nach einer recht willkürlich erscheinenden Methode gepflanzt, bedecken den größten Teil aller Inseln Tongas, unter anderem weil seit Bestehen Tongas als Konstitutionelle Monarchie die Vergabe von Land mit der Anpflanzung von Kokospalmen gesetzlich verbunden ist. [2] Seit der ursprünglichen, groß angelegten Bepflanzung am Ende des letzten Jahrhunderts haben die Bestände jedoch häufig das produktive Alter überschritten, was in den sechziger Jahren zu staatlich organisierten Neupflanzungsaktionen (Coconut Replanting Scheme 1966, Coconut Subsidy Scheme 1967) geführt hat. Außer als Exportprodukt werden fast alle Teile der Kokospalme für den Eigengebrauch verwertet (etwa zum Kochen, Hausbau usw.).

Zu den volkswirtschaftlich wichtigen Pflanzen gehört auch die Banane (tonganisch: *siaine* / Musa Sapientum), deren hauptsächlich auf Neuseeland orientierter Exportmarkt durch Ausbruch einer Blattkrankheit in den sechziger Jahren praktisch zusammenbrach. [3] Auch als Subsistenzfrucht hat die Banane - und vor allem die Kochbanane (tonganisch: *hopa* / Musa paradisiaca) - große Bedeutung.

Auch das Kava (*kava* / Piper methysticum), ursprünglich als Volksdroge nur zum eigenen Genuß oder für den binnenländischen Markt produziert, ist im Begriff, ein Exportartikel mit größerer Bedeutung zu werden: Schaltete man bis vor wenigen Jahren noch Zwischenhändler in Fiji zur Belieferung des europäischen Pharmamarktes ein, so erlaubt die nunmehr direkte Belieferung größere Gewinnspannen, die für die Zukunft eine Erweiterung der Anbaufläche erwarten lassen.

---

1) Zu entnehmen den Aufzeichnungen von Captain William Bligh, dessen Mission 1789 durch die berühmte "Meuterei auf der Bounty" in tonganischen Gewässern scheiterte.
2) CAMPBELL WYLIE,Sir, 1967, "The Law of Tonga", Vol.II, Chap.63, Div.5, Art.68 "Allotment Holder's Duty to Plant..."
3) US-amerikanische Großkonzerne mit vergleichsweise riesigen Plantagen in Mittelamerika sprangen hier hilfreich in die Bresche.
4) SIMIKI,T.T., 1979; DEAN,M.K.D. & SORRENSON,W.J., 1980; DP IV, 1981

Schon teilweise realisiert wurde der Ausbau der Vanille-Produktion (tonganisch: *vanila* / Vanilla planifolia), hauptsächlich auf dem klimatisch etwas günstiger gelegenen Vava'u. Vanille stammt ursprünglich aus Mexiko und wurde nach Entdeckung des manuellen Pollinationsverfahrens seit 1841 in großem Stil auf Inseln im Indischen Ozean kultiviert (besonders auf Réunion, Madagaskar und den Komoren-Inseln; vergl. Abb. Nr. 1). Als in den siebziger Jahren aus den größten Erzeugerländern die französische Kolonialverwaltung abzog, erlebte der Weltmarkt einen tiefen Einbruch. Tonga erhielt damit die wohl einmalige Startchance, sich einen Anteil an diesem Markt zu sichern, was sich in den sehr optimistischen Projektentwürfen ablesen läßt.[1]

Im Zuge einer wachsenden Marktorientierung wird der Anbau weiterer Kulturpflanzen propagiert: unter anderem Wassermelonen, Ananas, Erdnüsse und verschiedene Gemüsesorten wie Tomaten, Paprika, Auberginen, Bohnen ..., die zunehmenden Absatz auch auf den lokalen Märkten finden. Problematisch ist in diesem Zusammenhang die Vermittlung geeigneter Anbautechniken, wozu zahlreiche australische, neuseeländische, amerikanische, englische und deutsche Entwicklungsorganisationen beitragen.[2] Problematisch sind auch das durch großflächigen Anbau geförderte Auftreten von Pflanzenkrankheiten und - in der Folge - der wachsende Mißbrauch von Pflanzenschutzmitteln. Hier sollte unter anderem das deutsche "Projekt Nr. 77.2070 Königreich Tonga: Pflanzen- und Ernteschutz-Programm"[3] zu geeigneten Lösungen beitragen.

1) FA'ANUNU,H., 1981; TIOLLIER,V., 1980
2) z.B. durch Trainingskurse wie OFFICE OF THE AUSTRALIAN DEVELOPMENT ASSISTENCE AGENCY, 1974
3) ZEDDIES,J. & HILLE,M., 1979, s. besonders S.4

2. HISTORISCHE GRUNDLAGEN

Im folgenden Abschnitt soll nun - als Teil der Darstellung des
sozialen Gefüges - der Versuch unternommen werden, einen Abriß
der Geschichte Tongas zu geben. Dies geschieht nicht in der Absicht, eine lückenlose Folge von historischen Details zu vermitteln; vielmehr soll der Hintergrund einer Struktur transparent
werden, deren Elemente auch heute noch für das Bewußtsein einer
nationalen kulturellen Identität von Bedeutung sind. Insbesondere
wird in diesem Abschnitt nicht auf die Entwicklung des Bodenrechts
im einzelnen eingegangen; dennoch hat die geschichtliche Einordnung praktische Relevanz für die Agrarstruktur wie sie heute vorgefunden wird:

> "An understanding of the historical process behind the
> present state of a particular country is a first require-
> ment for a realistic estimation of the agrarian situation."1)

Wenn man davon ausgeht, daß jede Art von Geschichtsschreibung
immer nur Interpretation von Zeitgeschehen sein kann, dann gilt
dies insbesondere für die vor-europäische, schriftlose Zeit der
tonganischen Geschichte, in der man zur Fixierung historischer
Tatbestände auf sein Gedächtnis angewiesen war. Die Frage erhebt
sich, welcher Selektionsmechanismus dabei in Kraft tritt; eine
Frage, die Crocombe folgendermaßen beantwortet:

> "Whoever's memory is being relied on reflects that person's
> selfinterest, which is likely to nudge his memory a little
> in the direction of the selfinterest of himself or his group"2)

In der Tat war geschichtliche Überlieferung in den extrem hierarchisch geordneten Gesellschaften Polynesiens - so fährt Crocombe
fort - die Aufgabe

> "of a few selected specialists who were, or supported the
> interests of, people of high rank or power. So they gener-
> ally remembered better the interests of those further up,
> than those further down."

---

1) COHEN,S.I., 1978, S.4
2) CROCOMBE,R.G., 1979, S.17

Dieser Tatbestand, so evident er - nicht nur für die tonganische
Geschichtsschreibung - erscheinen mag, verdient besondere Beachtung, wenn im folgenden auch die als Klassiker anerkannten Werke
von Anthropologen und Historikern zitiert werden, die ihre Informationen eben von solchen "selected specialists" bezogen haben. [1]

Eingedenk dieser Bemerkung - und um das nationale Selbstver-
ständnis nachvollziehbarer werden zu lassen - soll im folgenden
zur Entstehungsgeschichte des Inselreiches ein Beitrag aus der
tonganischen Mythologie zitiert werden:

Die Familie der Maui, bestehend aus Großvater, Vater und Sohn,
reiste nach Manu'a (Samoa), um von dem legendären Tangoloa - mit
dem Beinamen: der das Land aus dem Wasser gefischt hat - einen
Zauberhaken zu erhalten. Tangaloa - oder auch kürzer: Tonga) war
zwar unwillig, sich von seinem magischen Fischhaken zu trennen,
bot jedoch an, daß seine Gäste sich aus der Vielzahl seiner Ha-
ken einen als Geschenk aussuchen dürften. Durch die List und den
Charme des Sohnes Maui-kisikisi, der in der Nacht zuvor mit der
Frau des Gastgebers Tonga geschlafen hatte, erfuhren die Maui vom
Aussehen des richtigen Hakens, fuhren nach Süden und fischten damit die Tonga-Inseln aus dem Meer. [2]

Die Legende fährt fort damit, daß die Menschen, die in der
tonganischen - ähnlich wie in der samoanischen - Mythologie aus
Würmern entstanden sind, dann von dem ersten König Kohai beherrscht wurden. Eines Tages stieg ein Gott aus dem Himmel und
zeugte mit einer der schönen Töchter des Inselreiches[3] einen
Sohn mit dem Namen Ahoeitu. Dieser Sohn wurde um 950 n.Chr. der
erste *Tu'i Tonga*, also Gründer einer neuen Dynastie, die bis zur
Mitte des 15. Jahrhunderts das Land beherrschte. [4]

---

1) Ohne weiteres können in diese Kategorie etwa GIFFORDs "Tongan Society", 1929,
   oder WOODs "History and Geography of Tonga", 1932, einbezogen werden, aber
   auch andere. Eine auf die hier relevante Literatur bezogene, generelle Kritik etwa bei DECKTOR KORN,S.R., 1974; URBANOWICZ,C.F., 1972, resigniert in
   seiner Dissertation vor der Unmöglichkeit einer realitätsnahen Rekonstruktion.
2) so eine von MARTIN,J., 1911, S.165f, und TE RANGI HIROA (Sir Peter Buck), 1942,
   S.298, ausgewählte Version der Genesis
3) Diese auch von Häuptlingen ausgeübte Praxis gab in der Folge Anlaß zu roman-
   tisierenden Darstellungen über die Existenz von "freier Liebe" in der Südsee;
   vergl. dazu: MEAD,M., 1928; FREEMAN,D., 1983; WIEMER,H.-J., 1984
4) s. TE RANGI HIROA, 1942, S.299f; WOOD,A.H., 1932

Handgreiflich wird es wieder, wenn man bedenkt, daß auch der
Machtanspruch der heute herrschenden Tupou-Dynastie durch die
direkte Erbfolge zur *Tuʻi*-Linie abgeleitet und damit als gottge-
geben angesehen wird.

Die Frage des Ursprungs der polynesischen - und damit der tonganischen - Bevölkerung ist jedoch auch von Wissenschaftlern an-
gegangen worden, die dem Problem mit ernster zu nehmenden Methoden zu Leibe rückten. Die Untersuchung von "Rassen"-Merkmalen [1]
und deren Wanderung, die Ausbreitung von Sprachelementen und
sonstigen Kulturerrungenschaften [2] führte zur Ausprägung zweier
Theorien, die im wesentlichen auf eine Einwanderung aus westlicher
Richtung [3] und zum anderen eine - wesentlich weniger abgesicherte -
Einwanderung aus östlicher Richtung führte. [4]

Über das Leben der Bevölkerung in Tonga von der Besiedlungs-
phase bis in die Schriftzeit läßt sich ebenfalls nur ein fragmen-
tarisches Bild gewinnen. Durch neuere Radiokarbondatierungen nach
der ^{14}C-Methode gilt immerhin als gesichert, daß Tonga um 1140
v.Chr. besiedelt war, [5] wobei schon damals der Siedlungsschwer-
punkt auf der Hauptinsel Tongatapu lag. Archäologische Funde lassen weiterhin darauf schließen, daß die Bewohner über eine relativ hochstehende materielle Kultur verfügten: so etwa die Lapita-
Töpferei, [6] die in dieser frühen Epoche mit sehr fein ausgepräg-
ten Dekors versehen war. Tonganer dieser Zeit stellten mit Stein-
und Muschelwerkzeugen hochseetüchtige Kanus her und waren mittels
einer ausgefeilten Navigationstechnik in der Lage, planmäßige
Reisen auch zu weit abgelegenen Inseln durchzuführen. Darüberhinaus praktizierten sie reine Subsistenzwirtschaft, [7] basierend auf
"root and tree horticulture, fishing and domesticated animals." [8]

---

1) Ein Beispiel im deutschen Sprachraum findet sich bei OLDOFREDI,A.E., 1975
   in dem Abschnitt "Der Volkscharakter", S.122ff; vergl. KOCH,G.,1949, und
   ders. 1955, S.15ff.
2) s. OLIVER,D.L., 1961, Kap.II, S.14ff
3) z.B. TE RANGI HIROA, 1942, S.26; u.v.a.m.
4) s. HEYERDAHL,T., 1952; zum Stand der Diskussion s. KREISEL,W., 1981; eine
   weitere Theorie diskutiert BLANC, 1934, S.5
5) nach CARTER,J. (Hrsg.), 1981, S.417f; GROUBE,L.M., 1971
6) POULSEN,J., 1967, S.156ff; vergl. ebenfalls GROUBE,L.M., 1971
7) Handel zwischen pazifischen Inselgruppen war zwar technisch möglich, wegen
   der Ähnlichkeit in naturräumlicher Ausstattung und materieller Kultur jedoch nicht sehr ausgeprägt.
8) SUGGS,R.C., 1960, S.93; vergl. MAUDE,A., 1965, S.24

ABB.8: GENEALOGIE DER TUPOU-DYNASTIE

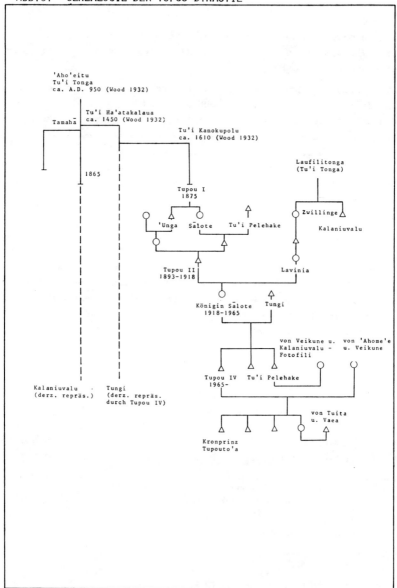

Quelle: MARCUS,G.E.(1980)

Mit Beginn der *Tu'i*-Dynastie, was wie erwähnt um 950 n.Chr.
anzusetzen ist, lassen sich Aussagen über die Sozialstruktur machen. Danach bildete sich aus der in Stämme gegliederten Bevölkerung in Tongatapu eine Linie von Stammesältesten (Häuptlingen,
Königen) heraus - eben die *Tu'i*-Linie - die in der Lage war, ihren
Einfluß auf Ha'apai, Vava'u und die abgelegenen Inseln Niuatoopu-
tapu und Niuafo'ou auszudehnen. Schon in dieser durch Genealogien
(s. als Beispiel Abb. Nr. 8) überlieferten klassischen Periode
der tonganischen Geschichte[1] war damit eine nationale Einheit
geschaffen, die sich nach territorialer Ausdehnung und gesell-
schaftlicher Struktur bis heute erhalten hat.

Darüberhinaus war Tonga durch seine frühe nationale Einheit
zeitweise in der Lage, Nachbarländer zu erobern bzw. tribut-
pflichtig zu machen. In einer Phase ungebremsten Ausdehnungs-
dranges unterwarf es Samoa, Rotuma (etwa 500km NW Viti Levu, Fiji),
Futuna und Uvea (etwa 300km NE Fiji)[2] und brachte selbst Teile
von Fiji und den Cook-Inseln und die Insel Niue in seinen Einflußbereich.[3] Ob Spuren tonganischer Besiedlung in den Ellice-
Inseln und die polynesischen Exklaven in Melanesien auf geplante
Besiedlung bzw. Eroberung zurückgehen, ist nicht erwiesen.[4]

Die Stärke des tonganischen Systems muß zu dieser Zeit zum
einen sicher in einer gut funktionierenden Landwirtschaft gelegen
haben, die jederzeit die Ernährungsgrundlage der Bevölkerung sichergestellt hat. Zum anderen muß jedoch - wegen der im Vergleich
zu den Nachbarn etwa gleichwertigen Kriegstechniken (Keule, etc.) -
der Grund auch in der streng hierarchischen Gesellschaftsordung
gesucht werden. Ein erster Versuch einer Parallelisierung dieser
beiden Systeme ergibt folgendes Bild:[5]

---

1) So charakterisiert GIFFORD,E.W., 1929, den Zeitraum 950 bis 1450 n.Chr.;
   vergl. MAUDE,A., 1965, S. 24
2) Die beiden Inseln Wallis (=Uvea) und Futuna sind heute französisches Über-
   seeterritotium; die Einwohner sprechen einen tonganischen Dialekt, der dem
   "Hoch"-Tonganisch wesentlich näher ist als etwa auf den äußeren Inseln
   Niuatoputapu und Niuafo'ou (pers. Gespräch mit Futa HELU).
3) GIFFORD,E.W., 1929, S.14f
4) s. dazu den Versuch von WARD,R.G. u.a., 1973, durch Computer-Simulation
5) vergl. z.B. MARCUS,G.E., 1975, S.25f; LASAQA,I.Q., 1980, S.11f; MAUDE,A.,
   1971, S.107f; NAYACAKALOU,R.R., 1959, S.95

ABB.9: TRADITIONELLE SOZIAL- UND AGRARSTRUKTUR

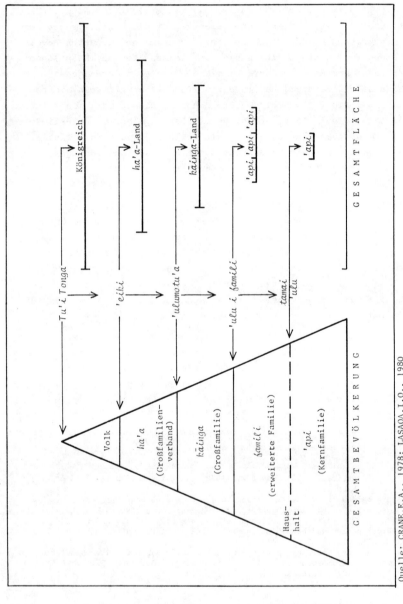

Quelle: CRANE,E.A., 1978; LASAQA,I.Q., 1980

Als Kern sowohl des Agrar- wie des Gesellschaftssystems hat
sich bis heute das *'api* erhalten.[1] Es besteht aus einem verheirateten Paar, den unverheirateten Kindern, in der Regel den
verheirateten Söhnen mit ihren Familien und gelegentlich anderen
Verwandten und Freunden. Abstammung wird in aller Regel über die
väterliche Seite, also patrilinear, bestimmt. Die nächst höhere
gesellschaftliche Instanz besteht aus einer Gruppe verwandter
'apis, deren Gesamtheit *kāinga* heißt. Der zeremonielle Führer
dieser Instanz oder Linie hat den vererbbaren Titel *'ulumotu'a*.

Traditionell bearbeiteten die Mitglieder einer Linie aneinander angrenzende Landstücke. Eine verwandte Gruppe dieser *'ulumotu'a* unterstand der Autorität eines "chief" (Häuptling, Ältester);
eine Gruppe dieser Führer - wiederum durch gemeinsame Abstammung
verbunden - stellte die Spitze eines *ha'a* dar. Ein *ha'a* war demnach ein hierarchisches Familiensystem, das durch gemeinsame Abstammung, Heiraten, Freundschaften und andere soziale Bande definiert war. Ein *ha'a* war aber auch eine territoriale Einheit,
weil Mitglieder dieser Gruppierung in einem bestimmten Gebiet
Landbesitzansprüche geltend machten.

Die Sozialstruktur reflektierte sich in einem hierarchischen
System von Kontroll- und Nutzungsrechten über Agrarland, als dessen letzte Instanz der *Tu'i Tonga* (König) angesehen wurde. Dieser
(nicht nur) symbolischen Figur waren die Führer der *ha'a*, die die
tatsächliche Kontrolle über ein bestimmtes Gebiet ausübten, Tri-
but schuldig. Über die "chiefs" und *'ulumotu'a* wurden bestimmte
Verfügungsrechte über Teile des *ha'a*-Landes delegiert, sozusagen
im Austausch gegen Loyalität. Das Verhältnis zwischen denjenigen,
die das Land bearbeiteten - also den Haushaltsmitgliedern - und
der herrschenden Schicht von Häuptlingen war durch gegenseitige
Abhängigkeit gekennzeichnet.[2]

Wenn hier von der symbolischen Bedeutung des *Tu'i Tonga* die
Rede war, dann reicht dies nicht aus, die Funktion dieses höch-

---

1) In der tonganischen Sprache bezeichnet 'api sowohl den Familienverbund wie
   auch das zugeordnete Stück Land zur agrarischen und Siedlungsnutzung.
2) s. KAEPPLER,A., 1971

- 64 -

sten Amtes, das in der tonganischen Geschichte von 39 Personen bekleidet wurde,[1] hinreichend zu charakterisieren. Abgesehen von dem gottähnlichen Ansehen, das dem *Tu'i* zuteil wurde, beinhaltete diese Position an der Spitze der gesellschaftlichen Pyramide auch reale Macht, wie sie sich einerseits in der völligen Kontrolle des auf drei Inselgruppen und etliche Auslieger verteilten Staatsapparates ausdrückte, andererseits auch in der oft willkürlich praktizierten Verfügungsgewalt über das Leben jedes einzelnen Untertanen.

Dieses Gefüge wurde - wie erwähnt - zusammengehalten durch das Prinzip der gegenseitigen Abhängigkeit; eine Ideologie, die ihren Ausdruck fand von Seiten des Volkes in der rituellen Erfüllung sozialer Verpflichtungen (*fatongia* oder *kavenga*)[2] und Respekt gegenüber der Obrigkeit (*faka'apa'apa*)[3], von der Seite des Monarchen in der Durchführung einer gemäßigten, integrierenden Politik.

Dieses labile Gleichgewicht wurde empfindlich gestört durch eine Folge tyrannischer Herrscher, was im 15. Jahrhundert nachweislich zur Ermordung mehrerer solcher Despoten führte. Als Konsequenz dieser Ereignisse trennte sich der 24. *Tu'i Tonga* von der Ausübung weltlicher Macht und zog sich auf die weniger angreifbare Position des von da an lediglich symbolischen Herrschers zurück. Die politische Macht lag von da an de facto in den Händen seines jüngeren Bruders *Tu'i Ha'atakalaua*, dessen Linie in der sechsten Generation die eben beschriebene Trennung von politischer und religiöser Autorität wiederholte. Etwa mit Beginn des 17. Jahrhunderts war deshalb die Linie der *Tu'i Kanokupolu* mit der Ausübung weltlicher Verantwortung betraut, während sich die Linie der *Tu'i Tonga* zwar bis zum Beginn des "Modern Kingdom of Tonga"[4] als symbolische Herrscher halten konnten, jedoch realpolitisch zur Einflußlosigkeit herabsanken.

---

1) Eine beinahe lückenlose Chronologie bei WOOD,A.H., 1932, S.5-15, der wegen seiner Nähe zur staatstragenden Wesleyan-Kirche als eine Art "Hofgeschichtsschreiber" anerkannt wurde und deshalb vollen Zugang zu den im Palace Office archivierten Aufzeichnungen der mündlichen Überlieferungen hatte; vergl. auch die Bemühungen von MARCUS,G.E., 1980, diese Angaben zu ergänzen, S.6ff
2) etwa in der jährlich in der alten Hauptstadt Mu'a abgehaltenen Präsentation der besten und größten Agrarprodukte ('Inasi). Diese Tradition pflanzt sich bis heute fort in der jährlichen "Agricultural Show".
3) vergl. MARCUS,G.E., 1975, S.19 und ders., 1980, S.11
4) von der Mitte des 19. Jahrhunderts an; Klassifikation von MARCUS,G.E., 1980

In dieser - entgegen häufig anzutreffenden Vorstellungen -
doch nicht ganz so friedlichen Welt begann schon mit Anfang des
16. Jahrhunderts sich ein Einfluß bemerkbar zu machen, der sich
in der Folge zu einem "Fatal Impact"[1] auswachsen sollte: der
europäische Imperialismus. Seit Magellans erster Weltumseglung
(1519 - 1522) und Mendañas Einverleibung der Salomonen-Inseln
ins spanische Imperium (1567) war die Invasion im Pazifik nicht
mehr aufzuhalten. Trotz im Einzelfall edler, ja fast selbstloser
Motive dieser "Entdecker",[2] hat der Vorgang - besonders in der
Phase des iberischen Imperialismus, der getrieben war von einer
Mischung aus fanatischem Machtwahn, Goldgier und pathologischem
Konvertierungseifer - für die betroffenen Naturvölker durchgängig
verheerende Folgen gehabt, woimmer sie mit der technisch über-
legenen Kultur konfrontiert wurden.

Zum Glück blieb Tonga in dieser Zeit, in der der Pazifik als
"Spanish Lake" bezeichnet werden kann,[3] von dieser Entwicklung
noch verschont. Erst etwa hundert Jahre später (1616) stoßen
Schouten und Lemaire in ihren Bemühungen um Expansion des hollän-
dischen Handelsimperiums zufällig auf die nördlichen Ausleger
der Tonga-Inseln. Dem Ethnozentrismus dieser Epoche entsprechend
gelten sie als "Entdecker" Tongas, obwohl die Inseln - wie ge-
schildert - von einem Volk, das in der Blüte seiner autochthonen
Kultur stand, längst entdeckt und besiedelt waren.

Für die Geschichtsschreibung schon wichtiger wurde der kurze
Besuch eines weiteren Holländers, Abel Tasman (1643), der die
Karte der Inseln um vertraute Namen wie Amsterdam (für Tongatapu), Middelburg (für 'Eua) und ähnliche bereicherte. Die bei
diesem Besuch hinterlassenen eisernen Werkzeuge und ähnlich halt-
bare Zivilisationsgegenstände wurden noch 124 Jahre später- so
lange dauerte es bis zum nächsten Besuch - dem Engländer Wallis
vorgezeigt.

---

1) so der Titel von MOOREHEAD,A., 1966, populärem Buch über die europäische
   Invasion im Pazifik und Australien
2) wie etwa Bougainville's dem Zeitgeist entsprechender Romantizismus vom
   "sauvage noble" (s. J.J. Rousseau); vergl. MOOREHEAD,A., 1966, S.65ff;
   im gleichen Trend: die Fiktion von SCHEUERMANN,E., 1921/75
3) so genannt im Titel des ersten Bandes der Geschichte des Pazifik von
   SPATE,O.H.K., 1979

In der Zwischenzeit hatte in Europa die Industrielle Revolution eingesetzt, und durch das sich entwickelnde Wirtschaftssystem des Kapitalismus - einschließlich des wachsenden Bedarfs an Rohstoffen und des immanenten Zwangs zur Expansion der Märkte - die guten Gründe für Entdeckungsreisen in unerforschte Länder zugenommen. Der wohl hervorragendste - weil qualifizierteste und verständnisvollste - Protagonist dieser dann ausgesendeten Entdekker war Captain James Cook, der die Tonga-Inseln auf allen drei seiner berühmten Pazifik-Fahrten (1773, 1774, 1777) zum Teil für mehrere Monate besucht hat. Auch er ist zwar mancher Fehleinschätzung hinsichtlich der Friedfertigkeit der Polynesier aufgesessen: So sollte bei seinem dritten Aufenthalt ein Anschlag auf ihn verübt werden. Davon erfuhr die "zivilisierte" Welt aber erst über eine Generation später durch den auf die Tonga-Inseln verschlagenen Seemann William Mariner, der 1806 als einziger der ansonsten niedergemetzelten Besatzung der "Port-Au-Prince" überlebte und für vier Jahre als Adoptivsohn eines Häuptlings auf Tonga lebte.[1] Den Tagebüchern von James Cook verdankt die Nachwelt jedoch die ersten detaillierten und stichhaltigen Beschreibungen Tongas.[2]

Die Konsequenzen, die sich aus diesen länderkundlichen Beobachtungen und Berichten über Leben und Mentalität der Bewohner ergeben haben, lassen sich - ohne auf weitere Stippvisiten europäischer Pioniere einzugehen[3] - zusammenfassen durch:

> "It is noteworthy that Cook's report and opinions in his 'Journal' were not only a guide to further voyagers in the Pacific but were also responsible for sending of missionaries to Tahiti and Tonga before other groups were similarly favoured." [4]

Als dann 1797, mit der Ankunft des Schiffes "Duff", die ersten Missionare der London Missionary Society (LMS) sich daran machten, die Tonganer zu konvertieren, trafen sie allerdings auf ein dramatisch verändertes soziales Klima, das die Überzeugungsarbeit für die christlichen Werte entscheidend erschwerte. Wie eine Generation später Mariner und der als einziger der zehn-

---

1) als Klassiker der Pazifik-Literatur festgehalten von MARTIN,J., 1818
2) mit erläuternden Kommentaren herausgegeben von BEAGLEHOLE,J.C., 3Bd.
3) in deutsch dazu z.B. WALTHER,F.L., 1786; s. auch JUNG,K.E., 1883
4) WOOD,A.H., 1932, S.23

köpfigen LMS-Gruppe in Tonga verbliebene George Vason[1] berichteten, hatten sich - nach einer offenbar sehr langen friedvollen Periode - die Lebensgewohnheiten und der Stil der politischen Auseinandersetzung radikalisiert. Es läßt sich nicht mehr nachweisen, ob dies auf die zunehmende Verunsicherung durch die Aufsplitterung der Autoritätsstruktur und daraus resultierender machtpolitischer Intrigen zurückzuführen ist oder Schlicht - wie Mariner und Vason meinen - auf den Überdruß einiger junger Tonganer. Eine Rolle scheint aber immerhin gespielt zu haben, daß viele Tonganer, von ihrem konfliktfreien Leben gelangweilt,[2] sich gegen Ende des 18. Jahrhunderts für die Kriege fijianischer Häuptlinge als Söldner zur Verfügung stellten und bei ihrer Rückkehr neue Gebräuche - wie die obligatorische Ermordung der Ehefrau beim Tod des Mannes und den Kannibalismus - in Tonga einführten. Solche barbarischen Mitbringsel machten den Missionaren nicht nur das Leben schwer (beim vollen Ausbruch des Bürgerkrieges 1799 wurden drei von ihnen mit Keulen erschlagen, weil sie auf der schwächeren Seite standen), sie führten letztlich auch zum Scheitern dieses ersten Missionierungsversuches und zur Flucht (1800) der überlebenden Priester. Eine Ausnahme bildete der schon erwähnte George Vason, der seine paternalistischen Ansprüche wohl rechtzeitig aufgegeben hat und für vier Jahre als Zivilisationsabtrünniger unter den Tonganern gelebt hat.

So war auch für weitere Jahre, bei ständiger Eskalation der Stammeskriege, "the caracter of the times (...) stamped with ungodliness."[3] In der Tat führten die Unruhen dieser vorchristlichen Zeit, die in der offiziösen Terminologie als "Dark Age"[4] klassifiziert wird, dazu, daß erst 26 Jahre später ein erneuter - diesmal erfolgreicher - Missionierungsversuch gestartet wurde. Die mit der LMS verknüpfte australische Wesleyan-Sekte hatte ihre Strategie inzwischen dahingehend geändert, eine Allianz mit der offenbar stärksten Gruppe kriegsführender Häuptlinge einzugehen.

---

1) Mariner in MARTIN,J., 1818; Vason in VASON,G., 1815, und ORANGE,J., 1840
2) Für einen Vergleich dieses Phänomens im Kontext des 20. Jahrhunderts (in Papua Neuguinea) s. Kap.15 "They fight for fun" in SACK,P.G.(Hrsg.), 1974.
3) in der Ideologie der später erfolgreichen Wesleyan-Sekte; s. FARMER,S.S., 1855, S.69
4) so z.B. WODD,A.H., 1932, S.25

Unter Ausnutzung des hierarchischen Sozialgefüges - "shrewdly
recognizing that conversions would spread quicker downward"[1] -
war schließlich diese "Konvertierung von oben", beginnend mit dem
immer noch einflußreichen Führer *Tu'i Kanokupolu*, so erfolgreich,
daß sie sich zügig bis ins letzte Glied nach unten fortsetzte.
Als 1845 dann der dynamische, streitbare Häuptling *Tāufa'ahau* den
Titel des *Tu'i Kanokupolu* übernahm, war damit eine Symbiose aus
politisch-militärischer Macht und viktorianischer Wesleyan-Ideologie
geschaffen, die heute noch das Fundament des Staates Tonga ausmacht.

Mit dem Auftreten von *Tāufa'ahau* auf dem Szenario des Bürgerkrieges lichtete sich die düstere Perspektive und Tonga trat in
die gegenwärtige Epoche seiner Geschichte ein: das "Modern Kingdom of Tonga". Obwohl über den genauen Beginn dieser Ära allgemeine
Uneinigkeit herrscht (die Angaben reichen von der frühesten Einflußnahme *Tāufa'ahaus*, 1826,[2] bis zu seiner Proklamation der Verfassung als König George Tupou I., 1875), darf doch die Mitte des
19. Jahrhunderts mit der unangefochtenen Herrschaft *Tāufa'ahaus*
über ganz Tonga gleichgesetzt werden.

Bevor nun der weitere Verlauf skizziert wird, sei hier ein Modell vorgestellt, das sich an der wachsenden Einflußnahme der
Pāpālangi (Europäer, Weiße) an den Geschicken Tongas orientiert.
Diese Einflußnahme war - und ist - kein gleichmäßig stetiger Prozeß, sondern läßt sich in drei Entwicklungsphasen aufgliedern,
die durch unterschiedlich starke Akkulturations-Schübe (in der
sozio-kulturellen Perspektive) und "a siries of shocks or injec-
tions into the economy"[3] gekennzeichnet ist. Es erweist sich
dabei als sinnvoll, die "Transition Phases" (wie Bollard sie nennt)
mit den Regierungszeiten der herrschenden Monarchen gleichzusetzen:

> Phase I: (etwa 1852 bis 1893) Diese Regierungszeit George
>   Tupou I. war gekennzeichnet durch massive euro-
>   päische Intervention durch Agenten im Kirchen-,

---

1) OLIVER,D.L., 1961, S.109
2) nach WOOD,A.H., 1932, S.43ff
3) BOLLARD,A.E., 1974, S.9; ebd. das folgende Modell der "Transition Phases"

- 69 -

Regierungs- und Handelssektor. Die Reaktion auf
die Herausforderung kann in dieser Phase als euphorisch, sich dem Westen öffnend, zukunftsorien-
tiert charakterisiert werden.

Phase II: (1893 bis 1965) umfaßt die Regentschaften von
König Tupou II. und besonders Königin Salote
Tupou III.; eine Periode zunächst der Konsolidierung im Zeichen abnehmenden europäischen Interesses, später dann der sich isolierenden, extrem konservativen Reaktion.

Phase III: (von 1965 an) identisch mit dem Amtsantritt des
derzeitigen, nach außen orientierten Monarchen
Tupou IV.; eine sich immer deutlicher abzeichnen-
de neue Ära der Öffnung zum Westen auf breiter
Front; sich anbahnende ökonomische, soziale und
wohl letztlich politische Veränderungen mit ver-
gleichbarer Tragweite wie in Phase I.

Da Phase II im wesentlichen nur die in der ersten Umwandlungs-
phase vollzogenen Schritte konserviert, konzentriert sich der
folgende Abschnitt auf die drei wichtigen Parameter des in Phase I
verlaufenden Prozesses: Kirche, Regierung und Handel:

Die letzte Schlacht der "religio-political wars"[1] wurde 1852
auf Tongatapu ausgetragen, nachdem Tupou I. die Zerschlagung der
letzten Widerstandsnester ungläubiger, abtrünniger Häuptlinge an-
gekündigt hatte und "distributed rifles to the loyal chiefs."[2]
Daß hier eine massive militärische Intervention der mittlerweile
wohl etablierten Wesleyan-Sekte vorlag, erscheint offensichtlich;
Lātūkefu versucht dies in seiner Darstellung dieser Epoche zu rechtfertigen:

"The missionaries also felt justified in supporting the
wars in Tonga because they were convinced that the heathens
would never become loyal subjects of the Tongan monarch unless they accepted the *lotu* (=Kirche). They feared that
victory for the heathens would mean the end of the monarchy,
the rule of the law and, above all, their work in Tonga." [3]

1) so die Einschätzung von LĀTŪKEFU,S., 1974, s. S. 100ff
2) WOOD,A.H., 1932, S. 53
3) LĀTŪKEFU,S., 1974, S.100f

War die Festigung christlicher Doktrin von diesem Ereignis an
auch unaufhaltsam, so schlug doch bald diese Form von "Klerikal-
Kolonialismus" auf den tonganischen Ableger der australischen Me-
thodisten (mit Sydney als zentraler Verwaltung) zurück: Ein gros-
ser Teil der in Tonga erwirtschafteten Gewinne dieses - unter
rein ökonomischen Gesichtspunkten - Subunternehmens der Wesleyans
floß zurück nach Sydney, um für weitere Missionierungsbestrebungen
in noch "heidnischen" Ländern des Pazifik reinvestiert zu werden.[1]
Das Verständnis der Methoden, mit denen die Kirche von dieser Zeit
an die produktiven Überschüsse aus der Bevölkerung gezogen hat,
ist nicht nur wichtig zum Verständnis der sozialen Zusammenhänge,
sondern wird auch in der Diskussion des zentralen Themas dieser
Arbeit, dem Bodenrecht, eine Rolle spielen.

Es soll daher mit einiger Ausführlichkeit auf eine dieser Techniken eingegangen werden: die jährlich um die Jahreswende abge-
haltene große Kollekte, ʃakamiʃionali, die "startingly high figures"[2] produzierte und deren Grundmuster auch heute als integraler Bestandteil jedes großen gesellschaftlichen - und erst recht
kirchlichen - Ereignisses zu beobachten ist. Zur Veranschaulichung
sei hier in Auszügen eine Darstellung von Basil Thomson zitiert,
der als sprachkundiger und ranghoher Beobachter eine typische
ʃakamiʃionali beschreibt:[3]

> "For some days previously six or seven chosen vessels had
> been canvassing their friends on behalf of the plates for
> which they were to be responsible on the great day. there
> was keen rivalry between them (...) Their method was ingeni-
> ous. The tout took care to approach his victim in the evening
> when the house was full of people. He would remark that Pita
> (a neighbour) has promised two dollars this year, and would
> hint that he scarcely supposes the victim will allow himself
> to be outdone by such a one as Pita! The unfortunate man,
> constrained by false shame, promises more than he can af-
> ford; the amount is noted in a book, and has to be found
> by importunity or petty larcency.

---

1) Man darf vermuten, daß auch solche wirtschaftlichen Überlegungen 1873 dann
   zur Abspaltung von der Mutterkirche zur neuen "Free Wesleyan Church" in
   Tonga geführt haben.
2) POWLES,C.G., 1979, S.249; RUTHERFORD, 1971, berichtet, daß 1875 die Wesleyans
   auf diese Weise 15.000 ₤ einnahmen; vergl. auch BOLLARD,A.E.,n.d., S.1
3) THOMSON,B., 1894, S. 185-192; Thomson war in den achtziger Jahren von der in
   Fiji ansässigen britischen Kolonialverwaltung als stellvertretender Premierminister Tongas zur Sanierung des maroden Staatshaushaltes eingesetzt. "The
   Diversions of a Prime Minister" können zur Standard-Lektüre über Tonga ge-
   zählt werden.

As the day drew nearer we were set upon by numbers of the
faithful, (...) who were to borrow money to give to the
Church. (...) Cynics among the traders even went the length
of declaring that the ʃakamiʃionali is always accompanied
by the disappearence of their ducks and fowls, which may
generally be found in the yard of a rival trader living at
a distance, who has innocently bought them from a native
bent upon contributing his mite to the Church. This is no
doubt a slander.

On the appointed day the whole population donned their gala
trousers and petticoats, and streamed to the church, whose
big bell was being tolled by relays of urchins. (...) How
shall I describe the scene that followed? - (...) the local
butcher, announced, amid defending cheers, that he was to
give 20 ₤ to the Lord out of his deep compassion for the
suffering and oppressed. (...) In front of the pulpit stood
a table on which lay a common washhand basin and an account-
book, guarded each by a native teacher. (...)

After the preliminary religious exercises (...) those who
had promised contributions to the 'plate' just announced,
swaggered up the aisle (...) A band of men and women would
come up together and walk round and round the basin, each
throwing in a threepenny piece as he passed. After a few
rounds a man whose stock of coins was exausted would fall
out, and the procession continued without him. Then only two
were left to circle round each other in a sort of dance,
amid defending applause. At last one of the survivors gave
out, and the victor was left alone to stand before the basin
and chuck his coins from a distance. He was the hero of the
day. (...)

In the hysterical enthusiasm so cleverly fostered by the
missionaries, the natives were quite ready to mortgage their
crops for the brief glory of surpassing their neighbours.
So (the missionaries) entered into an unholy alliance with
Messrs. Ruge & Co.[1] a German firm newly arrived in the group.
The agents of the firm were to advance cash to any native
who wanted it for the church collections on promissory notes,
to be repaid in copra when the crop was ripe.(...)

It is easy to sneer at the missionaries in the South Pacific
as drones sucking the honey that others have stored; as
ministers of the collection-plate rather than of the Gospel;
as moral teachers whose grim code is responsible for the de-
toriation of native morality.(...) Travellers (...) find
(the minister) sleek and prosperous, the autocrat of his
flock, living in a good house, travelling in a comfortable
and well-found boat: they feel that an attempt has been made
to optain their sympathies under false pretences, and they
write down mission enterprise a fraud, and the system a mere
institution for raising money from the gullible native."

---

1) Zur Firma Ruge & Co. vergl. BAHSE,M.F., 1881, S.12

Selbst wenn man sich manchmal zynischen Bewertung der Rolle
der Kirche - wie sie in den letzten Sätzen zum Ausdruck kommt -
nicht anschließem mag,[1] so muß doch der dominierende Einfluß
der Kirche auf den Ausbau des rechtsstaatlichen Gebildes, das
heute das Königreich Tonga ausmacht, unbestritten bleiben.

Dabei hat es auch vor Ankunft der Europäer, die ihre eigene
Rechtsphilosophie mitbrachten, ungeschriebene Gesetze gegeben,
die die herrschenden Machtverhältnisse widerspiegelten - sich
also an der sozialen Pyramide orientierten - und in dem Konzept
des *tapu* (Tabu) ihren Ausdruck fanden.[2] Das *tapu* (eigentlich:
das Verbotene) war in seiner Gewichtigkeit abhängig von der sozialen Stellung desjenigen, der es aussprach. So konnten bestimmte Handlungsweisen, die Kommunikation unter gewissen Personen
oder die Benutzung eines bestimmten Landstückes von Häuptlingen
mit Verboten belegt werden. Das *tapu* war somit keine Rechtskodi-
fikation im europäischen Sinne, es hat aber zur Ausprägung eines
effektiven Systems tradierter Rechte geführt, das mittels diffe-
renzierter Sanktionen durchgesetzt wurde. Diese Sanktionen reich-
ten von einfacher körperlicher Bestrafung über den zeitweiligen
Auschluß aus der Gemeinschaft bis zu der bekannten Exekutions-
form des angeschlagenen Kanus. - Wie auch in anderem Kontext gelegentlich zu beobachten ist, war diese Form tradierten Rechts
für willkürliche Handhabung anfällig und in der Essenz ein Macht-
mittel der herrschenden Elite:

> "While commoners had to observe the customary laws very
> closely, chiefs did not always have to do so, depending
> on the individual chief's rank and degree of authority.
> The higher one's rank, the greater was one's freedom to
> violate taboos without bringing physical or supernatural
> consequences upon oneself. Murder, theft and adultery
> were only regarded as offences if they were committed
> against a person of equal or higher rank, or if the ob-
> ject stolen happened to be sacred. Only the religious
> taboos had to be observed by everyone, including the
> *Tu'i Tonga* himself." [3]

---

1) Diese Ansicht wird insbesondere nicht geteilt in sämtlichen Veröffentlichungen
   der heute in Tonga vertretenen 18 christlichen Sekten; vergl. das Schulbuch
   von FARMER,S.S., 1855/1976; aber auch COLLOCOTT,E.E.V., 1921 u.a. - Dem zitier-
   ten näher stehen etwa OLIVER,D.L., 1961, s.S.176; DECKTOR KORN,S.R., 1977, s.
   S.174ff; URBANOWICZ,C.F., 1977; MARCUS,G.E., 1975 u. 1980, S.8. Nicht wider-
   legbare quantitative Angaben zu Kirchen-Einnahmen bei BOLLARD,A.E., 1974,S.147f
2) vergl. dazu LĀTŪKEFU,S., 1975, S.6ff   ///   3) ebd., S.13

Obwohl auch heute noch Tabus im alltäglichen Leben Tongas als
ungeschriebene Verhaltensregeln eine relativ große Rolle spielen,
sind sie doch inzwischen zu einem solchen Formalismus verkrustet,
daß die Hintergründe von den allermeisten nicht mehr nachvollziehbar sind. Als Beispiel mag das in der gegenwärtigen Ära abbröckeln-
de "Bruder-Schwester-Tabu" gelten, das nur gleichgeschlechtlichen
Geschwistern erlaubt, sich im selben Gebäude aufzuhalten.[1]

Schon bald nach dem dauerhaften Auftreten europäischer Missionare machten diese von ihrer Schlüsselstellung als Priester und
- in den zahlreichen Missionsschulen - als Lehrer Gebrauch. Man
muß sich dabei vor Augen halten, daß die ankommenden Weißen nicht
nur ihrerseits eine überhebliche, sich im Besitz der alleingülti-
gen Wahrheit wissende Haltung einnahmen, sondern darin unterstützt
wurden durch eine polynesische Mentalität, die die Pāpālangi zunächst als Träger einer "höheren Zivilisation" anerkannten. Es
nimmt deshalb nicht Wunder, daß die Missionare durch Ausnutzung
dieser Situation ihre Position festigen konnten und in die Lage
versetzt wurden, ihrerseits tapus auszusprechen. Diese Verbote
wurden in den Missionsschulen schriftlich fixiert und dienten als
Grundlage der ersten Gesetzesentwürfe.[2]

Deutlichen Niederschlag fanden diese Bestrebungen in dem ersten
umfassenden Gesetzeswerk Tongas, dem "Vava'u Code von 1839", dessen Substanz zwar partiell dem - von den Wesleyans ausgebildeten -
jungen Tāufa'ahau zugerechnet wird; jedoch "naturally, he was
helped by the advice of the missionaries."[3] Diese erste Rechts-
kodifikation[4] bringt unter anderem den Antagonismus zutage, in
dem sich die Missionare - durch ihre christliche Maxime von der
Gleichheit aller Menschen vor Gott einerseits und ihrer tiefen
Verwurzelung in der Autoritätsstruktur Englands im 19. Jahrhundert
andererseits - befanden. Es mag deshalb zunächst verwunderlich erscheinen, wenn als das wesentliche Element des "Vava'u Code" der
"step it made towards limiting the power of the chiefs"[5] beschrie-

---

1) vergl. GIFFORD,E.W., 1929, S.342; KOCH,G.,1955, S.63ff
2) s. CUMMINS,H.C., 1972, S.45ff
3) WOOD,A.H., 1932, S.48
4) in voller Länge bei LĀTŪKEFU,S., 1974, S.221ff
5) ebd., S.122

ben wird; ein Schritt, der sich aber leicht durch den ehrgeizigen
Machtanspruch sowohl des jungen Monarchen wie auch der Wesleyans
selbst erklären läßt. - Ein weiterer markanter Punkt dieses Ver-
fassungsentwurfs war die Wichtigkeit, die der nunmehr gesetzlich
vorgeschriebenen intensiven Nutzung des Agrarlandes eingeräumt
wurde.[1]

Nach Revisionen des Entwurfs in den Jahren 1850 und 1852, die
sich unter anderem an einer von Missionaren in Tahiti geschriebenen Verfassung und einem weiteren polynesischen Feudalstaat -
Hawaii - orientierten,[2] war der Weg bereitet für die "Emancipa-
tion of the People" durch den Code von 1862. Diese Gesetzesfas-
sung wird gelegentlich etwas leichtfertig mit der "Magna Carta"
verglichen;[3] eine allerdings fragwürdige Parallelisierung mit
dem 1215 vom englischen Feudaladel erzwungenen Freiheitsprivileg.
In der Tat besagte diese Fassung nichts weniger als die (formalrechtliche) Abschaffung der Fron- oder Zwangsarbeit (ꞩatongia),
also eine nicht unwesentliche Entschärfung der vorgestellten sozialen Pyramide (vergl. Abb. Nr. 9). Dies kulminiert in dem Punkt:

> "All chiefs and people are to all intents and purposes
> set at liberty from serfdom, and all vasalage, from the
> institution of this law; and it shall not be lawful for
> any chief or person, to seize, or take by force, or beg
> authoretively in Tonga fashion, any thing from any one." 4)

Mit dem Inkrafttreten dieser Version war eine weitere Schwächung
der Verfügungsgewalt der Häuptlinge herbeigeführt; sie setzte damit die Taktik er Wesleyan-Sekte fort, die zu diesem Zeitpunkt
hauptsächlich von einem Mann vertreten wurde, der für die kommenden drei Jahrzehnte ganz entscheidenden Einfluß auf die Ge-
schicke Tongas hatte: Shirley Waldemar Baker. Über ihn, der sich
1879 von seinen Glaubensbrüdern trennte und von da an als gleichzeitig Premier, Außenminister und "Minister of Lands" eine selbst
von dem alternden König nicht angefochtene Machtposition inne-
hatte, bermarkt Rutherford:

---

1) LĀTŪKEFU, S., 1974, S.124; außerdem WOOD,A.H., 1932, S.48f. Wie an dieser
   Stelle soll auch bei der weiteren Darlegung der Verfassungsgeschichte die
   Entwicklung des Bodenrechts nicht im einzelnen berücksichtigt werden.
2) ebd., 132; das Original des "Tahitian Code 1822" bei CUMMINS,H.G., 1972,
   S.118f; zu Hawaii z.B. CHAMBERS,H.E., 1896
3) s. CUMMINS,H.G., 1972, S.153   /// 4) s. LĀTŪKEFU,S., 1974, Anhang C, S.238ff

"Baker's controversial role in Tongan affairs is difficult
to assess because of the intense feelings he generated at
the time, particulary the antagonism of his Wesleyan
brethren and, later, of British officials." 1)

In dieser für die tonganische Geschichte entscheidenden Vorbereitungsphase für die dann 1875 proklamierte Verfassung schwan-
ken die Auffassungsunterschiede über die Rolle Bakers aber nur
zwischen einem vorsichtigen "gave valuable help to the King at
this time" 2) bis zu einem eindeutigen "it cannot be said that
Baker, the author of this constitution, was an authority on constitutional matters." 3)

Ob nun alleiniger Autor oder nur beratender Helfer, eindeutig
scheint zu sein, daß Baker sich des wachsenden imperialistischen
Drucks der Großmächte auf Tonga - spätestens seit der britischen
Annexion von Fiji 1874 - bewußt war und danach strebte, die Unab-
hängigkeit Tongas durch diese legalistische Großtat zu erhalten.
Man kann Baker als Person sicher nicht nur uneigennützige Motive
unterstellen; zweifellos erreichte er für die Außenpolitik Tongas
aber das angestrebte Ziel, das Land in den Rang der "zivilisierten"
Nationen zu erheben, was die Staatsverträge mit dem Deutschen
Reich (1876), Großbritannien (1879) und den Vereinigten Staaten
von Amerika (1888) belegen. Innenpolitisch dagegen sollte die
Verfassung, weil sie in höchst unvollkommener Weise tradierte
Werte mit europäischen Rechtsnormen in Einklang zu bringen suchte
und dabei eine viel zu komplizierte Form für das Verständnis der
Betroffenen annahm, bis auf weiteres auf den Papierwert reduziert
bleiben. Der damalige britische Konsul beschreibt dementsprechend
seinen Eindruck von der Konstitution, daß er niemals einen Tonganer getroffen hätte "from the King down who pretended to under-
stand it and if one might form any judgement from the English
translation, this is little to be wondered at." 4)

Das zentrale Thema der Verfassung von 1875 war die Konsolidierung des Machtanspruches der Tupou-Dynastie in Form zweier neuer

---

1) RUTHERFOR,N., 1971, S.X-XII; vergl. CROSBY,E., 1886
2) WOOD,A.H., 1932, S.59
3) LATUKEFU,S., 1974, S.214
4) Alfred Manslay, 1878, zitiert nach LATUKEFU,S., 1974, S.215; ebd. die Verfassung in voller Länge (englische Version), S.252ff

Konzepte, die von der tradierten Norm in entscheidenden Punkten
abwichen: Erstens war dies die Automatik der Thronfolge, die nunmehr unabhänig von persönlichem Status und Qualifikation den ältesten
männlichen Nachkommen[1] als neuen König festsetzte, während vordem
häufig Ausnahmen von dieser Regel vorgekommen waren. Unter dieses
Konzept fiel auch, daß die neuen Häuptlings- (nunmehr *Nopele*) Titel
nicht mehr in einem Gremium der einflußreichsten Führer der *ha'a*
nach Qualifikationskriterien,[2] sondern einmalig vom König vergeben
wurden und sich dann ebenfalls automatisch auf den ältesten männlichen Erben übertrugen. Angesichts der - in Einzelfällen - absurden
personellen Konsequenzen, die sich als Folge dieser Regelung in den
kommenden Generationen herausstellten, und der ungebrochenen de facto
Macht der *Nopele* Clique, kann die Bedeutung dieses Wandels nicht
hoch genug eingeschätzt werden.[3]

Das zweite Konzept lag in einer umwälzenden Reformierung des
Bodenrechts, das einerseits die beinahe unkontrollierte Verfügungsgewalt über den Boden als den wichtigsten Produktionsfaktor Tongas
in die Hände der *Nopele* legte, andererseits die individuellen Nutzungsrechte der bis in diese Phase als persönliches Eigentum der
Häuptlinge betrachteten "commoners" garantieren sollte. Dieser
Schritt mag paradox erscheinen, sieht man ihn vor dem Hintergrund
einer Festigung des Regimes, jedoch auch politisch opportun; denn
der Monarch bedurfte in dieser Lage der Unterstützung der einflußreichen Häuptlinge, die er - abgewogen nach loyalen und unsicheren
Kandidaten - mit den *Nopele* Titeln bedachte. Ihm kann ebenfalls
nicht abgesprochen werden, an einer sozial gerechten Verteilung
zugunsten der "commoners" interessiert gewesen zu sein. Daß das
Ergebnis dann einmündete in die Schaffung einer landbesitzenden
Adelsklasse, ist wohl eher der Phantasielosigkeit Bakers zuzuschreiben, der die Konsequenzen dieses Schrittes durch seine europäische
Herkunft hätte vorhersehen können.

---

1) auch Ausnahmen davon genauestens kodifiziert als Erbfolge, s. CAMPBELL WYLIE,
   Sir, 1967, "The Law of Tonga"
2) Damit bahnt sich auch der entscheidende Unterschied zum polynesischen Nachbarn Samoa an, dessen Autoritätsträger, die "Matai", heute noch in einem ähnlichen Verfahren gewählt werden. Die Herrschaftsstruktur Samoas ist damit
   stärker auf die unteren Strata ausgerichtet - also tendenziell volksnaher -
   als in Tonga; vergl. z.B. MACKENSEN,G., 1974, S.81ff
3) vergl. die eindrucksvoll belegte These von POWLES,G., 1979

Vielleicht das wichtigste Element dieser beiden Reformen war
die schriftliche Fixierung allgemeingültiger Normen an sich, die
die bis dahin dynamischere Struktur der Gesellschaft nunmehr auf
Dauer festlegen sollte. So verkündete George Tupou I. bei der Proklamation voll Stolz:

> "...and it is my wish to grant a constitution to Tonga and
> carry on my duties in accordance with the Constitution and
> those that come after me (shall do the same); and the Con-
> stitution shall be as firm as a rock in Tonga for ever." 1)

Immerhin kann man rückblickend bestätigen, daß die tonganische
Verfassung sich bis heute als eine der ältesten existierenden erhalten hat.

Der rechtsstaatliche Rahmen, der durch die Konstitution geschaffen wurde, bereitete auch den Boden zu einer einschneidenden
Veränderung der tonganischen Wirtschaftsstruktur, die sich in voreuropäischer Zeit noch als eine "non-market subsistence economy in
a state of primitive affluence"2) bezeichnen läßt, in der zweiten
Hälfte des 19. Jahrhunderts aber bereits partiell in eine kapita-
listische Produktionsweise überführt wurde. Der Prozeß manifestierte
sich schon in der Phase I (vergl. das Schema in Anlehnung an Bollard)
in dem Ausbau einer Geldwirtschaft durch die Kopra-Industrie und
die Stimulierung einheimischer Bedürfnisse nach importierten Konsumgütern.

Auf diesen Vorgang hatte Tonga nur insoweit Einfluß, als es sich
den Investitionen der ausländischen Kapitalgeber öffnete. Die Vermarktung seiner ausschließlich agrarischen Produkte lag jedoch völlig in der Kontrolle europäischer Händler, die durch diese Monopol-
stellung in der Lage waren, einen unverhältnismäßig großen Teil des
Mehrwertes abzuschöpfen. In dieser ersten "period of enthusiastic
market participation"3) - unter anderem gefördert durch die mit der
Konstitution eingeführte Kopfsteuer und Landpacht in Geld - gelang
es einer Gruppe von 16 Händlern, durch einen Investitionsschub von
insgesamt 170.000 L 4) die wachsende Geldwirtschaft in ihre Hand zu
bekommen. Das verwendete Verfahren war denkbar einfach und wieder-

---

1) zitiert nach HUNTER,D.B., 1963, Vol.II, S.1
2) BOLLARD,A.E., 1974, S.13
3) MARCUS,G.E., 1980, S.13; BOLLARD,A.E., 1974
4) nach BOLLARD,A.E., n.d., "Tonga - A Case Study of Monetization", S.2

holt sich im heutigen Kontext vieler Länder der Dritten Welt: U.a.
durch die Gewährung von Krediten werden Abhängigkeiten geschaffen,
von denen die Betroffenen schwerlich loskommen konnten. Neben australischen, neuseeländischen und englischen Interessen[1] dominierten
in dieser Gruppe vor allem die Vertreter des Deutschen Reiches,
hier insbesondere als "Germany's spearhead of imperialism in
Oceania"[2] die Firma Godeffroy & Sohn (als Ableger des die samo-
anische Kolonie verwaltenden Unternehmens; später: Deutsche Handels-
und Plantagengesellschaft zu Hamburg), die Firma Ruge & Co.,
Hernsheim & Co. und als weniger bedeutendes, aber heute noch in
Tonga vertretenes Geschäft die Gebrüder Sanft. Über die Geschäfts-
praktiken dieser Häuser in dem Zitat von Thomson (betreffend die
fakamisionali, s.o.) schon etwas angeklungen; aus einer anderen
Perspektive werden die in der dem Zeitgeist entsprechenden Diktion
wiefolgt kritisiert:

> "Wenn trotz der großartigen Ausdehnung des Geschäftsgebietes
> deutscher Kaufleute in der Südsee dem deutschen Gewerbefleiß
> daselbst noch lange nicht das Absatzgebiet geschaffen ist,
> welches es dort haben könnte, so liegt das, wie gesagt, in
> dem nicht vollkommen zu erklärenden Verfahren des tonangeben-
> den deutschen Hauses." [3]

Von den Methoden einzelner Firmen einmal abgesehen, trug der
Einfluß europäischer Wirtschaftsgeistes doch zu Einführung von Ent-
wicklungsstrategien bei, auf die in der derzeitigen Ära mit einem
etwas größeren Maß an Selbstbestimmung zurückgegriffen wird: So
der in den 1880er Jahren versuchte Baumwoll- und Kaffee-Anbau,[4]
die Schafzucht auf 'Eua und der schon 1887 mit dem ersten regelmäßigen Schiffsverkehr begonnene Export von Bananen und Zitrus-
früchten nach Neuseeland.

Man mag berechtigte Zweifel daran haben, daß dieser Wirtschafts-
geist, das Denken und Handeln in primär profitorientierten Bahnen,
sich tatsächlich grundlegend auf die Mentalität der Bevölkerung
- resultierend etwa in einer breiten Partizipation am Marktge-

---

1) vergl. KELLY,J.C., 1885
2) OLIVER,D.L., 1961, S.131
3) BAHSE,M.F., 1881, S.12; vergl. auch CYCLOPEDIA OF..., 1909; VON GRAPOW,Adm.a.D.,
   1916, S.14ff; eine umfassende Würdigung der Rolle der Deutschen im Pazifik
   durch HEMPENSTALL,P.J., 1978; zu den Reaktionen der Einheimischen, ders., 1975
4) ein noch positiv hervorzuhebendes Beispiel aus einer langen Reihe von Baker
   verfaßter skurriler Verordnungen; s. CUMMINS,H.C., 1972, S.387ff

schehen - niedergeschlagen hat. Wie Marcus in einer etwa gewagten
Parallelisierung zu erklären versucht, waren die Ursachen der als
"euphorisch" beschriebenen tonganischen Reaktion etwas anderer
Art:

> "Tongans were fascinated by the new and diverse items of
> material culture, introduced by the explorers. The arrival
> of missionaries and traders promised greater and continued
> access for Tongans to such items. Perhaps somewhat akin to
> Melanesian cargo beliefs, Tongans come to judge and value
> European culture in terms of what it could materially pro-
> vide in terms of new wants introduced by contact itself." 1)

Die Oberflächlichkeit dieser Faszination war sicher einer der
Gründe, warum der in der letzten Hälfte des 19. Jahrhunderts relativ rasche und friedvolle Prozeß der Assimilation "westlicher"
Kultur gegen Ende des Jahrhunderts einen Einbruch erlitt.[2] Ein
anderer Grund war die veränderte politische Lage, wie sie sich
durch die deutlich weniger markante Persönlichkeit Tupou II., der
1894 auf dem Thron folgte, und durch den sich verschärfenden
außenpolitischen Druck darstellte. Die wachsende weltpolitische
Rivalität zwischen Deutschland und England führte schließlich im
Jahr 1900 zu einem Schutzvertrag mit Großbritannien, das zwar an
einer expliziten Annexion - wohl wegen der wenig lukrativen Aussichten - nicht interessiert war, wohl aber das Deutsche Reich
an einem solchen Schritt hindern wollte. In Anlehnung an ähnliche
Verhältnisse in anderen polynesichen Ländern umreißt Oliver diese Situation:

> "A popular South Seas pasttime started during this era as
> a by-product of international rivalries. (...) a native
> 'king' was caused to emerge, factionally supported by
> resident subjects of the first great power represented.
> In time the subjects of another great power would appear
> and suffer real or imagined wrongs at the hands of the
> 'king'. Insults would fly, warships appear, ultimatums be
> sent, and the pitifully confused 'king', cajoled into a
> patisan role and forced to accept responsibilities beyond
> his knowledge or capacities, would petition a power - *any*
> power - to protect or even annex his unruly and unhappy
> realm." 3)

---

1) MARCUS,G.E., 1975, S. 16
2) Belege in der anthropologischen Literstur; z.B. GIFFORD,E.W., 1929; KOCH,G.,
   1949 und 1955
3) OLIVER,D.L., 1961, S.115

ABB.10: POLITISCHE ORGANISATION

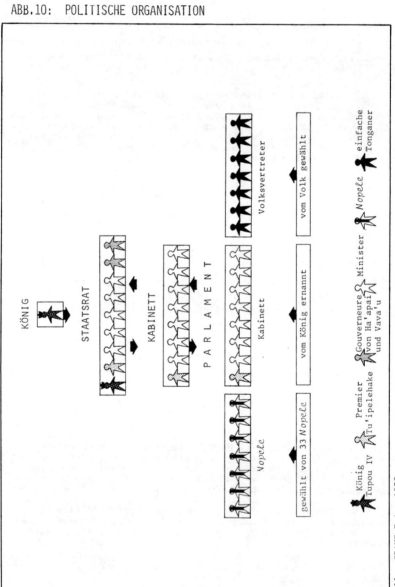

Quelle: CRANE,E.A., 1978

In der Tat waren die Verhältnisse in Tonga so ungeordnet (zum
Teil sicher als Konsequenz des Regimes von Baker, der des Landes
verwiesen wurde), daß Großbritannien noch einmal Basil Thomson
zur Ordnung des Staatshaushaltes entsandte[1] und 1905 dem Kleinstaat einen Ergänzungsvertrag zum Schutzabkommen aufzwang, mit
dem Tonga - durch Abtretung der wirtschaftlichen und außenpolitischen Administration - zur Quasi-Kolonie wurde.

Der Ausbruch des ersten Weltkrieges, der die deutschen Händler
aus dem Geschäft zog, und der Zusammenbruch des Weltmarktes - speziell Kopra - am Anfang der dreißiger Jahre bewirkten, daß Tonga
sich ökonomisch auf die Subsistenzbasis besann und auf diese Weise
- im Gegensatz zu allen industrialisierten Ländern - die Depres-
sion relativ schmerzfrei überstand. Spätestens in der Zeit des
zweiten Weltkrieges, währenddessen über 100.000 amerikanische Sol-
daten im Land stationiert waren, gingen die meisten der von Europäern gepachteten Plantagen an Einheimische zurück; und zwar zum
ganz überwiegenden Teil an die einzige gesellschaftliche Institution, die in der Lage war, Kapital zu akkumulieren: die Wesleyan
Kirche.

Aus der Summe dieser Einflüsse ist es erklärlich, daß die zweite Kontaktphase (unter Tupou II. und in der Regierungszeit von
Salote Tupou III., 1918 bis 1965) geprägt war von einer Rückbesinnung auf tradierte Kulturmuster einerseits und - abgesehen von der
kurzen aber heftigen Konfrontation während des zweiten Weltkrieges -
einer Isolation von westlichen Einflüssen andererseits.

Erst mit dem Regierungsantritt des derzeitigen Monarchen,
Tauĵa'ahau Tupou IV., der in Australien ausgebildet wurde, zeichnet sich eine erneute Phase beschleunigten sozial-ökonomischen
Wandels ab, der zwar die politische Organisation (s. Abb. Nr. 10)
noch nicht tangiert, der aber die demographische und besonders die
wirtschaftliche Entwicklung des Landes schon nachhaltig beeinflußt.
Die beiden letzten Elemente dieses Prozesses sollen deshalb in
den kommenden Abschnitten nachvollzogen werden.

---

1) s. THOMSON,B., 1902, "Savage Island" (der Titel ist ein weiteres von Cook
   geprägtes Klischee, das sich auf den Inselstaat Niue bezieht); Daten zur
   Staatsverschuldung Tongas um diese Zeit in CYCLOPEDIA OF..., 1909, S.11

3.   DEMOGRAPHISCHE STRUKTUR

3.1   Bevölkerungsentwicklung

Als einer der wesentlichen Punkte zum Verständnis der tonganischen Agrarstruktur ist in den letzten Jahren das enorme Bevölkerungswachstum und der damit zusammenhängende Druck auf die immer
knapper werdenden Land-Ressourcen hervorgehoben worden.[1] Der von
A. Maude konstruierte kausale Zusammenhang zwischen rapide steigenden Bevölkerungszahlen und sich verändernder Landrechtspraxis soll
in dieser Arbeit auf seine Bedeutung im heutigen Kontext überprüft
werden. Es scheint daher angebracht, die Phasen der Bevölkerungsentwicklung in Tonga vorzustellen und durch eine kurze Diskussion
der neueren Zensus-Daten zu ergänzen.

Für die Zeit vor Ankunft der ersten Europäer auf den Inseln
gibt es keine Zahlenangaben in der Literatur. Zudem sind alle bis
zur ersten Bevölkerungserhebung von 1891 getroffenen Feststellungen
lediglich Schätzungen, die durch Extrapolation von Bevölkerungszahlen in einzelnen Dörfern oder bei Versammlungen zustande gekommen sind. Ähnliche, wenn auch nicht so weitreichende Vorbehalte
sind gegenüber den Zensusdaten in der Zeit vor 1939 zu äußern:

> "The figures which are not based on censuses are generally
> speaking very inaccurate. The same applies to a lesser ex-
> tend for census data before the 1939 census."   2)

Selbst die letzten Volkszählungen von 1966 und 1976 müssen - darauf lassen zahlreiche kritische Kommentare schließen[3] - durchaus mit Vorbehalt betrachtet werden.

Die Zeit des ersten Kontaktes mit Europäern bis zum Ausbruch
der bürgerkriegsähnlichen Unruhen 1799 kategorisiert Tupouniua
als:

---

1) MAUDE,A., 1973, "Land Shortage and Population Pressure in Tonga"
2) BAKKER,M.L., 1979, S.7
3) z.B. ROGERS,G., 1968; DECKTOR KORN,S., 1976; BAKKER,M.L., 1979; LUCAS,D., 1980

ABB.11: BEVÖLKERUNGSENTWICKLUNG IN TONGA

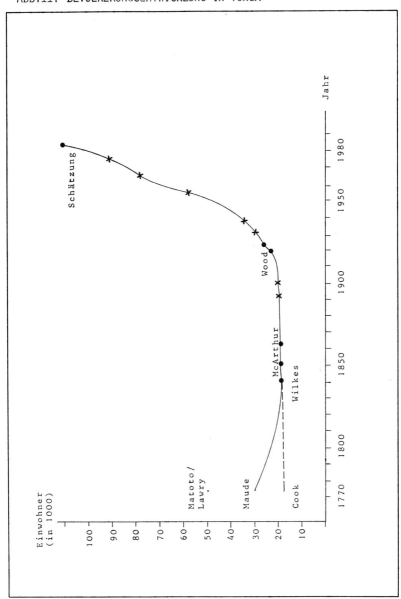

Quellen: BAKKER, M.L.; Zensus (**x**); wie angegeben (**●**)

"A phase in which (...) large scale destruction through diseases, and wars were totally unknown. Presumably, therefore, there was a balanced and vigorous population with steady population growth." 1)

Die erste verläßlich erscheinende Schätzung der Gesamtbevölkerung Tongas beruht auf Beobachtungen von James Cook, bei dessen letztem Besuch 1777 sich - teils zu seinen Ehren, teils aus Neugierde - nicht weniger als zehn bis zwölf Tausend Tonganer auf der Hauptinsel versammelten.[2] Wenn man voraussetzt, daß diese Zahl von bis zu 12.000 Menschen richtig ist, muß man dennoch in Rechnung stellen, daß zu einem so besonderen Anlaß wie dem Besuch eines europäischen Schiffes nachweislich viele Tonganer aus Ha'apai und selbst Vava'u angereist waren,[3] so daß die aus dieser Angabe abgeleiteten Schätzungen für die Bevölkerung von Tongatapu oder gar ganz Tonga teils mit Zurückhaltung bewertet werden.[4]

Auf der anderen Seite, so argumentiert Green[5] aufgrund einer neueren Untersuchung, gibt es Gründe anzunehmen, daß die bisherigen Schätzungen - etwa von McArthur - eher als Untertreibung anzusehen sind. Green hat in seiner Darstellung die Beschreibung der ersten Europäer bezüglich der Landnutzungsformen zu dieser Zeit ausgewertet. So schreibt etwa Cook in einem Abschnitt "an excursion into the country":

"We found by far the greatest part of the country cultivated, and planted with various sorts of productions; and most of these plantations were fenced around. Some spots, where plantations had been formaly, now producing nothing, lying fallow; and there were places that had never been touched, but lay in a state of nature; and, yet even those were useful, in affording them timber, as they were generally covered with trees." 6)

Unter der Annahme, daß die Bevölkerung zu dieser Zeit relativ stabil und die Ernährungsgrundlage sichergestellt war, vergleicht Green die Beschreibungen der Landnutzungsintensität zu dieser Zeit mit der heutigen. Er verwendet dabei das Konzept der "carrying

1) TUPOUNIUA,U., 1958, S.17f; vergl. WALSH,A.C., 1970, S.34
2) zu entnehmen Cooks Tagebüchern (1821, S.319), s. MCARTHUR,N., 1967, S.69
3) GIFFORD,E.W., 1929, S.5
4) MCARTHUR,N., 1967, S.69
5) GREEN,R.C., 1973
6) zitiert nach GIFFORD,E.W., 1929, S.7

capacity", also der maximalen Zahl von Menschen, die eine gegebene Landfläche ernähren kann,[1] und kommt dabei zu folgendem Schluß:

"Gifford's and Wood's estimate of a Tongan population of
no more than 25,000 at Contact which is indicative of
10,000 on Tongatapu, constitutes an underestimation both
for Tongatapu and the Tongan group. On Tongatapu such a
population would have involved use of only 35 to 40 per-
cent of the arable land." [2]

Die Ergebnisse von Greens Untersuchung unterstützen die von
Maude aufgestellte These, daß zu dieser Zeit in Tonga nicht weniger als 30.000 Menschen gelebt haben (bzw. 13.000 auf Tongatapu),[3]
was unter den gegebenen Bedingungen die Nutzung von 42 bis 47% des
agrarisch nutzbaren Landes bedeuten würde.[4] Als weniger wahrscheinlich sind dagegen Angaben von Lawry und in neuerer Zeit Matoto[5]
anzusehen, daß die Bevölkerung Tongas in dieser frühen Kontaktphase schon aus 50.000 Menschen bestand.

Das 19. Jahrhundert, genauer die Zeit vom Ausbruch des Bürgerkrieges 1799 bis zur ersten umfassenden Volkszählung 1891, ist
durch einen einschneidenden Bevölkerungsrückgang gekennzeichnet,
dessen Ursachen zum einen in den katastrophalen Folgen des Krieges
selber, zum anderen im vermehrten Auftreten von Krankheiten und
Seuchen lagen, die von Europäern ins Land gebracht wurden und gegen
die die tonganische Bevölkerung noch nicht immun war. Wenn man die
von Maude angenommene Zahl von 30.000 als gegeben ansieht, wurde
die Bevölkerung im 19. Jahrhundert um etwa ein Drittel dezimiert.[6]

Der Ausbruch des offenen Konfliktes zwischen rivalisierenden
Häuptlingen war unter anderen einer der Gründe für die Änderung
der Siedlungsstruktur in Tonga: Während vor dem Krieg die Tonganer
verstreut auf den von ihnen bebauten Buschparzellen lebten, suchten
sie mit Anfang des 19. Jahrhunderts Schutz in befestigten Dörfern.
Der Ursprung des heute für alle Dörfer und städtischen Siedlungen

---

1) genauer definiert von STREET,J.M., 1969, S.104, als "the maximum number of
   people that a given land area will maintain in perpetuity under a given system
   of land usage without land degradation setting in."
2) GREEN,R.C., 1973, S.70
3) MAUDE,A., 1965, S.45
4) GREEN,R.C., 1973, S.71
5) Lawry, 1850, S.245, zitiert von MCARTHUR,N., 1967, S.73; Matoto,'O.A., 1971,
   S.2, zitiert von THAMAN,R.R., 1975, S.88
6) GREEN,R.C., 1973, S.72, nimmt eine Reduzierung von bis zu 50% an.

verwendeten Begriffes *kolo* liegt in diesen durch Gräben und Pali-
saden geschützten Wehrdörfern, die jedoch in Einzelfällen auch
keinen ausreichenden Schutz boten, wie die von Wood[1] angeführten
Beispiele der Ausrottung ganzer Dörfer belegen. Selbst die Männer
des Dorfes wagten es kaum, auf ihre ungeschützten Felder zu gehen
und diese zu bestellen, was - zusammen mit der Zerstörung von
Pflanzungen durch den Krieg - bedrohliche Hungersnöte nach sich
zog. Allein für die Zeit bis 1826 wird der Bevölkerungsrückgang
infolge von Kriegsführung und Hungersnöten auf "mindestens ein
Viertel der Bevölkerung"[2] geschätzt.

Von Europäern eingeführte Krankheiten waren in dieser Epoche ein
weiterer Faktor, der zur Dezimierung der Bevölkerung beitrug.
Brenchley erwähnt in seiner Reisebeschreibung:

> "the destructive effects of certain epedimics, such as
> intermittent fevers, diarrhoea, whooping cough (...) The
> population has also suffered from other diseases such as
> dysentery, phtisis, scofula ..."   3)

Praktisch ohne ärztliche Versorgung sah sich Tonga 1812 einer grös-
seren Epidemie ausgesetzt, die von einem von Fiji kommenden Schiff
eingeschleppt wurde. Obwohl dazu keine Sterbeziffern vorliegen,
muß der demoralisierende Effekt dieser von Gifford als *ngaungau*
(Kopfschmerzen) bezeichneten Krankheit erheblich gewesen sein,
denn "they were not able to carry the dead away and bury them."[4]
Eine weitere, von McArthur erwähnte Epidemie um 1877 hatte ähnlich
destruktive Folgen,[5] die noch selbst im frühen 20. Jahrhundert
wissenschaftliche Beobachter zu der Annahme verleiteten, von einer
"depopulation of the Pacific races"[6] sprechen zu können.

In der Tat hatte sich jedoch in der zweiten Hälfte dieses "century of decline"[7] der Bevölkerungsrückgang vermindert, zum Teil
aufgrund der sich stabilisierenden politischen Verhältnisse nach
dem Ende des Bürgerkrieges, zum Teil wohl auch durch wachsende natürliche Immunität gegenüber den neuen Krankheiten. Die von den

---

1) WOOD,A.H., 1932, S.28ff
2) ebd., S.33
3) BRENCHLEY,J.C., 1873, S.102
4) GIFFORD,E.W., 1929, S.209; ebenso MAUDE,A., 1965, S.46
5) MCARTHUR,N., 1967, S.74
6) LAMBERT,S.M., 1934, bes. S.15ff
7) CRANE,E.A., 1979, S.48

Missionaren initiierte Gesetzgebung förderte zudem eine genauere
statistische Erfassung der Bevölkerung - unter anderem durch die
Einführung einer Kopfsteuer - und führte 1891 zur ersten offiziellen Volkszählung. Die Ergebnisse dieses Zensus, an dem allerdings
Zweifel bezüglich seiner Vollständikeit geäußert worden sind,[1]
weisen eine Gesamtbevölkerung von 19.196 aus, die sich aufteilt
in 5281 männliche Erwachsene, 5142 weibliche Erwachsene, 2910
Jungen, 2940 Mädchen und 2923 Kinder unter fünf Jahren.[2]

Obwohl zwei Jahre nach dieser Zählung eine von Neuseeland ein-
geschleppte Masern-Epidemie Tonga ergriff, in der "one-twentieth
of the population was carried off, and the remainder was so de-
moralised that it was threatened with famine"[3], ergab eine erneute Erhebung am Ende des Jahrhunderts eine leichte Steigerung
der Gesamtbevölkerungszahl auf 19.968. Die Angaben dieser Erhebung
lassen zum ersten Mal auch die geographische Verteilung der Bevölkerung erkennen (vergl. Abb. Nr. 13); so hatte im Jahr 1900 Tongatapu (einschließlich 'Eua) 8400 Einwohner, Ha'apai zwischen 5100
und 5200, Vava'u 4600 und die abgelegenen Inseln Niuatoputapu und
Niuafo'ou 700 bzw. 1100 Einwohner.[4]

Vom Beginn des 20. Jahrhunderts bis circa 1920 lassen die zur
Verfügung stehenden Daten ein langsames Bevölkerungswachstum von
etwa 20.000 im Jahr 1900 auf etwas über 23.000 zwanzig Jahre später
erkennen, wobei die Validität dieser Daten allerdings in einer demographischen Analyse von Bakker als "quite unreliable"[5] eingeschätzt wird. Die Stetigkeit dieses langsamen Wachstums wird 1918
und 1919 durch den Ausbruch einer Grippe-Epidemie unterbrochen,
die zwischen 1000 und 1600 Todesopfer forderte.[6]

Der Umkehrpunkt der Bevölkerungsentwicklung um die Jahrhundertwende und das beginnende langsame Wachstum der ersten zwanzig Jahre
ist sicher der verbesserten medizinischen Versorgung zuzuschreiben.
Mit Beginn des Jahres 1906 waren auf jeder der drei Inselgruppen
in den Hauptsiedlungen Ärzte oder medizinisch ausgebildete Fach-

---

1) MCARTHUR,N., 1967, S.76: "...so the 1891 count may have been incomplete."
2) ebd.
3) THOMSON,B., 1894, S.286
4) MCARTHUR,N., 1967, S.77
5) BAKKER,M.L., 1979, S.7
6) WOOD,A.H., 1932, S.64; LAMBERT,S.M., 1934, S.16

kräfte vertreten. 1909 wurden in Nuku'alofa, Pangai und Neiafu
kleine Krankenhäuser gebaut, die zusammen mit der Verbesserung
sanitärer Einrichtungen in den Dörfern dazu beitrugen, Gesundheits-
zustand und Lebenserwartung der Bevölkerung zu heben.[1] Als eine
signifikante Änderung der Zuwachsrate drückt sich diese Entwicklung
in den Statistiken allerdings erst 1921 aus. Während in den ersten
zwanzig Jahren des Jahrhunderts die Zuwachsrate gerade 0,8% betrug,
erreichte die Entwicklung etwa 1921 "the point of 'take-off' in the
demographic transition of Tonga".[2]

Falls die zur Verfügung stehenden Daten hinreichend zuverlässig
sind, läßt sich für das Jahrzehnt von 1921 bis 1931 - dem Jahr des
nächsten Zensus - eine Zunahme von 16,6% errechnen. In absoluten
Zahlen bedeutet das ein Ansteigen der Bevölkerung von 23.759 auf
27.700 im Jahr 1931 mit einem Anteil von 1139 Nicht-Tonganern, von
denen 747 als Europäer oder Halbeuropäer klassifiziert waren. Bis
zum Jahr 1939, dem nächsten wichtigen Zensusdatum, stieg die Zahl
der Tonganer auf 32.862, was - bezogen auf den Zeitraum seit 1921 -
einen Zuwachs von 38% oder 1,8% jährlich bedeutet.[3]

Von 1940 an tritt die Bevölkerungsentwicklung in eine Phase
beschleunigten Wachstums mit jährlichen Zuwachsraten über 3 %. In
der Zeit von 1939 bis zum September 1956, dem Zeitpunkt der nächsten offiziellen Erfassung, stieg die Bevölkerungszahl um 68%. Dies
bedeutet, daß - rückgerechnet von 1956 - sich die Zahl der Tonganer
in den davorliegenden 25 oder 26 Jahren verdoppelt hat.[4]

Im Gegensatz zu allen davorliegenden Zählungen wurden für die
Erhebung 1956 speziell ausgebildete Lehrer verwendet, wodurch die
Zuverlässigkeit besonders der Altersangaben erheblich gesteigert
werden konnte. Die Ergebnisse dieses Zensus[5] lassen deshalb zum
ersten Mal eine hinreichend genaue Analyse der Altersstruktur und
der Geschlechtsverteilung zu, obwohl Schätzungen auf der Grundlage
unvollständiger Ergebnisse des 1939er Zensus schon vorher durchgeführt worden sind.[6] Ein Vergleich ergibt, daß die Alterstruktur

1) MAUDE,A., 1965, S.48   4) ebd.
2) BAKKER,M.L., 1979, S.11   5) TUPOUNIUA,U., 1958
3) MCARTHUR,N., 1967, S.84   6) MCARTHUR,N., 1967, S.86ff

ABB.12: ALTERSPYRAMIDE VON TONGA

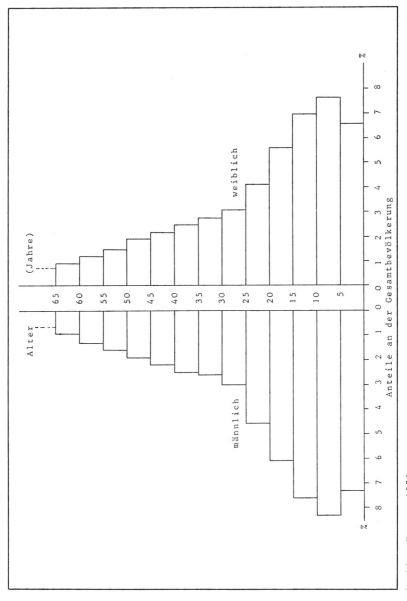

Quelle: Zensus 1976

der tonganischen Bevölkerung sich in diesem Zeitraum nicht wesent-
sich änderte; festzuhalten ist eine leichte Zunahme des Anteils
von Kindern unter vier Jahren, was die Charakteristik der Alterspyramide einer rasch wachsenden Bevölkerung (s. Abb. Nr. 12) noch
unterstreicht.

Das mittlere Alter lag 1956 für den männlichen Bevölkerungsanteil bei 17,2 Jahren, für den weiblichen bei 17,9 Jahren mit einem hohen Anteil (44%) der Bevölkerung unter 15 Jahren. Zusammen
mit einer gestiegenen Lebenserwartung von 61 Jahren für Männer bzw.
67 Jahren für Frauen dokumentierten diese Zahlen eine Entwicklung,
die schon Anfang der 60er Jahre Warnungen vor einer drohenden Über-
bevölkerung laut werden ließen. So projektierte etwa McArthur im
Jahr 1961 - unter der Annahme eines steten Wachstums von 3,26% und
ausgehend von 56.838 Tonganern, wie sie im 1956er Zensus dokumen-
tiert sind - für den Zeitraum bis 1971 eine Gesamtbevölkerung von
91.920. [1]

Seit 1956 sind in Tonga in regelmäßigen Abständen von zehn Jahren Zensusdaten veröffentlicht worden. Gemessen an dem für eine
umfassende Volksbefragung erforderlichen Aufwand wird diese Häufigkeit von in Entwicklungsländern arbeitenden Demographen als "fairly
high" eingestuft.[2] Die rechtliche Grundlage ist der "Census Act"
von 1956, der dem König nach der Standardformulierung tonganischer
Gesetzgebung das Recht einräumt, eine Volkszählung anzuordnen,
"whenever he may deem it expedient."

Die Ergebnisse der Erhebung von 1966,[3] die im wesentlichen die
Befragungsmethoden des 1956er Zensus wiederholte und damit auf unmittelbare Vergleichbarkeit angelegt war, belegten den vorherge-
sagten Trend eines steigenden Bevölkerungswachstums (3,6% pro Jahr)
und einer sich weiter verjüngenden Bevölkerung. Die insgesamt
77.492 Tonganer hatten 1966 ein Durchschnittsalter von 16,6 Jahren
für den männlichen und 15,9 Jahren für den weiblichen Bevölkerungsteil.[4] Darüberhinaus belegt der Zensus zum ersten Mal das Auftreten

---

1) MCARTHUR,N., 1961; vergl. dies. 1967, S.97
2) GROENEWEGEN,K., 1979
3) FIEFIA,S.N., 1968
4) WALSH,A.C., 1970, S.33

ABB.13: BEVÖLKERUNGSVERTEILUNG IN TONGA

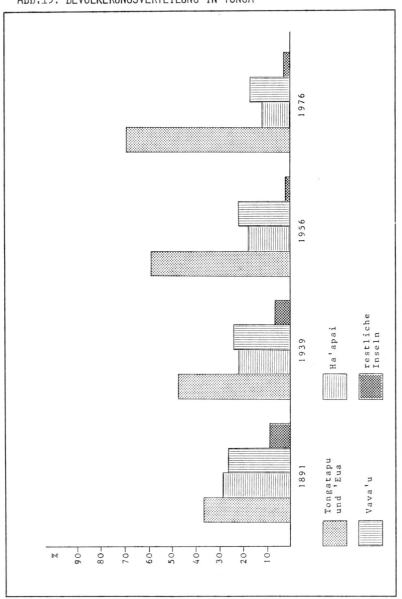

Quellen: Zensus-Daten; MAUDE,A.(1965); WALSH,A.C.(1970)

starker regionaler Unausgewogenheiten in der Bevölkerungsentwicklung: So stieg der Anteil der auf der südliche Inselgruppe lebenden Tonganer von 58,4% auf 66,3% mit einer jährlichen Zuwachsrate
von 5,3% für Tongatapu bzw. 7,6% für 'Eua. Dagegen fiel der Anteil
des in der Ha'apai- und Vava'u-Gruppe lebenden Teils von 39,5%
auf 31,2% mit jährlichen Zuwachsraten von nur O,6% bzw. O,8%
(vergl. Abb. Nr. 13).

Nach dem Erscheinen des Zensus-Report 1968 sind mehrere kritische Kommentare bekanntgeworden, die unter anderm die unzureichende methodische Anpassung standardisierter demographischer Verfahren an die lokalen Gegebenheiten betreffen. Einige dieser Punkte
sollen hier nicht unerwähnt bleiben, weil sie die im weiteren darzustellenden Verfahren der eigenen empirischen Untersuchung tangieren. So schreibt Rogers:

> "The Report does not distinguish whether households with
> several families have come about as a result of grand-
> parents, son and wife, and grandchildren living in the
> same household, or as a result of brothers and their wifes
> sharing one household. It is also unclear how the local
> census officers demarcated dwelling units clustered to-
> gether and cooperating as one single household. In many
> parts of Tonga there is a precedent in custom for three
> or even four generations of the same kin-group to live
> within the same 'api, the familiy unit of the oldest son
> occupying the main dwelling with other units (parents and
> unmarried siblings, families of married siblings) having
> separate dwellings around." [1]

Das Problem, Haushalts- und Familieneinheiten auf ihre Hintergründe zu befragen und Untereinheiten voneinander abzugrenzen, ist
unter tonganischen Verhältnissen sicher sehr schwierig, im gleichen Maß aber wichtig, weil aus diesen Angaben - beginnend mit
dem Zensus 1966 - Schlüsse über die Verteilung der Land-Ressourcen gezogen werden.

Eine weitere methodische Kritik ist dem Zensus selber zu entnehmen. Die Diskussion in dem Report betrifft die traditionelle
Bevölkerungsmobilität und die daraus resultierende Schwierigkeit,
den festen Wohnsitz einer bestimmten Person zu erfassen:

---

1) ROGERS,G., 1969, S.214

"As the Census was a de facto one, people were enumerated
in wherever they were domiciled at the time of the Census.
It is legitimate to assume that many people would be enumerated away from their villages or island of birth. How-
ever, it would be false to assume that all persons enumerated away from their island of birth were migrants, external or internal (...) A more realistic picture of any
migration that has taken place can be obtained by exam-
ining the adult population which decides on the place of
permanent residence." 1)

Das de facto-Verfahren, also die Erfassung zum Zeitpunkt der Erhebung, hat also in Tonga zur Bestimmung des festen Wohnsitzes
kaum Aussagekraft, weil - wie Decktor Korn aufgrund einer Fallstudie in einem Dorf mit dem fiktiven Namen Motulahi belegt:

"Tongans do not have our concept of permanent residence;
instead, they recognize different kinds of what we would
call 'temporary residence'." 2)

Auch die Frage der Wohnorte - insbesondere solche, die von
den Geburtsorten abweichen - hat einen engen Zusammenhang mit
der aktuellen Landrechtspraxis: Während in traditionellen Familienverbänden Landnutzungsrechte eng an die ständige Partizipation am sozialen Gefüge gebunden waren, haben sich durch die Kommerzialisierung der Landvergabe und die wachsende interne wie
externe Migration diese Rechte derart verschoben, daß bedeutende
Teile des Landes nicht genutzt werden, weil die "Besitzer" weggezogen sind. Das unzureichende Verfahren der herkömmlichen Volksbefragung hat also einer Tendenz Vorschub geleitet, die "Sozial-
gebundenheit des Eigentums" weiter zu schwächen.

Der folgende Zensus im Jahr 1976 versuchte deshalb, der Forderung nach "establishing culturally meaningful indices of migration"[3] dadurch gerecht zu werden, daß die Befragung auf einer de
jure-Basis erfolgte; das heißt, es wurden zum Zeitpunkt der Befragung alle Haushaltsmitglieder erfaßt, gleichgültig, ob sie zum gegebenen Zeitpunkt anwesend waren oder nicht. Dadurch sollten zum
einen umfassende Informationen über Bevölkerungsbewegungen innerhalb Tongas, zum anderen "some information on emigration"[4] gesammelt werden.

---

1) FIEFIA,S.N., 1968, S.21   3) ebd.
2) DECKTOR KORN,S., 1976, S.141   4) KINGDOM OF TONGA, Zensus 1976, S.14

Die Nachteile der Umstellung vom de facto auf das de jure-Verfahren haben sich jedoch als nicht unbeträchtlich erwiesen: Zum einen ist - wie Bakker bemerkt[1] - ein Vergleich der Zensus-Daten von 1976 mit den vorhergehenden Volkszählungen schwierig. Insbesondere regional differenzierte Aussagen über die Bevölkerungsentwicklung der letzten zehn Jahre werden zudem durch die Neuordnung der Verwaltungseinheiten in fünf "Divisions" und dreiundzwanzig "Districts" erschwert.

Ein anderer Nachteil liegt in der Kompliziertheit des de jure-Ansatzes bzw. vielmehr darin, daß die Befrager für den 1976er Zensus nicht hinreichend auf den Unterschied zur bisherigen Praxis aufmerksam gemacht worden sind. Die im Zensus-Bericht von 1976 wiedergegebenen Zahlen von Einwohnern einzelner Dörfer und Regionen reflektieren deshalb eher eine nicht näher zu definierende Mischung aus einer de facto und einer de jure-Erhebung.[2]

Eingedenk dieser Vorbehalte werden im weiteren Verlauf dieser Arbeit jedoch die Daten des Zensus 1976 zur Grundlage genommen und - soweit erforderlich - mit den entsprechenden Einschränkungen versehen. So stieg die Gesamtzahl der Bevölkerung von 76.121 im Jahr 1966 auf "nur" 90.085 im Jahr 1976. Die um 13.964 oder 18,3% gewachsene Einwohnerzahl weist damit eine im Vergleich zu vorangegangenen Jahren niedrige jährliche Zuwachsrate von nur 1,68% auf. Dies scheint allerdings in geringerem Maße der Familienplanungspolitik der Regierung zuzuschreiben zu sein als vielmehr der statistisch nicht genau erfaßten Auswanderung vieler Tonganer in die Pazifik-Randstaaten.[3] In einem Artikel über neueste Bevölkerungsentwicklungen im Pazifik schreibt Lucas dazu:

> "In the absence of migration (...) the increase would (...)
> exceed 3 per cent per annum."   4)

Es ist deshalb sinnvoll, zwischen dem natürlichen Zuwachs der Bevölkerung (die Differenz zwischen Geburten- und Sterberate) und

---

1) BAKKER,M.L., 1979, S.10
2) persönliche Gespräche mit John May, Demogrph der South Pacific Commission, Nouméa und Nuku'alofa 1980; s. auch MAY,J., 1980
3) vergl. KREISEL,W., 1983
4) LUCAS,D., 1980, in SHAND,R.T. (Hrsg.), S.145

dem tatsächlichen Zuwachs, der die Auswanderung mit in Betracht
zieht, zu unterscheiden. Betrachtet man die Entwicklung der Ge-
burtenrate, die für 1976 aufgrund möglicherweise unvollständiger
Registrierungen mit 3,4% angegeben wird,[1] so muß der Erfolg der
im zweiten Entwicklungsprogramm von der Regierung angestrebten
Familienplanungspolitik skeptisch beurteilt werden. Dort heißt
es:

> "...the Goverment has placed considerable emphasis in the
> 1970 - 75 Development Plan upon slowing down the rate of
> polulation increase by the implementation of an Effective
> Family Planning programme." [2]

Die von Lucas angegebene Sterbeziffer von 1,1% führt in der Berechnung des natürlichen Zuwachses zu einem immer noch relativ niedrigen Wert von 2,3%. Zu einem ähnlichen Ergebnis kommen Ward und
Proctor, die 2,2% als Rate des natürlichen Zuwachses annehmen.[3] In
diesen Angaben ist jedoch das geschätzte Ausmaß der Abwanderung
von circa 2% pro Jahr[4] noch nicht berücksichtigt.

Die aus dem Zensus 1976 abzuleitende Bevölkerungspyramide (s.
Abb. Nr. 12) bestätigt den in den vorangegangenen Erhebungen festgestellten Trend einer sich insgesamt weiter verjüngenden Bevölkerung mit etwa 71% unter 30 Jahren und nur 5% der Einwohner über
60 Jahren. In den Altersgruppen zwischen 20 und 40 Jahren überwiegt der Anteil der weiblichen Bevölkerung (26%) den der männlichen (24%), woraus man möglicherweise Rückschlüsse auf den Anteil
ausgewanderter junger Männer ziehen kann. Die Kindersterblichkeit
- also der Anteil von Kindern, die das erste Jahr nach der Geburt
nicht überleben - ist aufgrund weiter verbesserter hygienischer
Bedingungen auf 24 pro Tausend gesunken[5] und trägt zusammen mit
der gleichbleibenden - im Vergleich mit Industrieländern - jedoch
immer noch niedrigen - Lebenserwartung von durchschnittlich 62
Jahren zum steten Wachstum der Bevölkerung bei.

---

1) LUCAS,D., 1980, S.147, zitiert das United Nations Demographic Yearbook 1977
   in Bezug auf Tonga mit "civil registers which are incomplete or of unknown
   completeness"; s. auch ebd., S.148, Tab.2
2) KINGDOM OF TONGA, Development Plan II (1970-75), Paragraph 1.18
3) WARD,R.G. & PROCTOR,A. (Hrsg.), 1980, S.29
4) LUCAS,D., 1980, S.148
5) CRANE,E.A., 1979, S.48

3.2   Siedlungsstruktur und Bevölkerungsverteilung

Wie im vorangegangenen Abschnitt angedeutet lebten Tonganer
vor dem 19. Jahrhundert nicht in klar abgegrenzten Dörfern, sondern, wie frühe europäische Beobachter feststellten, in:

"scattered native houses, each being surrounded by a neat
fence, enclosing as well as the house, a garden planted
with coconut, bread fruit, plaintain trees and various
introduced esculant vegetables."   1)

Für diese gestreute Siedlungsstruktur, die von Tasman ebenso wie
von Cook beschrieben wurde, gibt es heute noch Anhaltspunkte in
den alten Grabhügeln, die über weite Teile des Buschlandes verstreut liegen. Es spricht jedoch einiges dafür, daß - wie Kennedy
bemerkt[2] - diese Siedlungsweise nicht völlig unstrukturiert war.
Es sei vielmehr einleuchtender anzunehmen, daß die Häuser in kleinen Gruppen zusammenstanden und - analog zu den Großfamilienstruk-
turen - mit dem umgebenden Buschland jeweils das Gebiet abdeckten,
über das der Älteste (oder Häuptling) das Verfügungsrecht hatte.
Auf diese Weise, so errechnet Kennedy, würde eine Gruppe von 50
Familien auf einer Fläche von etwa 80 Hektar unterzubringen sein
und damit "in effect represent a village, though quite different
in form from its modern counterpart in Tonga."[3]

Als einer der Gründe für die Konzentration der Bevölkerung in
Dörfern ist bereits die Bedrohung durch die Unruhen des frühen 19.
Jahrhunderts genannt worden. Andere Gründe liegen zweifellos in
dem sich verstärkenden Einfluß der Missionare, die durch die Einrichtung von Kirchen und Schulen starke Anreize für die Entstehung
von geschlossenen Siedlungen schufen. Der sich rasch entwickelnde
religiöse Eifer der Tonganer und die aufkommenden materiellen Annehmlichkeiten wie Brunnen, Wasserreservoirs und kleine Geschäfte
halfen, selbst Nachteile wie die größeren Entfernungen zu den

---

1) so z.B. Bennett (1831) in "A recent Visit to several of the Polynesian
   Islands", zitiert nach MAUDE,A., 1965, S.61
2) KENNEDY,T.F., 1958, S.162f
3) ebd., S.163

Buschparzellen zu kompensieren und damit diese neue Form des Ge-
meinschaftslebens zu etablieren.

Aus naheliegenden Gründen wurden die Dörfer Tongas in unmittelbarer Nähe zum Meer errichtet: Der Fischreichtum der Riffe und Lagunen bot eine wichtige Ernährungsgrundlage, die Transportmöglichkeiten per Boot oder Kanu waren einfacher, und nicht zuletzt spielt
die Möglichkeit täglich zu baden eine wichtige Rolle in einem
Land, in dem Trinkwasser relativ knapp ist. Die ersten Ansiedlun-
gen waren vermutlich[1] an den heute weniger bevorzugten *liku*-
Küsten (s. Abb. Nr. 14), also an den der Hauptwindrichtung ausge-
setzten Süd- und Ostseiten der Inseln; denn dort weisen - auch
heute noch - die Riffe die größeren Fischbestände auf.

In späterer Zeit, mit der Verbesserung der Überland-Transport-
möglichkeiten, dürften dagegen Überlegungen wie die Furcht vor
Wirbelstürmen und der einfachere Zugang zum Meer dazu geführt haben, die ruhigeren Nord- und Westseiten der Inseln aufzusuchen.
So erwähnt Maude das Beispiel von Vaini, heute das größte Dorf
auf Tongatapu, das seine ursprüngliche Lage an der Südküste zugunsten einer geschützteren Lage an der Lagune aufgab. Neben den
oben angeführten Beweggründen dürfte hier besonders die Verbesserung der Trinkwasserversorgung eine Rolle gespielt haben.[2]

Kennedy nennt einige Beispiele von Dörfern, die aus Sicherheits-
gründen auf einer Anhöhe errichtet wurden (etwa das in der vorliegenden Arbeit als Beispiel gewählte Dorf Taoa in Vava'u) und
andere, die ihren Standort aufgrund ungesunder klimatischer Verhältnisse wechseln mußten (so Tu'anuku in Vava'u, das ursprünglich
an einem brackigen Binnensee gegegen hat und nun auf eine nahe-
gelegene Erhebung umgezogen ist).[3]

Der Zensus von 1976 gibt die heutige Zahl der Dörfer mit 152
an,[4] wobei zu beachten ist, daß die Zahl der städtischen Siedlungen hier mit eingeflossen ist. Die städtischen Siedlungen bestehen

---

1) HELU,F., 1980
2) MAUDE,A., 1965, S.62
3) KENNEDY,T.F., 1958, S.163; vergl. ders., 1959, S.55
4) KINGDOM OF TONGA, Census 1976, S.13

- 93 -

ABB.14: FRÜHERE UND HEUTIGE SIEDLUNGSSCHWERPUNKTE

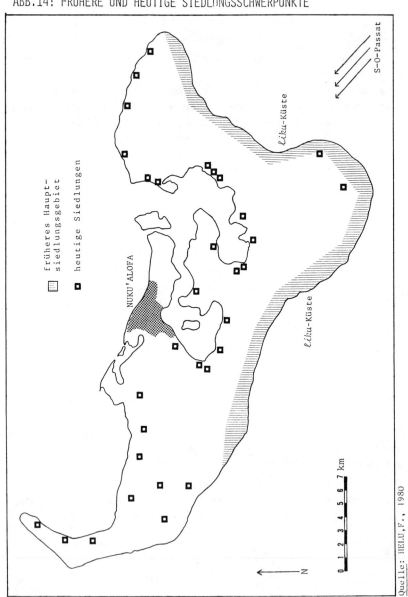

Quelle: THELU, F., 1980

fast durchweg aus mehreren Dörfern: Für die Hauptstadt Nuku'alofa,
die Walsh als eine "agglomeration of three agricultural villages"[1]
bezeichnet hat, muß man von dieser Gesamtzahl mindestens drei Dörfer (Kolomotu'a, Kolofo'ou und Ma'ufanga) abziehen; wenn man neuere Entwicklungen mit einbezieht, sogar noch ein viertes (Haveluloto).[2] Die alte Hauptstadt Mu'a, die im Zensus ebenfalls als
"town" klassifiziert ist, setzt sich zusammen aus den Dörfern
Tatakamotonga und Lapaha. Der Hauptort der Inselgruppe Vava'u
(Neiafu) und die Hauptsiedlung der Ha'apai-Gruppe (Pangai) haben
gegenüber Nuku'alofa zwar entschieden weniger städtischen Charakter; aufgrund ihrer Bedeutung als Hafenorte und durch die Ansiedlung multinationaler Handelsketten (Burns Philp und Morris Hed-
stroem) jedoch einen relativen Bedeutungsüberschuß gegenüber den
umliegenden Dörfern und Inseln. Die Summe der als Dörfer zu bezeichnenden Orte reduziert sich damit auf 144.

In ihrer jeweiligen flächenhaften Ausdehnung und Einwohnerzahl
variieren diese Dörfer erheblich: Von den als "städtisch" ausge-
gliederten Siedlungen abgesehen, ist Vaini im Zentrum von Tongatapu mit 2690 Einwohnern das größte Dorf. Die kleineren Dörfer
sind erwartungsgemäß auf den äußeren Inseln gelegen; das kleinste
mit nur 41 Einwohnern ist das Dorf Mata'aho auf Niuafo'ou.[3]

Im Zusammenhang mit Verfügungsrechten über Land ist die Anzahl
der Haushalte pro Dorf von mindestens ebenso großer Bedeutung wie
die Anzahl der Einwohner. Bei einer durchschnittlichen Haushaltsgröße von gerade unter 6,5 Personen beträgt das Mittel der Haushalte auf Tongatapu 93,1 pro Dorf, in Vava'u 52,1 und in Ha'apai
59,2. Da die städtischen Siedlungen in diese Berechnungen nicht
eingeflossen sind, läßt sich vereinfacht sagen, daß die Dörfer
auf der Hauptinsel durchschnittlich fast doppelt so groß sind wie
auf den übrigen Inseln.

Von ihrer Größe abgesehen unterscheiden sich tonganische Dörfer
in ihrer äußeren Erscheinung nicht sehr voneinander. Der Charakter

---

1) WALSH,A.C., 1964, S.45
2) s. WARD,R.G. & PROCTOR,A. (Hrsg.), 1980, S.34
3) KINGDOM OF TONGA, Census 1976; ebenso alle folgenden Zahlenangaben, soweit
   nicht im einzelnen ausgewiesen

aller Dörfer wird von einer "scattered collection of houses of
vatious kinds"[1] geprägt, wobei in den letzten Jahren der Anteil
der im tonganischen Stil gebauten Hütten (ʃale Tonga) stark zurückgegangen ist gegenüber modernen, das heißt im europäischen
Stil gebauten Häusern (ʃale Pālangi). Ein Haus europäischer Bauart - gleich ob aus Steinen oder aus Holz - gilt in Tonga als
Statussymbol, als Zeichen des individuellen sozialen und ökonomischen Aufstiegs. Aus dem Zensus (Tabelle 37) kann man errechnen,
daß mittlerweile über 60% aller Häuser als "European Style" klassifiziert werden können, wobei der Anteil auf Tongatapu mit 66,4%
sogar noch höher liegt (Vava'u: 57,2%, Ha'apai: 44,9%).

Die Häuser - gleich welcher Bauart - stehen im Dorf auf einer
Grasfläche verteilt, die von frei umherlaufenden Haustieren - vor
allem Schweinen - kurzgehalten wird. Auffallende Elemente jedes
Dorfes sind die zahlreichen Kirchengebäude der verschiedenen Glau-
bensrichtungen. Dabei fallen die mit sehr großem finanziellen Aufwand errichteten Gebäude der Mormonen-Sekte besonders ins Auge: In
vielen Dörfern wirken die Mormonen-Kirchen, ausgestattet mit einem
Basketball- oder Tennisplatz und elektrischem Strom, wie Kultur-
Exklaven, was noch durch die Tatsache unterstrichen wird, daß sie
- im Gegensatz zu fast allen anderen Häusern - mit einem Zaun umgeben sind.

Mit dem Zensus 1976 lassen sich zum ersten Mal exaktere Aussagen über die regionale Verteilung der tonganischen Bevölkerung
treffen (s. Abb. Nr. 13 und Nr. 15). Während alle vorhergegangenen
Umfragen die einzelnen Inseln zur Grundlage räumlicher Differen-
zierungen benutzten, lassen die 1976 verwendeten "Civil Administra-
tive Boundries" Aussagen über die innere Differenzierung dieser
Inseln zu, was insbesondere für die Hauptinsel Tongatapu von Bedeutung ist. Die Verwaltungseinheiten sind auf der höchsten Ebene
fünf Divisions, die sich zusammensetzen aus 23 Districts, die
wiederum - wie erwähnt - aus insgesamt 152 Dorf-Einheiten mitsamt
ihrem agrarisch nutzbaren Umland bestehen.

---

1) KENNEDY,T.F., 1958, S.164

ABB.15: BEVÖLKERUNGSDICHTE IN TONGA

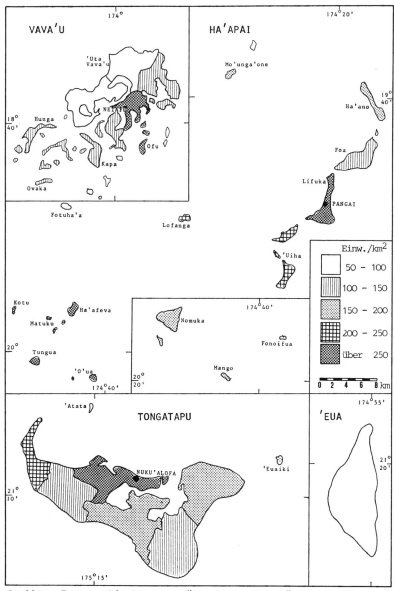

Quellen: Topographische Karte "Kingdom of Tonga"; Zensus 1976

Berechnungen zur Bevölkerungsdichte in den Divisions und Districts setzen eine Differenzierung zwischen der Gesamtfläche und der agrarisch nutzbaren Fläche voraus:

> "population densities (...) have little meaning exept in relation to the availability and utilization of natural, agricultural and human resources." 1)

Die herkömmliche Quotientenbildung aus Einwohnerzahl und Gesamtfläche ist also, weil sie die obengenannten Faktoren nicht berücksichtigt, in einem Land wie Tonga wenig aussagekräftig oder - wie Ward noch drastischer formuliert- "virtually meaningless".[2] In diesem Sinne sind demnach die offiziellen Statistiken - etwa des Lands & Survey Department oder den "Statistical Abstracts" zu untersuchen, will man daraus sinnvolle Aussagen über die Verfügbarkeit der Landressourcen gewinnen.

Wie im einleitenden Abschnitt angedeutet ist die Differenz aus Gesamtfläche und der agrarisch nutzbaren Fläche (hier der Einfachheit halber Brutto- bzw. Netto-Fläche genannt) für Tongatapu und die Vava'u-Gruppe vernachlässigbar gering. In der Ha'apai-Gruppe jedoch ist es sinnvoll, die Flächen der völlig oder fast unbewohnten Inseln - dabei fallen insbesondere die Vulkaninseln Tofua und Kao ins Gewicht - aus der Berechnung herauszunehmen, so daß der Anteil der besiedelten und bewirtschafteten Gebiete nur etwa 44% der Gesamtfläche ausmacht. Für Niuafo'ou konnte mangels anderer Angaben nur die Brutto-Fläche herangezogen werden. Grundlage für die auf Quadratkilometer umgerechneten Flächenangaben (s. Abb. Nr. 15) waren für Ha'apai, 'Eua und die Niua-Gruppe die Werte von Maude.[3] Die Flächen der Tongatapu- und Vava'u-Divisions und der darin enthaltenen Districts wurden im Sommer 1980 mit Planimeter im Lands & Survey Department selber berechnet.

---

1) ROGERS,G., 1968, S.214
2) WARD,R.G., 1980, in WARD,R.G. & PROCTOR,A. (Hrsg.), S.11. Als Beispiel für eine auf die Gesamtfläche bezogene Rechnung der Bevölkerungsdichte sei hier NAVUNISARAVI,N. & MANLEY,J., 1979, erwähnt: Im "Statistical Bulletin of the South Pacific No. 15, Population 1978" wird Tongas Bevölkerungsdichte auf S.8 mit 129 E/km^2 angegeben.
3) MAUDE,A., 1965, S.68 und S.218; vergl. auch WOOD,A.H., 1932, S.96ff und insb. S.109

- 102 -

Setzt man die im Zensus angegebenen Einwohnerzahlen ins Verhältnis zu diesen Flächenangaben, so ergibt sich für ganz Tonga
eine Bevölkerungsdichte von 156 Einwohnern pro Quadratkilometer.
Die von Maude angegebenen Werte für eine hohe Bevölkerungsdichte
liegen bei 192 E/km² bzw. für eine niedrige Bevölkerungsdichte
bei 71 E/km². [1] Gemessen an diesen Normen haben nur 'Eua und die
Niua-Inseln eine ausgesprochen niedrige Bevölkerungsdichte (51
E/km² bzw. 43 E/km²), während Tongatapu und die Ha'apai-Gruppe
sich mit 222 E/km² bzw. 206 E/km² sich bedrohlich nahe am Rande
der "carrying capacity" bewegen.

In Tongatapu lassen sich, wenn man von den hauptsächlich
städtische Gebiete umfassenden Distrikten Kolofo'ou und Kolomotu'a
absieht, sowohl die traditionelle Bevölkerungsballung im West-Teil
der Insel ablesen (Kolovai-Distrikt: 203 E/km²) als auch Anzeichen
für einen Zustrom im östlichen Teil der Insel (Vaini, Lapaha) erkennen. Die Ha'apai-Gruppe war von jeher in der Lage, eine relativ hohe Bevölkerungsdichte zu tragen, weil die Ernährungsgrundlage aus den fischreichen Gewässern gedeckt wurde. So spiegeln die
aus dem de jure-Zensus errechneten Werte auch heute noch zum Teil
extrem hohe Bevölkerungsdichten wider , obwohl möglicherweise ein
Teil der Einwohner inzwischen de facto in Tongatapu oder gar im
Ausland lebt.

Die aus dem Zensus 1976 errechnete prozentuale Verteilung der
Einwohner (63,7% in Tongatapu; 16,7% in Vava'u und 12% in Ha'apai)
wird für Entwicklungsvorhaben in- und ausländischer Geldgeber in
der Regel mit der Aufnahmefähigkeit der jeweiligen Binnenmärkte
gleichgesetzt und gilt daher häufig als Anhaltspunkt für die Renta-
bilität ihrer Investitionen. Deshalb wird der überwiegende Teil
des privaten und öffentlichen Kapitals in die Hauptinsel und speziell Nuku'alofa investiert. Solche Überlegungen tragen allerdings
die Gefahr in sich, die bereits bestehenden regionalen Disparitäten
zu verstärken und zur weiteren Marginalisierung der geographisch
benachteiligten Inseln der Niuas, 'Eua, aber auch der äußeren Inseln der Ha'apai-Gruppe beizutragen. [2]

1) MAUDE,A., 1965, S.68; als Kriterium wird nur "under Tongan conditions" genannt
2) s. SEVELE,F.V., 1973; als ermutigendes Beispiel ist hier der "Ha'apai Development Workshop" zu nennen: s. KINGDOM OF TONGA, CPD, 1981

3.3   Bevölkerungsmobilität

Die Besiedlung der pazifischen Inseln durch den sukzessiven
Zustrom von Volksgruppen, die vermutlich aus dem südostasiatischen
Raum kamen, läßt auf eine lange Tradition von Migrations-Strömen
schließen, deren Ursache im weitesten Sinne die Verschlechterung
der Lebensgrundlage in den angestammten Gebieten war. Außer diesen, zu mehr oder weniger dauerhafter Besiedlung führenden Wande-
rungen, entwickelten besonders die polynesischen Völker eine ausgeprägt Neigung zum Reisen; längere Aufenthalte auf anderen Inseln
innerhalb des eigenen Landes, aber auch gewagte und anstrengende
Kanu-Fahrten zu benachbarten Inselstaaten trugen dazu bei, die
relative Isolierung auf den Inseln zu überwinden.

In der durch die Geschichtsschreibung dokumentierten Zeit läßt
sich für Tonga eine Umverteilung der Bevölkerung innerhalb des Landes annehmen, die durch eine Zuwanderung von anderen Inselgruppen
nach Tongatapu gekennzeichnet ist. Darüberhinaus ist - wie in
anderen Entwicklungsländern zu beobachten - die Hauptstadt mit
ihren vermeintlichen und wirklichen Attraktionen das besondere
Ziel dieses Zuzugs. Eine dritte Tendenz, externe Migration oder
Auswanderung, hat in den letzten 20 Jahren und insbesondere in den
70er Jahren großen Einfluß auf die Bevölkerungsstruktur Tongas genommen.

Die von Maude geschätzte Bevölkerungsverteilung für die vor-
europäische Zeit[1] läßt eine - im Verhältnis zur Landfläche der
Inselgruppen - gleichmäßige Verteilung der Einwohner erkennen. In
dieser Zeit dürfte - wie Ward vermutet[2] - eine dauerhafte Umsiedlung innerhalb des Landes vor allem Gründe gehabt haben wie Heirat
oder die Flucht vor Stammeskriegen. Diese Bewegungen waren jedoch
solche von Dorf zu Dorf und lassen in ihrer Summe keine eindeutige
Richtung vermuten.

---

1) MAUDE,A., 1965, S.27
2) WARD,R.G. & PROCTOR,A. (Hrsg.), 1980, S.33

In der Folge der kriegerischen Auseinandersetzungen des 19.
Jahrhunderts, die vor allem auf Tongatapu stattfanden, änderte
sich dieses Bild: Wie aus den Schätzungen der Bevölkerungsverteilung um 1840 und dem Zensus von 1891 hervorgeht, fiel der Anteil
der auf Tongatapu und 'Eua lebenden Einwohner zugunsten vor allem
des Bevölkerungsanteils von Ha'apai. Es liegt nahe zu vermuten,
daß ein Teil dieses Zustroms nach Ha'apai aus Flüchtlingen bestand, die vorübergehend in diesem Teil des Landes Zuflucht suchten, weil die Herrschaft *Tauṣa'ahau* Tupou I. hier unangefochten
war.

Mit Anfang des 20. Jahrhunderts lassen die zur Verfügung stehenden Daten ein stetes Ansteigen des auf Tongatapu und 'Eua lebenden Bevölkerungsteils erkennen, was - da die natürliche Zuwachsrate auf allen Inseln etwa gleich groß war[1] - nur auf eine gerichtete interne Migration zurückgeführt werden kann. Die Volkszählungen der letzten drei Jahrzehnte belegen eine Konzentrierung der
Gesamtbevölkerung von 55% auf Tongatapu im Jahr 1956 auf 64% im
Jahr 1976 (s. Abb. Nr. 13).

Der Zensus 1976 gibt u.a. Aufschluß über Geburtsort und ständigen Wohnsitz der Befragten zum Zeitpunkt der Erhebung (s. Tabelle
Nr. 1). Von den 57.411 in Tongatapu erfaßten Personen gaben 78%
(44.813) einen Geburtort in Tongatapu an, während die restlichen
22% auf anderen Inseln geboren und somit als "Zugewanderte" zu
bezeichnen sind. Bemerkenswert ist vor allem der hohe Anteil der
aus Ha'apai Zugewanderten (über 9% der Einwohner Tongatapus),
während der Anteil der aus Vava'u Stammenden (8%) wegen des grös-
seren Bevölkerungsanteils dieser Insel weniger überraschend ist.
Die umgekehrte Leserichtung der Tabelle ergibt ein korrespondie-
rendes Bild: Von den 47.349 in Tongatapu Geborenen gaben nur etwas
über 5% eine andere Insel als ständigen Wohnsitz an und sind somit als aus Tongatapu "Abgewanderte" zu bezeichnen.

Für Vava'u ergibt eine entsprechende Rechnung, daß von den
15.068 Einwohnern fast 89% in Vava'u geboren sind; die Rate der
"Zugewanderten" beträgt also 11% und setzt sich hauptsächlich aus
Einwanderern von Tongatapu (knapp 6%) und Ha'apai (etwa 3%) zusammen.

---

1) MAUDE,A., 1965, S.79f

TAB.1: BEVÖLKERUNG NACH GEBURTSORT UND STÄNDIGEM WOHNSITZ

GEBURTS-ORT	STÄNDIGER WOHNSITZ						ABWANDERUNG
	Tongatapu (57.411)	Vava'u (15.068)	Ha'apai (10.792)	'Eua (4.486)	Niuas (2.328)	Nuku'alofa (18.312)	
Tongatapu (47.349)	44.813	897	698	760	181	12.672	5,4 %
Vava'u (18.749)	4.615	13.391	377	224	142	2.120	28,6 %
Ha'apai (15.658)	5.229	484	9.591	296	58	2.161	38,7 %
'Eua (3.465)	697	34	36	2.683	15	308	22,6 %
Niuas (3.768)	1.087	182	68	504	1.927	513	48,9 %
Nuku'alofa (13.421)	12.544	331	246	233	67	10.841	6,5 % (19,0 %)
ZUWANDERUNG	21,9%	11,1%	11,1%	40,2%	17,2%	40,8%	

Quelle: Zensus 1976, Tab.12, S.92

Die gleiche Rate von 11% "Zugewanderter" hat Ha'apai aufzu-
weisen, allerdings bei einer Einwohnerzahl von nur 10.792. Die
Unterschiede zwischen beiden Inselgruppen werden deutlich, wenn
man die Rate der "Abwanderung" betrachtet: Von den in Vava'u Geborenen (18.749) gaben fast 29% einen anderen Wohnsitz an; eine
sehr hohe Rate, die allerdings noch bei weitem von der Abwanderung
aus Ha'apai übertroffen wird. Hier gaben von den 15.658 in der
Inselgruppe Geborenen fast 39% einen anderen Wohnsitz an.

Die in der Tabelle erscheinende sehr hohe Zuwanderungsrate von
'Eua (über 40%) erklärt sich zum einen aus der Nähe zur Hauptinsel,
von der viele Tonganer wegen der in 'Eua verfügbaren Buschparzellen
zugewandert sind, zum anderen durch die erwähnte Umsiedlung der
Bevölkerung von Niuafo'ou wegen eines Vulkanausbruchs. Der letztgenannte Grund ist ebenfalls die Erklärung für die extrem hohe
Abwanderungsrate (fast 50%) aus der Niuas-Division.

Als einen möglichen Indikator für den Grad der Mobilität der
tonganischen Bevölkerung bietet es sich an, die Differenz aus Zu-
wanderungs- und Abwanderungsraten zu bilden. Die sich daraus ergebenden Werte sind zwar nicht mit der Netto-Migration gleichzusetzen, weil weder auf einen abgegrenzten Zeitraum Bezug genommen
wird, noch die Werte direkt vergleichbar sind, weil sie sich auf
verschiedene Grundmengen beziehen; es ergeben sich jedoch interes-
sante Anhaltspunkte: Dieser Indikator beträgt für Tongatapu +16,5;
für Vava'u -17,5 und für Ha'apai gar -27,6. Dieses Ergebnis läßt
sich interpretieren als ein starker Netto-Bevölkerungszufluß für
die Hauptinsel Tongatapu und eine vergleichbare Bevölkerungsabwan-
derung aus Vava'u. Für Ha'apai läßt ein Vergleich der absoluten
Einwohnerzahlen von 1956 (9918) und 1976 (10.792) sogar die Aussage zu, daß der errechnete Indikator in der Nähe der Rate des natürlichen Zuwachses der Bevölkerung liegt.

Die gleiche Rechnung bezogen auf die Hauptstadt Nuku'alofa ergibt, daß von den 18.312 Einwohnern nur 59% dort geboren sind. Die
sich daraus ergebende Zuwanderungsrate von 41% setzt sich zusammen
aus 10% Einwohnern, die aus anderen Dörfern Tpngatapus stammen,
und jeweils knapp 12% aus Vava'u und Ha'apai. Um diese Zahlen nicht

überzuinterpretieren sei jedoch nochmals daran erinnert, daß der
Zensus nicht - wie es sinnvoll gewesen wäre - die mittlerweile
ins Stadtbild integrierte Siedlung Haveluloto einbezieht.
Von den 13.421 in Nuku'alofa geborenen Tonganern lebten 1976
etwas über 19% außerhalb der Hauptstadt, wovon allerdings weniger
als 7% auf andere Inseln abgewandert sind; der Rest lebt in Dörfern
auf Tongatapu. Ob der letztgenannte Personenkreis allerdings als
wirklich "abgewandert" bezeichnet werden kann, erscheint zweifelhaft, weil - wie Epeli Hau'ofa feststellt - "the whole of Tongatapu (...) is virtually a peri-urban adjunct of Nuku'alofa".[1]

Der Versuch einer Deutung der beträchtlichen, wenn auch quantitativ nicht exakt erfaßbaren Bevölkerungsbewegungen innerhalb
Tongas soll durch eine kurze Erörterung der in Betracht kommenden
Gründe erfolgen.[2] Die als "Push"-Faktoren bezeichneten Motive
für eine Abwanderung von den peripheren Gebieten nach Tongatapu
umfassen unter anderem eine allgemeine Unzufriedenheit mit den Lebensbedingungen auf den äußeren Inselgruppen, die vor allem junge,
nach sozialem Aufstieg strebende Tonganer erfaßt. Die starke Eingebundenheit in ein festgefügtes, hierarchisches Familiensystem mit
seinen zahlreichen ritualisierten Verbindlichkeiten steht in starkem Kontrast zu den im Zentrum vermuteten Chancen auf individuelle
Mobilität. Daß vor allem junge Tonganer diese Möglichkeiten suchen,
mag als Indiz für einen durchgreifenden Wandel kultureller Wertvorstellungen gedeutet werden. Langeweile und Unzufriedenheit mit
den im Dorf auf den äußeren Inseln zur Verfügung stehenden Möglichkeiten zur Freizeitbetätigung werden durch die ständige Ankündigung
der Hauptstadt-Attraktionen durch das Massenmedium Radio noch erhöht.[3] Zu diesen eher subjektiven Beweggründen kommen andere wie
die auf vielen Inseln völlig fehlende Möglichkeit, Lohnarbeit zu
finden, die teuren und oft unregelmäßigen Transportmöglichkeiten,

1) HAU'OFA,E. in WARD,R.G. & PROCTOR,A. (Hrsg.), 1980, S.484; wiederum spielt
Nuku'alofas Vorort Haveluloto mit einer jährlichen Zuwachsrate von 15,4%
eine bedeutende Rolle; vergl. NAVUNISARAVI,N., 1979, S.17
2) eine schematische Darstellung dazu in CRANE,E.A., 1979, S.52; eine ausführliche Diskussion der Gründe in WALSH,A.C., 1970 und ders. 1964, S.179-197
3) Der Zensus, Tabelle 40, zeigt, daß die Konzentration von Radios auf den äußeren Inseln fast genauso hoch ist wie auf Tongatapu, wo ca.73% der Haushalte
über ein solches Gerät verfügen, s. S.221.

mangelnde medizinische und schulische Einrichtungen und nicht zuletzt Landknappheit. Eine der durch die vorliegende Arbeit berühr-
ten Fragen ist es, inwieweit die Verfügbarkeit von Land - und die
Rechte daran - eine Rolle in den Bevölkerungsbewegungen spielt.

Als "Pull"-Faktoren können neben den in Tongatapu und Nuku'alofa
vertretenen besseren Dienstleistungseinrichtungen wie Schulen und
Krankenhäuser auch Annehmlichkeiten wie elektrischer Strom, Kinos
und das regere soziale Leben in Kava- und Bier-Clubs[1] gelten.
Nuku'alofa, als Zentrum des kommerziellen Geschehens in Tonga,
bietet zudem in größerem Maß die Möglichkeit, Lohnarbeit im Privat-
und Regierungssektor zu finden; als Hafenstadt werden dort Handarbeiten an Touristen verkauft und Güter umgeschlagen und als Sitz
der Regierung und der Königlichen Familie ist es darüberhinaus mit
Prestige verbunden, in der Hauptstadt zu wohnen. So setzen innerhalb einzelner Familien Kettenreaktionen ein, in der erst ein Mitglied versucht, seine Stellung in beruflicher Hinsicht zu etablieren, und andere Mitglieder diesem Beispiel folgen.

Neben der damit beschriebenen internen Migration gewinnt seit
Anfang der 70er Jahre die Auswanderung in die industrialisierten
Pazifik-Randstaaten an Bedeutung. Über das Ausmaß dieser externen
Migration wurden in Tonga - obwohl dies ohne großen technischen Aufwand möglich gewesen wäre - keine vollständigen Statistiken geführt.
Die Empfängerländer (vor allem Neuseeland, USA und Australien) sehen
sich ebenfalls nicht in der Lage, umfassende Daten zu liefern, weil
ein vermutlich großer Teil der aus Tonga Ausgewanderten sich illegal
in diesen Ländern aufhält.

Anhaltspunkte für die Zahl derer, die Tonga für immer verlassen,
kann man jedoch den Statistiken entnehmen, die sich auf die Gesamtzahl der aus dem Land ausreisenden Tonganer beziehen.[2] Die Entwicklung von 1970 mit etwas über 2000 Ausgereisten bis 1974 von über
7200 läßt einen Trend erkennen, der sich bis zum Ende der 70er Jahre
fortgesetzt haben dürfte. Ein Vergleich mit den im gleichen Zeit-

---

1) s. z.B. WALSH,A.C., 1964, S.210 und die entsprechenden Passagen in MARCUS,
   G.E., 1980; vergl. RUNEBORG,R.E., 1979
2) Die bis 1974 zur Verfügung stehenden Daten sind einem Papier von C.Edwards zu
   entnehmen in FONUA,S. (Hrsg.) "Land Tenure and Migration", 1975, S.73ff

raum nach Neuseeland eingewanderten Tonganern (mit zeitlich begrenzten Arbeitsverträgen) zeigt, daß der größte Teil dieser Migration (im Jahr 1974 etwa 70%)[1] auf Neuseeland gerichtet ist. Da
die Gesamtzahl der über den Umweg begrenzter Aufenthaltsgenehmi-
gungen im Land verbliebener Tonganer nicht zu erfassen ist, beschränken sich die Einwanderungsbehörden auf Schätzungen der tonganischen
Gemeinden in den Städten. Außer in Auckland (Neuseeland) finden sich
diese Konzentrationen in Sydney (Australien), Honolulu (Hawaii),
San Mateo (Kalifornien) und Salt Lake City (Utah).[2] Die Gesamtzahl
aller im Ausland lebenden Tonganer wird auf über 10.000 geschätzt,[3]
von denen viele ihre Kontakte zu ihren Familien in Tonga durch regel-
mäßige Geldüberweisungen aufrecht erhalten.

Die offensichtlich positiven Auswirkungen dieses Vorgangs für
die Zahlungsbilanz Tongas mag einer der Gründe für die "laissez-
faire"-Politik der tonganischen Regierung in der Migrationsfrage
sein; ein anderer besteht sicher in der willkommenen Ventilfunktion
der Abwanderung. So wird ein offener Konflikt in der sich durch den
Bevölkerungsdruck verschärfenden Landproblematik unwahrscheinlicher.
Allerdings lassen sich auch Nachteile für die Entwicklung des Landes ausmachen: So trifft etwa das bekannte "brain drain" (die Abwanderung des qualifiziertesten Teils der Bevölkerung) auch für Tonga
zu. Darüberhinaus ist es in der derzeitigen, allgemein als eine grös-
sere Wirtschaftskrise bezeichneten Zeit recht unwahrscheinlich, daß
die Abwanderung auch in Zukunft als Patentlösung bereitsteht: In
Reaktion auf ihre eigenen Arbeitslosenquoten werden die Industrie-
staaten vielmehr den weiteren Zustrom durch eine restriktive Einwan-
derungspolitik abblocken. Im Gegenteil scheint eine begrenzte Rück-
wanderung nach Tonga nicht unwahrscheinlich, deren soziale Auswirkungen noch nicht absehbar sind. Tonganer, die im Ausland längere
Zeit anderen soziopolitischen Bedingungen ausgesetzt waren, könnten
dann umso radikaler ihre Forderungen nach einer Änderung der Machtstruktur in ihrem Heimatland geltend machen.[4]

---

1) DE BRES,J. & CAMPBELL,R., n.d.; vergl. DE BRES,J.,1974; FONUA,S.(Hrsg.), 1975
2) MARCUS,G.E., 1980, S.115; vergl. zur Situation der "Gastarbeiter" in Neuseeland KREISEL,W., 1983; MURU,J. u.a., 1976
3) inoffizielle Schätzungen sprechen von bis zu 30.000 im Ausland lebenden Tonganern
4) s. WARD,R.G. & PROCTOR,A. (Hrsg.), 1980, S.38

4. WIRTSCHAFTLICHE ENTWICKLUNG UND BEDEUTUNG DES AGRARSEKTORS

Die wirtschaftliche Entwicklung Tongas soll in diesem Abschnitt
- parallel zu der allgemeinen historischen Entwicklung - anhand des
von Bollard[1] vorgeschlagenen Modells dreier "Transition Phases"
(vergl. S.69f) gegliedert werden. Wegen des überwiegend auf den
Agrarsektor ausgerichteten Charakters der tonganischen Wirtschaft
(51% des Bruttoinlandsproduktes)[2] liegt der Schwerpunkt dieser Darstellung auf der agrarischen Produktion. Die in Phase III aufkom-
mende Entwicklung von gewerblicher Kleinindustrie und Tourismus
soll bei der Darlegung der Wirtschaftsdaten zwar erwähnt, nicht
aber im einzelnen diskutiert werden.

Zur weiteren Vereinfachung der Betrachtungsweise bietet es sich
an, die zum eigenen Konsum bestimmte Produktion von der zum Verkauf
bestimmten getrennt zu betrachten, obwohl eingeräumt werden muß,
daß der damit postulierte Dualismus von Subsistenz- und Marktwirt-
schaft nicht völlig zutreffend ist. Die Agrarproduktion Tongas ist
vielmehr gekennzeichnet durch eine Überlappung bzw. Vermischung beider Produktionsweisen,[3] wobei der vermarktete Anteil zwar an Bedeutung gewinnt, aber mit circa 30% an der geschätzten Gesamtproduk-
tion[4] immer noch gering genug ist, um den von Fisk geprägten Ausdruck "subsistence affluence" zu rechtfertigen.[5]

4.1 Subsistenz-Produktion

In voreuropäischer Zeit und bis zur Einflußnahme europäischer
Händler und Missionare gab es in Tonga keine Geldwirtschaft; die Be-
messung der Produktionsfaktoren Land und Arbeit folgte Regeln, die
sich im wesentlichen an den zum Überleben notwendigen Bedürfnissen
orientierten. Darüber hinaus wurde zwar ein Überschuß produziert,

---

1) BOLLARD,A.E., 1974, S.9
2) WARD,R.G. & PROCTOR,A. (Hrsg.), 1980. S.489
3) so URBANOWICZ,C.F., 1978 bzw. YEN,D.E., 1980, in WARD,R.G. & PROCTOR,A. (Hrsg.),
   S.73ff; für das Dualismus-Modell z.B.: MORTON,K.L., 1978, und BOLLARD,A.E.,1976
4) CRANE,E.A., 1979, S.38 /// 5) s. z.B. FISK,E.K., 1975, S.139ff

der jedoch - bei fehlenden Haltbarmachungstechniken für die Lebensmittel - nur in geringem Umfang gelagert werden konnte. Für die einzelne Produktionseinheit, die Familie, gab es deshalb wenig Anreize
mehr zu produzieren, als für Nahrung und die Erfüllung sozialer
Verpflichtungen notwendig war.

Soziale Verpflichtungen resultierten zum einen aus dem Grundsatz gegenseitiger Hilfe unter gleichgestellten Mitgliedern der Gesellschaft, zum anderen aus der Abhängigkeit gegenüber ranghöheren
Personen (wie '$u\ell umo\ell u$'a oder Häuptlinge/chiefs). Eine Ansammlung
von "Reichtum" war aber selbst auf der höchsten Stufe der Hierarchie
nur in Form von prestigeträchtigen Gebrauchsgegenständen wie Kanus oder größeren Mengen von Tapa-Tuch möglich. Auf der unteren
Stufe dieser Hierarchie, den "commoners" oder Gemeinen, bestand der
Besitz von Gebrauchsgegenständen praktisch nur so lange, wie diese
aktiv benutzt wurden. Individuelles Eigentum war durch ein Netz
sozialer Verbindlichkeiten, das bestimmten Verwandten das Recht zu-
gestand, sich aus dem Haushalt anderer zu versorgen, sehr eingeschränkt. Davon ausgenommen waren lediglich wohl definierte Nutzungsrechte an Land, die auch unter "commoners" gegenseitig respektiert
wurden.[1]

Die Organisation des Produktionsfaktors Arbeit folgte den gleichen Grundsätzen sozialer Verbundenheit auf der unteren sozialen
Ebene. Familienverbände bildeten in der Regel eine wirtschaftliche
Einheit, innerhalb derer bestimmte Aufgaben wie Feldarbeit vom Fa-
milienoberhaupt delegiert wurden. Auf Weisung ranghöherer Clan-Mit-
glieder schlossen sich Familien aber auch vorübergehend zu größeren
Gruppen zusammen, etwa zur Erntearbeit anläßlich größerer Feste.

Das von Sahlins gegebene Beispiel einer tonganischen Gemeinde in
Fiji illustriert, daß das traditionelle sozio-ökonomische System
zwar in wesentlichen Elementen den europäischen Feudalsystemen des
Mittelalters ähnlich war, daß es jedoch bei der Bewertung der jeweiligen Austauschverhältnisse auch bedeutende quantitative Unterschiede gab:

---

1) BOLLARD,A.E., 1974, S.18

"Communal village labour would only be controlled by the
chief, who would call out workers for his own or community
benefit, provided he abided by the norms of accepted behaviour and gave the appropriate rewards. He could organize
labour to repair his property, to tend his garden, to tidy
the village, for communal fishing etc. He could enforce a
minimum production of certain crops; he set an example to
the village by the way he cultivated his own crops: to some
extend he took the decision on how much labour effort should
be expended." 1)

Der Fronarbeit mittelalterlicher Feudalsysteme vergleichbare Beziehungen gab es demnach auch im traditionellen tonganischen System. Als limitierende Faktoren einseitiger Ausbeutung von Arbeitskraft traten jedoch in Tonga hinzu, daß der Häuptling/chief auf
eine beispielgebende Rolle verpflichtet war, er also mitarbeiten
bzw. die Arbeit anderer angemessen entlohnen mußte.

Allein aus den technischen Gegebenheiten ist zudem einsichtig,
daß die Häuptlinge/chiefs der damaligen Zeit kein Interesse an einer übermäßigen Ausbeutung der "commoners" haben konnten: Wie bereits dargestellt, konnten Überschüsse nur in begrenztem Maße gelagert werden. Eine Gewinn-Anhäufung etwa in Form von repräsentativen Prachtbauten oder Geld-Schätzen war - im Gegensatz zu europäischen Feudalsystemen - ebenfalls nicht möglich, so daß der materielle Vorteil der Häuptlinge im wesentlichen auf qualitativ und
quantitativ bessere Ernährung beschränkt blieb.

Mit gewissen Einschränkungen läßt sich deshalb das traditionelle tonganische System dadurch charakterisieren, daß dem persönlichen Gewinnstreben sehr enge Grenzen gesetzt waren und der Austausch
von Gütern und Dienstleistungen Regeln folgte, die eher durch eine
soziale Motivation gekennzeichnet waren. [2] Der Austausch erfolgte
ohne den Umweg einer Wertzumessung und orientierte sich - nach Ab-
deckung der momentanen Bedürfnisse des Einzelnen - stärker als in
individualistischen Gesellschaften am kontinuierlichen Wohlergehen
der Gemeinschaft als Ganzes.

Um dies zu verdeutlichen, sei das Beispiel des *kole* angeführt:

---

1) nach Sahlins, 1962, zitiert von BOLLARD,A.E., 1974, S.16
2) in Anlehnung an BOLLARD,A.E., ebd., S.19ff

Für einen Tonganer war (teilweise ist) es völlig üblich, einen
Freund oder Verwandten um einen beliebigen Gegenstand zu bitten;
ein Verlangen, das in aller Regel nicht abgelehnt werden konnte.
Das so geäußerte Verlangen (*kole*) brachte für den Empfänger des
Gegenstandes allerdings die Verpflichtung mit sich, bei gegebenem
Anlaß ein solches Geschenk zu erwidern. Die Akzeptierung des *kole*
war also potentiell eine Art Versicherungsvertrag, der dem Spender
das Recht einräumte, ein ähnliches Verlangen in der Zukunft zu
äußern. Wenn man auf diese Weise den Akt des Weggebens von Gütern
als eine Investition interpretiert, wird verständlich, daß auch
für den Spender aus diesem "Handel" ein Vorteil erwächst.

Weniger offensichtlich scheint zunächst, daß auch die einseitige
Verpflichtung der "commoners", Güter an ranghöhere Personen abzu-
liefern, ein Element der Gegenseitigkeit beinhaltete. Ein Häuptling
hatte das Recht, über die Ernteerträge seiner Untergebenen zu verfügen und empfing ständig Geschenke in Form von Lebensmitteln und
Gebrauchsgegenständen. Wie Bollard ausführt, wurden einige dieser
Geschenke "consumed by his family, the rest redistributed among
the community."[1] Diese Art von Gütertausch beließ zwar einen erheblichen Teil des Überschusses in den Häuptlingsfamilien, sorgte
auf der anderen Seite jedoch für eine ständige Umverteilung von
Gütern auch zugunsten der einfachen Tonganer.

In der ersten Kontaktphase - der Regierungszeit Tupou I. von
etwa 1850 bis 1890 - wurde durch die Einführung der Verfassung den
Häuptlingen formal das Recht genommen, Güter und Dienstleistungen
zu erzwingen. Das änderte wegen der unveränderten Einstellung der
Bevölkerung und der in Praxis kaum modifizierten Machtstruktur[2]
aber wenig an den oben beschriebenen Elementen der Subsistenz-
Wirtschaft. Die Pro-Kopf-Produktion blieb bis zum Ende der zweiten
Kontaktphase (1965) trotz der wachsenden Bedeutung der Geldwirtschaft annähernd konstant.[3] Der für den Markt produzierte Anteil
bestand fast ausschließlich aus Kokosnüssen und Kopra, so daß -

---

1) BOLLARD,A.E., 1974, S.23
2) s. POWLES,C.G., 1979
3) BOLLARD,A.E., 1974, S.207

wegen der traditionellen Anbauweise von Knollenfrüchten unter den
Palmen – die beiden Produktionsweisen kaum in räumliche Konkurrenz
miteinander traten.

Die mit der Regierungszeit Tupou IV. angesetzte Phase wachsender Marktbeteiligung hat für den Subsistenzsektor eine allmähliche
Änderung in der Einstellung der Beölkerung mit sich gebracht und
zwar in der Weise, daß in zunehmendem Maße bewußt Überschüsse zur
Vermarktung produziert werden. Eine genaue Angabe des von den Haushalten selber verbrauchten Anteils an der Nahrungsproduktion ist
beinahe unmöglich, weil die Pflanzungen bei Bedarf und in kleineren
Mengen ständig abgeerntet werden. Fallstudien in ausgewählten Haushalten, in denen das Konsumverhalten beobachtet werden konnte,
führten Sevele jedoch zu der Schätzung, daß in Tongatapu ungefähr
70% der Nahrung von den Haushalten selber produziert wurde.[1] Die
entsprechenden Angaben für Ha'apai (80%) und Vava'u (85%) machen
noch entschiedener auf die Bedeutung der Subsistenz-Landwirtschaft
für die Deckung der Grundbedürfnisse aufmerksam.

Wie eine Untersuchung von Thaman belegt,[2] kann die Bedeutung
dieser Tatsache nicht hoch genug eingeschätzt werden: Trotz des steigenden Imports von Lebensmitteln wie Mehl, Dosenfleisch und Dosen-
fisch hängt die Ernährungsgrundlage weiterhin von den auf den Busch-
grundstücken produzierten Erzeugnissen ab. Thaman stuft die relative
Wichtigkeit der Lebensmittel nach der Anzahl der Tage pro Jahr, an
denen ein Erzeugnis konsumiert wird. Danach stehen Kokosnuß und
Maniok mit 343 bzw. 340 Tagen pro Jahr bei weitem an der Spitze der
Konsumhäufigkeit; der Rest der 38 untersuchten Produkte wird ebenfalls von lokalen Erzeugnissen dominiert.

Eine ähnliche, wenn auch nicht so prononcierte Feststellung kann
für die nicht-eßbaren Erzeugnisse des tonganischen Agrarsystems getroffen werden: So bilden die Buschparzellen Quellen für Feuerholz
(was trotz der importierten Petroleum-Erzeugnisse ein wichtiger
Brennstoff bleibt), Parfüme, Öle und Seifen-Substitute, das narkoti-
sierende Volksgetränk *Kava* und selbstgebraute alkoholische Getränke
(*hopi*).

1) SEVELE,F.V., 1973, S.140f; vergl. DUTTA ROY,D.K., 1979 und 1980
2) THAMAN,R.R., 1975, bes. S.143; vergl. auch ders., 1976, S.40

Ein weiteres Grundbedürfnis, Kleidung, wird heute zwar weitgehend durch Importe gedeckt, doch die aus Pandanus-Blättern geflochtenen Matten (*ta'ovala*) werden von Männern und Frauen immer noch
täglich getragen. Das traditionell für Kleidungszwecke verwendete
Tapa-Tuch (*ngatu*),[1] das aus der inneren Rinde des "Paper Mulberry"
Baums (Broussonetia papyrifera) gewonnen wird, ist als Kleidungs-
stück heute nur noch bei zeremoniellen Anlässen zu sehen, gehört
aber als Schlafdecke zum festen Bestandteil jedes Haushaltes.

Die Befriedigung des Grundbedürfnisses Wohnen wird ebenfalls zu
einem bedeutenden Teil durch tonganische Baumaterialien sichergestellt, obwohl sich besonders im letzten Jahrzehnt ein deutlicher
Trend zu Häusern aus importierten Materialien bemerkbar macht. Die
von Thaman getroffene Feststellung

> "almost half of the major dwelling units are of the tradi-
> tional variety (*fale Tonga*)"   2)

wird durch die Ergebnisse der 1981 durchgeführten Haushaltsuntersuchung bestätigt, wonach 45% der Häuser in den ausgewählten Beispieldörfern tonganische Hütten waren (wobei solche mit einem Well-
blechdach einbezogen wurden). Ein *fale Tonga* (s. Bilder im Anhang)
besteht aus geflochtenen Palmwedeln für die Wände und das Dach
mit einer Unterkonstruktion aus Pfählen und Latten, die aus den
Stämmen der Kokospalmen gesägt werden.

Um eine Anschauung von der Wichtigkeit der Subsistenz-Produktion
für den einzelnen Haushalt zu gewinnen, sind von Hardaker[3] und
Sevele[4] Berechnungen über den Geldwert dieser Erzeugnisse durchgeführt worden. Beide Autoren haben als Anhaltspunkt die Preise
einzelner Produkte auf dem lokalen Markt auf die geschätzte Gesamt-
produktion bezogen. Bei einem als Durchschnitt ermittelten Bargeldeinkommen aus dem Verkauf der marktorientierten Produktion von circa
300,- T$ pro Jahr und Haushalt schätzt Hardaker - unter Einbezie-
hung nur der wichtigsten Kulturpflanzen - den Wert der Subsistenz-
Produktion auf circa 400,- T$. Sevele, der in seiner Untersuchung

---

1) zur Herstellung s. KOCH,G., 1955
2) THAMAN,R.R., 1975, S.145
3) HARDAKER,J.B., 1975, S.30ff; vergl. auch ders., 1971
4) SEVELE,F.V., 1973, S. 161

ein Bargeldeinkommen von nur 191,- T$ pro Jahr und Haushalt (für
Tongatapu) ermittelt, bezieht in die Berechnung der Subsistenz-
Produktion den geschätzten Wert von Handarbeiten, Fischfang und
als Zahlungsmittel verwendete Naturalien ein und kommt dadurch
auf einen Wert von 610,- T$ pro Jahr und Haushalt. In einer Dis-
kussion dieser Ergebnisse kommentiert Thaman:

> "Although these figures do indicate the considerable impor-
> tance of subsistence production to individual households,
> they still underestimate production resulting from a large
> number of supplementary food crops, non-food crops and wild
> and protected vegetation which does not seem to have been
> included." 1)

Es ist bereits betont worden, daß eine quantitative Erfassung
der Selbstversorgungs-Landwirtschaft große technische Schwierigkeiten bereitet. Aus den oben angeführten Fallstudien läßt sich
aber zumindest eine qualitative Einschätzung des Subsitenzbereichs
ableiten: Eine solche volkswirtschaftliche Betrachtung für ganz
Tonga läßt erkennen, daß trotz des in allen drei "Transition Phases"
evidenten Einflusses kapitalistischer Produktionsweisen die Bedeutung des Subsistenzbereichs nicht zurückgegangen ist. Vielmehr läßt
sich zusammenfassend sagen, daß die über die Grundbedürfnisse hinaus produzierten Überschüsse in eine Geldwirtschaft fließen, die
auch in der gegenwärtigen Phase beschleunigter Kommerzialisierung
lediglich supplementären Charakter hat.

4.2 Markt-Produktion

Die über den Eigenbedarf hinaus produzierten Überschüsse des
Agrarsektors sind - wie aus den Handelsstatistiken abzulesen ist -
für die tonganische Wirtschaft von ausschlaggebender Bedeutung.
Der Anteil landwirtschaftlicher Produkte am Gesamtexport Tongas
wird in den letzten Jahren auf zwischen 88%[2] und 98%[3] beziffert,

---

1) THAMAN,R.R., 1976, S.42
2) DEAN,M., 1981
3) WARD,R.G. & PROCTOR,A. (Hrsg.), 1980, S.495; in dieser Angabe sind Fischerei-
   Exporte einbezogen

wobei fast drei Viertel dieser Exporte aus Kokosnuß-Produkten bestehen. Wesentlich geringere Anteile (jeweils 3,6%) haben Bananen
und in den letzten Jahren Vanille.[1]

Der bereits beschriebene Einfluß europäischer Händler und Missionare in der Ära Tupou I. brachte einen Aufschwung des Handels mit
sich, der von Beginn an durch die Ausfuhr von Kokosnuß-Produkten
dominiert wurde. Ein Grund für die erfolgreiche Entwicklung dieser
Branche lag sicher in dem einfachen Produktionsverfahren, das im
wesentlichen aus dem Sammeln der Nüsse und dem Herausschälen des
Kokosfleisches bestand. Zudem konnte diese Tätigkeit zu jeder beliebigen Zeit erfolgen und paßte sich damit in tradierte Verhaltens-
muster ein. Von 1846 an wurde für zwei Jahrzehnte aus dem Kokosfleisch Öl extrahiert; ein Versuch, der jedoch wegen der unzureichenden Qualität des Produktes aufgegeben wurde zugunsten des Exports
von getrocknetem Kokosfleisch.

Die Ausfuhr dieses als Kopra bezeichneten Erzeugnisses (s.Abb.
Nr. 16) stieg allein in den Jahren 1887 bis 1889 annähernd auf das
Vierfache (von 1041 t auf 3977 t)[2] und legte bis zum Ende des 19.
Jahrhunderts den Grundstein für die Abhängigkeit der tonganischen
Wirtschaft von einem einzigen Produkt, das vor allem nach England
und Amerika, in geringerm Umfang auch nach Neuseeland verschifft
wurde.[3]

Die Folgen dieser Abhängigkeit wurden in der zweiten Kontaktphase
deutlich, in der das Exportvolumen von Kopra extremen Schwankungen
unterworfen war. Stark fluktuierende Weltmarktpreise, die Folgen
von Wirbelstürmen (z.B. 1912, 1913, 1931, 1932), Trockenzeiten (z.B.
1926) und die Auswirkungen beider Weltkriege bewirkten unter anderem einen völligen Einbruch des Exports um 1917, der drei Jahre später durch einen Rekordgewinn ausgeglichen werden konnte.[4] Weiter-
reichende Folgen hatte die Weltwirtschaftskrise der frühen 30er Jahre, in der der tonganische Export von einem Stand von 282.344 L im
Jahr 1928 auf nur knapp 60.000 L im Jahr 1934 zurückging.[5]

1) WARD,R.G. & PROCTOR,A. (Hrsg.), 1980, S.494
2) Statistics of the Tonga Islands, 1889; zitiert von MAUDE,A., 1965, S.42
3) vergl. KELLY,J.C., 1885, S.21
4) MAUDE,A., 1965, Fig.6
5) WOOD,A., 1932, S.88

ABB.16: EXPORT VON KOKOSNUSS-PRODUKTEN

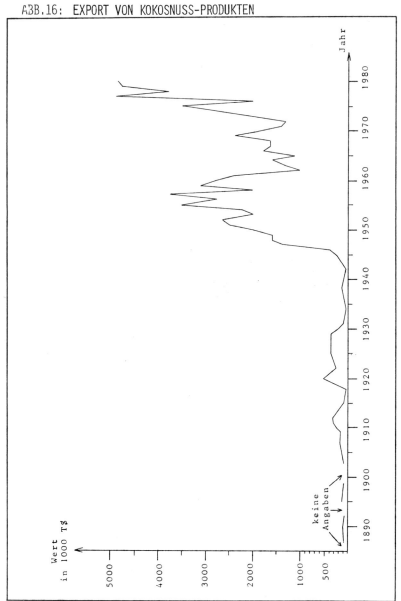

Quellen: MAUDE,A.(1965); Reports of Minister of Agriculture; Foreign Trade Reports

ABB.17: EXPORT VON BANANEN

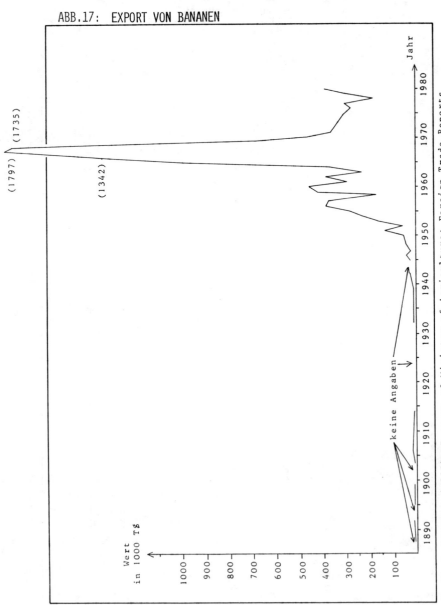

Quellen: MAUDE,A.(1965); Reports of Minister of Agriculture; Foreign Trade Reports

Vor dem zweiten Weltkrieg war die Vermarktung von Kopra unabhängigen Händlern überlassen, die in ihren in fast jedem Dorf vertretenen Handelsposten das ungetrocknete Kokosnußfleisch aufkauften.
Diese Händler wurden von ausländischen Aufkäufern auf einer Provi-
sionsbasis bezahlt, die sich nicht nach der Qualität, sondern nur
der Quantität des getrockneten Kokosfleisches richtete. Die Folge
davon war, daß dem Trocknungsprozeß zu wenig Beachtung geschenkt
wurde und das Exportprodukt einen schlechten Ruf bekam:

"Tongan copra had the unenviable reputation of being the worst
in the Pacific, where the general standard was already low." 1)

Verschiedene Anstrengungen der Regierung, diesen Zustand zu verbes-
sern, fruchteten nichts, bis 1942 eine genossenschaftliche Vermark-
tungsorganisation, das "Tonga Copra Board", gegründet wurde.

Diese, durch die maßgebliche Beteilignung der Regierung als Behörde anzusehende Einrichtung, verfügte seitdem über das Export-
Monopol und schaffte es durch rigide Qualitätskontrollen, die Ausfuhr in weniger als einem Jahrzehnt zu verdoppeln (von 1942: 8000t
auf 1950: 16.000t).2) Handelserleichterungen durch garantierte Auf-
kaufpreise der englischen Regierung und verbesserte Schiffsverbindungen trugen bis zur Mitte der fünfziger Jahre zu einem steten
Wachstum dieses Wirtschaftszweiges bei. In dem darauffolgenden Jahrzehnt schwankte die Kopra-Produktion wiederum erheblich, was als
Reaktion auf fluktuierende Weltmarktpreise zu deuten ist, und erreichte am Ende der Regierungszeit *Salote* Tupou III. (1965) einen
erneuten Tiefstand von nur 9.000 Tonnen pro Jahr.

Abgesehen von Kopra wurden in geringem Umfang auch ganze Kokosnüsse exportiert, und seit 1963 wird in einer Station des "Copra
Board" in Havelutoto (heute als Ortsteil von Nuku'alofa anzusehen)
Kokosfleisch schnellgetrocknet. Das so hergestellte Produkt gewinnt
als "desiccated coconut" einen rapid steigenden Anteil am Export von
Kokosnußprodukten. Als weniger erfolgreich hat sich dagegen die im
gleichen Jahr versuchte Herstellung von Kokosbastprodukten aus Ab-
fallfasern herausgestellt. Wegen zu hoher Produktions- und Transport-

---

1) MAUDE,A., 1965, S.44; ebenso THAMAN,R.R., 1975, S.156
2) THAMAN,R.R., 1975, 157

kosten erwiesen sich die hergestellten Seile, Fußmatten, Bürsten
und ähnliches auf dem internationalen Markt als nicht konkurrenz-
fähig und werden seitdem nur noch für den lokalen Markt produziert.[1]

Während bisher der Eindruck einer "single crop economy"[2] vermittelt wurde, darf nicht außer acht gelassen werden, daß schon zu
Beginn der zweiten Kontaktphase (um 1900) Anstrengungen unternommen wurden, der Abhängigkeit von einem einzigen Produkt durch Diversifizierung des Agrarsektors entgegenzuwirken. Vor allem durch
den Anbau von Bananen - aber auch anderen Früchten - wurde versucht,
die tonganische Wirtschaft auf eine breitere Basis zu stellen. Schon
in den Jahren 1904 und 1905 erzielte der Export von Bananen und
Orangen mit einem Wert von über 20.000 L einen Höhepunkt, der erst
vierzig Jahre später wieder erreicht werden konnte (s. Abb. Nr. 17).[3]
Die Gründe für den abrupten Zusammenbruch der Bananenproduktion
noch vor Ausbruch des ersten Weltkrieges lagen in Schwierigkeiten,
die dieser Wirtschaftzweig auch heute noch hat: Pflanzenkrankheiten, geringe Qualität durch mangelhafte Verpackung und die Verschiffung größerer Mengen zum richtigen Zeitpunkt. Erneute Versuche,
die Bananenproduktion zu beleben, scheiterten in den 20er Jahren
an der Unwilligkeit der Tonganer, Bananen in größerem Stil anzubau-
en (was die Verschiffung erst lohnend macht) und in den 30er Jahren
an den niedrigen Import-Quoten des einzigen Abnehmerlandes, Neuseeland.[4]

Seit 1940 wurden Bananen - ebenso wie Wassermelonen, Ananas und
eine Reihe anderer agrarischer Produkte - durch das "Agricultural
Organization" Gesetz[5] als "commodities" (Handelswaren) klassifiziert und unterstanden dem Exportmonopol einer weiteren Vermarktungs-
gesellschaft. Vergleichbar dem "Copra Board" war das "Produce "Board"
ebenfalls quasi eine Behörde, die gegenüber ausländischen Aufkäufern
eine stärkere Verhandlungsposition zu erreichen versuchte. In der
Tat gelang es dem "Produce Board", den Bananenexport von Anfang der
50er Jahre bis 1965 beinahe zu vervierfachen,[6] wenn man von kurz-

---

1) THAMAN,R.R., 1975, S.159
2) CRANE,E.A., 1979, S.28
3) MAUDE,A., 1965, Fig.5
4) WODD,A., 1932, S.88
5) bei WYLIE,C., 1967, S.1557 - 1563
6) THAMAN,R.R., 1975, S.166

zeitigen, durch Wirbelstürme verursachten Unterbrechungen in den Jahren 1958 und 1963 absieht. Höhere Verwaltungskosten, Fehlinvestitionen und eine an Vetternwirtschaft erinnernde Vergabepraxis der Aufkaufquoten haben dem "Produce Board" allerdings Kritik eingetragen. Die von Maude wiedergegebenen Äußerungen einzelner Pflanzer scheinen zu belegen:

"That in the allocation of individual quotas the Board was favouring particular growers, such as those with influence or connections." 1)

Mit Beginn der Ära Tupou IV. wurde eine Reihe von Maßnahmen eingeleitet, die zur Entwicklung des kommerziellen Agrarsektors beitragen sollten. Als Beispiel kann etwa das "Coconut Replanting Scheme" angeführt werden, das die Mitte der 60er Jahre stagnierende Kopra-Produktion wiederbeleben sollte. Dieses 1966 begonnene und ein Jahr später durch das "Coconut Subsidy Scheme" ergänzte Aufforstungsprogramm für den zum Teil überalterten Bestand an Kokospalmen war durchaus erfolgreich, wenn man die neubepflanzte Fläche als Maßstab heranzieht. Es wurden allein im Jahr 1970 über 1.500 Hektar in ganz Tonga neu bepflanzt.2) Auf der anderen Seite änderte dieses Entwicklungsprogramm an der allgemeinen Einstellung tonganischer Farmer wenig, die nach wie vor ihre Kokospalmen als eine unzerstörbare Quelle von Geldeinkommen betrachten, aber wenig zur Erhaltung oder Verbesserung des Bestandes zu investieren bereit sind. In einem neueren Report des Landwirtschaftsministeriums wird deshalb der langfristige Erfolg des Aufforstungsprogramms einer kritischen Revision unterzogen.3)

Der Versuch, die Produktion von Kokosnußprodukten zu steigern und - so möglich - eine Kleinindustrie für die Verarbeitung von Abfallstoffen aufzubauen, hängt in starkem Maße vom Weltmarktpreis für Kopra ab. Auf die Gestaltung dieses Preises hat ein im weltwirtschaftlichen Maßstab so unbedeutendes Land wie Tonga jedoch keinen Einfluß. Vielmehr wird dieser Preis in London von der "Copra Association" in Abhängigkeit von der Produktion des größten Kopra-Exporteurs - den

---

1) MAUDE,A., 1965, S.150
2) KINGDOM OF TONGA, 1971, Coconut Replanting Scheme
3) DEAN,M., 1981, A Review of the Coconut Replanting Scheme

Philippinen - festgelegt. In den 70er Jahren schwankte der Weltmarktpreis zwischen Extremen von circa 100,-US $^{1)}$ pro Tonne bis
zu 610,- US $ pro Tonne im Oktober 1978.$^{2)}$ In Reaktion auf diese
Preisentwicklung fluktuierten die Produktion und in noch stärkerem
Maße der durch den Export erzielte Gewinn durch Kokosnußprodukte,
der am Ende der 60er Jahre um oder unter 1 Mill. T$ pro Jahr lag
und nach drastischen Schwankungen 1977 eine Rekordhöhe von über 4,9
Mill. T$ erreichte.

Der kommerzielle Anbau von Bananen nahm von Mitte der 60er Jahre
zunächst einen raschen Aufschwung: Die Produktion konnte innerhalb
von drei Jahren annähernd verdoppelt werden. Von 1966 bis 1968 über-
traf der Wert des Bananenexports sogar mit 1,3 Mill. T$ bis fast 1,8
Mill. T$ bei weitem den Kopraexport. Schon 1967 jedoch zeigte sich
eine der Gefahren, mit denen bei in Monokultur angebauten Agrarprodukten zu rechnen ist: Pilzbefall ("black-leaf- streak", Mycoshaerella
fijiensis) und Wurzel-Nematoden (Radopholus similis) konnten sich in
den Pflanzungen in Ha'apai und Vava'u rasch ausbreiten und griffen
ein Jahr später auf Tongatapu über. Trotz des massiven Einsatzes von
Pflanzenschutzmitteln gelang es nicht, die Krankheiten unter Kontrolle
zu bringen, so daß die Exportziffern von 1969 nur noch etwa 40% des
vorangegangenen Jahres ausmachten. Ein offenbar großer Teil der Ba-
nanenpflanzer wurde durch diese Entwicklung derart frustriert, daß sie
die Produktion völlig aufgaben, was im Jahr 1973 zu einem Tiefstand
des Exportvolumens von nur 306.000 T$ führte.$^{3)}$

In einem Versuch, die niedergehende Bananenproduktion wiederzube-
leben, organisierte 1971 das "Produce Board" in Zusammenarbeit mit
der Firma "Fruit Distributors Ltd. of New Zealand" (die als alleiniger Aufkäufer sicher ihr berechtigtes Eigeninteresse verfolgte) ein
"Banana Rehabilitation Scheme". Der Plan sah vor, daß jeder Pflanzer
mindestens ein Acre (ca. 0,4 Hektar) in Monokultur anbaute und machte
Auflagen, daß in ausreichendem Maße Pflanzenschutzmittel (unter ande-

---

1) CRANE,E.A., 1979, gibt 83 Tonga Dollar (T$) an; der durchschnittliche Unrech-
   nungsfaktor lag am Anfang der 70er Jahre bei 0,82 für T$ pro US $; s. WARD,R.G.
   & PROCTOR,A. (Hrsg.), 1980, S.496
2) HODKINSON,P.W., 1978, S.41
3) ebd., S.36

rem DDT)[1] und Kunstdünger verwendet wurden. Der durch diese Maßnahmen zu erwartende Produktionsaufschwung ließ jedoch bis 1974 auf
sich warten, als für 360.000 T$ Bananen ausgeführt werden konnten.
Absatzschwierigkeiten und die immer noch als unzureichend empfundene
Qualität tonganischer Bananen führten zu Exportschwankungen von z.B.
402.000 T$ im Jahr 1977 auf nur 181.000 T$ im folgenden Jahr,[2] was
die Regierung zu einer erneuten Anstrengung zur Stabilisierung der
Produktionsmengen - vor allem im Ostteil Tongatapus - veranlaßt hat.[3]

Darüber hinaus wurden weitere Versuche unternommen, die landwirtschaftliche Produktion zu diversifizieren. Eine der erfolgverspre-
chenden Möglichkeiten scheint der Anbau von Tomaten, Paprika und ähnlichen Gemüsen, die im (Süd-) Winter nach Neuseeland exportiert werden können, zu sein. Diese Option stößt jedoch einerseits auf den
Widerstand der neuseeländischen Landwirtschafts-Lobby, die strikte
Quarantänemaßnahmen und eine restriktive Einfuhrpolitik erwirken
konnte; andererseits erfordert die Gemüseproduktion strenge Qualitätskontrollen, die in Tonga offenbar nur von den größeren Produzenten gewährleistet werden können.[4] So darf angenommen werden, daß die
1978 exportierten Gemüse im Gesamtwert von circa 55.000 T$ zum größ-
ten Teil von den Ländereien einiger Kirchengemeinden auf Tongatapu
sowie dem Pachtland kommerzieller Farmer stammen, weil vor allem diese ihr Land intensiv bewirtschaften und den erforderlichen Marktzugang haben.

Für die große Mehrheit der kleinen Farmer scheint jedoch der Anbau von Wassermelonen wesentlich attraktiver, weil Produktionsverfahren und Marktzugang leichter zu handhaben sind. Ähnliche Motive dürften dem Aufschwung des Exports der traditionellen Knollenfrüchte (vor
allem Taro und Yams) zugrundeliegen: Der Anbau dieser Früchte erfordert keinerlei Umstellung gegenüber der hergebrachten Subsistenz-Produktion, und die auf über 10.000 geschätzten im Ausland lebenden Tonganer (hinzu kommen andere Pazifik-Insulaner) bilden einen aufnahme-
fähigen Markt. 1978 brachten es Knollenfrüchte schon auf einen Anteil
von 7% des gesamten Exports.[5]

1) THAMAN,R.R., 1975, S.167; 1979 wurden 17 Säcke DDT verwendet (Report of Min. of
   Agric., 1979, S.26) und noch 1981 lagerten 20 Säcke DDT in Tonga, die zwar nicht
   mehr verwendet werden sollten, aber die Gefahr in sich bargen, teilweise ins
   Grundwasser einzudringen.
2) HODGKINSON,P.W., 1978, S.36; CRANE,E.A.,1979,S.38 /// 4) WARD,R.G., 1980,S.390
3) s. DEAN,M. & SORRENSON,W.J., 1980   /// 5) YEN,D.E., 1980, S.204

Seit Mitte der 70er Jahre ist - vor allem zur Steigerung der kommerziellen Landwirtschaft auf Ha'apai und Vava'u - der Notwenigkeit Rechnung getragen worden, leichte und lagerungsfähige Produkte zu fördern. Als besonders erfolgreich hat sich dabei Vanille erwiesen, die trotz eines relativ aufwendigen Produktionsverfahrens so hohe Flächenerträge liefert, daß sie von Farmern in Vava'u in immer größerem Stil angebaut wird. Die Entwicklung des Exportvolumens von 1976: 42.160 T$ auf 1980: 261.015 T$ (so die offiziellen Statistiken)[1] lassen von einem wahren Vanille-Boom sprechen, mit dessen ungehemmter Weiterentwicklung aufgrund schwankender Weltmarktpreise jedoch nicht zu rechnen ist. Die Vanille-Kultur wird in einer agrarökonomischen Untersuchung von Rathsmann, deren Ergebnisse allerdings weitgehend hypothetischen Charakter haben,[2] als uneingeschränkt "empfehlenswert" eingestuft.[3]

Der weitere Ausbau kommerzieller, exportorientierter Landwirtschaft ist mit einer Reihe von Schwierigkeiten verbunden, die zum Teil technologischer Art sind (die Einführung kapitalintensiver Technologien wie große landwirtschaftliche Maschinen scheint schon wegen der Kleinräumigkeit wenig plausibel), zum Teil sozialer Natur sind (die oft ungeklärten Besitzverhältnisse am Land werfen die Frage auf, ob eine Entwicklung langjähriger Kulturen realisierbar ist).

Den Schlüssel für eine durchgreifende Veränderung des Landwirtschaftssektors sieht der Agrarökonom Hardaker in einer Art Umerziehung tonganischer Familienoberhäupter zu gewinnorientierten kommerziellen Landwirten; ein Prozeß, den er jedoch selber für schwer durchführbar hält:

> "Such changes in behaviour are notoriously difficult to bring about so that it seems there is limited scope for the intensification of Tongan agriculture with the present production technology and within the existing socio-economic environment and institutional framework." [4]

---

1) KINGDOM OF TONGA, Foreign Trade Reports
2) RATHSMANN,P., 1981, S.2; vergl. MIMLER,K.E., 1975, 1975, Chap.XIII
3) RATHSMANN,P., 1981, S.89
4) HARDAKER,J.B., 1975, S.267

Auf die Bedeutung des Agrarsektors für das Volkseinkommen ist zu
Anfang dieses Abschnittes bereits hingewiesen worden. Ein weiteres
Indiz ist der Tatsache zu entnehmen, daß 1979 mehr als 90% aller
Haushalte in der einen oder anderen Weise landwirtschaftlich tätig
waren,[1] und der Zensus von 1976 etwa 51% der berufstätigen Bevölkerung im Landwirtschaftssektor ausweist.[2] Der Anteil der Landwirtschaft am Bruttoinlandsprodukt, der noch 1975 ebenfalls 51% betrug,
ist in den darauffolgenden zwei Jahren auf 41% abgesunken. Das Gesamtvolumen des Bruttoinlandsproduktes betrug 1977 etwa über 25
Mill. T$. Die Bevölkerung erwirtschaftete dadurch ein Pro-Kopf-
Jahreseinkommen von 278,- T$ (etwa 309,- US $).[3]

Die Bewertung des Indikators "Pro-Kopf-Einkommen" ist bekannter-
maßen problematisch, unter anderem deshalb, weil diese Maßgröße
- nur einen Mittelwert darstellt (Distributionsproblematik, ökonomische Polarisierung...),
- den beschriebenen Selbstversorgungs- (Subsistenz-) Bereich unbe-
  rücksichtigt läßt und
- immaterielle Aspekte von "Wohlstand" nicht erfassen kann (kultur-
  spezifische Relativierung).
Trotz dieser Einschränkungen muß aber aus dem angegebenen niedrigen
Pro-Kopf-Einkommen geschlossen werden, daß Tonga im internationalen
Vergleich zu den sehr armen Ländern der Welt gehört. Bezogen auf die
Pazifik-Region rangiert Tonga an vorletzter Stelle; nur West-Samoa
mit einem Pro-Kopf-Einkommen von 254,- US $ ist in einer noch
schlechteren Position.

---

1) DEAN,M., 1981, S.6; RATHSMANN,P., 1981, S.8; vergl. FAIRBAIRN,J.J., 1971,S.91
2) KINGDOM OF TONGA, Census 1976, Tab.28, S.160; Vergl. WARD,R.G. & PROCTOR,A.
   (Hrsg.), 1980, S.490
3) SEVELE,F.V. & BOLLARD,A., 1979, S.9

4.3   Handel

Mit wachsender Urbanisierung der tonganischen Bevölkerung und
steigenden Einkommen durch Geldüberweisungen aus dem Ausland hat
sich in der Ära Tupou IV. ein beträchtlicher Inlandsmarkt entwik-
kelt. Als Stätte binnenländischer Handelsbeziehungen wurde deshalb
1970 im Zentrum der Hauptstadt der sogenannte "Talamahu" Markt eröffnet, der mit seinen 127 Verkaufsständen heute schon nicht mehr
ausreichenden Platz für die aus allen Dörfern Tongatapus anreisen-
den Verkäufer bietet. Neben Handarbeiten wie Matten, Körbe und
Tapa-Tuch werden auf dem Talamahu-Markt vor allem einheimische Produkte wie Yams, Taro, Maniok und andere Knollenfrüchte verkauft.
Nach wie vor werden dabei diese traditionellen Agrarerzeugnisse
weniger gezielt zur Vermarktung produziert, sondern bei akutem
Geldbedarf als Überschüsse verkauft. Verschiedene Gemüse- und Obst-
sorten (vor allem Tomaten, Paprika, Zwiebeln, Bananen, Melonen und
Ananas) werden ebenfalls als Überschüsse angeboten: Sie bilden zumeist den Teil der für den Export bestimmten Produktion, der nicht
über das "Commodities Board" (der Zusammenschluß von Copra- und
Produce-Board) abgesetzt werden konnte.[1]

In Neiafu (Hauptort der Vava'u-Gruppe) und in Pangai (Ha'apai)
haben sich in kleinerem Stil ähnliche Marktplätze entwickelt, die
für die ländliche Bevölkerung eine Einnahmequelle bilden. Für die
Bewohner der städtischen Siedlungen, die in wachsendem Maße in
nicht-landwirtschaftlichen Berufen tätig sind, übernehmen diese
Märkte immer mehr die Funktion, die Ernährungsgrundlage durch einheimische Produkte sicherzustellen.

Der Handel mit importierten Lebensmitteln, die nahezu ein Drittel
der gesamten Einfuhren ausmachen (s. Tab. Nr. 2), wird zwar von mul-
tinationalen Handelsketten dominiert; eine wichtige Funktion haben
jedoch auch die von Tonganern betriebenen kleinen Einzelhandelsgeschäfte (ṣale koloa).[2] Diese in 95% der Fälle als Nebenerwerb ge-

---

1) Eine Auflistung aller Handelswaren auf dem Talamahu-Markt bei THAMAN,R.R.,
   1975, S.171ff; ebenso RATHEY,R. & TU'IFUA,H., 1982
2) s. HAU'OFA,E., 1979

TAB.2: HANDELSSTATISTIK 1980

Ausgewählte Kategorien	Menge in t	Wert Mill. T$	% vom Gesamtwert
EXPORTE			
Kokosnußöl	5.253,1	3,05	44,1
Kopra	3.377,7	0,94	13,6
Dessicated Coconut	604,5	0,66	9,6
Copra Meals	2.742,3	0,20	2,9
Bananen	2.215,9	0,39	5,6
Taro	1.727,2	0,49	7,1
Vanille	4,5	0,26	3,8
Wassermelonen (Stück)	96.643	0,15	2,1
Kava	26,0	0,10	1,4
Summe		6,23	90,2
Gesamter Agrarexport		6,66	96,4
Gesamter Export		6,91	100
IMPORTE			
Hammelrippen	2.378,0	1,56	5,2
Mehl	3.843,0	1,24	4,1
Corned Beef	305,0	0,97	3,2
Zucker	1.439,0	0,55	1,8
Kons. Fleisch	97,2	0,18	0,6
Kons. Fisch	331,7	0,29	0,9
Butter	201,5	0,33	1,1
Summe		5,12	19,9
Ges. Lebensmittelimport		7,10	23,6
Getränke und Tabak		1,95	6,5
Treib- und Schmierstoffe		3,41	11,3
Fertigwaren		5,97	19,8
Maschinen und Transportmitt.		5,10	16,9
Geamter Import		30,14	100

Quelle: Foreign Trade Report 1980

führten Geschäfte sind in jedem Dorf anzutreffen und bestehen aus einfachen Holzhäusern. Ein großer Teil ihres Umsatzes setzt sich aus den bei Tonganern beliebten Hammelrippchen (*sipi*), Brot und konservierten Lebensmitteln zusammen. 20% des Umsatzes sind Tabak und Zigaretten; nur 19% der Waren sind keine Lebens- oder Genußmittel (wie Petroleum, Seife, etc.).

Die von Hau'ofa dargestellte Untersuchung von nahezu der Hälfte aller *fale koloa* macht entschieden auf die finanziellen Schwierigkeiten dieser Geschäfte aufmerksam, die deshalb in aller Regel nicht länger als zehn Jahre existieren. Er faßt die aus dem sozio-kulturellen Umfeld entstehenden Gründe dafür folgendermaßen zusammen:

"The demands of tradition sit heavily on the storekeepers. Very few of them can combat these demands, for the society is founded on the kind of relationship which militate against an all-out individual drive for the accumulation of personal wealth, and a fantasy about defeating an apparently unbeatable system." 1)

Was die Entwicklung des Außenhandels betrifft, kann man für die Regierungszeit Tupou IV. ein ähnlich negatives Fazit ziehen: Während Tonga bis zum Anfang der 60er Jahre eine ausgeglichene Handelsbilanz vorweisen konnte, eröffnete sich mit dem Beginn der gegenwärtigen Modernisierungsphase eine weite Kluft zwischen Im- und Exporten (s. Abb. Nr. 18). Das rapide gewachsene Außenhandelsdefizit setzt sich vor allem zusammen aus der für Tonga nachteiligen Handelsstruktur mit Neuseeland und Australien, die z.B. 1978 für über zwei Drittel des Defizits verantwortlich waren.

Der geringe Umfang des Handels mit pazifischen Nachbarländern - einzig der Handel mit Fiji erreicht ein nennenswertes Ausmaß - läßt das vieldiskutierte Konzept eines pazifischen Wirtschaftsregionalismus[2] als illusorisch erscheinen. Offenbar bedeutend attraktiver ist auch für Tonga der kurzfristige Vorteil, der sich aus dem bilateralen Handel mit europäischen Ländern ergibt: Hier konnte Tonga reale Fortschritte durch Erschließung neuer Märkte verbuchen (z.B. für Kopra und Kava in der Bundesrepublik Deutschland) bzw. bestehende ausbauen (die Niederlande sind weiterhin größter Abnehmer von

---

1) so zitiert von CRANE,A.E., 1979, S.47
2) s. z.B. BALL,M.M., 1973

ABB.18: ENTWICKLUNG DER AUSSENHANDELSBILANZ

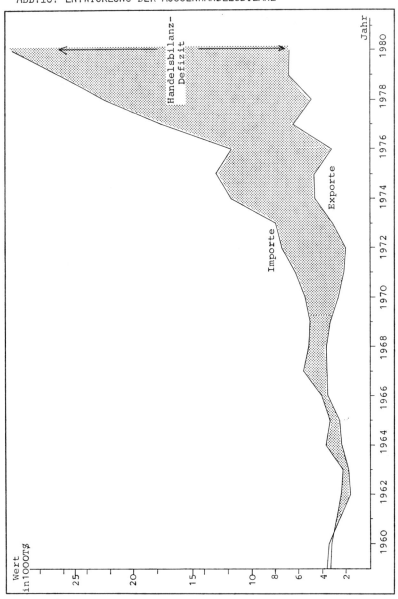

Quellen: Foreign Trade Reports; Reports of Ministry of Finance

Kopra). Grundlegendere Verbesserungen der unausgewogenen Handelsstruktur -wie sie sich etwa in den Verhandlungen zu einer Assozia-
tion mit der EWG andeuten[1]- konnte Tonga aufgrund seiner Position
als schwächerer Partner bisher nicht erreichen.

Das verbleibende "sichtbare" Defizit in der Außenhandelsbilanz
wird zum größten Teil von anderen Einnahmen - die im Gegensatz zum
Export von Waren sozusagen "unsichtbar" sind - ausgeglichen. Die
Geldüberweisungen von im Ausland lebenden Tonganern nehmen dabei
in den letzten Jahren die erste Stelle ein, was durch Bankauszüge
und Transfer-Kontrollen ermittelt werden kann. Die von Crane angegebenen 41% in der Kategorie "other income"[2] müssen wahrscheinlich
noch als Untertreibung angesehen werden, weil ein Teil der Überweisungen unter Umgehung der "Bank of Tonga" in Briefumschlägen ihre
Empfänger erreicht.

Der in dieser Aufstellung erscheinende Beitrag des Tourismus zur
Zahlungsbilanz (26%) muß allerdings mit Vorsicht interpretiert werden, weil ein großer Teil der Brutto-Deviseneinnahmen durch Importe
von Konsumgütern für die Tourismuswirtschaft wieder versickert. Aus-
serdem dürfte der Vorbildcharakter, den westliche Touristen für das
Konsumverhalten von Tonganern haben können, die meßbaren Vorteile
von direkten Geldeinnahmen um einiges vermindern.

Das letzte Drittel der Transferzahlungen besteht aus Entwicklungs-
hilfegeldern, deren Umfang sich allein im Zeitraum von 1975 bis 1977
verdoppelt hat.[3] Wenn man bedenkt, daß diese Gelder (über 5 Mill.T$)
sich in der gleichen Größenordnung bewegen wie die Summe aller selber erwirtschafteten Exporte, dann muß man feststellen, daß die politischen Kosten der ehrgeizigen Modernisierungsstrategie aus einer
starken Abhängigkeit von fremden Kapitalgebern bestehen.[4]

Die in der ersten Hälfte der 70er Jahre formulierten Entwicklungsziele[5] sind unter anderem deshalb schwierig zu verwirklichen, weil

1) s. z.B. BILLERBECK,K., 1974
2) CRANE,E.A., 1979, S.42
3) SEVELE,F.V. & BOLLARD,A.E., 1979, S.17
4) dazu ein allgemeiner Kommentar, der sich auf internationale Entwicklungsbanken
   bezieht von HAYTER,T., 1971; zu den "flankierenden Maßnahmen", die solche Abhängigkeiten unterstützen, s. z.B. DHUNJIBHOY,R. & HÜBNER,K.L. (Hrsg.), 1983
5) s. DOMMEN,E.C., 1972

die geplanten Investitionen von unrealistisch hohen Einkünften
durch Entwicklungshilfegelder ausgingen.[1] In einer Einschätzung
des dritten Entwicklungsplanes, der für die Implementierungsphase
1975 bis 1980 galt, wird deshalb bemerkt:

> "Development expenditures are made within the context of the
> Third Development Plan which is now in its final year. On
> the basis of experience so far it seems probable that actual
> expenditures will fall well short of those originally planned.
> One reason is that the Plan set expenditure targets which are
> unrealistically high and took insufficient account of the
> time needed to formulate and implement projects, or to nego-
> tiate the foreign aid on which the Plan so critically de-
> pended."   [2]

Die aus dem Ausland bezogenen Gelder für die wirtschaftliche
Entwicklung Tongas sind zudem in einer Weise verwendet worden, die
ihren Schwerpunkt eher in kapitalintensiven Prestige-Projekten hat
(Gebäude, Straßen, Fahrzeuge, etc.), statt in arbeitsintensiven,
auf den Agrarsektor konzentrierten Projekten. Zusammen mit den von
Sevele (1973) demonstrierten regionalen Disparitäten und des von
Hau'ofa (1978) beschriebenen Mangels an Berücksichtigung sozio-
kultureller Aspekte scheint als Fazit tonganischer Wirtschaftspla-
nung des letzten Jahrzehnts auch heute noch die Feststellung von
Hardaker zu gelten:

> "On this evidence it is argued that the current plans for
> development spending lack balance and that the Tongan Gov-
> erment has confused modernization with development."   [3]

---

1) so die Kritik von FAIRBAIRN,I., 1972: Economic Planning - Tonga Style
2) WARD,R.G. & PROCTOR,A. (Hrsg.), 1980, S.383; vergl. auch die kurze Analyse
   von JEUDA,B., 1971
3) HARDAKER,J.B., 1975, S.44

5. ENTWICKLUNG DES LANDRECHTS UND DER LANDVERTEILUNG

5.1 Grundzüge des traditionellen Landrechtsystems

In der Diskussion um Vor- und Nachteile der gegenwärtigen Form des tonganischen Bodenrechts wird von Befürwortern wie Kritikern das traditionelle System (genauer: ungeschriebene Rechte und Verpflichtungen in bezug auf Land vor dem Inkrafttreten der Konstitution von 1875) zum Vergleich herangezogen. Ein solcher Vergleich ist aber aufgrund unzureichender historischer Überlieferungen etwas problematisch: Einerseits wird dabei die Position vertreten, daß die schriftliche Kodifizierung weitestgehend tradierten Normen entspricht; zum anderen wird hervorgehoben, daß die Einführung fremdartiger (westlicher) Konzepte eine grundsätzliche Abkehr vom traditionellen System bedeutete.

Zu den Vertretern der erstgenannten Haltung ist etwa Elias zu zählen, der in einer allgemeinen Analyse des britischen Einflusses auf überlieferte Landrechtsysteme schreibt:

> "Out of this policy of non-interference with the local systems of tenure as well as the correlative principle that traditional or customary tenurial rights of the people survive change of souvereignty, has arisen the diversity of patters of landholding in British dependencies. These territories that still retain their indigenous character and social institutions tend to preserve the customary forms of land rights and usages (...). Thus, in (...) Fiji and other Pacific Islands, the systems of landholding are still largely customary."   1)

Dieser Interpretation britischer Kolonialpolitik als "Nicht-Einmischung" ist allerdings die häufiger anzutreffende Meinung entgegenzuhalten, daß diese Politik eher durch den klassischen Leitsatz: Divide et impera! (teile und herrsche, die Stämme gegeneinander ausspielen) charakterisiert war.2)

---

1) ELIAS,T.O., 1962, S.224; vergl. MEEK,C.K., 1949, S.201ff

2) Tonga war bis zum Ende des 19. Jahrhunderts zwar noch kein Protektorat, der Einfluß Großbritanniens auf seine inneren Angelegenheiten ist aber trotzdem unbestreitbar; vergl. Kap. II,2.

Die Haltung, daß die schriftliche Fassung des Bodenrechts den tradierten Normen entspricht und von äußeren Einflüssen weitgehend
frei ist, spezifiziert Nayacakalou in bezug auf Tonga:

> "Viewed in this way, the traditional land tenure system of
> Tonga is fairly well preserved in the codified land law of
> today. While the modern land law has contributed sharper
> definitions of the major concepts involved in the system,
> it introduced few changes, and most of these are not really
> at variance in any fundamental sense with the system as it
> traditionally operated. (...) Thus the changes affected
> (...) left the individual family man in much the same po-
> sition as before."   1)

Auf der anderen Seite wird etwa von Maude die Haltung vertreten,
daß die gegenwärtigen Landbesitzformen zumindest in einem wesentlichen Punkt von den traditionellen abweichen. Bezugnehmend auf
die dargestellte Organisation des sozialen Gefüges (das hierarchische System von Familienverbänden in der klassischen Periode der
Geschichte Tongas; vergl. Abb. Nr. 9) schreibt er:

> "... there is evidence to suggest that people generally ob-
> tained land not as individuals under a chief but as members
> of a kāinga. Whether land within the kāinga was held by indi-
> viduals or by families is uncertain, but as it seems probable
> that in precontact times people lived in extended family
> groups, it also seems probable that land was held by the heads
> of these families, on behalf of the whole family, rather than
> by individuals as it is the case today. There would therefore
> seem to be grounds at least for questioning statements that
> the present system is essentially but a Europeanised codifi-
> cation of former Tongan custom, and for arguing that Tongan
> land tenure has significantly moved towards a more individual-
> istic system."   2)

Als einziges Kriterium zur Unterscheidung von traditionellem und
konstitutionellem Recht wird also hier der Grad der Individualisierung herausgestellt. Offen bleibt dabei die Frage, wie in traditionellen Gesellschaften individuelle Rechte von gemeinschaftlich wahr-
genommenen abzugrenzen sind.

Um der komplexen Struktur von Landrechten in traditionellen Gesellschaften gerecht zu werden, bietet sich eine Reihe von Konzepten

---

1) NAYACAKALOU,R.R., 1959, S.97f; vergl. BEAGLEHOLE,E.& P., 1941, S.19
2) MAUDE,A., 1965, S.121

an: Als bei weitem zu vereinfacht erscheint dabei etwa die in der
klassischen marxistischen Analyse getroffene Unterscheidung von
Privat- und Gemeinschaftseigentum.[1] Schon wesentlich hilfreicher
ist die von Bryant eingeführte Differenzierung des Eigentumsbegriffs; er schlägt vor:

> "Two distinct aspects of property; property for use, and
> property for power." [2]

Um diese Unterscheidung zu verdeutlichen, sei hier die Darstellung
von Raymond Firth genannt, der die Grundzüge eines traditionellen
Landrechtsystems in Tikopia, einem polynesischen Auslieger im West-
Pazifik, untersucht hat. Er schreibt:

> "Enquiries as to land ownership in Tikopia elicit a descrip-
> tion in one of four different ways. An orchard is described
> as being the land of a certain clan, the land of the chief
> of that clan, the land of one of the component houses, or
> the land of an individual in it. Each attribution is correct
> and it depends on the point of view of questioner and inform-
> ant what reply is given." [3]

"Eigentum" tritt also als ein situationsbedingter Begriff zutage,
und die Beobachtung von Firth läßt sich - obwohl er seine Untersuchung in disem Jahrhundert durchgeführt hat - in ihrer vieldeuti-
gen Anwendung auf die Verhältnisse des vorkonstitutionellen Tonga
übertragen.

Die Voraussetzungen für eine Parallelisierung des traditionellen
Tonga mit dem von Firth in disem Jahrhundert beschriebenen Tikopia
scheinen gegeben, weil beide polynesischen Gesellschaften zum Zeitpunkt der Betrachtung (Tonga bis zum Ende des 18.Jahrhunderts) sehr
wenig Kontakt zu Europäern hatten, über keine Geldwirtschaft verfügten und Land im Überfluß zur Verfügung stand. Darüber hinaus waren
beide Gesellschaften in kultureller Hinsicht bis in Einzelheiten
vergleichbar.[4]

Zu den technischen Bedingungen, die der effektiven Wahrnehmung
von Landrechten eine Grenze setzten, gehörten die Transportmöglich-

---

1) s. das von MACKENSEN,G., 1977, angeführte Beispiel Samoa
2) BRYANT,R.W.G., 1972, S.29
3) FIRTH,R., 1957, S.333
4) das folgende in Anlehnung an CROCOMBE,R., 1975

keiten. Fuß- oder Kanutransport erlaubten zur täglichen Bewältigung
der Strecke vom Wohnort zum Feld eine maximale Reichweite von etwa
fünf Kilometern. Dieser Radius, in dem ein zusammenhängender Familienverband sinnvollerweise Landrechte beanspruchen konnte, wurde
weiter eingeschränkt durch eine mögliche Bedrohung durch aggressive
Nachbarn. Einer praktischen Wahrnehmung von Landrechten an der Peripherie des beanspruchten Landes stand die Gefahr gegenüber, von
feindlichen Gruppen angegegriffen und getötet zu werden. Die tatsächliche Nutzung des Landes durch ein rotierendes System von aktiv
kultivierten Parzellen und Bracheflächen des Bodens (shifting cultivation) beanspruchte nur etwa einen Radius von 1,5 Kilometer vom
Wohnort.

Eine weitere Ausdehnung der Landfläche des Familienverbandes
(Clan oder in Tonga: ha'a) war bei gleichbleibender Personenzahl
wenig sinnvoll, weil das Fehlen von Metallwerkzeugen die Rodung von
Buschland relativ mühselig machte und es nur beschränkte Techniken
zur Lagerung und Haltbarmachung von Lebensmitteln gab.

Die Ausübung von Landrechten in traditionellen Gesellschaften
war zudem geprägt durch das Fehlen einer Zentralregierung. Obwohl
Tonga bereits mit dem 10. Jahrhundert als eine politische Einheit
nach außen hin angesehen werden kann (unter der symbolischen Herrschaft des Tu'i Tonga), war es nach innen hin doch zersplittert in
weitgehend autonome, oft miteinander rivalisierende Stämme. Anlaß
für Stammesstreitigkeiten gab unter anderem die unzureichende Auf-
zeichnung von Rechten und Grenzen. Das menschliche Gedächtnis und
künstliche Markierungen, die willkürlich verändert werden konnten,
erwiesen sich über längere Zeiträume als nicht zuverlässig genug,
um dominierende Stämme an der Ausdehnung ihrer Landrechte zu hindern. Mit dem Wachsen der Mitgliederzahl konnte ein Stamm durch
kriegerische Auseinandersetzung oder andere politische Mittel deshalb eine Ausdehnung seiner Einflußsphäre bewirken, was einer Umverteilung von Landrechten gleichkam.

Als einer der Grundzüge traditionellen Landrechts ist demnach
die Flexibilität des Systems festzuhalten:

"... political realities had to be considered in all land
allocations and transfers, and customary priorities had to
be subject to overall political constraints. This had the

> advantage of flexibiliy and reflecting political realities,
> but the disadvantage of weakening the position of the less
> fortunate or less valued members of society."   1)

Weitere wesentliche Elemente des tradierten Eigentumsbegriffs
waren:

- das Partizipationsprinzip; das heißt, die Notwendigkeit aktiver
  Teilnahme des Einzelnen am Familiengeschehen bzw. der Familie an
  den Belangen der übergeordneten Gruppe, und
- die Sozialbindung; das heißt, die Bindung des Eigentums an die
  Bedingung, daß das Land tatsächlich (im langfristigen Interesse
  aller) genutzt wurde.

Aktive Teilnahme an der Gesellschaft beinhaltete für den Einzelnen
allgemein den Beitrag von Arbeitskraft, Lebensmitteln oder anderen
Gütern. Obwohl ein Teil dieser Leistungen sicher dem Häuptling oder
Führer dieser Gemeinschaft zugute kam, fand eine Umverteilung doch
in der Weise statt, daß diese "Steuer" auch dem Nutzen aller diente. Bei vorübergehender Abwesenheit mußten Landrechte durch besondere Geschenke oder Dienstleistungen bekräftigt werden; bei längerer Abwesenheit von der Gemeinschaft konnten diese Rechte völlig verlorengehen . Ebenso konnte Land nicht als Eigentum beansprucht werden, wenn es aus anderen Gründen für längere Zeit nicht kultiviert
wurde.

Die von Firth dokumentierte Vieldeutigkeit des Eigentumbegriffs
in polynesischen Kulturen (gemeinschaftliche Rechte im Stamm, Familienverband oder Haushalt einerseits; individuelle Rechte des Häuptlings, Ältesten oder des einzelnen Familienmitgliedes andererseits)
läßt die in historischen Quellen zu findenden Beschreibungen des
traditionellen Landrechtsystems in Tonga in einem anderen Licht erscheinen. Von frühen europäischen Beobachtern getroffene Feststellungen über dieses System beruhen zumeist auf Schlüsselinformanten,
die der herrschenden Häuptlingsklasse angehörten. Es nimmt deshalb
nicht Wunder, wenn der von Häuptlingen beanspruchte Besitztitel als
"Eigentum" interpretiert und die Häuptlinge als "lords of large
districts of territory"[2] beschrieben wurden. Einige Darstellungen

---

1) CROCOMBE,R.G., 1975, S.17
2) Cook,J., 1784a, S.412; zitiert nach GIFFORD,E.W., 1929, S.171

(z.B. Alexander, 1888) gehen gar so weit, die exklusiven Eigentumsrechte dem *Tu'i Tonga* (König) zuzuschreiben und von einem "fully
developed feudal system"[1] zu sprechen, in dem die Häuptlinge ihr
Land von Königs Gnaden erhielten.[2] Diese Interpretation zusammenfassend schreibt Alexander:

> "From the Rev. Thos. West we learn that the lands were held
> in fief. The great landlords held them by hereditary right,
> but subject to the King, and they in turn subdivided them
> amoung their kinsmen and followers. It was on the great chiefs
> that the King depended for military support, which they will-
> ingly rendered him, as the title by which they retained their
> possessions. Through them also the King received a general
> tribute from the people. The chiefs, also in the order, claim-
> ed the service or property of their tenants. The lowest order
> was ground down and oppressed by that above it. The *Tuā* (Ge-
> meine) could not call anything they had their own. The great
> chiefs could seize on whatever took their fancy."   3)

Wie bereits an anderer Stelle ausgeführt weist diese Beschreibung des tonganischen Landrechtssytems auf die weitgehenden Ähnlich-
keiten mit euroäischen Feudalsystemen des Mittelalters hin; die
völlige Gleichsetzung des traditionellen tonganischen Rechts mit
diesen Feudalsystemen[4] stellt jedoch für eine genauere Analyse
eine zu starke Vereinfachung dar. Zum einen gibt es Belege, daß der
Tu'i Tonga in keiner Weise das Recht oder die Macht hatte, die Häuptlinge zu enteignen[5] oder sonstwie Druck auf sie auszuüben. Vielmehr regelten die Häuptlinge etwaige Konflikte über Landfragen (in
der oben beschriebenen Weise) untereinander. Der Titel des *Tu'i* war
nur symbolisch oder zeremoniell mit einer Oberherrschaft über Land
verbunden.

Zum anderen war auch das weit größere Maß an Kontrolle, das die
Häuptlinge über das Land ihrer *ha'a* ausübten, dadurch eingeschränkt,
daß die Verfügungsrechte der *kāinga* (der untergeordneten Familienverbände; vergl. Abb. Nr. 9) nicht zurückgenommen oder enteignet
werden konnten.[6] Wie Gifford schreibt:

1) ALEXANDER,W.D., 1888; vergl. GIFFORD,E.W., 1929, S.171
2) NAYACAKALOU,R.R., 1959, S.95
3) ALEXANDER,W.D., 1888; auch zitiert bei GIFFORD,E.W., 1929, S.171
4) vergl. z.B. MITTEIS,H., 1933/58 und ders. 1944; s. auch GANSHOF,F.L., 1975
   und in anderem Kontext WITTVOGEL,K.A., 1962
5) z.B. WALDGRAVE,W., 1833, S.185; Radcliffe Brown in WILLIAMSON,R.W., 1924,S.131f
6) MARTIN,J., 1818, Vol.II,S.91

> "It seems to have been the custom that land (...) remained
> indefinately in the recipient's familiy, each succeeding
> holder of his title being confirmed in tenure. Much the same
> scheme seems to have held for tracts alloted to *mātāpules*
> (untergeordnete Häuptlinge) and commoners."   1)

Zumindest ein wesentliches Element klassischer Feudalsysteme, die
Existenz einer effektiven Zentralgewalt, ist also in Tonga vor dem
19. Jahrhundert nicht nachzuweisen.

Des weiteren gibt es Anlaß, die Aussage zu bezweifeln, daß die
Mitglieder eines *ha'a* (Clan) lediglich in einseitiger Weise Nutzungsrechte von ihren Häuptlingen empfingen; eine Position, die zum Beispiel von Nayacakalou vertreten wird:

> "The tenants within the lineages, for their turn, held their
> lands from their landlords as feudal subjects bound directly
> to them, not as members of social groups."   2)

Die so formulierte Aussage verwechselt jedoch Nutzungsrechte mit
dem umfassenderen Begriff des Eigentums durch die Implizierung,
daß "tenant" (Pächter) einen Eigentümer voraussetzt, von dem das
Land gepachtet werden kann. Diese Voraussetzung kann aber nicht
als gegeben angesehen werden, denn:

> "... such terms as 'owner' or 'tenant' must be suspect when
> applied to Polynesian culture."   3)

Es kann vielmehr mit größerer Wahrscheinlichkeit davon ausgegangen
werden, daß der Familienverband als Gruppe umfassende (dem Eigentum vergleichbare) Landrechte beanspruchte. Die jeweiligen Führer
dieser Familienverbände (*kāinga* auf der unteren und *ha'a* auf der
höheren Ebene) waren demnach nur Treuhänder dieses Gruppenrechts;
eine Position, die zwar erheblichen politischen Einfluß mit sich
brachte, jedoch mit der eines Eigentümers oder Feudalherren, der
frei über sein Land verfügen kann, nicht zu vergleichen war.

Zurückkommend auf die Landrecht-Analyse von Firth ist deshalb
der Eigentumsbegriff für den traditionellen Kontext neu zu definieren:

---

1) GIFFORD,E.W., 1929, S.174
2) NAYACAKALOU,R.R., 1959, S.97
3) MAUDE,A., 1971, S.108

"... 'ownership' cannot mean exclusive right of use, occupation or control; as used for convenience in ordinary descrip-
tion it must signify simply primary and more permanent rights
of utilization as against secondary and less permanent rights." 1)

In Kontrollrechte ("property for power") und Nutzungsrechte ("property for use") aufgegliedert, ergibt sich für das Landrechtssystem
Tongas bis zur Mitte des 19. Jahrhunderts folgendes Bild:

- Kontrollrechte, die auf den hierarchisch geordneten Ebenen der
Gesellschaft Verfügungsgewalt in unterschiedlicher Weise beinhalteten, wurden von Einzelpersonen gehalten. Auf der höchsten Ebene, der
des *Tu'i Tonga*, waren Kontrollrechte weitgehend symbolischer Art
und standen für die nationale Einheit des Inselreiches. In Zeiten
kriegerischer Auseinandersetzung mit benachbarten Ländern (vergl.
Kap.II,2.) konnten diese Kontrollrechte jedoch aktiviert werden dadurch, daß die Führer der *ha'a* einen der Lehnspflicht vergleichbaren
Beweis ihrer Loyalität leisteten durch Bereitstellung von Kriegern
und Lebensmitteln.

Auf der Ebene der Häuptlinge nahmen Kontrollrechte über das Land
eines *ha'a* sehr weitgehende Formen an. Nach Aufteilung des *ha'a* auf
einzelne Familienverbände delegierte ein Häuptling zwar einen Teil
seiner Verfügungsgewalt an die Führer dieser Gruppen (*'ulumotu'a*),
hatte jedoch durch die Verfügung bestimmter Tabus jederzeit die
Möglichkeit, in die Entscheidungen der *'ulumotu'a* einzugreifen. Die
Kontrollrechte der *'ulumotu'a* als Führer der *kāinga* wurden wiederum durch Tabus inkraftgesetzt , die die Rechte der einzelnen Fami-
lienvorstände (*'ulu*) überragten.

- Nutzungsrechte an Land hatten - im Gegensatz zu Kontrollrechten -
eher den Charakter gemeinschaftlich wahrgenommener Rechte, wenn man
die Familienverbände der *kāinga* als Einheit zugrundelegt . Noch bis
zu Anfang dieses Jahrhunderts läßt sich verfolgen, daß nicht nur
einzelne Haushalte gemeinsam Land bearbeiteten, sondern auch Groß-
familien:

"... the pattern of land division around 1910, and the landholders at that time can be grouped into three *ʃa'ahinga*,

---

1) FIRTH,R., 1957, S.365; vergl. auch MALINOWSKY,B., 1935/81, in seiner Untersuchung der Trobriand-Inseln, Kap. XI und XII

each occupying a particular part of the land.(...) Most of
the evidence on landholding within the *ġa'ahinga* (=*kāinga*)
suggests that in times of peace people lived in extended
family groups scattered over the land(...), and almost all
contemporary informants state that allotments were held by
the heads of these families, with married sons working the
lands of their fathers and not holding allotments of their
own." 1)

Die zur Vergügung stehenden Belege weisen demnach darauf hin, daß
auch innerhalb der Großfamilienverbände die Nutzungsrechte einzelner Haushalte und Individuen eindeutig definiert waren. Die Flexibilität in der Verteilung dieser Rechte war gewährleistet durch
die bereits erwähnten Bedingungen der aktiven Teilnahme an der Gemeinschaft (Partizipationsprinzip) und der tatsächlichen Nutzung
des Landes (Sozialbindung).

Weil aber Nutzung desselben Landes auf verschiedene Weise erfolgen konnte - etwa durch einjährige oder mehrjährige Kulturen -
waren die Rechte dazu ebenso differenziert in langfristige, erst-
rangige Rechte und kurzfristige, weniger bedeutende Rechte. Soweit
die von Firth beschriebenen Verhältnisse auf Tikopia vergleichbar
sind, dürfte auch für das klassische Tonga gegolten haben:

"The difference in custom between freedom of access to garden
land and restrictions in the case of orchards (...) can be
correlated with the difference in the nature of the crops in
each. Where the crop is comparatively impermanent, resting in
the ground only a season, the owner of the ground is not seriously hampered by being deprived of the use of it. In the case
of coconut palms, bread fruit (...) and other fruit trees,
which stand for a generation or more, the inconvenience to the
owner of the soil would be far more manifest." 2)

Es wird deutlich, daß auch der gemeinsamen Wahrnehmung von Nutzungsrechten ungeschriebene Gesetze zugrundeliegen . Eine weitere Ver-
folgung der Analogie von traditionellem tonganischem Landrecht mit
bestehenden Systemen würde allerdings in Details führen, die durch
verfügbare Informationen nicht mehr zu belegen sind. Da sich eine
solch spekulative Betrachtung an dieser Stelle verbietet und die
dazu notwendige Forschung dem Spezialinteresse von Historikern und
Anthropologen überlassen bleiben muß, soll im folgenden auf die Entwicklung des geschriebenen Landrechts eingegangen werden.

---

1) MAUDE,A., 1971, S.108
2) FIRTH,R., 1957, S.363

5.2 Konstitutionelles Landrecht

Mit der Konsolidierung des Regimes von *Tauɣa'ahau*, dem späteren König George Tupou I., in der Mitte des 19. Jahrhunderts begann eine Reihe von Versuchen, das Landrecht Tongas in schriftlicher Form niederzulegen. Die frühen Verfassungsentwürfe spiegeln dabei einerseits die Bestrebung wider, traditionelles Recht zu kodifizieren; andererseits lassen sich neuartige Elemente erkennen, die der veränderten innen- und außenpolitischen Situation Rechnung tragen sollten.

Der erste Ansatz in dieser Richtung findet sich in dem Verfassungsentwurf von 1850, der die Landgesetzgebung auf einen einzigen Paragraphen ("The Law referring to the Soil") beschränkt:

> "It shall not be lawful for any Chief or people in Tonga, Ha'apai, or Vava'u to sell a portion of land to strangers (i.e. foreigners); it is forbidden; and any one who may break this law shall be severely punished." 1)

Die in dieser Bestimmung festgehaltene Unveräußerbarkeit von Land an Nicht-Tonganer, die 1872 auf das Verbot von Landverkäufen auch zwischen Tonganern ausgedehnt wurde,[2] war die Anerkennung der Tatsache, daß Land niemals als eine Ware betrachtet worden war. Eine irreversible Übertragung von Landrechten konnte zuvor nur durch gewaltsame Eroberung von Territorium geschehen; eine Methode, die sich durch den Einfluß europäischer Händler und Planzer zu verbreiten drohte.

Die Bestimmung, daß Land unter Androhung der höchsten Strafe[3] niemals verkauft werden durfte, war damit auch eine Reaktion auf die Expansions-Interessen europäischer Mächte in dieser Region. Wie ein Vergleich mit allen pazifischen Nachbarn zeigt, hat sich

---

1) Paragraph XXIX des Codes von 1850, zitiert bei LĀTŪKEFU,S., 1974, S.234; ähnliche Bestimmungen finden sich im folgenden auch in den Landgesetzen anderer Pazifik-Länder, so z.B. in Niue, s. KALAUNI,S., 1977, S.10
2) LASAQA,I.Q., 1980, S.40
3) Paragraph 2 des Codes von 1862 spezifiziert die Strafe durch: "...shall work as a convict all the days of his life until he die, and his progency shall be expelled from the land", zitiert bei LĀTŪKEFU,S., 1974, S.238

das Verbot von Landveräußerungen in Tonga als eine wirksame Prä-
ventivmaßnahme gegen die imperialistische Strategie bewährt, Grundstücke von privaten Händlern, Pflanzern und Firmen erwerben zu lassen und deren "Eigentum" dann durch Annexion des gesamten Territoriums zu schützen.[1] Die in der ersten Landgesetzgebung festgehaltene Bestimmung, die auch in der gegenwärtigen Form des Gesetzes
Gültigkeit hat,[2] hat damit nicht nur "einen unschätzbaren Schutz
gegenüber den Landerwerbsinteressen von Europäern"[3] gewährleistet,
sondern auch eine Überfremdung des Landes durch andere Volksgruppen
- wie etwa im Nachbarland Fiji oder in Hawaii[4] - verhindert.

Obwohl bereits in dieser frühen Phase der Landgesetzgebung der
Verkauf von Land an Europäer verhindert wurde und sich deshalb typische - durch Fremdkapital erworbene - Plantagen in Tonga nicht
entwickeln konnten, schien es doch Praxis gewesen zu sein, den ansässigen Händlern und Pflanzern zeitlich begrenzte Nutzungsrechte
einzuräumen. In Paragraph 40 des Code von 1850 heißt es:

> "Foreigners shall pay yearly according to the portion of
> land they hold..."   5)

Dabei bleibt ungeklärt, ob schon zu dieser Zeit die in späteren
Jahren entwickelte Form fest umrissener Pachtverträge zur Anwendung
kam. Die Pachtabkommen und der Umfang der zu leistenden Zahlungen
wurden von der Regierung kontrolliert, und die Einkünfte daraus
flossen dem persönlichen Guthaben des Königs zu.

Die letztgenannten Regelungen geben Anlaß zu der Feststellung,
daß George Tupou die mit der Eroberung von ganz Tonga erworbenen
Kontrollrechte über alle Inseln als privates "Eigentum" interpretiert hat. Im Gegensatz zu der weitgehend symbolischen Funktion des
traditionellen Herrschers, *Tu'i Tonga*, beanspruchte George Tupou
damit das Recht, daß "all land (...) legally belonged to the King."[6]

---

1) So geschehen beispielsweise im Nachbarland Samoa durch das Deutsche Reich;
   eine ausführliche Darlegung des Eigentumsbegriffs deutscher Prägung in
   SCHLIMM,K., 1905
2) WYLIE,C., 1967, Vol.II, Chap.63, Art.6, S.600; Das Verbot der Veräußerung
   ist vom Verkauf erweitert worden auf Erbschaftsbestimmungen: "...to effect
   a voluntary conveyance, an all-out sale, or a device by will(...) null and
   void."
3) KOCH,G., 1955, S.122   /// 5) zitiert bei LĀTŪKEFU,S.,1974,S.236
4) MELLER,N. & HORWITZ,D.H., 1971 /// 6) MAUDE,A., 1971, S.110

Vor einer Versammlung der bis dahin mächtigsten sozialen Gruppe,
den Häuptlingen, verkündete Tupou 1852 die Bestimmung:

> "no person has any title to lands in these Islands except
> by grant from the Goverment." 1)

Der Häuptlingsklasse wurde auf diese Weise - formal zumindest -
die Kontrolle über Land entzogen, und der von Tupou eingesetzten
Regierung fiel dabei zunächst nur die Rolle eines Verwalters dieses Anspruches zu.

Von der in Kapitel II,2. dargelegten Einflußnahme englischer
Missionare auf die Verfassungsgebung abgesehen, wird ein Besuch
George Tupous in Sydney (1853) als bedeutender Anlaß für die spätere Formulierung weiterer Landgesetze beschrieben. [2] Die von
Tupou auf dieser Reise beobachtete Armut des australischen Prole-
tariats war offenbar der Ursprung seiner Idee, daß alle Tonganer
per Gesetz gesicherte Landrechte haben sollten. Angesichts der sich
in den "westlichen" Ländern entwicklenden Ungleichheit der Verteilung von Produktionsmitteln kann dieser Grundgedanke Tupous als
"most progressive by world standards"[3] bezeichnet werden: Er sollte - theoretisch zumindest - dazu führen, daß jeder Tonganer seinen
Lebensunterhalt von seinem eigenen Land sichern konnte und nicht
abhängig war von der Willkür von Großgrundbesitzern.

Ansätze zur Realisierung dieses Gedankens fand Tupou ebenfalls
bei seinem Besuch in Australien:

> "The King was very impressed with the leasehold system of
> land tenure he saw in Sydney, and he made up his mind that
> the land in Tonga should be distributed among his own people
> along similar lines." 4)

Der Gedanke einer Neuordnung tonganischen Landrechts auf der Linie
eines individualisierten Pachtsystems kann unter den gegebenen historischen Bedingungen - das Regime Tupous war abhängig von der
Loyalität einflußreicher Häuptlinge - sicher als revolutionär bezeichnet werden. Eine erste Manifestation dieses Gedankens findet
sich in dem Verfassungsentwurf von 1862, der zum einen Zugeständ-

---

1) Amos,R., 1852, zitiert von MAUDE,A., 1965, S.97
2) LĀTŪKEFU,S., 1974, S.161f; vergl. CUMMINS,H., 1972
3) POWLES,C.G., 1979, S.259
4) LĀTŪKEFU,S., 1974, S.162; vergl. THOMSON,B., 1894, S.362

nisse an die ungebrochene de facto-Macht der Häuptlinge enthielt,
zum anderen jedem männlichen Tonganer im Alter von 16 Jahren und
darüber den rechtsverbindlichen Anspruch auf ein ausreichend gros-
ses Stück Land zusicherte. In Paragraph 34, Abs. 6 heißt es:

> "And the chiefs shall allot portions of their land to the
> people as they may need, which shall be their farm, and as
> long as the people pay their tribute, and their rent to the
> chief, it shall not be lawful for any chief to disposses
> them, or any other person."   1)

Der zu diesem Zeitpunkt mögliche Kompromiß bestand also darin,
den Häuptlingen die Pachteinkommen aus den von ihnen abgetretenen
Grundstücken zukommen zu lassen,[2] ansonsten aber die traditionellen Rechte der Häuptlingsklasse dadurch zu beschneiden, daß alles
ungenutzte Land der direkten Kontrolle der Regierung (bzw. des
Königs) unterstand. Die von Tupou mit dem Entwurf von 1862 angestrebte Nivellierung von Häuptlingsprivilegien und den Rechten
einfacher Tonganer ist auch in der Bestimmung zu erkennen, daß die
Größe der zur Verfügung zu stellenden Parzellen mit der Mitgliederzahl einer Familie wachsen sollte. In Paragraph 34, Abs. 7 heißt es:

> "And the King affectionately recommends that the size of the
> farms be increased according to the number of the family. 3)

Für alle praktischen Zwecke bestand also gemäß dem 1862er Code
kaum ein Unterschied zwischen den Landnutzungsrechten von "chiefs"
und "commoners".

Die Reaktion der Häuptlingsklasse auf die Beschneidung ihrer Privilegien äußerte sich in den folgenden Jahren in einer erneut drohenden politischen Instabilität. Um dieser Entwicklung entgegenzuwirken, sah sich George Tupou gezwungen, in der 1875 proklamierten
Verfassung den Häuptlingen wieder umfassendere Rechte einzuräumen.
Der maßgebliche Einfluß des englischen Wesleyan-Missionars Baker[4]
und Vergleiche mit der Verfassungsentwicklung in Hawaii[5] veran-
laßten Tupou I. zunächst dazu, seinen bis dahin gehaltenen Eigen-

---

1) zitiert nach LĀTŪKEFU,S., 1974, S.248
2) WEST,T., 1865, gibt an, daß die Höhe dieser Pacht auf "two shillings a year"
   festgesetzt wurde, S.434; vergl. MAUDE,A., 1965, S.98
3) zitiert nach LĀTŪKEFU,S., 1974, S.248
4) s. RUTHERFORD,N., 1971, S.155
5) s. z.B. CHAMBERS,H.E., 1886, S.9f; MELLER,N. & HORWITZ,R.H., 1971, S.28f;
   CHINEN,J.J., 1961

tumsanspruch auf alles Land des Königreiches teilweise aufzugeben.
In seiner Eröffnungsansprache zur ersten Parlamentssitzung im Jahr
1875 verkündete er:

> "You are aware that the law of Tonga was up to this day that
> the whole of the soil of Tonga belonged to me; but this did
> not appear to be just and we have an Ordinance as follows:
> The estates really belonging to the Chiefs or our land shall
> be theirs, and they and their descendants shall hold them
> for ever." 1)

Der aus dieser Erklärung abzuleitende Eindruck, daß der Monarch
damit jede Kontrolle über Land an die Häuptlinge zurückgab, ist
jedoch nicht korrekt. Zum einen heißt es - obwohl in der Verfassung nicht ausdrücklich erwähnt - in der späteren Landgesetzgebung
wieder:

> "To the King belongs all the land, soil, inheritences and
> premises". 2)

Damit behielt sich Tupou zumindest ein symbolisches Recht über
das gesamte Land weiterhin vor. Zum anderen traf er unter den traditionellen Häuptlingen eine bestimmte Auswahl der einflußreichsten
Führer. Prinzipien politischer Opportunität folgend, das heißt im
Interesse der Konsolidierung seines Regimes, gab er bei diesem Se-
lektionsprozeß "due recognition to some, elevated the status of
others, and devasingly demoted a great many more."3)

Als Resultat dieser Schritte wurde die große Mehrheit der Häuptlinge auf den rechtlichen Status einfacher Tonganer degradiert,
während einer einflußreichen Minderheit von ursprünglich 20 Häupt-
lingen4) der neugeschaffene Titel eines *Nopele* zugesprochen wurde.
In den Jahren bis 1882 wurden weitere 10 *Nopele* ernannt und sechs
der bedeutendsten zeremoniellen Assistenten der Häuptlinge (*mātāpule*) mit ähnlichen Privilegien ausgestattet.5) Die Liste der damit
auf 36 Mitglieder gewachsenen neuen Adelsklasse repräsentierte im
wesentlichen die traditionellen Stammesgruppierungen (*ha'a*),6) wodurch der Monarch - als Repräsentant zweier dieser Linien - ebenfalls *Nopele*-Titel für sich beanspruchen konnte.

1) zitiert nach HUNTER,D.B., 1963, S.2
2) Landgesetz von 1882, § 109
3) POWLES,C.G., 1979, S.254
4) veröff. in Baker's Zeitschrift KO E BO'OBO'OI, Vol.II, Nr.6, 1875
5) Tonga Goverment Gazette, Sept. 1880 und Okt. 1882
6) POWLES,C.G., 1979, S.254

Untrennbar mit dem Adelstitel verbunden wurden vererbbare Rechte
an Ländereien (*toti'a*). Diese Rechte beinhalteten unter anderem,
daß ein Teil der *tofi'a* für die persönliche Nutzung des Adeligen
zur Verfügung stand und weitere Teile an Tonganer und - mit Genehmigung der Regierung - an Ausländer verpachtet werden konnten.
Die Einkünfte daraus flossen dem *Nopele* zu. In Abweichung von traditionellem Recht konnte ein *tofi'a* nur an direkte Verwandte, das
heißt in erster Linie dem ältesten ehelichen Sohn, vererbt werden.
Zuvor war auch die Weitergabe an andere Verwandte des Häuptlings
möglich, wenn auch nicht üblich. Das neue Erbrecht durchlief in
der Reihenfolge der Geburt zunächst alle männlichen Nachkommen,
dann alle weiblichen, dann Brüder und zuletzt Schwestern.[1] Sollten alle Möglichkeiten der genau definierten Erbfolge ausgeschöpft
sein, sah das Gesetz eine Rückgabe von Land und Titel an den König vor,[2] der dann nach freiem Ermessen einen neuen Titelträger
ernennen konnte.

Es blieb dem König weiterhin überlassen, die Größe der mit dem
Nopele-Titel verbundenen Landfläche festzusetzen. Obwohl sich die
tofi'a an den traditionell von den Häuptlingen kontrollierten Gebieten orientierten, bot die Neuaufteilung der Landfläche Tongas
einigen Spielraum zur Manipulation der Grenzen. Die *tofi'a* wurden
ohne irgendeine Form der Vermessung lediglich mit Namen bezeichnet,
und daraus resultierende Streitigkeiten über die jeweiligen Flächen und den genauen Grenzverlauf waren häufig und sind zum Teil
bis in die gegenwärtige Zeit nicht völlig geklärt.

Dadurch bedingt stehen über die von Tupou I. vorgenommene Land-
aufteilung keine exakten Zahlen zur Verfügung; es kann aber ange-
nommen werden, daß zu dieser Zeit etwa zwei Drittel des Landes als
Ländereien an die *Nopele* (einschließlich des Monarchen in dieser
Eigenschaft) verteilt wurden.[3] Das restliche Drittel verblieb als
Königliche Ländereien (Royal Estates und Royal Family Estates) im
Besitz des Monarchen bzw. der Regierung (Goverment Estates). Die
dabei in der Verfassung ursprünglich vorgesehene Bestimmung, daß

---

1) nach § 125 der Verfassung von 1875; Reflexionen zu diesen matrilinearen Elementen eines patrilinearen Systems in BIERSACK,A., 1974; ROGERS,G., 1977
2) In der ursprünglichen Fassung von 1875, § 127, ist von einer Rückgabe an die
Regierung die Rede; dies wurde 1882 zugunsten des Königs geändert.
3) s. KO E BO'OBO'OI, Sept./Okt. 1877; vergl. POWLES,C.G., 1979, S.254

ABB.19: LÄNDEREIEN (TOFI'A) VON TONGATAPU

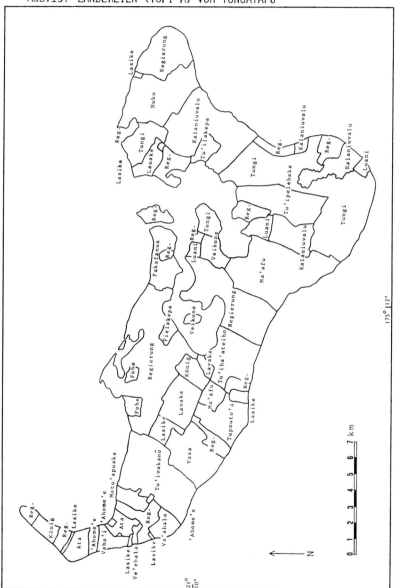

Quelle: Topographische Karte "Kingdom of Tonga"

ABB.20: LÄNDEREIEN (TOFI'A) VON HA'APAI

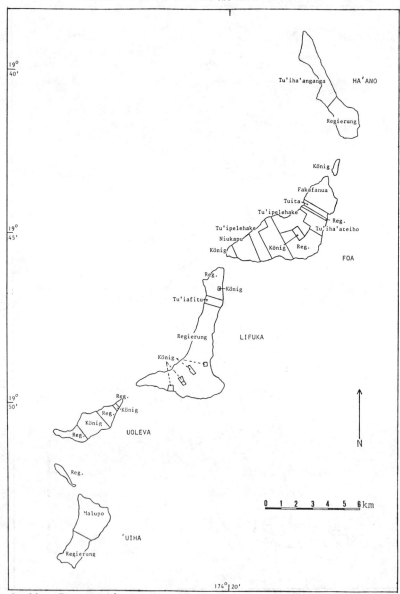

Quelle: Topographische Karte "Kingdom of Tonga"

ABB.21: LÄNDEREIEN (TOFI'A) VON VAVA'U

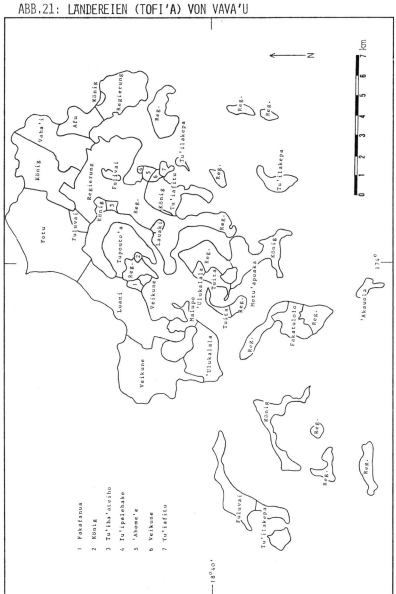

Quelle: Topographische Karte "Kingdom of Tonga"

alle Dörfer der Kontrolle der Regierung unterstellt werden sollten,
mußte einige Jahre später zugunsten der *Nopele* widerrufen werden.[1]

Als ein hervorstechendes Merkmal der Aufteilung des Landes in
tofi'a fällt die Zersplitterung der Ländereien - zum Teil über
mehrere Inselgruppen - auf (s. Abb. Nr. 19, Nr. 20 und Nr. 21;
s. als Beispiel den Adeligen *Lasike*). Offenbar verhinderte Tupou I.
erfolgreich, daß *Nopele* über große zusammenhängende Ländereien verfügen konnten. Zu dieser Maßnahme hatten sicher Tupous Erfahrungen
während des Bürgerkrieges beigetragen, in dem sich militärischer
Widerstand überall dort formieren konnte, wo Häuptlinge eine grös-
sere Gefolgschaft konzentrieren konnten. In der gleichen Richtung
muß interpretiert werden, daß der Monarch - zusätzlich zu seinen
großen zusammenhängenden Ländereien als Inhaber eines Adelstitels -
seine Interessen als Machthaber durch kleinere Landstücke auf allen
Inselgruppen planvoll verteilt hat.

Über die Verteilung von Landrechten innerhalb der vom Monarchen,
den *Nopele* und der Regierung kontrollierten Ländereien ist in der
Verfassung von 1875 - im Gegensatz zu den Entwürfen von 1850 und
1862 - keine Rede mehr. An dieser reaktionären Entwicklung läßt
sich ablesen, welchen Druck die Häuptlinge zu dieser Zeit auf den
Monarchen und die Gesetzgebung ausübten. In einer Analyse dieser
historischen Situation kommentiert Powles deshalb: Die Ausführung
der
> "...well-known intention of the King to find some means of
> securing an interest in the land for every man (...) would
> have meant pushing the chiefs too far at a crucial time. In
> fact, the Constitution at first provided that it was lawful
> for chiefs to lease land to Tongans, and that the people on
> the land who declined to take leases could be required to
> pay rent anyway."   [2]

Die "leases", auf die sich Powles hier bezieht, sind dabei keineswegs gleichzusetzen mit den in früheren Entwürfen zugestandenen,
lebenslangen und nicht zu enteignenden Interessen; vielmehr handelte es sich explizit um Pachtverträge, die in der Praxis mit Tonganern nur über Laufzeiten von bis zu fünf Jahren abgeschlossen wurden.[3] Statt eines Zugeständnisses gesicherter Landrechte für alle

1) Tonga Goverment Gazette, Vol.11, No.6, 1880
2) POWLES,C.G., 1979, S.258
3) KO E BO'OBO'OI, März 1875

Tonganer enthielt die Verfassung also nur einseitige Verpflichtungen in Form einer von Männern über 16 Jahren zu entrichtenden
Kopfsteuer, und zwar unabhängig davon, ob sie tatsächlich über
eine Pflanzung verfügten oder nicht.[1]

Aufgrund der sich in den folgenden Jahren beruhigenden politischen Situation, zu der die Etablierung der landbesitzenden Adelsklasse sicher ihren Beitrag leistete, war es 1882 möglich, die über
drei Jahrzehnte entwickelte Idee Tupou I. von gesetzlich verankerten
Landrechten für die "commoners" in die Tat umzusetzen. Der in jenem
Jahr verabschiedete "Hereditary Lands Act" garantierte jedem Steuerzahler, also allen Männern im Alter von 16 Jahren und darüber,
das verfassungsmäßige Recht auf eine Buschparzelle und zusätzlich
ein Grundstück im Dorf. Dieser Anspruch wurde - unter Berücksichtigung der Bedingung regelmäßiger Steuerzahlung - von der Regierung geschützt und sollte auch gegen den Widerspruch der *tofi'a*-
Besitzer durchgesetzt werden können. Der "Hereditary Lands Act"
von 1882 kann damit als ein Durchbruch auf dem Weg zu gesicherten,
individualisierten Landrechten angesehen werden und bildete die
Grundlage für das in den wesentlichen Elementen auch heute noch
gültige Rechtssystem.

In diesem Gesetz wurde die Fläche der Buschparzellen (englisch:
tax allotment; tonganisch: *'api tukuhau* oder *'api 'uta*) auf etwa
3,2 Hektar festgelegt; eine Fläche, die nach der zu dieser Zeit
üblichen Maßeinheit dem Quadrat von einhundert Klaftern (fathoms)
entsprach. Zu der etwas willkürlich erscheinenden Festlegung äus-
sert sich Leach:

> "... the standard allotment considered adequate for the
> support of a man, his wife and children was an area of 100
> fathoms square which in modern measurement is 8 1/4 acres.
> The square of 100 fathoms is a very old system of land di-
> vision in South-East Asia and Polynesia, although the fathom
> was not neccessarily 6 feet. Sometimes it was the distance
> covered by a man's arms outstretched and sometimes it was a
> planting distance between rows of crops."   2)

In den bereits zu dieser Zeit dichter besiedelten Gebieten West-
Tongatapus und in der Ha'apai-Gruppe wurde die Fläche der *'api*

---

1) nach § 27 der Verfassung; die Kopfsteuer betrug 8 $ (=4 Shilling), KO E
   BO'OBO'OI, April 1875
2) LEACH,D.L., 1960, S.125; vergl. WORDSWORTH,L.W., 1959, S.492

tukuhau auf nur fünfzig Klafter zum Quadrat festgelegt. Diese Bestimmung wurde zwar in den folgenden Jahren vom Parlament widerrufen, drückt sich aber auch heute noch in der durchschnittlich geringeren Fläche der Buschparzellen in diesen Gebieten aus.[1]

Die Fläche der Dorfparzellen (englisch: town allotment; tonganisch: *'api kolo*) sollte etwa 0,2 Hektar umfassen, was als ausreichend angesehen wurde zur Errichtung eines Hauses, unter Umständen der Anlage eines kleinen Gartens und zur Haustierhaltung.[2]

Das Recht auf jeweils eine Buschparzelle und eine Dorfparzelle war vererbbar in der männlichen Linie. Ähnlich den Vererbungsgesetzen die *tofi'a* der Adeligen betreffend konnten die *'api* als Ganzes an den ältesten Sohn bzw. dessen Söhne hinterlassen werden. Sollten der älteste Sohn und dessen Nachkommen bereits über ein Grundstück verfügen, ging das Erbrecht auf den zweiten, dritten, usw. Sohn und dessen Nachkommen über. In Abweichung von traditionellem Recht und der Erbfolge für *tofi'a* wurde weiblichen Verwandten des *'api*-Halters nur ein Erbrecht auf Lebensdauer eingeräumt. Die Witwe und - nach Ausschöpfung der männlichen Erblinie - die Töchter konnten Nutzungsrechte bis zu ihrem Tode beanspruchen; allerdings unter der einseitig moralisierenden Voraussetzung, die mit Sicherheit dem Gedankengut der Wesleyan-Sekte zuzuschreiben ist, daß sie weder "Unzucht" betrieben noch sich erneut (bzw. erstmals) verheirateten.[3]

Für die Rechte der *tofi'a*-Besitzer verfügte der "Hereditary Lands Act", daß sie für ihre eigenen Familien und die ihrer "Assistenten" (*mātāpule*) Land reservieren konnten.[4] Bezeichnend für die Zukunft dieses Gesetzes war, daß weder über die Größe dieses privaten Nutzungsrechtes der *Nopele* spezifizierte Angaben gemacht noch ein rechtliches Instrumentarium geschaffen wurde, mit dem die *Nopele* gezwungen werden konnten, an einen bestimmten Steuerzahler Land zu verteilen. Dieser Mangel an Eindeutigkeit ließ seitens der

---

1) MAUDE,A., 1965, S.99; ebenso ders., 1971, S.111; im Code von 1891 war die Bestimmung noch gültig (§464)
2) s. z.B. THAMAN,R.R., 1975, S.125
3) Eine der wenigen Diskussionen zur Rolle der Frau in der tonganischen Gesellschaft bei ROGERS,G., 1977, der besonders das "strong bilineal principle in ancient Tongan society" (S.157) vs. das einseitig patrilineare hervorhebt.
4) Tongan Goverment Gazette, Vol.II, No.14, 1882

$tofi'a$-Besitzer die Interpretation zu, daß eine rechtliche Verpflichtung solcher Art nicht bestand.[1]

Ebenso wie der erste Ansatz zu einer Landreform drei Jahrzehnte
zuvor traf das Landgesetz von 1882 auf den entschiedenen Widerstand
der *Nopele*, die eine erfolgreiche Durchführung auf weitere Jahrzehnte verhinderten. Die Opposition gegen die in diesen Jahren weitgehend von Baker beeinflußte Gesetzgebung[2] bewirkte einige Jahre
später (1888) eine deutliche Abschwächung des rechtlichen Anspruches auf eine gerechte Landverteilung. Den als "Baker Code" bekanntgewordenen Anhang zur Landgesetzgebung kommentiert Powles:

> "As to the land scheme, the wording of the new provisions of
> 1882 was amended in a puzzling way. What appears to have been
> a constitutional right in every taxpayer to have tax and town
> allotments was changed to constitute only a conditional right
> - if one already had a tax allotment - to have a town allot-
> ment as well."   3)

Das Ende der Ära Shirley Bakers und die Ankunft des britischen
Regierungsbeamten Basil Thomson brachte wiederum einen Umschwung
in der Landgesetzgebung. Thomson, der in seiner Eigenschaft als
stellvertretender Premierminister Tongas mit erheblichen Machtbe-
fugnissen ausgestattet war, unterzog den "Baker Code" einer gründ-
lichen Revision:

> "... in 1888, Mr. Baker, acting either under pressure from
> the chiefs, or spontaneously wishing to create a landed
> aristocracy, foolishly caused the king to grant large estates,
> which he called "inheritances" to a number of hereditary
> lords, who were to receive from the tenants a rental of $1
> per annum for each holding of about eight acres. In dealing
> with the land I could not hope to rid myself of these super-
> fluous landlords, but I could without evoking dangerous op-
> position, deprive them of all power over their estates. I
> determined to make the Crown collect their rents and pay it
> over to them, while reserving to itself all rights of grant-
> ing allotments and evicting tenants. Thus for all practical
> purposes the land still belonged to the State; for so long
> as the rents were paid to the lords of the manor, the Govern-
> ment was virtually the landlord."   4)

---

1) POWLES,C.G., 1979, S.260
2) s. RUTHERFORD,N., 1971, S.110 - 121 ; die Opposition resultierte auch aus
   dem Mißbrauch der Landrechte, den die herrschende Clique zur Unterdrückung
   andersgläubiger praktizierte, S. MITCHEL,C.B.H., 1887, S.6f und COLONIAL
   OFFICE, 1952, S.145
3) POWLES,C.G., 1979, Anhang D, S.8   /// 4) THOMSON,B., 1894, S.230f

Die etwas großsprecherische Selbsteinschätzung Thomsons, die
in diesem Sätzen zum Ausdruck kommt, täuscht allerdings darüber
hinweg, daß er in der relativ kurzen Zeit seines Aufenthaltes in
Tonga keineswegs bewerkstelligte, die *Nopele* völlig ihrer Privilegien zu entkleiden. Die von Thomson verfügten Änderungen des Landgesetzes sind dennoch bedeutend:

Zum einen traten die *Nopele* nicht mehr als Grundbesitzer in Erscheinung, weil die Pachtzahlungen nunmehr an die Regierung zu leisten waren, die dann ihrerseits das Geld an die *tofi'a*-Besitzer
weiterleitete. Angesichts der üblichen Praxis, daß die Pachtzahlungen in Form von Naturalien geleistet wurden, deren Wert die fest-
gesetzte Pacht von 1 $ [1] bei weitem überstieg, ist in dieser Ver-
fügung mehr als ein formaler Schritt zu sehen.

Wichtiger noch ist die Übertragung des Rechtes an die Regierung,
Grundstücke (*'api*) zu verteilen und zu entziehen. Der "Minister of
Lands" wurde angewiesen, die Besitzansprüche an Grundstücken in ei-
nem Katasterbuch amtlich zu registrieren. Die Einschränkung für die
Verfügungsgewalt der *Nopele* nimmt sich in dem als "Thomson Code"
von 1891 bekanntgewordenen Gesetzeswerk folgendermaßen aus:

> "The Noble who holds a hereditary estate shall have no power
> to refuse a tax allotment to any person lawfully residing
> upon his land nor to disposses any person to whom the Minister
> of Lands may have granted a tax allotment he has long occupied
> (...) His interest in the land is limited to receiving the
> rents for tax allotments and land leased to foreigners. Pro-
> vided that it shall be lawful for any Noble to order any
> person to leave his hereditary estate who belongs properly
> to annother place or holds tax lands in another place." [2]

Nach dem Tode George Tupou I. im Jahr 1893 gelang es der Adelsklasse, einen Teil ihrer alten Verfügungsrechte über Ländereien
gegen die Interessen der weit weniger dominierenden Führungspersön-
lichkeit Tupou II. zurückzugewinnen. Die Revision der Landgesetze
durch Thomson wurde in der Praxis dadurch unterlaufen, daß die Verteilung von *'api tukuhau* (Buschparzellen) durch den "Minister of

---

1) KINGDOM OF TONGA, 1891, "Criminal and Cicil Code", §461
2) ebd., §458; in der Version von 1903 heißt es noch schärfer: "...not lawful
   for a Noble to refuse an application for a tax allotment", §561 (Übersetzung
   durch das Palace Office in Nuku'alofa)

Lands" erst nach Rücksprache mit dem jeweiligen *toʻi'a*-Besitzer erfolgte. Auch der im folgenden Jahrzehnt immer stärker werdende Einfluß der britischen Kolonialverwaltung auf innertonganische Angelegenheiten bewirkte kaum positive Veränderungen. So befahl beispielsweise Großbritannien in einer Zusatzvereinbarung zum "Schutzabkommen" von 1905:

"Distribution of lands as contemplated and promised by the late King to be carried out"   1)

Jedoch konnte auch die Anordnung nicht verhindern, daß in dieser Zeit praktisch keine amtlichen Registrierungen vollzogen wurden.

Die rechtliche Sanktionierung der Gepflogenheit, die *Nopele* vor jeder Landvergabe zu konsultieren und deren Erlaubnis einzuholen, erfolgte durch das "Hereditary Estates Amendment Law 1915". 2) Die zentrale Bedeutung dieses Gesetzes für die ungebrochene Machtstellung der *Nopele* auch in der Gegenwart ist in der Literatur zur Landgesetzgebung Tongas bisher nicht ausreichend gewürdigt worden. 3) Der Text dieses nur von seinem Umfang her unscheinbaren Anhanges lautet:

"But it shall not be lawful for the Minister of Lands to grant or parcel out any tax allotment from any hereditary estate of any Noble without having first consulted the Noble to whom such hereditary estate belongs."   4)

Obwohl das Gesetz formal für die *Nopele* nur das Recht beinhaltete, bei der Verteilung von Grundstücken konsultiert zu werden, waren die praktischen Auswirkungen bedeutend weitreichender: Sie konnten nun aufgrund dieser Verfügung Widerspruch gegen die Vergabe eines bestimmten *'api* einlegen. Dieses Veto wurde - obwohl theoretisch möglich - vom Minister für Landangelegenheiten niemals in Frage gestellt und bedeutete deshalb einen einschneidenden Wandel in der Verfügungsgewalt über Land. 5)

---

1) zitiert bei POWLES,C.G., 1979, Anhang E
2) Tonga Goverment Gazette, No.20, S.181, 1915
3) In seiner grundlegenden Studie zu Landbesitzformen in Tonga erwähnt MAUDE,A., 1965, S.99, den Sachverhalt in einem kurzen Satz, ohne auf Inhalt und Bedeutung des Gesetzes einzugehen; ebenso alle Autoren, die die Grundbesitzstruktur weniger ausführlich darstellen.
4) Tonga Goverment Gazette, No,20, S.181, 1915; vergl. WYLIE,C., 1976, S.608
5) vergl. CROCOMBE,R.G., 1975, Land Tenure in Tonga, S.15

Zum weiteren Inhalt dieses Gesetzes gehörte, daß die Anträge auf
Zuteilung oder Registrierung eines *'api* nicht mehr direkt an die
Regierung gestellt werden konnten, sondern vorab die Zustimmung
des betreffenden *Nopele* nach dem klassischen Muster (durch Bestechung) erwirkt werden mußte. Damit waren die ehrgeizigen Reform-
pläne Tupou I. auf einen Stand zurückgeworfen, der für die große
Mehrheit der Tonganer einen ähnlich unsicheren Status der Landrechte mit sich brachte wie in vorkonstitutionellen Zeiten. Lasaqa
kommentiert diese Modifizierung des Landgesetzes:

> "...how these modern principles will actually work in prac-
> tice and in particular situations is very much at the mercy
> of the chiefs." 1)

Eine Zusammenfassung und Interpretation der gegenwärtig gültigen Landgesetzgebung kann auf der Grundlage des "Land Act 1927"
erfolgen. Die Bestimmungen dieses Gesetzes sind bis auf wenige
Änderungen und Zusätze, die ebenfall kurz erläutert werden sollen,
in der 1967 erschienenen Überarbeitung des "Law of Tonga"[2] enthalten.

Zu Beginn des Grundstücksrechts wird die Feststellung getroffen:

> "All the Land of the Kingdom is the property of the Crown." 3)

Eine eindeutige Definition des Begriffs "Krone" ist weder in der
Verfassung noch im Gesetzestext selber zu finden. Das für Tonga
relativ neue Konzept der "Krone" ist in seiner tatsächlichen Bedeutung schwierig einzuschätzen, weil die Termini "Crown", "King" und
gelegentlich "Government" als Symbole einer Oberherrschaft an verschiedenen Stellen des Gesetzes völlig unterschiedslos gehandhabt
werden und offenbar austauschbar sind. So ist - ohne daß sich am
Inhalt des Gesetzes etwas geändert hätte - in der Fassung von 1927
der Begriff "King" zu finden, was den Eindruck erwecken muß, daß
der heute verwendete Terminus "Crown" lediglich einen Euphemismus
für einen unveränderten Sachverhalt darstellt.

Auch der Begriff "property", also Eigentum, bleibt mangels einer
Definition in seiner Bedeutung völlig ungeklärt. Wenn man von der

1) LASAQA,I.Q., 1980, S.67
2) WYLIE,C., 1967, Chap.63 "Land"
3) ebd. Sec.3, S.600

tonganischen Version des Textes ausgeht, in der Eigentum durch
"koloa"[1] wiedergegeben ist (identisch mit dem Eigentum an beweg-
lichen Gütern), dann ist in der Tat der Schluß fragwürdig, daß "der
König der alleinige Eigentümer des Landes in Tonga" ist.[2] Die Konsequenz dieser Interpretation wäre, daß der König über das gesamte
Land nach Belieben verfügen könnte und daß die *Nopele* und einfachen
Tonganer lediglich Pächter bzw. Unterpächter mit eingeschränkten
Nutzungsrechten wären. Dies ist aber weder mit der Bedeutung des
tonganischen *koloa* (Verfügungsrechte über Immobilien sind darin
nicht beinhaltet) noch mit der tatsächlichen Abstufung von Kontrollrechten über Land in Einklang zu bringen.

Die Unterscheidung zwischen "Krone" und sinnverwandten Bezeich-
nungen wird deutlich, wenn man die Aufteilung des Landes in vererb-
bare Ländereien betrachtet. Diese können in drei Gruppen geordnet
werden:
- Güter, die der direkten Kontrolle des Königs unterstehen ("Royal
Estates" und "Royal Family Estates"),
- Güter, die den *Nopele* und *mātāpule* unterstehen und
- Güter, die von der Regierung kontrolliert werden.
Als "Crown Land" werden in dieser Aufteilung nur noch die von der
Regierung verwalteten Güter bezeichnet,[3] während der König Nu-
tzungsrechte nur auf seinen eigenen Ländereien beanspruchen kann.
Die Rechte des Adels an ihren *tofi'a* werden vom König übertragen
und sind - ähnlich den *'api* der einfachen Tonganer - in der männ-
lichen Linie vererbbar.

Das Recht der Vererbung von *tofi'a* gilt auch dann noch, falls
sich der *Nopele* einer schweren Straftat schuldig machen sollte
oder durch einen Amtsarzt für schwachsinnig erklärt wird.[4] In
diesen Fällen wird der Titel sofort auf einen Nachfolger übertragen. Die Rechte der *tofi'a*-Besitzer schließen ein, die nominale
Pacht der *'api*-Halter in voller Höhe einzuziehen und Einnahmen aus
anderen Verpachtungen zu 90% für sich zu behalten (die restlichen
10% gehen an die Regierung). Die Fläche des an Ausländer verpacht-

---

1) CHURCHWARD,C.M., 1959, "Tongan Dictionary"
2) RATHSMANN,P., 1981, S.11
3) WYLIE,C., 1967, Sec.8, S.600f
4) ebd., Sec. 30 bzw. 37

baren Landes wird auf 5% der *to͜ɣi'a*-Fläche begrenzt; andere Verpachtungen unterliegen solcher Beschränkung nicht. Die Laufzeit
der mit Regierungsgenehmigung abgeschlossenen Pachtverträge wird
auf die Höchstdauer von 99 Jahren beschränkt; ein Recht auf automatische Erneuerung von Pachtverträgen besteht nicht.[1]

Die Rechte der adeligen Gutsbesitzer schließen weiterhin ein,
daß sie einen nicht näher bezeichneten Teil ihres Landes als
ɣaka to͜ɣi'a für sich und ihre Familien beanspruchen können.[2] Die
Fläche dieses "Privatbesitzes" übersteigt die Größe der Grundstük-
ke, die einfachen Tonganern zugestanden wird, bei weitem: Nach
offiziellen Statistiken errechnet sich die durchschnittliche Fläche auf circa 156 Hektar.[3]

Während einige der *Nopele* allerdings ihre Ländereien zum größten Teil oder völlig in Parzellen unterteilt und der Bevölkerung
zugänglich gemacht haben (nicht durch amtliche Registrierungen,
sondern nur durch mündliche Vereinbarungen), haben andere mehrere
hundert Hektar als *ɣaka to͜ɣi'a* für sich reserviert. Die Größe des
zur privaten Nutzung zurückbehaltenen Landes orientiert sich an
der Gesamtfläche der *to͜ɣi'a*[4] und der Landvergabepolitik des einzelnen *Nopele*. Sie wird außerdem durch die Tatsache beeinflußt,
daß einige der Gutsbesitzer durch Einheiratung in andere Adels-
familien über zwei *Nopele*-Titel verfügen.[5]

Das Landgesetz sieht eine exakte Vermessung der *to͜ɣi'a* und
eine amtliche Registrierung der Titel vor. Dem steht entgegen:

> "... in 1962 over half the title holders had not fully reg-
> istered their estates and some had not registered any of
> their land at all." 6)

Durch die von den *Nopele* erwirkte Verzögerung der Landvermessung
und die Aufsplitterung ihres Besitzes auf zum Teil mehrere Inselgruppen läßt sich die exakte Fläche der als Privatland beanspruch-

---

1) WYLIE,C., Sec. 36
2) ebd., Sec. 34, Abs.1
3) errechnet von CRANE,E.A., 1979, S.27
4) Abgesehen von den Ländereien des Königs verfügt der Adelige *Ma'aɣu* mit über
   2000 ha (4946 ac) über das größte *to͜ɣi'a*, s. KINGDOM OF TONGA, Ministry of
   Finance, 1980, S.3
5) z.B. die Titel *Tungi* und *Tupouto'a*, die früher beide vom heutigen König gehalten wurden; alleine *Tungi* umfaßt annähernd 3500 ha.,THAMAN,1975,S.432
6) MAUDE,A., 1965, S.100

ten Gebiete nur schwierig nachvollziehen. So verfügen 28 der
derzeit 39 adeligen Gutsbesitzer über zwei oder mehr zusammenhängende Landblöcke, und neun der *to*i*'a* sind in vier oder mehr
Blöcke aufgespalten. Die Interessen des Königs verteilen sich
über alle Inselgruppen auf 47 verschiedene Grundstücke; von
den anderen *Nopele* verfügen vierzehn über Ländereien, die zumindest über zwei der Inselgruppen verteilt sind (vergl. Abb. Nr.19,
Nr. 20 und Nr. 21).[1]

Die Rechte der *Nopele* an ihren Ländereien bringen eine, vom
Gesetz allerdings sehr vage formulierte Verpflichtung mit sich,
den rechtmäßig auf einem *to*i*'a* ansässigen Tonganern Grundstücke
zur Verfügung zu stellen. Busch- und Dorfparzellen in der Größe
von 3,2 ha bzw. 0,2 ha können von männlichen Tonganern im Alter
von 16 Jahren und darüber beantragt und - nach Rücksprache mit
dem *to*i*'a*-Besitzer - vom Minister für Landangelegenheiten rechtsverbindlich gewährt werden. Das Landgesetz von 1927 sah außerdem
vor, daß - bei Verzicht auf eine Dorfparzelle - das Pflanzungs-
land auf fünf Hektar (12,4 ac) erweitert werden konnte. Doch obwohl 1934 diese Fläche sogar auf sechs Hektar (15 ac) vergrößert
wurde, erfolgten dafür nur wenige Registrierungen.[2]

Das vom Gesetz geschützte Recht auf ein '*api* wird nicht von
allen Tonganern in Anspruch genommen. Aufgrund unterschiedlicher
Motive seitens der *Nopele* und der "commoners", die im weiteren
noch zu diskutieren sind, führt dieser Zustand zu einer Form der
Landhaltung, die weitgehend dem traditionellen Recht entspricht.
Die Kategorie des "customary tenure", also eine Besitzform nach
überliefertem oder Gewohnheitsrecht,[3] begründet sich auf einer
informellen Vereinbarung zwischen *to*i*'a*- und'*api*-Halter, die
unter Umständen mehrere Generationen zurückliegen kann. Die Vereinbarung zwischen den Parteien bedarf einer regelmäßigen Bestätigung durch Geschenke (in Form von Naturalien oder Geld), was
im Prinzip der Pachtzahlung eines rechtlich anerkannten '*api*-

1) WYLIE,C., 1967, in Schedule I, S.644ff; vergl. POWLES,C.G., 1979, S.255
2) MAUDE,A., 1965, S.99
3) Für die Klassifizierung von Landrechten werden zunächst die von MAUDE,A.,
   1965, S.107, entworfenen Kategorien "registered tenure", "tenure by customary right (without registration)" und "permissive occupancy" übernommen.

Halters gleichkommt. Sollte es jedoch zwischen den Parteien zu
einer Meinungsverschiedenheit über Landrechte kommen, ist die informelle Vereinbarung nach traditionellem Muster nicht ausreichend,
einen Besitzanspruch auf ein *'api* zu etablieren. Abgesehen von Einzelfällen, bei denen eine über Generationen währende Ansässigkeit
des *'api*-Halters nachgewiesen werden konnte,[1] überwiegt bei Rechtsstreitigkeiten deshalb immer der gesetzlich sanktionierte Anspruch
des *Nopele*.

Doch auch für die rechtlich anerkannte, registrierte Form des
'api sind im Landgesetz Bestimmungen enthalten, die einen Tonganer
vom ungestörten Einvernehmen mit seinem Gutsherren abhängig machen
können. Die willkürliche Durchsetzung etwa der Klausel, daß Witwen
ihr lebenslanges Recht auf ein *'api* durch sogenannte "Unzucht" verlieren können, kann als besonders drastisches Beispiel gelten.[2]
Weil die Anzeigen, die von den *Nopele* aufgrund dieses Gesetzes ein-
gereicht werden, ganz offensichtlich in der Absicht erfolgen, das
'api wieder in ihren Besitz zu bringen, entschied das für Landrecht-
konflikte zuständige Gericht des öfteren gegen einen solchen Mißbrauch. In den "Tongan Law Reports" wird dafür in einem Fall die
Begründung gegeben, daß das Gesetz eingerichtet wurde

> "... for the purpose of preserving morals and not for the
> purpose of enabling tofi'a holders to recover their land
> when they feel inclined. If this were so the legislature
> would be placing in the hands of the tofi'a holders an al-
> most unlimited means of extortions and nepotism."   3)

Die hier angedeutete Möglichkeit von Erpressung und Vetternwirtschaft findet sich ebenso in anderen Paragraphen des Landgesetzes, die die rechtliche Stellung der *Nopele* vorteilhafter erscheinen lassen als die einfacher Tonganer. So kann die Gewährung
eines *'api* für ungültig erklärt werden und das Land an den *Nopele*
zurückgehen, wenn
- der *'api*-Halter das Land für zwei Jahre oder länger nicht bearbeitet,

---

1) dargestellt z.B. in HUNTER,D.B., 1963; die Anwendung von "Tongan custom" erfolgte etwa im Fall "Moala vs. Tu'iafitu", S.104 und 153; vergl. ROBERTS,H.S.,
   1974
2) WYLIE,C., 1967, Sec.75
3) HUNTER,D.B., 1963, S.91, "Latu vs. 'Anitema"

- das Land nicht dem in einem Bezirk üblichen Kultivierungsstand
  entspricht,
- wenn für länger als zwei Jahre die nominale Pacht nicht gezahlt
  worden ist oder
- die vorgeschriebene Zahl von Kokospalmen pro *'api* (200) nicht
  gepflanzt wurde.[1]

Obwohl diese Bestimmungen im Interesse einer optimalen Nutzung des
Landes sicher von Vorteil sind, muß ihre nur punktuelle und willkürlich erscheinende Durchsetzung recht fragwürdig erscheinen.[2]

Ähnliche Vorbehalte können für die Durchsetzung der Bestimmungen
angemeldet werden, daß *'apis*, die die gesetzlich vorgeschriebene
Größe auch nur um weniges überschreiten, von den *Nopele* zurückver-
langt werden können oder daß ein Neuantrag für ein *'api* nicht
möglich ist in Fällen, in denen sich das vom *Nopele* zugesprochene
Land als völlig unfruchtbar erweist (z.B. Sumpfland).[3] Diese Bedenken zusammenfassend kommt Powles in einem Vergleich von *tofi'a*
und *'api*-Rechten zu dem Schluß:

> "The principle difference between the tenure of a tofi'a
> and that of an allotment is that the former is relatively
> secure in relation to reversion to the Crown, while an
> allotment may revert to the tofi'a-holder (...) for any
> of a number of reasons, including the failure for an heir
> to succeed or to lodge his claim to the allotment within
> twelve months of the death of the last holder, and other
> grounds of which tofi'a-holders and those seeking allot-
> ments may readily take advantage. (...) Thus, tofi'a and
> allotment provide fundamentally different legal environ-
> ments."   4)

Der grundlegende Unterschied zwischen *tofi'a*- und *'api*- Landbesitz
ist also zunächst qualitativer Art: Er besteht in der jeweiligen
Sicherheit beider Landbesitzformen. Während einfache Tonganer durch
diverse Klauseln des Landgesetzes nach wie vor einem hohen Maß an
Unsicherheit ausgesetzt sind, ist es den *Nopele* durch ihren politischen Einfluß gelungen, die schriftliche Kodifizierung des Land-

---

1) WYLIE,C., 1967, Sec.44 (Abs.2), 61 bzw. 68
2) Im Jahr 1979 versuchte der König einen Zusatz zum Landgesetz durchzusetzen,
   der ausgewanderte Tonganer nach zwei Jahren enteignet hätte. Der Entwurf wurde
   aber letztlich zurückgezogen. Zu den Einzelheiten dieser Diskussion s.Kap.IV.
3) WYLIE,C., 1967, Sec.49 bzw. 44(Abs.1)
4) POWLES,C.G., 1979, S.295

rechts zu einem Fundament ihrer Macht auszubauen. Die ursprünglichen Intentionen der Gesetzgebung wurden dabei so modifiziert,
daß die historisch legitimierte Rolle der *Nopele* - eine Art Treu-
händerschaft für ein gruppenorientiertes Landrecht - in wachsendem Maße als die eines "Eigentümers" nach europäischer Rechtsauf-
fassung interpretiert wird. Analog dazu verläuft die Reduzierung
einfacher Tonganer auf die Rolle eines "Pächters"; eines Pächters
alerdings, der sich in der überwiegenden Mehrzahl der Fälle nicht
auf einklagbare Rechte berufen kann.

Der Unterschied zwischen *tofi'a*- und *'api*-Landbesitz hat natürlich auch eine quantitative Dimension: Nicht nur haben *Nopele* (und
einige *mātāpule*) gewisse Verfügungsrechte über ihre gesamten Ländereien erhalten, sie grenzen aus ihren Gebieten auch private Nutzungsrechte ab (*faka tofi'a*), die flächenmäßig ungleich größer
sind als der Landbesitz einfacher Tonganer. Während im traditionellen Zusammenhang solche Verhältnisse noch eine gewisse Berechtigung
durch die Fürsorgepflicht der Häuptlinge gegenüber ihren Untergebenen hatten, verschieben sich im modernen Kontext die ökonomischen
Austauschverhältnisse immer mehr zugunsten der *Nopele*.

Die Auswirkungen der Landgesetzgebung von 1927 können deshalb
in der Weise interpretiert werden, daß sie den ungleichen Zugang
zur produktiven Ressource Land festgeschrieben haben: Auf der Ebene
der *Nopele* haben sich gruppenorientierte Landrechte erhalten, *'api*-
Rechte dagegen sind ausschließlich auf die Bedürfnisse einzelner Personen (und deren Kernfamilien) zugeschnitten.[1] Die Agrarverfassung
Tongas wirft damit ein Distributionsproblem auf: Die vom Gesetz
vorgeschriebenen Regeln für die Verteilung von Land funktionieren
- wie bereits angedeutet - nicht in der vorgesehenen Weise, daß
jeder Tonganer über ein Grundstück verfügen kann. Wie die Landverteilung tatsächlich stattgefunden hat und aus welchen Motiven sowohl *Nopele* als auch einfache Tonganer die rechtlichen Bestimmungen
zu unterlaufen versuchen, soll im folgenden Abschnitt bei der Darstellung der Besitzverhältnisse erläutert werden.

---

1) POWLES,C.G., 1979, S.296

5.3   Landverteilung und gegenwärtige Besitzverhältnisse

Die mit den Ergebnissen der beiden letzten Volkszählungen von
1966 und 1976 veröffentlichten Angaben über die Grundbesitzverhältnisse lassen erkennen, daß das mit den Landgesetzen verabschiedete
Verteilungsschema (kurz: jedem Tonganer ein 'api) nicht voll realisiert werden konnte. Vermutungen, daß das unter der Bedingung einer gleichbleibenden oder gar rückläufigen Bevölkerungszahl konzipierte Schema mit der nunmehr rapide wachsenden Bevölkerung an
eine Grenze stoßen würde, sind bereits in den frühen 50er Jahren
geäußert worden.[1] Jedoch dokumentierte der Zensus von 1966 zum ersten Mal, daß die eindeutige Mehrheit (57,8%)[2] der Tonganer im
rechtlichen Sinne landlos waren.

Der hier wiedergegebene Prozentsatz von 57,8 muß dabei auch für
das Jahr 1966 als zu niedrige und beschönigende Angabe angesehen
werden. Zum einen sind in dieser Zahl nur die männlichen Tonganer
enthalten; das heißt, die ebenfalls zu einem 'api berechtigten Witwen von Landbesitzern sind nicht erfaßt.[3] Zum anderen dürfte in dieser Zahl ein erheblicher Anteil von Tonganern enthalten sein, die
lediglich Anspruch auf ein Gewohnheitsrecht ("customary tenure")
erheben, jedoch nicht über einen rechtmäßigen Titel auf ihr 'api
("registered tenure") verfügen. Der Zensusbericht räumt ein:

> "No information was sought on the size of tax-'api and
> whether tax-'api had been registered or not. Perhaps this
> could be considered for inclusion in the questions for the
> next Census."   4)

Doch trotz öffentlicher Anerkennung des Problems weitverbreite-
ter Landlosigkeit und eingehender Studien auf diesem Gebiet[5] ist
die im Zensus von 1976 verwendete Frage zu Grundbesitzverhältnissen
unzureichend geblieben. In den Arbeitsanweisungen für die Erfasser
dieser Volkszählung wird die Fragestellung, ob Einzelpersonen oder
Haushalte eine Buschparzelle besitzen , dahingehend spezifiziert:

---

1) z.B. KOCH,G., 1955, S.116ff   /// 4) FIEFIA,S., 1968, S.30
2) FIEFIA,S., 1968, S.88   /// 5) namentlich durch Alaric Maude;
3) vergl. ROGERS,G., 1968, S.216ff   zusammengefaßt in MAUDE,A.,1973

"Enter 'Yes' for all persons holding a tax 'api wether
registered or not registered. For persons not holding a
tax 'api enter 'no'." 1)

Das aus diesen Anweisungen resultierende Ergebnis, daß 64,9% aller
zu einem 'api Berechtigten nicht über Land verfügen,[2] gibt zwar
einen deutlichen Hinweis darauf, daß die Zahl landloser Tonganer
weiter zugenommen hat; die Zahl als solche ist im juristischen
Sinn jedoch irrelevant. Es muß vielmehr angenommen werden, daß
der verbleibende Prozentsatz von 35,1% einen nicht näher zu defi-
nierenden Anteil von Personen enthält, die keinen rechtlich gesicherten Anspruch auf ihr Land geltend machen können.

Der Umstand, daß einhundert Jahre nach der Einführung des ersten
Landverteilungsschemas (durch den Land Act von 1882) etwa zwei Drittel der Bevölkerung nicht über die vom Gesetz vorgesehenen Landrechte verfügen, kann jedoch nicht ausschließlich auf den wachsenden
Bevölkerungsdruck zurückgeführt werden. Nimmt man nicht Bevölke-
rungs-, sondern Flächenanteile, kann argumentiert werden:

"... only 45 per cent of the land area of Tonga is held
by the people under registered tax and town allotments."3)

Auch die raumbezogene Betrachtung gibt also Anlaß zu der Überlegung,
warum die Landverteilung in der Praxis offenbar erheblich abweicht
von der mit dem Gesetz eröffneten Möglichkeit, die gesamte Landfläche als gesicherten Kleinbesitz zu verteilen.

Eine historische Betrachtung des Verteilungssystems läßt erkennen, daß die wenig erfolgreiche Durchführung der Landreformbe-
strebungen in einen Zusammenhang zu bringen ist mit der von Maude
betonten Individualisierung von Landrechten. Obwohl eine detaillier-
te Untersuchung, inwieweit westliche (insbesondere britische)
Rechtsnormen die tonganische Gesetzgebung beeinflußt haben, noch
aussteht, kann aus der Ablehnung, die sowohl die Adelsklasse wie
einfache Tonganer dem neuen Konzept individueller Rechte entgegen-
brachten, geschlossen werden, daß die Reformen sich nicht ausrei-

---

1) KINGDOM OF TONGA, Census 1976, S.316
2) ebd., Tab.47, S.269
3) POWLES,C.G., 1979, S.296; die Angabe ist nur als Beispiel anzusehen, eine ein-
   gende Diskussion z.Z. widersprüchlicher Landbesitzstatisken im folgenden

chend an traditionellen Normen orientierten. Für die Seite der
"commoners" stellt Marcus diesen Sachverhalt folgendermaßen dar:

> "In earlier generations, when land was still relatively
> plentiful, a considerable number of adult males in the
> polulation, satisfied with customary rather than statutory
> defined holdings, appeared to be indifferent about partici-
> pating in the in the legally defined land system. Although
> the formulation of land laws from the outset implied uni-
> versal participation of the adult male population, acquisi-
> tion and registration of allotments according to legal
> provisions have been limited until recent times." 1)

Der Interpretation, daß die mangelnde Beteiligung der Tonganer
an dem neuen Landrechtsystem lediglich ihrer Gleichgültigkeit entsprach, ist entgenzuhalten:

> "in former times some quite large areas of 100 acres or
> more were held by one family." 2)

Die scheinbare Indifferenz wird dadurch um das durchaus rationale
Element erweitert, daß Grundstücke, die die vorgeschriebene Größe
von 3,2 ha (8 1/4ac) überschreiten, durch die Registrierung des Titels verlorengehen können. Ein gewisses Maß an Gleichgültigkeit
gegenüber der strikten Durchsetzung der Gesetze ist zudem auch auf
seiten einer wenig effektiven Administration in dieser Zeit zu beobachten. Einem Bericht des "Land Court" von 1925 ist zu entnehmen:

> "Many taxpayers hold 'apis in excess of statutory size (...)
> The Lands department condones this situation by registering
> these interests from father to son. Registers are not kept
> in some areas. Often there is no description to identify
> the 'api or its area." 3)

Das Schlüsselelement zu einer erfolgreichen Inkraftsetzung der
Landgesetze lag in einer exakten Vermessung der Ländereien und
Parzellen. Die Ablehnung dieser Maßnahme durch Tonganer, die nach
tradiertem Recht übergroße Grundstücke kontrollierten, war eines
der Hindernisse auf diesem Weg. Als bedeutend schwerwiegender hat
sich jedoch die Taktik der *Nopele* erwiesen, die gerichtliche Klärung anstehender Konflikte über die genauen Grenzen ihrer Ländereien

---

1) MARCUS,G.E., 1980, S.85f; als Beleg wird angeführt, daß 1942 ein Gesetzentwurf eingebracht wurde, der jeden *'api*-Halter zu einem Antrag auf Registrierung verpflichten sollte; vergl. Tonga Goverment Gazette, 1942, S.74
2) LEACH,D.C., 1960, S.125
3) zitiert nach POWLES,C.G., 1979, S.299

möglichst lange hinauszuzögern. Dies reflektiert zum einen die
Neigung der *Nopele*, nicht genau festgelegte Grenzen nach ihrem
Belieben (und nach tradiertem Muster) manipulieren zu können:

> "Many present day nobles are averse to having their here-
> ditary lands surveyed by the government surveyor because
> this would prevent further boundry shifting." 1)

Zum anderen ist darin offensichtlich das Motiv zu erkennen, ein
möglichst großes Maß an Kontrolle über ihre *tofi'a* zu behalten.
Die *Nopele* erkannten bald, daß die Eintragung eines *'api tukuhau*
(Buschparzelle) in ein - so vorhandenes - Katasterbuch erst rechtskräftig wurde, nachdem die genauen Grenzen der Parzellen vermessen
worden waren.

Bereits von 1906 an arbeitete eine Gruppe neuseeländischer und
australischer Landvermesser an der Auslegung eines Srraßennetzes
und der Vermessung von Grundstücken, zunächst auf der Basis der von
Familien und Einzelpersonen geltend gemachten Ansprüche. Die dargestellte Landgesetzgebung von 1927 bewirkte dann eine schärfere
Durchsetzung der auf 3,2 ha festgelegten Maximalgröße der Buschparzellen, wodurch darüber hinausgehende Ansprüche nur noch von
Familien mit mehreren "Steuerzahlern" (Söhne über 16 Jahre) durchgesetzt werden konnten. Weil diese Beschränkungen aber nur zögernd
akzeptiert wurden und wegen der unzureichenden personellen Ausstattung des Katasteramtes (im Durchschnitt waren vier Vermesser tätig),
machte die Vermessung von Grundstücken nur sehr langsame Fortschritte:

> "In 1927 a start was made on the re-allocation surveys in
> Tongatapu (...), and by 1941 some 1784 lots had been laid
> out by theodolite. (...) annother 780 lots were surveyed
> between 1942 and 1956, making a total of 2564 lots in 30
> years. (...) This rate of progress would never keep pace
> with the demand for lots and it would take over 100 years
> to complete the 10 000 lots estimated to be done." 2)

Im darauf folgenden Jahr, 1957, wurde deshalb ein erneuter Versuch unternommen, die Katastervermessung zu beschleunigen. Obwohl
es bei diesem Unternehmen gelang, durch eine vereinfachte Methode

1) GIFFORD,E.W., 1929, S.176
2) LEACH,D.C., 1960, S.126

nahezu die gesamte Landfläche Tongas innerhalb weniger Jahre zu
vermessen, wurde mit der eigentlichen Zuteilung der 'apis (d.h.
der amtlichen Registrierung) erst 1963 begonnen.[1] Den Berichten
des "Lands and Survey Department" zufolge wurden 1963 von den als
rechteckige Blöcke vermessenen Grundstücken auf Tongatapu 3258 verteilt. Weitere 325 Parzellen folgten im Jahr 1974. In der Ha'apai-
Gruppe, wo die Fläche der Parzellen durch die größere Bevölkerungsdichte seit jeher geringer war, folgte die Vermessung den traditionellen Grenzen. Weil eine Einhaltung der Maximalgröße von 3,2 ha
die Enteignung vieler 'api-Halter bedeutet hätte, die das Land auf
der Basis von Gewohnheitsrecht bearbeiteten, erfolgte die erst 1966
begonnene Landverteilung in Ha'apai (ebenso wie in West-Tongatapu)
durch kleinere Parzellen.

In Vava'u konnte mit der - ursprünglich für 1964 angesetzten -
Landverteilung durch den Widerstand der Mehrheit der tofi'a-Besitzer
erst 1969 begonnen werden. Doch auch nach dieser durch den "Minister
of Lands" bewirkten Verzögerung fand eine Landverteilung in nennens-
wertem Umfang nur auf den Gütern des Königs, dessen Bruders und
zweier anderer Nopele statt. In einem Bericht des Gouverneurs von
Vava'u, des höchsten Verwaltungsbeamten der Inselgruppe und selber
Nopele, werden mit einer für Regierungsveröffentlichungen bemerkens-
werten Eindeutigkeit alle Dörfer dieser Inselgruppe aufgezählt, in
denen die Landverteilung abgeschlossen war. Weil durch die Kürze
dieser Liste offenkundig wurde, daß die Registrierung von 'apis
bis dahin keine großen Fortschritte gemacht hatte, ist in dem Bericht des darauffolgenden Jahres nur noch die Bemerkung zu finden:

"...all details concerning lands here in Vava'u have been
submitted to the Hon. Minister of Lands to be included in
his Annual Report." 2)

Bevor nun im folgenden der Versuch unternommen wird, aus den oft
widersprüchlichen regierungsamtlichen Statistiken ein eindeutiges
Bild der Landbesitzverhältnisse in Tonga zu gewinnen, zunächst einige Vorbemerkungen über die Fragwürdigkeit dieser offiziellen Angaben:

---

1) MAUDE,A., 1965, S.101; Reports of Lands & Survey Department, versch. Jahrg.
2) Report of Prime Minister, 1970, S.39; vergl. HARDAKER,J.B., 1975 ,S.73

Eine Aufzählung der nicht vollends zu klärenden Ungereimtheiten
in den Landbesitzstatistiken könnte etwa damit beginnen, daß der
Bericht des für Landfragen zuständigen Ministers 1949 eine Fläche
von 31.045 Hektar ausweist, die als Buschparzellen an Tonganer verteilt worden waren. 1969 dagegen, also nach der Katastervermessung,
wird in dem Jahresbericht nur noch eine Fläche von 27.077 Hektar
angegeben, obwohl in der Zwischenzeit Parzellen vergeben wurden
und demnach die Gesamtfläche hätte größer sein müssen.[1]

Als ein weiteres bemerkenswertes Beispiel kann die Diskrepanz
zwischen der im Jahresbericht von 1976 erscheinenden Zahl von
15.554 registrierter "tax allotments"[2] und der dem Zensus von 1976
zu entnehmenden Zahl von 9.086 "'api-holders"[3] herangezogen werden.
Weil nach tonganischer Landgesetzgebung jeder Steuerzahler nur über
eine Buschparzelle verfügen kann, müßten die Zahlen im Zensus und
die in dem Landbesitzbericht identisch sein.

Auf den gleichen Widerspruch ist Hardaker bei einem Vergleich
von Landbesitz-Schätzungen verschiedener Autoren,[4] des Bericht des
"Lands and Survey Department" von 1971 und dem Zensus von 1966 ge-
stoßen, der nur 8.305 'api-Halter ausweist. Die enorme Differenz
zwischen der im Landbesitzbericht (14.615) und der im Zensus veröffentlichten Zahl versucht Hardaker folgendermaßen zu erklären:

> "the census data listed (...) are not strictly comparable
> with the other figures. The data represent the number of
> adult male Tongans who were reported to be tax allotment
> holders, classified according to district of enumeration.
> The totals shown are likely to be an under-estimate of the
> number of allotments, first, because allotments may be held
> by widows or daughters of deceased land holders. Second,
> some allotments may be held by boys under 16 years or by
> people living outside Tonga at the time of the census.
> Third, although it is illegal, some men may have more than
> one allotment. Fourth, some redistribution of allotments,
> notably in 'Eua and Vav'u, were made after the census." 5)

Zu den vier von Hardaker angeführten Argumenten, die die mangelnde
Validität des Vergleichs mit den Zensusdaten belegen sollen, ist

---

1) Reports of Lands & Survey Department, 1949 bzw. 1969
2) ebd., 1976
3) KINGDOM OF TONGA, Census 1976, S.269
4) MAUDE,A., 1965; THAMAN,R.R., 1975; MEYER,P.A., 1974; HARDAKER,J.B., 1970; die
   Daten von Meyer und Thaman sind erst später veröffentlicht worden
5) HARDAKER,J.B., 1975, S.303ff

zu bemerken, daß:

1. bei einem Vergleich der 1976er Daten Witwen und Töchter in der
   Summe der 'api-Besitzer enthalten sind ("tax 'api holders out
   of total eligible for tax 'api").

2. Es ist äußerst unwahrscheinlich, daß unter den 'api-Haltern
   eine nennenswerte Zahl von Jungen unter 16 Jahren zu finden ist,
   weil die detaillierten Erbschaftsgesetze dies verbieten und der
   komplexe Vorgang zur Erlangung der Registrierung eine Umgehung
   dieses Gesetzes unmöglich erscheinen läßt.[1]
   Desweiteren war der 1976er Zensus de jure; das heißt, alle zum
   Zeitpunkt der Befragung nicht am Ort anzutreffenden Tonganer
   sind - theoretisch zumindest - mit erfaßt worden.

3. Die Erfahrungen eigener Feldforschung haben gezeigt, daß der
   Rechtsgrundsatz "nicht mehr als eine Buschparzelle pro Steuerzahler" nur in Ausnahmefällen umgangen werden konnte.

4. Es besteht bei dem Vergleich der Landbesitzstatistiken im Jahr
   1976 kein zeitlicher Unterschied zwischen den Angaben des Zensus
   und denen des Katasteramtes,so daß sich auch aus diesem Argument
   keine zusätzlichen registrierten Parzellen konstruieren lassen.

Aus der Abwägung dieser Argumente kann nur folgen, daß die im
Zensus von 1976 angegebene Zahl von 'api-Haltern (9.086) der tatsächlichen Zahl der als 'api tukuhau verteilten Parzellen wesentlich näher kommen muß als die vom Land-Ministerium veröffentlichte
Angabe (15.554).

Darüber hinaus ist - wie zu Anfang dieses Abschnittes dargelegt -
zu vermuten, daß die Zahl der rechtmäßig registrierten Besitzansprüche noch um einiges geringer ist als die einfache Summe aller
"'api-holders (...) whether registered or not" erkennen läßt. Es
folgt daraus weiterhin, daß an der Verläßlichkeit der vom "Lands
and Survey Department" veröffentlichten Zahl der Grundstücke Zweifel
geäußert werden müssen. Hardaker kommentiert dazu:

---

1) Das Gesetz erlaubt dagegen die vorübergehende Verwaltung eines Rechtsanspru-
   ches durch einen Treuhänder: "...and where such son is under sixteen years of
   age the allotment shall be granted to one or more trustees to be held by them
   for the benefit of such son until he reaches sixteen years of age, whereupon
   the trustees shall inform the Minister who shall then grant the allotment to
   such son", in WYLIE,C., 1967, §80, S.624f (eig. Hervorh.)

"In assessing these data it should be admitted that sub-
sequent inquiries about the procedures used raised doubts
about the accuracy of the information, and these doubts
are compounded by the fact that other data collected at the
same time, such as the number of town allotments, are
obviously wrong." 1)

Die hier angesprochenen Verfahren, mit denen das Katasteramt
die Summe aller als '*api tukuhau* verteilten Grundstücke ermittelt,
geben in der Tat Anlaß, die veröffentlichten Zahlen als bei weitem
zu hoch einzuschätzen. Als ein Beispiel für einen offensichtlichen
Verfahrensfehler, der alleine - im ungünstigsten Fall - für mehrere
Tausend zuviel gezählte '*apis* verantwortlich sein kann, erwähnt
Hardaker die für 1971 veröffentlichte Zahl von 8.917 Buschparzellen
auf Tongatapu udn 'Eua:[2]

"Unfortunately, it is clear that the total given for Tongatapu and 'Eua is wrong (...). It appears that an error was
made in 1963 when 3.258 allotments were redistributed in
Tongatapu. This figure was simply added to the previous
total without any deduction for the number of holdings
lost in the redistribution, and the error has been carried
forward ever since." 3)

Die hier von Hardaker getroffene Feststellung wird durch eigene
Untersuchungen bestätigt, die in den Katasterämtern von Nuku'alofa
(19'o und 1981), von Pangai in Ha'apai (im Mai 1981) und von Neiafu
in Vava'u (im Juni 1981) durchgeführt wurden. Bei diesen eigenen
Erhebungen wurden zwei Quellen herangezogen, die für eine umfassende Bestandsaufnahme der Landbesitzverhältnisse in den Beispieldörfern übereinstimmende Informationen liefern sollten: die Kataster-
bücher und die Katasterkarten.

In den Katasterbüchern sind die Registrierungsvorgänge, nach
tofi'a aufgeschlüsselt, in der chronologischen Reihenfolge der Landzuteilung wiedergegeben. Die Jahreszahl der Eintragung wird für jede
Buschparzelle ergänzt durch einen vom gegenwärtigen Besitzer erfun-
denen Namen für das Grundstück und den Namen des Besitzers selbst.
Erst für die Eintragungen der letzten Jahre (in Tongatapu etwa seit

---

1) HARDAKER,J.B., 1975, S.305; der Kommentar bezieht sich streng genommen auf eine von Hardaker 1971 in Auftrag gegebene Zählung aller Buschparzellen, bei der
   aber die gleichen Verfahren angewendet wurden wie bei offiziellen Zählungen
2) Report of Lands & Survey Department, 1971
3) HARDAKER,J.B., 1975, S.305

1970, in Ha'apai und Vava'u seit etwa 1975) sind diese Angaben mit einer Block-Nummer zur Identifizierung des Grundstücks im Raster der Katasterkarten versehen. Für alle Eintragungen vor der Einführung dieses Verfahrens ist die Entschlüsselung der aus Phantasienamen für das Grundstück und dem Namen des Besitzers zusammengesetzten Kodierung aus dem Katasterbuch alleine unmöglich. Die eindeutige Identifizierung bestimmter Grundstücke konnte deshalb erst durch die Überprüfung im Dorf erfolgen. Die dabei zutagegetretenen Ergebnisse belegen für die Stichprobe von fünf Dörfern, daß im Durchschnitt mindestens ein Drittel der Eintragungen im Katasterbuch Doppelregistrierungen sind.

Eine zweifache - oder in einigen Fällen mehrfache - Eintragung derselben Landfläche ist zum einen erklärbar durch das komplexe System erfundener Namen für die Grundstücke; zum anderen durch die unzureichende Ausbildung der mit der Führung von "Registration Books" beauftragten Angestellten. In Erbschaftsfällen oder sonstigen Übertragungen von Besitzansprüchen ist es offenbar üblich, daß der neue Besitzer das Grundstück mit einem neuen Namen bezeichnet. Die oft nur wenige Monate in dieser Funktion tätigen Angestellten tragen beide Angaben in das Katasterbuch ein, jedoch in vielen Fällen, ohne die vorhergehende Registrierung ungültig zu machen.

Dies hat für den Besitzanspruch des einzelnen 'apí-Halters keine Konsequenzen, jedoch erhebliche Auswirkungen auf die Zusammenstellung von Landbesitzstatistiken. Weil es nachfolgenden Angestellten unmöglich ist, beide Namensänderungen (des 'apí und des Besitzers) nachzuvollziehen, lassen sich die überhöhten Angaben in den Statistiken etwa dadurch erklären, daß beide oder mehrere Eintragungen in die Summe registrierter Buschparzellen eingehen.

Es bleibt die Vermutung, daß diese Unzulänglichkeiten dem dafür verantwortlichen Minister und leitenden Angestellten des "Lands und Survey Departments" durchaus bewußt sind, daß aber aufgrund politischer Erwägungen kein Interesse daran besteht, die in den Statistiken fälschlicherweise angegebene Zahl von registrierten Buschparzellen in eine realistischere Dimension zu rücken.

Zu einem ähnlich unbefriedigenden Ergebnis wie bei der Inspektion der Registrierungsbücher führt eine genauere Betrachtung der Katasterkarten. Diese geben zwar Hinweise darauf, welche Grundstücke von der Regierung und den *Nopele* (als *ʄaka toʄi'a* und als Pacht) kontrolliert werden und welche als *'api tukuhau* verteilt sind; es läßt sich jedoch nicht für alle Fälle eindeutig ermitteln, welche Parzellen auf welcher Rechtsgrundlage gehalten werden.

Als ein Beispiel dafür kann die wohl zuverlässigste Zählung aller Buschparzellen für Tongatapu gelten, die die Gesamtzahl von 5.652 mit der einschränkenden Bemerkung versieht, daß darin "all bush allotments, surveyed and non-surveyed, statutary and customary" enthalten sind.[1] Obwohl diese Zählung mit Hilfe und in enger Konsultation mit den leitenden Angestellten des "Lands and Survey Departments" durchgeführt wurde,[2] ist die daraus resultierende Flächenangabe von 18.300 Hektar (45.200 Acres) nur von beschränktem Wert. Aus dieser Zahl läßt sich - ebenso wie aus der von Weber und Saafi zusammengestellten Liste für ganz Tonga[3] - nicht ermitteln, welcher Teil der Fläche noch von den *toʄi'a*-Besitzern kontrolliert wird, weil die Eintragungen in den Katasterkarten nicht dem neuesten Stand in den Registrierungsbüchern entsprechen.

Wenn auch die hier angeführten Bedenken gegen die zur Zusammenstellung der Grundbesitzstatistiken verwendeten Verfahren nicht völlig ausgeräumt werden können, so sind die veröffentlichten Ergebnisse doch einer Diskussion wert. Die in Tabelle Nr. 3 (s. auch Abb. Nr. 22) wiedergegebenen Zahlen lassen bis 1973 erkennen, daß der größere Teil der gesamten Landfläche (52%) von den *toʄi'a*-Besitzern und der Regierung kontrolliert werden, während nur 43% der Landfläche als registrierte *'apis* verteilt sind. Der Rest des Landes verteilt sich auf Pachten der Regierung (etwa Gelände für Schulgebäude, Krankenhäuser, etc.), Pachten von Tonganern und Ausländern und solchen von kirchlichen Einrichtungen.

---

1) THAMAN,R.R., 1975, S.123
2) ebd.
3) WEBER,G.G. & SAAFI,M., 1979, List of Landholders established on the Basis of the Cadastral Map ..., 4 Vols.; diese Liste erwies sich zur Identifizierung der Buschparzellen im Gelände allerdings von sehr großem Wert

TAB.3: AMTLICHE LANDBESITZSTATISTIKEN 1976 - 1979

	1976 ha	1976 %	1977 ha	1977 %	1978 ha	1978 %	1979 ha	1979 %
registrierte Parzellen	30.102	45,0	30.298	45,3	30.789	46,0	31.159	46,5
Parzellen, die bereits zugeteilt, aber nicht registriert sind	19.109	28,6	18.278	27,3	17.681	26,4	17.036	25,5
an Kirchen, Regierung, Tonganer und Ausländer verpachtete Flächen	3.975	5,9	4.610	6,9	4.716	7,1	4.991	7,5
perönlicher Adels- und Königsbesitz	5.190	7,8	5.190	7,8	5.190	7,8	5.190	7,8
Regierungsland	8.506	12,7	8.506	12,7	8.506	12,7	8.506	12,7
Gesamtfläche (nach Abzug von Riffen und Seen)	66.882							100

Quelle: Report of Ministry of Lands & Survey, 1979

ABB.22: AUFTEILUNG DER STAATSFLÄCHE NACH AMTLICHER STATISTIK

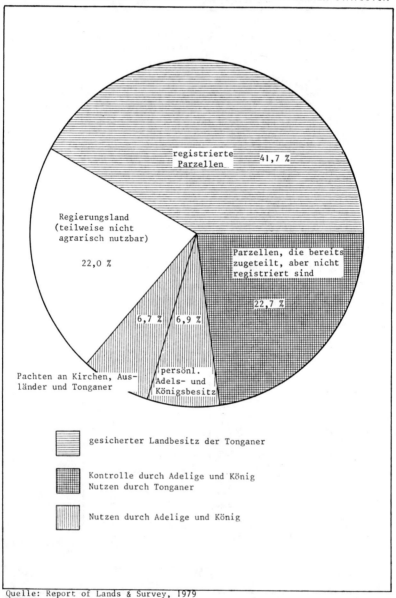

registrierte Parzellen 41,7 %

Regierungsland
(teilweise nicht
agrarisch nutzbar)

22,0 %

Parzellen, die bereits
zugeteilt, aber nicht
registriert sind

22,7 %

6,7 % 6,9 %

Pachten an Kirchen, Aus-
länder und Tonganer

persönl.
Adels- und
Königsbesitz

gesicherter Landbesitz der Tonganer

Kontrolle durch Adelige und König
Nutzen durch Tonganer

Nutzen durch Adelige und König

Quelle: Report of Lands & Survey, 1979

Dieses offenbar ungleiche Verhältnis der Kontrolle über Land,
in dem ein privilegierter Teil der Bevölkerung Besitzrechte konzentrieren kann, ist seit 1973 stärker ins öffentliche Bewußtsein
gerückt worden. Die in diesem Jahr gehaltene Abschlußrede einer
tonganischen Schülerin wurde in der halbamtlichen Zeitung "Tonga
Chronicle" abgedruckt[1] und stimulierte eine - für Tonga seltene -
öffentliche Diskussion über den Mißbrauch von Adelsprivilegien.

Ein Jahr später eskalierte diese Diskussion zu einem bemerkens-
werten Austausch von Kommentaren, die wiederum im "Tonga Chronicle"
abgedruckt wurden. Anlaß für die stark emotionsgeladenen Leserbriefe
war eine Predigt in der größten Wesleyan-Kirche von Nuku'alofa.[2]
Diese vom tonganischen Rundfunk übertragene Predigt war im wesentlichen eine Anklage gegen die Landvergabepraxis der *Nopele*, die be-
schuldigt wurden, angesichts wachsenden Bevölkerungsdrucks einen
über ihre Bedürfnisse hinausgehende Teil des Landes für sich zu-
rückzubehalten. Wegen der Bedeutung, die diese Predigt und die da-
rauffolgende Reaktion für die von 1974 an stark modifizierten
Landbesitzstatistiken hatten, soll diese Diskussion in größerer
Ausführlichkeit wiedergegeben werden.

Die erste Reaktion auf die Predigt war ein mit einem Pseudonym
gezeichneter langer Leserbrief, in dem die Stellung der *Nopele* ver-
teidigt wurde. Es kam darin zum Ausdruck, daß ein großer Teil des
tofi'a-Landes der Öffentlichkeit zugute kommt durch Verpachtungen
an die Regierung und Kirchen. Der Autor dieses Briefes stellte zudem einen Vergleich an zwischen der von Kirchen kontrollierten Fläche und derjenigen, die unmittelbar durch die *Nopele* genutzt wird.
Die Position der Adeligen wurde in dieser Argumentation auf die
Rolle von Gutsverwaltern reduziert, die nur ihr *faka tofi'a*, also
eine dem *'api* vergleichbare Form von Landbesitz, exklusiv für sich
beanspruchen. Die Konsequenz dieser Interpretation war, daß die Kirchen über mehr Land verfügen als die *tofi'a*-Besitzer.

---

1) Abschlußrede in einem Wettbewerb der "Tonga High School"; der Text der Rede
   mit dem Titel "Tonga should be More Democratic" in Tonga Chronicle, 9.Aug.
   1973; vergl. MARCUS,G.E., 1980, S.91
2) Das folgende in Anlehnung an MARCUS,G.E., 1980, S.92f; die Zitate aus Leser-
   briefen vom Juli bis September 1974 mußten diesem Werk direkt entnommen werden, weil der ungeornete Zustand des Tonga-Chronicle-Archivs ein Auffinden der
   Originalausgaben verhinderte.

Als Antwort darauf verfaßte der Geistliche , der die kritische
Predigt gehalten hatte,[1] einen Kommentar, der zunächst das Recht
der Kirche verteidigte, zu offensichtlichen sozialen Ungerechtig-
keiten Stellung zu beziehen. Es wurde eingeräumt, daß die Kirchen
in Tonga erhebliche Landflächen gepachtet haben, daß sie dafür jedoch Tausende von Dollars an Pachtzahlungen leisten und zudem wertvolle soziale Einrichtungen - wie zum Beispiel Schulen - unterhal-
ten. Der Brief schloß wie folgt:

> "At the same time, more than 14.000 taxable Tongans are
> still without registered tax allotments. Many of these
> landless taxpayers have become landless in villages of
> their forefathers, while land is given to relatively rich
> new-comers who can afford to give money and other forms
> of bribe to the landlords. Historical experience, preced-
> ence and pure common sense point to the wisdom of hurried-
> ly stopping this ethically criminal practice without
> further delay. According to the standard of Christ, this
> system is morally indefensible (even though it might be
> legal and claimed to be constitutional in the Kingdom of
> Tonga).
>
> This is how land is allocated in Tonga according to
> Ministry reports:
> (A) 72.501 ac or 43% distribured as 15.152 Tax Allotments
>   and 7.872 Town Allotments.
> (B) 50.085 ac or 30% held by less than 40 landlords.
> (C) 33.404 ac or 20% as Goverment Land.
> (D) 4.177 ac or 2% as land leased by all churches (...)
> (E) 5.094 ac or 3% - other leases.
>
> Note that 14.375 Tongan Poll Tax Payers are at present
> without Tax Allotments."   [2]

Die Angabe, daß nahezu ein Drittel der gesamten Landfläche von
der kleinen Gruppe der privilegierten *toǥi'a*-Besitzer genutzt wird,
griff ein wiederum anonymer Briefschreiber auf. Er argumentierte,
daß ein erheblicher Teil dieses Landes als nicht-registrierte Parzellen verteilt seien, und der Hauptgrund für die Nicht-Registrie-
rung in der "mere carelessness of such taxpayers, in failing to
comply with registration requirements" liege. In der gleichen Ausgabe der Zeitung findet sich unter der Schlagzeile "Land Figures
Explained" die quasi-offizielle Verlautbarung:

---

1) In einer weiteren Eigenschaft war Siupeli Taliai Direktor des von der Wesleyan
   Kirche geführten "Tupou College". Aufgrund seiner auch in späteren Jahren aufrecht erhaltenen kritischen Haltung (s. z.B. seinen Beitrag in FONUA,S.H.,1975,
   S.18ff) wurde er jedoch 1980 von dieser Aufgabe entbunden und sah sich gezwungen, nach Australien auszuwandern; TALIAI,S., 1980, persönliche Gespräche
2) nach Tonga Chronicle, 22. August 1974

- 178 -

"Of the 50.085 acres shown in the 1973 report, 36.983 acres
is already occupied by male Tongans but unregistered, which
leaves only 13.102 acres reputed to be in the hands of the
nobles, more than 6.000 acres in 'Eua belonging to the King
and (are) located in the most rugged and inaccessible high
plateau of the island. The surveyers believe this area is
good only for cattle grazing or forestry reserve. So in
actual fact the only land remaining in the hands of the
nobles is 7.000 acres and taking off the lava fields of
Niuafo'ou of some 2.000 acres, then only 5.000 odd acres
still remain in the hands of the nobles or 2 1/2% of the
total land area of the Kingdom."   1)

Eine der Konsequenzen dieser öffentlichen Auseinandersetzung
über Definition und Ausmaß von Landbesitz war eine Änderung der
Kategorien in den Statistiken des "Lands and Survey Department".
Von 1974 an erscheint unter der Rubrik "Allotments allocated, but
not registered" die Fläche der - auf welche Weise auch immer ermittelten - 'apis, die mit Genehmigung der tofi'a-Besitzer genutzt
werden können. Für den Rückgang dieser Fläche von 19.835 ha (30%)
im Jahr 1974 auf nur 19.108 ha (29%) im Jahr 1976 wäre eine schlüs-
sige Erklärung möglich, wenn in disem Zeitraum die Differenz der
Flächen als "tax allotments" registriert worden wäre; dies ist jedoch nicht der Fall.[2]

Durch die Ausgliederung der nicht-registrierten Parzellen wurde
es möglich, den in den vorangegangenen Berichten mit 52% angegebenen Anteil von tofi'a- und Regierungsbesitz "artificially"[3] auf
21% zu reduzieren. In der Tat ist in dieser Umrechnung nicht mehr
als ein kosmetischer Kunstgriff zu sehen, der offenbar den Umstand
verdecken soll, daß im rechtlichen Sinn mindestens 50% des Landes
von den Nopele und der Regierung kontrolliert werden. In einer Bewertung der verfügbaren Daten kann man sich deshalb dem Kommentar
von Hardaker anschließen, der feststellt:

"... the land tenure statistics are particularly bad. In
part this may stem from confused definitions of the various
tenure categories, but the main problem seems to be a lack
of will in the Lands and Survey Department to provide com-

1) nach Tonga Chronicle, 29. August 1974
2) Reports of Lands & Survey Department, 1974ff
3) dies entspricht der Einschätzung von POWLES,C.G., 1979, S.300

prehensive and reliable statistics. It seems reasonable to suppose that this lack of will is a reflection of the bias in an administration comprised predominantly of landed nobles, one of whom always occupies the post of Minister of Lands." 1)

Die offiziellen Landbesitzstatistiken ebenso wie der vom Gesetz vorgegebene Rahmen der Landbesitzformen in Tonga geben zusammengenommen nur ein unvollständiges Bild der konkreten Ausprägung von Nutzungsrechten. Um die Feinheiten der Grundbesitzstruktur und "the important ways in which practice has diverged from the ideal system"2) einschätzen und analysieren zu können, ist es deshalb sinnvoll, eine Untersuchung repräsentativer Beispiele vorzunehmen. In den folgenden Kapiteln sollen die Ergebnisse einer solchen Studie vorgestellt werden.

1) HARDAKER,J.B., 1975, S.76ff
2) MARCUS,G.E., 1980, S.85

KAPITEL III

LANDRECHT UND LANDNUTZUNG IN IHRER KONKRETEN AUSPRÄGUNG

1. CHARAKTERISIERUNG DER BEISPIELDÖRFER

Für die Untersuchung von Landrecht und Landnutzung wurde eine
Auswahl von Dörfern getroffen, die zum einen durch ihre lokalen
Besonderheiten Aufschlüsse auf die konkrete Ausprägung der Landrechtspraxis liefern sollten; zum anderen wurde die Auswahl nach
demographischen Aspekten so gestaltet, daß die zu ziehenden Stichproben von Haushalten als repräsentativ für die Verhältnisse auf
allen drei Inselgruppen gewertet werden konnten. Unter diesen Gesichtspunkten wurden für die Hauptinsel Tongatapu die Dörfer Kolonga und Nukunuku, für die Ha'apai-Gruppe das Dorf Lotofoa und
für die Vava'u-Gruppe die Dörfer Taoa und Falevai für die empirische Erhebung ausgesucht (s. Abb. Nr. 23).

Die Erhebung verfolgte als erstes Ziel eine umfassende Daten-
sammlung, die über den in Kap.II,5. dargestellten Komplex der statutarischen Agrarverfassung hinaus eine Analyse informeller Nutzungsabsprachen ermöglichen sollte (vergl. Fragebogen im Anhang).
Die im folgenden dargestellten fünf Dorfstudien enthalten deshalb
zunächst eine flächenmäßige Erfassung der Grundbesitzverhältnisse.
Darin wird die Aufteilung des die Dörfer umgebenden Buschlandes
(zumeist ein, in Ha'apai aber Teile von mehreren *toʃi'a*) dargestellt. Die Aufschlüsselung erfolgt nach dem Eigentumskriterium
Kontrollrechte ("property for power"): Hier ist zu untersuchen,
welche Teile der Ländereien der direkten bzw. indirekten Kontrolle
durch die *toʃi'a*-Besitzer unterstehen und welche Teile darüber
hinaus für die Dorfbewohner übrig bleiben. Besondere Bedeutung
kommt dabei der Einschätzung informeller Pachtabsprachen für *'api*-
Landbesitz zu.

ABB.23: LAGE DER BEISPIELDÖRFER

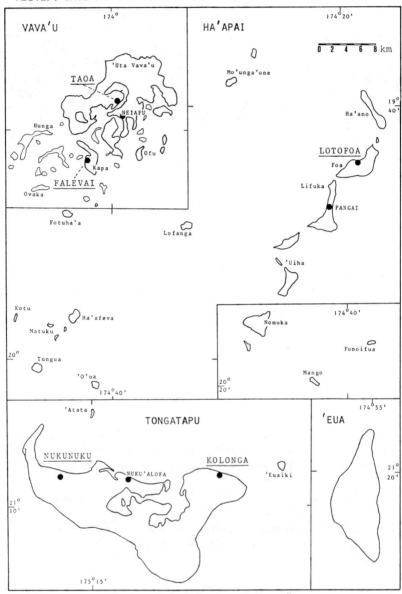

Quelle: Topographische Karte "Kingdom of Tonga"

Als zweites Ziel der empirischen Erhebung ist eine Bestandsaufnahme der Landnutzungsverhältnisse in den Beispieldörfern zu nennen; eine Bestandsaufnahme, die sich jedoch aus den im einleitenden Kapitel dargelegten Gründen (technische, finanzielle, zeitliche)
auf die Nutzung des 'apí-Landbesitzes konzentriert. Die Nutzung
des Privatlandes der *Nopele* ebenso wie die Nutzung der von ihnen
verpachteten größeren Grundstücke ist im folgenden nicht ausgewertet, weil die *tofí'a*-Besitzer nicht in die Haushaltsuntersuchung
aufgenommen werden konnten. Die für alle fünf Dörfer errechnete
Input-Output-Analyse der 'apí-Landnutzung wird ergänzt durch eine
Betrachtung der Arbeitsorganisation und der Bracheflächen, was
die rein ökonomische Darstellung um wichtige soziale und ökologische Aspekte erweitern soll.

Arbeitshypothese der Untersuchung ist die Existenz eines Zusammenhangs zwischen Landbesitzformen und Landnutzungsintensität.
Dementsprechend schließt jede der Dorfstudien mit einer zusammenfassenden Bewertung dieser Beziehung. Wenn damit als Ergebnis einer qualitativen Analyse die Tendenz eindeutig bestätigt wird,
daß mit wachsender Sicherheit von Landrechten die Intensität der
Landnutzung zunimmt, so darf die Quantifizierung dieser Aussage
nicht überbewertet werden.

Problematisch bleibt zum einen, daß der jeweilige Grad von Sicherheit der Besitzform nur schwer auf einer Skala zu bewerten ist.
Als Hilfskonstruktion einer solchen Skala werden deshalb Gruppen
gegenübergestellt, die sich aus Haushalten mit annähernd gleich-
artigen Landrechten zusammensetzen. Zum anderen muß bemerkt werden, daß auch die Messung der Nutzungsintensität in einer vorwiegend auf die Selbstversorgung gerichteten Agrarwirtschaft nur
näherungsweise möglich ist. Mit einer Momentaufnahme - wie sie
die eigene Erhebung darstellt - können als Maßgrößen für die Intensität der Nutzung die Anteile des tatsächlich bebauten Landes
(Gesamtfläche abzüglich Brache) und der Wert der tatsächlich ver-
kauften Produkte herangezogen werden. Auch diese Indikatoren sind
jedoch als Hilfskonstruktionen anzusehen; sie geben nur Anhaltspunkte für die von den Haushalten erwirtschafteten Gesamterträge.

Im Kontext wachsender Marktorientierung sind jedoch die ermittelten Geldeinkommen aus der Agrarproduktion von steigender Bedeutung: Aus der Zuordnund dieser Einkommen zu den nach Landbesitzformen unterschiedenen Bevölkerungsgruppen läßt sich ablesen,
ob sich die wirtschaftliche Entwicklung annähernd gleichmäßig verteilt oder zur Verschärfung sozio-ökonomischer Disparitäten beiträgt.

Der Versuch, zu einer Beurteilung solcher Entwicklungstrends
zu gelangen, erscheint deshalb dort am zweckmäßigsten, wo der Einfluß westlichen Lebensstils und kommerziellen Wirtschaftens am
weitesten fortgeschritten ist. Bezogen auf die ländlichen Gebiete
Tongas bedeutet diese Vorgabe für die Beispieldörfer, daß ihre
Auswahl auch nach subjektiver Einschätzung erfolgte. Für die Auswahl dieser Dörfer war vor der Untersuchung - außer den allgemein
zugänglichen Daten - bekannt:

- Kolonga : marktorientierter Anbau von Bananen und anderen Kul-
            turen,
- Nukunuku : hohe Auswanderungsrate und Einkommen aus Überweisun-
            gen,
- Lotofoa : für die Ha'apai-Gruppe relativ große Bedeutung des
            Agrarsektors,
- Taoa   : marktorientierter Anbau von Vanille und
- Falevai : beispielhaft für die äußeren Inseln mit Nebenein-
            kommen aus Fischfang.

Mit der Auswahl dieser Dörfer ist also eine Reihe von Faktoren
angesprochen, von denen a priori angenommen wurde, daß sie Einfluß auf die konkrete Ausprägung der Landrechtspraxis haben würden. Die im folgenden dargestellte Auswertung demographischer und
ökonomischer Erhebungsergebnisse soll die Beispieldörfer darüber
hinaus charakterisieren und belegen, inwieweit das ermittelte
Sample repräsentativ ist.

1.1   Demographische Kriterien

TAB.4:   HAUSHALTE

Insel-gruppe	nach Zensus abs.	%	Sample abs.	%	Dorf	Gesamtzahl Zensus	T.Officer	Sample abs.	%
Tonga-tapu	8.578	67	111	65	Kolonga	238	242	60	35
					Nukunuku	198	204	51	30
Ha'apai	1.775	14	26	15	Lotofoa	84	102	26	15
Vava'u	2.423	19	35	20	Taoa	70	87	23	13
					Falevai	41	49	12	7

Quellen: Zensus 1976; eigene Erhebung

Die linke Hälfte der Tabelle 4 veranschaulicht, daß die Anteile der Stichproben von Haushalten, die auf den drei Inselgruppen untersucht wurden, in etwa dem Verhältnis der Gesamtzahl der Haushalte entspricht. Diese Tatsache ist insofern von Bedeutung, als bei der im weiteren darzustellenden zusammenfassenden Auswertung der Untersuchungsergebnisse davon ausgegangen werden kann, daß die regionalen Disparitäten der drei Inselgruppen im gleichen Maße in das Sample eingegangen sind wie sie sich in den realen Bevölkerungsproportionen widerspiegeln.

Einschränkend sei allerdings bemerkt, daß die nach dem Zensus zugrunde gelegte Gesamtzahl der Haushalte (Summe von Tongatapu, Ha'apai und Vava'u: 12.776) nicht die Summe aller Haushalte in Tonga darstellt, sondern durch den Ausschluß der Insel 'Eua und der Niua-Gruppe nur 91,9 % davon ausmacht. Der Sample-Umfang von 172 Haushalten repräsentiert einen Anteil von 1,35 % der Haushalte auf den drei wichtigsten Inselgruppen.

Die rechte Hälfte der Tabelle 4 läßt erkennen, daß die dem Zensus zu entnehmenden Zahlen der Haushalte in den Beispieldörfern

nicht übereinstimmen mit denen, die nach einer vollständigen Liste
aler Haushalte durch die "town officers" in den Dörfern angegeben
wurden. Die Gründe dafür sind vielfältig:

Zum Teil liegen sie sicher im natürlichen Zuwachs; das heißt
im Zeitraum von der Erhebung des Zensus (1976) bis zur eigenen Untersuchung (1981) sind einige neue Haushalte gegründet worden.
Besonders in den Fällen von Lotofoa und Taoa ist die Divergenz
der Angaben aber so groß, daß sie nur durch unterschiedliche In-
terpretationen einer Haushaltseinheit zu erklären sind. Die nicht
vollständig zu klärende Definition einer Haushaltseinheit[1] hat
in der bereits dargestellten Konfusion zwischen "de facto"- und
"de jure"-Verfahren bei der letzten Volkszählung dazu geführt,
daß einige Haushalte zu Einheiten zusammengefaßt wurden, während
bei der eigenen Untersuchung zur Klärung von Landbesitztiteln eine stärkere Differenzierung notwendig war. Bei den drei auf den
äußeren Inselgruppen liegenden Dörfern gingen in die Listen der
"town officers" deshalb auch solche Haushalte als selbstständige
Einheiten ein, bei denen einige Personen seit längerer Zeit abgewandert sind und die verbleibenden Personen mit anderen Haushalten
zusammenleben. Auf der Grundlage dieser Interpretation wurden in
jedem Dorf etwa 25 % der Haushalte untersucht.

Die Befragung der 172 Haushalte, die nach einer einfachen Zu-
fallsmethode (s. Kap.I,5.) nach den Listen der "town officers"
erfolgte, erfaßte insgesamt 1.237 Personen oder - auf die Zensuswerte bezogen - 1,37 % der Bevölkerung Tongas. Die daraus errechnete durchschnittliche Personenzahl pro Haushalt von 7,2 liegt aus
oben genannten Gründen etwas über dem aus den Zensusangaben zu
ermittelnden Durchschnitt von 6,5 (vergl. Tab.5).

Wiederum ist darauf hinzuweisen, daß bei der eigenen Erhebung
nachdrücklich darauf Wert gelegt wurde, alle - auch vorübergehend
abwesende - Mitglieder der Haushalte zu erfassen (schon um Besitzansprüche an Land nachvollziehen zu können), während für die Zensusangaben nicht ausgeschlossen werden kann, daß nur ein Teil der

1) KINGDOM OF TONGA, Census 1976, S.295

abwesenden mit in Betracht gezogen wurde. Die eigene Erhebung
zeigt als minimale Haushaltsgröße eine Person (ein Fall), als
maximale Haushaltsgröße 18 Personen (ein Fall) und als häufigsten
Fall fünf Personen. Bei einem Median von 7 deckt die Haushaltsgröße zwischen vier und elf Personen 87 % der Fälle ab.

TAB.5: PERSONEN

Dorf	vom Sample erfaßt	Durchschnitt pro Haushalt	Durchschnitt pro wirtsch. Einheit
Kolonga	490	8,2	9,5
Nukunuku	361	7,1	7,6
Lotofoa	159	6,1	6,6
Taoa	158	6,9	7,7
Falevai	69	5,8	6,1
Summe	1237	7,2	8,1

Quelle: eigene Erhebung

In der überdurchschnittlich hohen Personenzahl pro Haushalt im
ersten Beispieldorf Kolonga (s. Tab.5) kann - weil die Rate des
natürlichen Zuwachses in allen Dörfern etwa gleich sein dürfte -
ein Anzeichen für einen Bevölkerungszustrom gesehen werden. Diese
Aussage wird noch durch die Zusammensetzung der Haushalte (s.u.)
bekräftigt, die für Kolonga einen relativ hohen Anteil von entfernteren Verwandten und Nicht-Verwandten ausweist, während in den Dörfern auf den äußeren Inseln dieser Anteil sehr gering ist.

Für einige Berechnungen zum Einkommen der Haushalte ist es angebracht, auch solche Personen zu Haushalt zu zählen, die zwar ständig
abwesend sind, aber von der Familie aufgrund traditioneller Verpflich-

tungen mitversorgt werden. In den 172 Haushalten bestehen Unter-
haltsverpflichtungen solcher Art (nicht der gleichwertige Austausch unter Verwandten, Freunden oder Nachbarn) gegenüber insgesamt 150 Personen. Mehr als ein Viertel der Haushalte werden
durch seit langem außer Haus lebende Kinder, durch die Eltern des
Haushaltsvorstandes, durch dessen Schwestern oder andere Verwandte
zusätzlich belastet. Unter Einbeziehung dieser Personen läßt sich
ein Haushalt als wirtschaftliche Einheit definieren, deren durchschnittliche Größe (s. Tab.5) eine sinnvolle Grundlage zur Berechnung des Pro-Kopf-Einkommens darstellt.[1]

TAB.6: MÄNNLICHER UND WEIBLICHER BEVÖLKERUNGSANTEIL

| Dorf | alle Personen | | davon 15 Jahre und älter | | |
	männlich	weiblich	Anteil	männlich	weiblich
Kolonga	53,9	46,1	61,6	52,0	48,0
Nukunuku	50,7	49,3	60,4	52,3	47,7
Lotofoa	49,1	50,9	57,2	51,6	48,4
Taoa	50,6	49,4	62,7	47,5	52,5
Falevai	44,9	55,1	66,7	45,7	54,3
Summe	51,3	48,7	61,6	51,1	48,9

Quelle: eigene Erhebung

Die im Sample erfaßten Einwohner teilen sich auf in einen männlichen Bevölkerungsanteil von 51,3 % und einen weiblichen von 48,7%.
Während dieses durchschnittliche Verhältnis in etwa dem aus dem

1) Je nach Berechnungsgrundlage der Haushaltsgröße ergibt sich beispielsweise für Kolonga ein Pro-Kopf-Einkommen von 471 T$ pro Jahr unter Einbe-
ziehung der mitzuversorgenden Personen bzw. 550 T$, wenn diese nicht berück-
sichtigt werden (eigene Erhebung).

Zensus zu errechnenden Wert für ganz Tonga (51,1 : 48,7) entspricht, läßt der überdurchschnittlich hohe Anteil der männlichen
Bevölkerung in Kolonga (s. Tab.6) auf einen Bevölkerungs-Zustrom
aus anderen Gebieten Tongas schließen. Weil aber von Migrations-
strömen in erster Linie der männliche Bevölkerungsteil betroffen
ist, läßt sich dementsprechend der unterdurchschnittlich niedrige
Anteil der Männer in Falevai als ein Hinweis auf Abwanderung betrachten.

Unterstützt werden diese Aussagen noch, wenn man nur den Anteil
der erwerbsfähigen Bevölkerung, der hier wie im Zensus[1] durch alle
Personen im Alter von 15 Jahren und darüber gegeben ist, betrachtet.
Bestätigt wird dadurch die Tendenz, daß auf den Dörfern der äus-
seren Inseln durch die Abwanderung männlicher Arbeitskräfte ein
Überhang des weiblichen Bevölkerungsanteils verbleibt. Der Überhang des männlichen Bevölkerungsteils auf der Hauptinsel würde
sicherlich noch deutlicher ausfallen (besonders in Nukunuku), wenn
er nicht durch die Abwanderung vor allem männlicher Arbeitskräfte
ins Ausland gemindert wäre.

Die mittlere Spalte der Tabelle 6 gibt den Anteil der erwerbsfähigen Bevölkerung an der Gesamteinwohnerzahl der Dörfer wieder.
Die Angaben lassen erkennen, daß in Falevai ein relativ hoher Anteil der Einwohner 15 Jahre und älter ist, in Lotofoa dagegen nur
ein relativ geringer Teil. Durch die verbleibenden Anteile von
Kindern und Jugendlichen unter 15 Jahren läßt sich demnach die
Bevölkerungsstruktur von Falevai als relativ "alt", die von Lotofoa als relativ "jung" charakterisieren.

Bei den Männern im erwerbsfähigen Alter kommen durchschnittlich
2,2 auf einen Haushalt, wobei als häufigster Fall einer, als Minimum keiner (Haushaltsvorstände: Witwen) und als Maximum sieben
Männer pro Haushalt auftreten. Im weitaus größten Teil der Haushalte (87 %) leben zwischen einem und drei Männer im erwerbsfähigen Alter. Bei den Frauen kommen auf einen Haushalt durchschnittlich 2,1 im Alter von 15 Jahren und darüber, wobei ebenfalls eine
als häufigster Fall auftritt. Bei einem Minimum von keiner und einem Maximum von sechs leben im größten Teil der Haushalte (85 %)
zwischen einer und drei Frauen.

1) KINGDOM OF TONGA, Census 1976, Tab.25 "Participation in Labour Force..."

ABB.24: ALTERSPYRAMIDE DER ERWERBSFÄHIGEN BEVÖLKERUNG

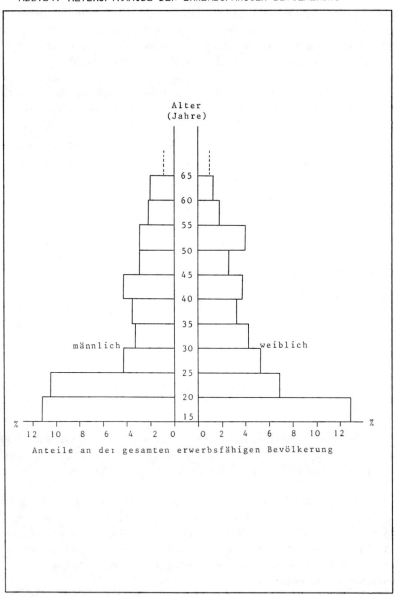

Quelle: Eigene Erhebung

Für die in der Umfrage erfaßten Personen im erwerbsfähigen
Alter kann für den männliche Bevölkerungsteil ein durchschnittliches Alter von 34,1 Jahren, für den weiblichen Bevölkerungsteil
ein durchschnittliches Alter von 33,3 Jahren errechnet werden.
Faßt man diese Personen zu Altersgruppen zusammen, ergibt sich
für die Summer der untersuchten Dörfer eine Alterspyramide (s.
Abb. Nr. 24), die sich durch einen steilen Anstieg (auf der männlichen Seite ab 25 Jahre, auf der weiblichen ab 20 Jahre) aus-
zeichnet. Faßt man die Kinder und Jugendlichen mit den Altersgruppen bis zu 25 Jahren zusammen, ergibt sich - als Nachweis des
rapiden Bevölkerungswachstums im letzten Vierteljahrhundert -, daß
zwei Drittel (64 %) der Einwohner der untersuchten Dörfer jünger
als 25 Jahre sind.

Für die Untersuchung der Landbesitzverhältnisse in den Dörfern
war die Erfassung der Altersangaben deshalb wichtig, weil das Recht
Land zu besitzen in Tonga an eine Altersgrenze gebunden ist. Die
Angaben lassen darüber hinaus darauf schließen, inwieweit sich
"Landlosigkeit" von Tonganern auf bestimmte Altersgruppen konzentriert. Um differenzierte Aussagen auch über informelle Landrechte
treffen zu können und um die Leistungen einzelner Mitglieder bei
der Feldarbeit ermitteln zu können, wurden auch die Beziehungen
der einzelnen Haushaltsmitlglieder zum Haushaltsvorstand erfaßt.

Die Rolle des Haushaltsvorstandes ('ulu) wird in der Regel vom
Familienvater eingenommen; bei 20 Fällen ergab sich jedoch, daß
der Haushalt von einer Frau geleitet wurde. In der Hälfte dieser
Fälle hatte dies den Grund, daß der Familienvater verstorben ist;
bei den anderen Fällen sind die Familienväter seit so langer Zeit
ausgewandert, daß für fast alle Zwecke (ausgenommen Besitzansprüche an Land) die im Dorf verbliebene Ehefrau als Haushaltsvorstand
definiert werden muß. Nimmt man die Witwen und Ehefrauen aus der
Betrachtung heraus, stellen sich die Beziehungen der verbleibenden
Haushaltsmitglieder dar wie in Tabelle 7 aufgelistet (s.u.).

Abweichungen von der in Tabelle 7 dargestellten durchschnittlichen Haushaltsstruktur sind in den einzelnen Dörfern vor allem
bei den Anteilen von entfernteren und Nicht-Verwandten auszumachen.

TAB.7: BEZIEHUNGEN ZUM HAUSHALTSVORSTAND

männliche Haushaltsmitglieder	%	weibliche Haushaltsmitglieder	%
Sohn / Enkel	76,4	Tochter	68,3
Bruder	3,8	Schwester	4,0
Schwager	0,8	Schwägerin	2,2
Schwiegersohn	3,8	Schwiegertochter	7,6
Vater	3,4	Mutter	5,8
entferntere Verwandte	7,6	entferntere Verwandte	10,3
Nicht-Verwandte	4,2	Nicht-Verwandte	1,8

Quelle: eigene Erhebung

Dieser Anteil, der wie erwähnt auf eine Zuwanderung aus anderen Dörfern schließen läßt, liegt in Kolonga um mehr als das doppelte über dem Durchschnitt, während in den anderen Dörfern der Anteil nicht-verwandter Haushaltsmitglieder annähernd null und der Anteil entfernterer Verwandter wesentlich geringer ist.

Zur Charakterisierung der Beispieldörfer trägt als wesentliches Kriterium die Angabe der Bevölkerungsdichte bei; das heißt genauer: das Verhältnis von Einwohnerzahl und zur Verfügung stehender landwirtschaftlicher Nutzfläche. Zu den in Tabelle 8 wiedergegebenen Einwohnerzahlen, die dem Zensus entnommen sind und deshalb mit den in Kap.II,3. hinlänglich diskutierten Einschränkungen zu versehen sind, ist zu bemerken, daß für Nukunuku nicht nur die Einwohner dieses Dorfes eingegangen sind. Um hier ein sinnvolles Maß der Bevölkerungsdichte zu finden, mußten alle Bewohner des *tofi'a*, auf dem Nukunuku liegt, eingeschlossen werden. Zu den Ländereien des adeligen Grundbesitzers von Nukunuku gehören die umliegenden Dörfer Matahau, Vaotu'u und Matafonu'a, deren Einwohner zusammen mit denen von Nukunuku Landbesitzansprüche auf dem *tofi'a* haben. Weil sich daraus nicht für jedes Dorf eine deutlich abgrenzbare, zusammenhängende Landfläche ergibt, wurde die gesamte

TAB.8 : BEVÖLKERUNGSDICHTE

Dorf	Fläche km^2	Einwohner E	Bevölk.-Dichte E/km^2
Kolonga	11,3	1.549	137,9
Nukunuku§	14,9	2.691	180,6
Lotofoa	4,8 (1,4)	505	105,2 (360,7)
Taoa	3,8	447	117,6
Falevai	2,2	260	118,2

§*Tu'ivakanō*-estate (einschl. Nukunuku, Matahau, Vaotu'u und Matafonu'a)

Quellen: Katasterkarten; Zensus 1976; eigene Berechnungen

Fläche des *toƒi'a* abzüglich der nicht agrarisch nutzbaren Flächen zugrunde gelegt. Der sich daraus ergebende Bevölkerungsdichtewert von 180 Einwohnern pro Quadratkilometer ist in seiner Höhe charakteristisch für den traditionell dicht besiedelten Westteil der Hauptinsel.[1]

Als traditionell dicht besiedelt ist mit durchschnittlich 206 Einwohnern pro Quadratkilometer ebenfalls die Ha'apai-Gruppe zu bezeichnen, für die das Beispieldorf Lotofoa in Tabelle 8 einen untypisch niedrigen Dichtewert ausweist. Dazu ist zu bemerken, daß bei der Auswahl der Dörfer keine gesicherten Daten über die von den Dorfbewohnern tatsächlich genutzte Landfläche vorlagen; daß vielmehr davon ausgegangen werden mußte, daß die in Klammern angegebene Fläche (ein Teil des Lotofoa umgebenden *toƒi'a* des Adeligen *Tu'ipelehake*) in Rechnung gestellt werden mußte. Bei der Feldforschung stellte sich jedoch heraus, daß der berechnete hohe Dichtewert von 360 Einwohnern pro Quadratkilometern unrealistisch

---

1) Für Tongatapu kann eine Dichte von 222 E/km^2 angegeben werden, wenn die städtischen Siedlungen in die Berechnung eingehen. Bezogen auf die landwirtschaftliche Nutzfläche der besiedelten Inseln ergibt sich für ganz Tonga eine Dichte von durchschnittlich 156 E/km^2.

ist, weil die Bewohner Lotofoas durch größtenteils informelle
Absprachen Landnutzungsrechte auch auf den umliegenden Ländereien
des Königs, der Regierung und zweier anderer Adeliger erworben
hatten.

Als Beispiele relativ dünn besiedelter Gebiete können dagegen
eindeutig das Dorf Kolonga für den Ostteil Tongatapus und die
Dörfer Taoa und Falevai gelten, die in etwa die für Vava'u als
Durchschnitt errechnete Dichte von 121 Einwohnern pro Quadratkilometer aufweisen.

1.2 Wirtschaftliche Kriterien

Im Kontext des Wandels kultureller Wertvorstellungen werden
in Tonga die traditionellen, völlig ohne Geldmittel zu errichten-
den tonganischen Hütten (*ʻale Tonga*) nicht mehr als erstrebenswerte
Wohngebäude angesehen. Vielmehr werden Häuser aus importierten Bau-
materialen im europäischen Stil (*ʻale Pālangi*) aufgrund objektiver
Vorzüge wie Geräumigkeit und Schutz vor tropischen Regengüssen,
aber auch subjektiver Merkmale wie das damit verbundene soziale
Prestige bevorzugt (s. Photos im Anhang).

Die Errichtung auch des einfachsten Holzhauses im europäischen
Stil kostet etwa 2.000 T$; ein Betrag, der in der Regel nur durch
kommerzielle Landwirtschaft, eine gut bezahlte Arbeitsstelle oder
durch Geldüberweisungen aus dem Ausland aufgebracht werden kann.
Ein typisches *ʻale Tonga* ohne irgendwelche importierten Baumaterialien kann dagegen als ein Indiz für einen am Existenzminimum lebenden Haushalt angesehen werden. Zur Strukturierung der Dörfer
bietet es sich also an, die Anteile europäischer und typisch tonganischer Hausformen als wirtschaftliche Indikatoren zu interpretieren.

Wenn man - wie im Zensus[1] und der daraus abgeleiteten Tabelle
9 - der Einfachheit halber jedem der Haushalte in den untersuchten
Dörfern jeweils ein Haus zurechnet, ergibt sich, daß in Kolonga

1) KINGDOM OF TONGA, Census 1976, Tab.37

TAB.9: HAUSFORMEN   (in %)

Dorf	Europäischer Stil		Tonganischer Stil		Total
	Stein	Holz	Wellblech Stroh/Holz	*faleTonga*	
Kolonga	19,3	40,8	14,2	25,7	238
Nukunuku	17,2	59,1	9,1	14,6	198
Lotofoa	2,4	39,3	20,2	38,1	84
Taoa	-	12,9	72,9	14,3	70
Falevai	-	63,4	-	36,6	41

Quelle: Zensus 1976

und Falevai der Anteil von Häusern im europäischen Stil (aus Holz
oder Steinen) in etwa dem Landesdurchschnitt von 60 % entspricht.
Kolonga liegt damit etwas unter dem Durchschnitt der Hauptinsel
Tongatapu (66,4 %); Falevai liegt über dem Durchschnitt der Vava'u-
Gruppe (57 %).

Die Angabe für Falevai muß jedoch kritisch betrachtet werden:
Die subjektive Klassifizierung der Häuser durch die Zensus-Befra-
ger[1] hat in diesem Dorf offenbar dazu geführt, alle Häuser, zu
deren Errichtung irgendwie Holz oder Wellblech verwendet wurde,
als "europäisch" aufzufassen. Im umgekehrter Weise scheint die
subjektive Einstufung der Hausformen in Taoa zu einem unrealistisch
niedrigen Anteil europäischer Häuser geführt zu haben.

Der Wert für Lotofoa (42 % *fale Pālangi*) reflektiert in etwa
die Verhältnisse für die gesamte Ha'apai-Gruppe, wo der Anteil europäischer Hausformen mit durchschnittlich 45 % am niedrigsten ist.
Dies kann als ein Indikator für die zurückgebliebene wirtschaft-

---

1) Ein Versuch, die Kriterien zu objektivieren findet sich bei RATCLIFFE,J. &
   DILLON,R., 1982, Tab.24 "Alternative Breakdown of House Types" und Tab.25
   mit der Entwicklung von "Construction Indicators".

liche Entwicklung dieser Inselgruppe gedeutet werden, während der
hohe Anteil europäischer Hausformen in Nukunuku (76 %) zwar auch
auf die Existenz regionaler Disparitäten hinweist; jedoch bei diesem Beispiel aus West-Tongatapu auf eine fortgeschrittene wirtschaftliche Entwicklung, an der breite Bevölkerungsschichten partizipieren.

Korrespondierend zu den Anteilen europäischer Hausformen können
die Anteile tonganischer Hütten in den Dörfern betrachtet werden.
Dabei kann das Verhältnis von $\langle ale\ P\bar{a}langi$ und $\langle ale\ Tonga$ als
Maß einer sozialen Polarisierung im Dorf gewertet werden: auf der
einen Seite Haushalte, die erhebliche Geldmittel für den Hausbau
aufwenden können; auf der anderen Seite Haushalte, die sich nur zu-
sammengesuchte Baumaterialien leisten können. Eine solche Auswertung
der Zensusdaten ergibt, daß in Nukunuku und Taoa eine relativ ausgeglichene Sozialstruktur besteht, während die hohen Anteile nur
tonganischer Hütten in den anderen Dörfern (in geringerem Maße in
Kolonga) darauf schließen lassen, daß ein beträchtlicher Teil der
Haushalte nicht an der allgemeinen wirtschaftlichen Entwicklung
beteiligt ist.

TAB.10: STICHPROBE HAUSFORMEN (in %)

vorwiegend europäisch	55	großes europäisches	20	nur großes europäisches 13
				großes europ. & andere 7
		kleines europäisches	35	nur kleines europäisches 15
				kleines europ. & andere 20
vorwiegend tonganisch	45	teilweise tonganisch	26	nur teilweise tonganisch 17
				teilweise tongan. & andere 9
		$\langle ale\ Tonga$	19	$\langle ale\ Tonga$ (ein oder mehrere) 19

Quelle: eigene Erhebung

Differenziertere Aussagen als durch die Ergebnisse des Zensus
werden erst nach einer weiteren Aufschlüsselung des Gebäudebestan-
des durch die in Tabelle 10 dargestellten Ergebnisse der eigenen
Untersuchung möglich. Die Stichprobe der Haushalte bestätigt zum
einen, daß der Anteil der als "vorwiegend europäisch" eingestuften
Häuser in etwa den Angaben des Zensus entspricht. Eine detailliertere Betrachtung führt jedoch zu dem Ergebnis, daß zwei Drittel
der ʄale Pālangi nur kleine, zumeist aus einem Raum bestehende
Holzhäuser sind, und nur 20 % aller Gebäude als große Wohnhäuser
mit mehreren Zimmern bezeichnet werden können.

Bezogen auf die Beispieldörfer ergibt sich für Kolonga und
Nukunuku eine Bestätigung des überdurchschnittlich hohen Anteils
europäischer Häuser. Während jedoch in Kolonga von den 60 % ʄale
Pālangi nur ein Viertel als "groß" eingestuft werden kann, bestehen in Nukunuku 73 % dieser Häuser aus mehreren Zimmern. Im Gegensatz dazu wird der für Ha'apai typische, niedrige Anteil europäischer Hausformen in Lotofoa (35 %) noch dadurch vermindert, daß
nur jedes zehnte dieser Häuser als "groß" zu bezeichnen ist.

Abweichend von den Zensuswerten weisen die eigenen Erhebungen
ein wohl realistischeres Bild der Verteilung von Hausformen in
Taoa und Falevai aus: In Taoa wurden circa 50 % europäischer Häuser ermittelt, von denen jeweils die Hälfte große bzw. kleine sind.
Zusammen mit dem sehr niedrigen Anteil tonganischer Hütten (9 %)
bestätigt dieses Ergebnis den bereits formulierten Eindruck einer
geringen sozialen Polarisierung in Taoa. In Falevai dagegen ist
der sehr niedrige Anteil europäischer Häuser (17 %) zum einen charakteristisch für die Defizite wirtschaftlicher Entwicklung auf
den ganz abgelegenen Inseln Tongas, zum anderen ist er bezeichnend
für die soziale Unausgewogenheit in der Verteilung des Gesamtein-
kommens auf die Haushalte dieses Dorfes. Der gleiche Eindruck kann
durch die überdurchschnittlich hohen Anteile rein tonganischer Hütten auch für Lotofoa und Kolonga gewonnen werden.

Abschließend sei darauf hingewiesen, daß die Deutung des Hausfor-
menbestandes als wirtschaftlicher Indikator nur eine vereinfachte
Betrachtung ist. Tonganische Familien verfügen zumeist über mehrere
Nebengebäude (Hütten), die zur Vielfalt der Dorfphysiognomie beitragen.

TAB.11: ERWERBSTÄTIGKEIT DER MÄNNER (in %)

Dorf	SELBSTÄNDIG				LOHNABHÄNGIG	
	Farmer vollzeit	Farmer teilzeit	Fischer	Einzel-händler	Regier.-sektor	Privat-sektor
Kolonga	56,4	30,1	22,9	0,6	5,1	11,5
Nukunuku	57,0	32,5	36,8	0,8	13,2	13,2
Lotofoa	59,6	31,9	68,1	-	17,0	8,5
Taoa	63,8	27,7	29,8	-	6,4	14,9
Falevai	38,1	38,1	85,7	-	9,5	14,3

Quelle: eigene Erhebung

Als ein weiteres ökonomisches Kriterium soll zur Charaktersisierung der untersuchten Dörfer die Erwerbstätigkeit der Bevölkkerung nach Berufsgruppen und Beschäftigungssektoren herangezogen werden.

Von den im Sample erfaßten männlichen Haushaltsmitgliedern über 15 Jahre (s. Tab.11) sind in fast allen Dörfern weit über die Hälfte hauptberuflich in der Landwirtschaft tätig. Aus dieser Reihe heraus fällt das Beispieldorf Falevai, wo jedoch zu den 38 % der Männer, die die Arbeit auf dem Feld als ihre wichtigste Beschäftigung ansehen, ein ebenso hoher Anteil von Männern hinzu kommt, die einen erheblichen Teil ihrer Zeit der Arbeit auf den Buschparzellen widmen. Der höchste Anteil voll in der Landwirtschaft beschäftigter Männer ergibt sich mit fast zwei Dritteln in Taoa.

Unter Einbeziehung der teilweise in der Landwirtschaft tätigen Männer kann man feststellen, daß etwa neun von zehn Männern in der einen oder anderen Weise einen Teil ihres Lebensunterhaltes durch die Landwirtschaft verdienen. Dabei ist zunächst nicht unterschieden worden zwischen Farmern, die ausschließlich oder zum größten Teil für den Eigenbedarf anbauen und solchen, die kommerzielle Land-

wirtschaft betreiben. Wie Tabelle 11 erkennen läßt, ginge eine
solche Unterscheidung an der Tatsache vorbei, daß sich Berufsgruppen in Tonga nicht klar voneinander abgrenzen lassen, weil
es üblich ist, daß von einer Person mehrere Tätigkeiten ausgeübt
werden.

So bedeutet der für Falevai und in geringerem Maße für Lotofoa
charakteristische hohe Anteil von "Fischern" nicht, daß diese Dörfer in der Hauptsache vom Fischfang leben. Die überwiegende Mehrzahl der Männer betrachtet das Fischen auf den umliegenden Riffen
als zusätzliche Nahrungsquelle, die in den anderen Dörfern (besonders in Kolonga) durch importierte Lebensmittel substituiert werden muß. Auch von dem durchschnittlich etwa einem Viertel der
Männer, die im Privat- oder Regierungssektor in einem entlohnten
Beschäftigungsverhältnis stehen, ist zu sagen, daß fast alle zur
Versorgung ihrer Familien mit Grundnahrungsmitteln auf die agrarische Nebenbeschäftigung oder/ und Fischfang angewiesen sind.

Bezeichnend für Kolonga ist der relativ niedrige Anteil (knapp
17 %) von Männern, die eine bezahlte Beschäftigung im Privat- oder
Regierungssektor gefunden haben, während in dem anderen Dorf auf
der Hauptinsel dieser Anteil um fast 10 % höher liegt. Diese Angaben korrespondieren mit den Männern, die sich aktiv auf der Suche
nach einer entlohnten Beschäftigung befinden: In Kolonga sind dies
fast ein Drittel aller Männer, in Nukunuku nur 14 %. Noch niedriger liegen diese Werte für die Dörfer auf den äußeren Inseln (im
Mittel 5 %); dort reflektieren sie jedoch eher die Tatsache, daß
es dort kaum Beschäftigungsmöglichkeiten gibt.

Als Haupteinnahmequelle bezeichneten "Überweisungen aus dem Ausland" bzw. "Ersparnisse einer früheren eigenen Tätigkeit im Ausland"
nur durchschnittlich 2,5 % der Männer, wobei die geringe Akzeptanz
der Fragestellung (Abhängigkeit) allerdings eine Bedeutung für die
Antworten gehabt haben dürfte. Der Anteil der Schüler und Studenten,
die durch Nebenbeschäftigung zum Haushaltseinkommen beitragen, beziffert sich auf durchschnittlich 15 % und ist im Mittel auf der
Hauptinsel höher als auf den äußeren Inseln. In den Schulferien ist
es jedoch für alle jungen Männer üblich, auf dem Feld mitzuarbeiten.

TAB.12: ERWERBSTÄTIGKEIT DER FRAUEN (in %)

| Dorf | SELBSTÄNDIG | | | | LOHNABHÄNGIG | |
	Haus-arbeit	Hand-arbeit	Feld-arbeit	Einzel-händler	Regier.-sektor	Privat-sektor
Kolonga	93,1	29,0	33,8	3,4	4,1	5,5
Nukunuku	98,0	36,5	25,0	9,6	7,7	1,0
Lotofoa	88,6	70,0	18,2	4,5	2,3	-
Taoa	92,3	61,5	61,5	1,9	1,9	7,7
Falevai	96,0	36,0	16,0	-	12,0	-

Quelle: eigene Erhebung

Von den erwerbsfähigen Frauen der Dörfer stehen nur durchschnittlich 8,6% in einem entlohnten Beschäftigungsverhältnis (s.Tabelle12),
wobei jeweils die Hälfte der im Regierungssektor beschäftigten als
Lehrerinnen bzw. Büroangestellte arbeiten. Von den im Privatsektor
tätigen arbeitet die Mehrzahl als Verkäuferinnen in Einzelhandels-
geschäften. Ein wesentlich höherer Anteil der Frauen (4 %) als der-
jenige der Männer (0,5 %) hat sich aber durch Einzelhandelsgeschäfte
oder Verkaufsstände auf dem Markt selbständig gemacht. Herausra-
gend sind dabei die Werte von Nukunuku (fast 10 %), was wohl durch
die Nähe zur Hauptstadt zu erklären ist, und das völlige Fehlen
von Falevai, wo die Möglichkeiten des Selbständigmachens durch
die geringe Nachfrage im Dorf und die schlechten Transportverbin-
dungen zum Provinzhauptort Neiafu sehr eingeschränkt sind.

Wie bei den Männern überschneiden sich auch bei den Frauen die
Tätigkeitsfelder: So verrichten neben der Hausarbeit, die von fast
allen Frauen gemacht wird, noch ein großer Teil Handarbeiten für
den Eigenbedarf oder zum Verkauf. Weiterhin hilft ein Teil der Frau-
en ihren Männern regelmäßig bei der Feldarbeit, wobei die für Loto-

foa und Falevai ermittelten niedrigen Anteile eher der traditionellen tonganischen Rollenzuweisung entsprechen. Die Werte für
Nukunuku und Kolonga lassen dagegen eine größere Beteiligung der
Frauen unter den Bedingungen einer wachsenden marktorientierten
Produktion erkennen. Besonders deutlich wird dieser Trend durch
den herausragenden Wert für Taoa, wo über 60 % der Frauen auch
Feldarbeit verrichten. In seiner Höhe wird dieser Wert allerdings
bestimmt durch die zur Kultivierung von Vanille notwendige manu-
elle Pollination; ein Umstand, auf den bei der Fallstudie über
Taoa näher eingegangen werden soll.

Bei den vom Sample erfaßten Frauen ist die Tendenz derjenigen,
die sich aktiv auf der Suche nach einer entlohnten Beschäftigung
befinden, der bei den Männern vergleichbar: Auch hier ist der Anteil mit fast einem Drittel in Kolonga sehr hoch, während er in
den anderen Dörfern (allerdings aus unterschiedlichen Gründen)
bedeutend niedriger liegt. Der Anteil von Schülerinnen und Studen-
tinnen (18 %) ist etwas höher als bei den Männern; weist aber die
gleiche Tendenz auf, daß auf der Hauptinsel - wegen der leichteren
Zugänglichkeit der höheren Schulen - eine größere Beteiligung am
Bildungsangebot besteht als auf den äußeren Inseln.

Der Zensus von 1976 [1] läßt einen Vergleich mit den eigenen Ergebnissen zur Erwerbstätigkeit in den untersuchten Dörfern nur bedingt zu. Als Prozentsatz aller Beschäftigten an der erwerbsfähigen
Bevölkerung läßt sich nach dem Zensus für ganz Tonga 37 % berechnen;
ein Wert, der für Tongatapu und Vava'u etwas höher und für Ha'apai
etwas niedriger liegt. In diese Angaben sind die Zahlen der Selbständigen und Lohnabhängigen, aber auch ein nicht genau zu erfas-
sender Anteil von Personen eingegangen, die ohne Bezahlung gearbeitet haben. [2] Bei der eigenen Untersuchung ist jedoch die unbezahlte
Arbeit unter " selbständig " subsumiert worden. Die in Tabelle 13
(s.u.) wiedergegebenen Anteile der erwerbstätigen Bevölkerung in
den Beipieldörfern lassen sich deshalb nicht mit den in vorangegangenen Tabellen dargestellten Anteilen der "lohnabhängigen" gleich-

---

1) KINGDOM OF TONGA, Census 1976, Tab.25
2) ebd., Instruction Manual, S.310

setzen. Vielmehr erscheinen die dem Zensus zu entnehmenden Angaben zur Erwerbstätigkeit – wenn man darunter bezahlte Arbeit versteht – um einiges überhöht und besonders für Falevai durch den hohen Anteil von Subsistenz-Farmern erheblich verzerrt.

TAB.13: NICHT-BESCHÄFTIGTE (in % der Erwerbsfähigen)

Dorf	erwerbs- tätig	arbeit- suchend	andere, nicht- erwerbstätig	ARBEITSLOSENRATE	
				A)	B)
Kolonga	32,8	5,6	10,7	14,6	33,2
Nukunuku	39,7	3,2	3,1	7,5	13,6
Lotofoa	39,8	6,5	4,8	14,0	22,0
Taoa	42,5	1,5	8,4	3,5	19,0
Falevai	50,4	2,1	0,7	4,1	5,3

Quelle: Zensus 1976

Schon lohnender ist der Versuch, aus den Angaben des Zensus ein Maß für den Anteil der Nicht-Beschäftigten zu gewinnen. Folgt man dabei allerdings dem von der offiziellen Statistik nahegelegten Weg in der Weise, daß nur der Anteil der Arbeitsuchenden am "Total Labour Force" (die Summe der Erwerbstätigen und Arbeitsuchenden) berechnet wird, kommt man zu überraschend niedrigen Zahlen.

Die nach dieser Methode berechnete Arbeitslosenrate A) (s.Tabelle 13) unterschlägt die Zahl derjenigen, die zwar nicht arbeitsuchend sind, aber aus nicht genannten Gründen keiner Erwerbstätigkeit nachgehen. Das "Instuction Manual" des Zensus nennt diese Kategorie:

> "Not economically active, who are receiving public and/or private support" 1)

1) KINGDOM OF TONGA, Census 1976, S.312

In der Praxis sind das erwerbsfähige Personen, die nach tonganischer Gepflogenheit auf kosten ihrer Familien leben. Die rechne-
rische Einbeziehung dieser Gruppe in die "Labour Force" (Arbeitslosenrate B) ist der Versuch, die Grauzone der versteckten Arbeitslosigkeit mit zu erfassen und ergibt ein wohl realistischeres Bild
der Beschäftigunglage in den Dörfern.

Bestätigt werden dadurch, daß Kolonga eine im Vergleich zum
Durchschnitt der Hauptinsel (24 %) hohe Arbeitslosenrate von einem
Drittel der Erwerbsfähigen aufweist und daß in Nukunuku die Be-
schäftigungslage mit nur etwa 14 % wesentlich günstiger ist. Bezogen auf Tongatapu reflektieren diese Ergebnisse den Umstand,
daß der Ostteil dieser Insel ein strukturschwaches Gebiet ist,
während im westlichen Teil durch die verbesserte Infrastuktur und
leichtere Zugänglichkeit der Hauptstadt eher die Möglichkeit besteht, eine Beschäftigung auch außerhalb der Landwirtschaft zu
finden.

In Lotofoa und Taoa geben die Anteile der Nicht-Beschäftigten
in etwa die Verhältnisse auf den anderen beiden Inselgruppen wieder (Ha'apai: 27 %, Vava'u: 21 %). Die niedrige Rate von Falevai
muß als Ergebnis der Einbeziehung eines unverhältnismäßig hohen
Anteils von Subsistenz-Farmern und -Fischern in die "Labour Force"
angesehen werden. Diese Personengruppe kann unter den Bedingungen
auf den äußeren Inseln der Vava'u-Gruppe realistischerweise nicht
davon ausgehen, eine entlohnte Beschäftigung zu finden und ist deshalb auch nicht als "arbeitsuchend" eingestuft. Im Gegensatz zu
den anderen Dörfern darf in der niedrigen Arbeitslosenrate von
Falevai also kein Hinweis auf die wirtschaftliche Stärke dieses
Gebietes gesehen werden.

Ein deutlicherer Hinweis auf die wirtschaftliche Struktur der
untersuchten Dörfer läßt sich in der unterschiedlichen Verteilung
des Bruttoeinkommens der untersuchten Haushalte erkennen. Die in
der ersten Spalte der Tabelle 14 (s.u.) dargestellte relative Bedeutung des Agrarsektors (genauer: des vermarkteten Anteils davon)
teilt die Beispieldörfer in drei Gruppen:

TAB.14: VERTEILUNG DES HAUSHALTSEINKOMMENS (in %)

Dorf	Agrar-sektor	Auslands-überweis.	Verkauf Tiere	Verkauf Fisch	Löhne/ Gehälter	sonstige Quellen[§]
Kolonga	53,9	16,5	1,2	4,6	12,0	11,8
Nukunuku	36,2	26,4	10,1	0,2	22,6	4,5
Lotofoa	56,0	7,9	4,3	3,7	14,3	13,8
Taoa	65,8	7,5	0,2	4,6	11,9	9,9
Falevai	53,6	12,3	0,3	10,0	21,7	2,2

[§] schließt vor allem Handarbeiten, aber auch andere ökonomische Aktivitäten ein

Quelle: eigene Erhebung

- Kolonga, Lotofoa und Falevai bilden eine Gruppe, in der etwas über die Hälfte des gesamten Haushaltseinkommens aus der Landwirtschaft gewonnen wird,
- Taoa kann mit einem überdurchschnittlich hohen Anteil des Agrarsektors ausgegliedert werden und
- Nukunuku fällt wegen der relativ geringen Bedeutung des Agrarsektors heraus.

Betrachtet man die folgenden Spalten der Tabelle 14, wird deutlich, daß in Nukunuku in besonderem Maße Geldüberweisungen aus dem Ausland, aber auch Löhne/Gehälter für das Haushaltseinkommen eine Rolle spielen. In Kolonga und Falevai wird das Haushaltseinkommen ebenfalls - wenn auch in geringerem Umfang - durch diese Quellen ergänzt. In Kolonga trägt wie in Lotofoa auch der Verkauf von Handarbeiten und sonstiger Nebenerwerb zum Einkommen bei, während in Falevai der Verkauf von Fisch eine vergleichbare Stellung hat. Bezeichnend für Lotofoa und Taoa ist weiterhin der relativ geringe Anteil der Geldüberweisungen aus dem Ausland am gesamten Bruttoeinkommen der Haushalte.

Betrachtet man nicht den relativen Stellenwert, sondern die
absolute Höhe des aus der Landwirtschaft erzielten Bruttoeinkommens, so ist ebenfalls festzustellen, daß Taoa mit über 2.600
T$ pro Jahr und Haushalt den ersten Rang in diesem Wirtschafts-
zweig einnimmt. Mit über 2.400 T$ liegt das durchschnittliche
Agrareinkommen der Haushalte in Kolonga allerdings in einer vergleichbaren Größenordnung; die übrigen Dörfer dagegen verdienen
durch die Landwirtschaft bedeutend weniger: So wurde in Lotofoa
ein Haushaltseinkommen von 1.500 T$, in Nukunuku 1.350 T$ und
in Falevai nur 1.000 T$ ermittelt.

Zusammenfassend können deshalb die für eine detailliertere
Untersuchung von Landrecht und Landnutzung ausgewählten Beispieldörfer nach ökonomischen und demographischen Kriterien folgendermaßen charakterisiert werden:

- Kolonga liegt in einem relativ dünn besiedelten Gebiet der
  Hauptinsel und erzielt den größten Teil seines hohen Durch-
  schnittseinkommens aus kommerzieller Landwirtschaft.

- Nukunuku liegt in einem relativ dicht besiedelten Gebiet der
  Hauptinsel, erzielt nur ein geringes Agrareinkommen, verfügt
  aber durch die Nähe zur Hauptstadt und durch Auswanderung
  über andere Einnahmequellen.

- Lotofoa liegt im dicht besiedelten Ha'apai und erzielt nur
  ein geringes Agrareinkommen, das kaum durch andere Ressourcen
  ergänzt werden kann.

- Taoa liegt im relativ dünn besiedelten Vava'u und ist durch
  Spezialisierung der kommerziellen Landwirtschaft in der Lage,
  ein hohes Durchschnittseinkommen zu erzielen.

- Falevai, als Beispiel für die dünn besiedelten äußeren Inseln
  Tongas, erzielt ein sehr geringes Agrareinkommen; der vermarktete Anteil der Agrarproduktion ist Supplement der Selbstver-
  sorgungswirtschaft, in der auch der Fischfang beträchtliche
  Bedeutung hat.

Auf der Grundlage dieser Voraussetzungen soll in den folgenden Abschnitten die komplexe Struktur der Landbesitzformen in
den Dörfern vorgestellt werden, um - jeweils abschließend - einen Zusammenhang aufzuzeigen zwischen Formen von Landrecht und
Landnutzung. Die Fallstudien sind nach folgender Gliederung
strukturiert:

- Lage, Geschichte, Besonderheiten

1. Grundbesitzverhältnisse

1.1   Pachten

1.2   Buschparzellen

1.3   informelle Pachtabsprachen

1.4   Dorfparzellen

2. Landnutzung

2.1   Arbeitsorganisation

2.2   Inputs

2.3   Brache

2.4   Outputs

3. Zusammenfassung

Gegen Ende jeder Fallstudie sind jeweils eine Reihe von Beispielen zur Landnutzung in dem betreffenden Dorf abgebildet. Die
Auswahl dieser Parzellen erfolgte zum einen aufgrund der in Tabelle 30 (s. Anhang) zusammengefaßten durchschnittlichen Landnutzungsverhältnisse; zum anderen wurde bei der Auswahl darauf geachtet, die für das jeweilige Dorf bezeichnenden Agrarkulturen
deutlich herauszustellen. Die in den Karten angegebene Prozent-
zahl des Kokospalmenbestandes bezieht sich auf den Index (=100 %)
von 200 Palmen pro 'api; also die gesetzlich vorgeschriebene Min-
destzahl. Eine (geschätzte) Angabe von "50 % Palmenbestand" bedeutet z. B. , daß sich auf der gesamten Parzelle etwa 100 produzie-
rende Palmen verteilen.

2.   KOLONGA

Das Dorf Kolonga wurde als Fallbeispiel in die Untersuchung aufgenommen, weil vorab unter anderem bekannt war, daß der *Nopele* der
umgebenden Ländereien im Ort ansässig ist und weil die marktorientierte Agrarproduktion des Dorfes als relativ fortgeschritten gilt.
Die Konstellation dieser beiden Faktoren (von den anderen Auswahl-
kriterien einmal abgesehen) bietet die Möglichkeit, Veränderungen
der Landrechtspraxis in einem noch weitgehend traditionellen sozialen Gefüge zu beobachten und zu untersuchen, wie sich die Vorteile wirtschaftlicher "Modernisierung" in der Landnutzung auf unterschiedliche Bevölkerungsgruppen verteilen.

Kolonga liegt and der Nordostküste der Hauptinsel Tongatapu und
ist vom Zentrum Nuku'alofas (Talamahu Markt) etwa 13 km entfernt.[1]
Auf dem normalen Transportweg, der Straße, die von der Hauptstadt
um die *Fanga 'Uta*-Lagune über Vaini und Mu'a nach Kolonga führt,
beträgt die Entfernung etwa 32 km; eine Strecke, die mit dem üblichen Beförderungsmittel Bus in etwa einer Stunde und vierzig Minuten zurückgelegt werden kann.[2]

Der Zensus von 1976 gibt die Einwohnerzahl des Dorfes mit 1549
an. Kolonga ist damit - sieht man von dem Flughafenort Fu'amotu
und der Dörferagglomeration Mu'a ab - das größte Dorf im Ostteil
Tongatapus. Das Dorf bedeckt eine Fläche von circa 71 Hektar, wobei ein Teil des als "Township Reserve" für weitere Besiedlung vorgesehenen Areals (insgesamt 68 Hektar)[3] hinzugerechnet werden muß.

Der Ortsgrundriß (s. Abb. Nr. 25) läßt - zumindest im östlichen
Teil des Dorfes - eine zeilenförmige Anordnung der Dorfgrundstücke
(*'api kolo*)erkennen, die sich an der durch das Dorf führenden Hauptstraße orientiert. Ein damit nahegelegter Vergleich zu einem europäischen Straßendorf wird jedoch dadurch erschwert, daß die Bebau-

---

1) Angaben berechnet nach topographischer Karte "Kingdom of Tonga" (1:25.000),
   Entfernung bis zur zentralen Straßenkreuzung
2) Angesichts des dürftigen Straßenzustandes mit durchschnittlich 20 km/h
3) Angaben nach Katasterkarte "Kolonga Township", 3 chains to an inch

ABB.25: ORTSGRUNDRISS VON KOLONGA

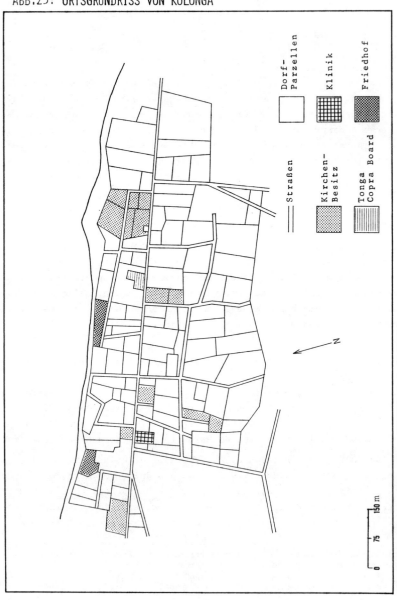

Quellen: Katasterkarten; THAMAN,R.R.(1975)

ung auf den Parzellen offenbar keinem Ordnungsschema folgt. Vielmehr entsteht durch die in Abständen von zehn bis vierzig Metern
errichteten Gebäude der Eindruck einer willkürlich gestreuten Siedlungsweise. Nur an der Peripherie des Dorfes, das in seiner Längs-
ausdehnung (West-Ost) etwa 1,8 km und an der breitesten Stelle
(Nord-Süd) etwa 500 m mißt, läßt sich erkennen, daß die bevorzugten Siedlungsplätze nahe der Hauptstraße gelegen sind. Nahe der
Straße befinden sich auch - als einziger Hinweis auf eine funktio-
nale Gliederung - die bereits beschriebenen kleinen Einzelhandelsgeschäfte (*ʃale koloa*), ein 1981 fertiggestelltes Hospital und
die Kirchengebäude der sechs wichtigsten Glaubenskongregationen.

Die Kirchengebäude, ein Versammlungshaus, das ein- bis zweimal
in der Woche als Kino benutzt wird, und der etwas deplaziert wir-
kende Prachtbau des erfolgreichsten Unternehmers in diesem Teil der
Insel sind die Ausnahmen eines Dorfaufrisses, der ansonsten durch
einstöckige Bauweise gekennzeichnet ist.

Kolonga liegt auf den Ländereien des Adeligen *Nuku*. Insgesamt
umfaßt dessen *toʃi'a* eine Fläche von 1.221,8 Hektar[1], von der der
größte Teil mit 1.129,8 Hektar[2] das Kolonga umgebende Buschland
darstellt. Der kleine Rest verteilt sich auf die ebenfalls auf
Tongatapu befindlichen Auslieger Poha und Kontongo.[3] Das *toʃi'a*
ist bis auf die beiden Exklaven ein zusammenhängendes Gebiet, das
aus der Nordostseite Tongatapus einen zwischen zwei und drei Kilometer breiten Streifen von der nördlichen bis zur südlichen Küste
herausschneidet (s. Abb. Nr. 26). Die größte Entfernung auf dem
toʃi'a ist mit circa 6,8 km die Strecke von der Nordwest- zur Süd-
ostspitze. Der Flächenanteil des *toʃi'a* an der übergeordneten Verwaltungseinheit, dem Lapaha-District[4], beträgt etwa 22 %, an der
Fläche der Hauptinsel Tongatapu etwa 4,3 % und an der gesamten
agrarisch nutzbaren Fläche Tongas etwa 1,9 %.[5]

---

1) nach KINGDOM OF TONGA, 1980, Ministry of Finance
2) Berechnung auf der Grundlage der Katasterkarte "4chains to an inch" und Aufsummierung der zu den Ländereien gehörenden Buschparzellen und Pachten; Vergleich mit WEBER,G.G. & SAAFI,M., 1978, nur bedingt möglich
3) vergl. MARCUS,G.E., 1980, S. 303ff
4) Fläche: ca. 50 km², berechnet mit Planimeter
5) vergl. MAUDE,A., 1965, S.68 und 218

ABB.26: LANDBESITZ UM KOLONGA

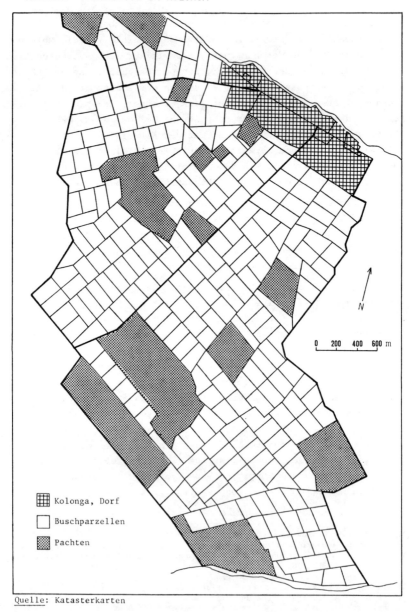

Kolonga, Dorf

Buschparzellen

Pachten

Quelle: Katasterkarten

2.1 Grundbesitzverhältnisse

Wie im einleitenden Abschnitt verdeutlicht hat die Landwirtschaft in Kolonga noch größere Bedeutung als in anderen Gebieten
Tongas. Zusätzlich zur Sicherung der Existenzgrundlage der Bevölkerung ermöglicht die für Tongatapu relativ niedrige Bevölkerungsdichte den Aufbau einer marktorientierten Agrarproduktion. Die Voraussetzungen dafür sind durch die Grundbesitzverhältnisse auf dem
toƒi'a gegeben, die im folgenden zunächst anhand der allgemein zugänglichen Daten, sodann durch die Ergebnisse der empirischen Untersuchung dargestellt werden sollen.

TAB.15: GRUNDBESITZVERHÄLTNISSE IN KOLONGA

FLÄCHE in	Land des *Nopele*	registrierte Buschparzellen	nicht-registrierte Buschparzellen	Pachten	Summe
Hektar	23,6	206,2	612,5	287,5	1.129,8
%	2,1	18,3	54,2	25,4	100

Quelle: Katasterkarten

Die auf der Grundlage der Katasterkarten[1] errechneten und mit
der "List of Landholders"[2] verglichenen Angaben der Tabelle 15
geben einen ersten Aufschluß über die Grundbesitzverhältnisse auf
den Ländereien des *Nopele Nuku.* Danach hat der Adelige von der gesamten landwirtschaftlichen Nutzfläche von 1.130 ha nur etwa 2 %

---

1) Katasterkarte "4chains to an inch", Blöcke: 80/100, 80/99, 80/98, 79/98,
   79/99, 79/100, 78/99, 78/100
2) WEBER,G. & SAAFI,M., 1979, S.1-20

als *ʃaka toʃi'a* für sich reserviert. Darüber hinaus zieht er allerdings wirtschaftlichen Nutzen aus seinen Landbesitzansprüchen durch
die Verpachtung von mehr als einem Viertel des *toʃi'a* an Kirchen
und private Pächter.

2.1.1   Pachten

Um den hohen, vom Landgesetz nicht vorgesehenen Anteil an Pachtland zu realisieren, sind offenbar alle Möglichkeiten ausgeschöpft
worden, die "5-%-Klausel" (der maximale Anteil des *toʃi'a*-Landes,
der an Privatleute verpachtet werden darf)[1] zu umgehen. Der erst
1980 eingeschobene Zusatz zum entsprechenden Paragraphen des Landgesetzes (s.u.) "under the forgoing subsection" beispielsweise legitimiert das Verfahren, Pachtverträge mit engen Verwandten nicht
in das Grundbuch eintragen zu lassen. Statt der 287,5 ha erscheinen
im "Registration book of leases"[2] deshalb nur 180,3 ha; die Differenz der Flächen ist an engere Verwandte des *Nopele* durch neun
Pachtverträge abgetreten worden, die nicht der Zustimmung des Kabinetts bedürfen. Diese Verwandten sind Brüder und Cousins des Adeligen, die in Kolonga zu den erfolgreichsten kommerziellen Farmern
gehören.

Die im Grundbuch ausgewiesene Fläche von 180 ha, die sich auf
15 landwirtschaftlich genutzte Grundstücke (die von den Kirchen gepachteten Dorf-Grundstücke fallen flächenmäßig kaum ins Gewicht)
verteilt, macht aber immer noch 16 % der *toʃi'a*-Fläche aus. Davon
sind etwa 11 % (125 ha) an Privatleute verpachtet; ein Anteil, der
um mehr als das Doppelte die gesetzlichen Höchstgrenzen übersteigen
würde, wäre das Landgesetz nicht um einen Zusatz erweitert worden,
der alle vor 1945 geschlossenen Langzeit-Pachtverträge aus dieser

---

1) § 33, Abs.2 des Landgesetzes: "The total amount of land leased on an hereditary estate under the forgoing subsection (other than land leased to religious
   bodies ...) shall in no case exceed five per cent of the total area of that
   hereditary estate." in WYLIE,C., 1967, S.608
2) zugänglich im Lands & Survey Department, Stand 1981

Berechnung herausnimmt.[1] Durch mehrere große Pachtgrundstücke, über die Verträge mit Laufzeiten von bis zu 99 Jahren abgeschlossen wurden, läßt sich damit rechnerisch der Anteil des an private Pächter abgetretenen Landes unter die gesetzliche Höchstgrenze von 5 % drücken.

Der dafür insgesamt ausgewiesene Pachtzins von 3.172 T$ pro Jahr[2] dürfte - nach den vorangegangenen Erklärungen einsichtig - allerdings nur einen Bruchteil der regelmäßigen Einnahmen ausmachen, die der *Nopele* aus der Verpachtung seiner Ländereien bezieht. Hinzu kommen unregelmäßige Einnahmen, die von potentiellen Pächtern für das Zustandekommen von Pachtverträgen gezahlt werden und die - weil das Landgesetz solche Transaktionen nicht sanktioniert - auch Bestechungsgelder genannt werden können. Marcus etwa umschreibt diesen Sachverhalt durch:

"...some informal speculation in land has arisen." [3]

Als ein weiterer, zwar dem Buchstaben, aber nicht der Intention des Landgesetzes folgender Umstand muß gesehen werden, daß der größte Teil (drei Viertel) des an die kirchlichen Organisationen verpachteten Landes von einem kommerziellen Farmer durch einen Unter-Pachtvertrag genutzt wird. Insgesamt erhöht sich damit der Anteil des von privaten Pächtern bearbeiteten Agrarlandes an der Gesamtfläche des *tofi'a* auf de facto 24,2 %.

2.1.2   Buschparzellen

Die aus den Katasterkarten zu errechnenden Anteile der registrierten und nicht-registrierten Buschparzellen (18 bzw. 54 %) sind mit der in Kap.II,5. erläuterten Einschränkung zu versehen,

---

1) § 33, Abs.2 des Landgesetzes, Zusatz: "Provided that nothing in this section shall effect in any way whatsoever any lease granted prior to the tenth day of September nineteen hundred and forty five." in WYLIE,C., 1967, S.608
2) Berechnung nach "Registration book of leases", Nuku estate, Stand 1981
3) MARCUS,G.E., 1980, S.90; die als äußerst zuverlässig anzusehende Quelle zu den außer-legalen Transaktionen, die durch zahlreiche Beispiele belegt wurden, soll anonym bleiben.

daß die Katasterkarten nur völlig unzureichend den Stand der Grund-
bucheintragungen reflektieren. So dürfte die tatsächliche Fläche
aller registrierten *'api tukuhau* erheblich über den in Tabelle 15
wiedergegebenen 206 ha liegen,[1] die - bei einer durchschnittlichen
Größe der Parzellen von 3,3 ha - nur eine Gesamtzahl von 62 registrierten Parzellen ergeben. Eine Gegenüberstellung dieser Angaben
mit den Eintragungen im "Registration book" führt zu einem völlig
verwirrenden Ergebnis: Dort sind im Zeitraum zwischen 1907 und
1981 insgesamt 317 Buschparzellen für die *Nuku*-Ländereien registriert, die - größere Zeiträume zusammenfassend - in folgender
Reihenfolge eingetragen wurden:

1907 - 18	19-29	30-39	40-49	50-59	60-69	70-81	Summe
23	51	6	88	21	102	26	317

Angesichts der Tatsache, daß auf den Ländereien des *Nuku* überhaupt nur 249 Parzellen existieren (Summe aller Grundstücke abzüglich der Pachten und des *faka tofi'a*), muß die Summe der Grundbuch-
eintragungen von 317 Parzellen als völlig abwegig erscheinen und
kann als Beweis für die Existenz von Doppelregistrierungen und
sonstigen irrtümlichen Eintragungen gelten.

Über das Ausmaß der Mehrfacheintragungen kann man nur spekulie-
ren. Als nachweislich doppelt registriert stellten sich 22 Parzellen heraus, weitere 92 ließen sich wegen der fehlenden Blocknummern
für das Raster der Katasterkarten nicht eindeutig identifizieren.
Zieht man diese fragwürdigen Parzellen von der angegebenen Summe ab,
ergäbe sich eine Gesamtzahl von 203 registrierten Parzellen; eine
Angabe, die immer noch als zu hoch angesehen werden muß, weil sich
daraus bei der Standardgröße der Parzellen eine Fläche von etwa
670 ha ergeben würde. Der Zensus von 1976 weist jedoch für Kolonga
als Summe aller Buschparzellen eine Gesamtfläche von nur 550,4 ha
aus.[2] Selbst wenn man die zwischen 1976 und 1981 zusätzlich registrierten acht Parzellen (25 ha) hinzuzählt, läßt sich die Differenz nicht plausibel erklären. Man muß deshalb davon ausgehen, daß
in Kolonga nur etwa 50 % des *tofi'a* als Buschparzellen an die Dorfbewohner verteilt sind; der Rest wird vom *Nopele* kontrolliert.

---

1) vergl. die Einschränkungen bei WEBER,G.G. & Saafi,M., 1979, i.d.Einleitung
2) KINGDOM OF TONGA, Census 1976, Tab.47

TAB.16: LANDLOSIGKEIT IN KOLONGA (in %)

Quelle	aller zu einer Parzelle berechtigten Einzelpersonen	aller Haushalte
nach Zensus 1976 [§]	60,4	37,4
nach eigener Erhebung	67,5 (reg. 74,2)	31,7 (reg. 40,0)

[§] errechnet nach Tab.47 (S.270) bzw. Tab.51 (S.281)

Wie in Tabelle 16 veranschaulicht nimmt die Landlosigkeit in
Kolonga erhebliche Ausmaße an. Als "landlos" sind dabei solche
Individuen und Haushalte definiert, die weder über eine registrierte Buschparzelle verfügen, noch Ansprüche auf ein 'api tukuhau
nach tradiertem oder Gewohnheitsrecht geltend machen können.

Will man einen im juristischen Sinn einwandfreien Prozentsatz
der Landlosigkeit errechnen, muß man die Kategorie Gewohnheitsrecht
("customary tenure") aus der Betrachtung herausnehmen und kommt
entsprechend zu den noch höheren Zahlen landloser Bevölkerung, die
in der Tabelle in Klammern ausgewiesen sind. Weil die dazu notwendige Differenzierung anhand der Zensusdaten aber nicht möglich ist,
folgt die Auswahl der eigenen Erhebungsergebnisse zunächst den im
Zensus zugrunde gelegten Kriterien. Zur Interpretation der eigenen
Ergebnisse ist weiterhin zu bemerken, daß aus der Berechnung fünf
Buschparzellen ausgeschlossen wurden, deren Besitzer zwar in Kolonga
ansässig sind, die aber auf einer anderen Inselgruppe als Tongatapu
liegen und somit von Kolonga aus nicht bewirtschaftet werden können.
Unter "zu einer Parzelle berechtigten Einzelpersonen" sind alle Männer im Alter von 16 Jahren und darüber und alle Witwen zu verstehen.

Die Ergebnisse zeigen, daß nur etwa ein Drittel dieser Personen
über Landbesitz verfügt bzw. etwa zwei Drittel als "landlos" im oben

beschriebenen Sinn zu bezeichnen sind. Unter wirtschaftlichen Gesichtspunkten scheint es sinnvoll, die Verfügbarkeit von Agrarland
auch auf die Haushalte zu beziehen, weil ein Haushalt die ökonomische Grundeinheit darstellt. Gegenüber den Einzelpersonen ist
das Verhältnis von Landbesitzenden und Landlosen umgekehrt: Etwa
zwei Drittel der Haushalte Kolongas verfügen über (mindestens) eine Buschparzelle, das restliche Drittel ist als "landlos" einzustufen.

Von den im Sample erfaßten 60 Haushalten in Kolonga gaben 45
an, eine Buschparzelle zu besitzen, von denen wiederum 11 eine zusätzliche Parzelle über ein weiteres Haushaltsmitglied besaßen.
Von den damit 56 Parzellen liegen 45 in Kolonga, sechs in einem
anderen Dorf auf Tongatapu und fünf auf einer anderen Inselgruppe.
Die 45 Buschparzellen in Kolonga nehmen zusammen eine Fläche von
150,3 ha des *tofi'a* ein, wenn man das 25%-Sample auf die Gesamtzahl der Haushalte in Kolonga hochrechnet, recht gut mit der oben
angegebenen Gesamtfläche aller *'api tukuhau* übereinstimmt.

Die durchschnittliche Größe der Parzellen entspricht der gesetzlichen Standardeinheit von 3,34 ha (8,25 ac) und ist zugleich mit
75 % der häufigste Fall. Acht der *'apis* liegen mit 3,2 ha etwas
unter der Standardgröße; ein Fall stellt mit 2,5 ha das Minimum
in Kolonga dar. Größer als der Durchschnitt sind nur zwei Parzellen, was in einem Fall mit 3,4 ha wahrscheinlich auf einen Vermes-
sungsfehler zurückzuführen ist; in dem anderen Fall handelt es sich
um eine durch den Zusatz zum Landgesetz von 1934 (§ 46 des Landgesetzes, s. Kap.II,5.) geschaffene Parzelle von etwa 4,9 ha (12ac).

Diese Sonderregelung trat bei einem Verzicht auf den gesetzlichen Anspruch zu einer Dorfparzelle in Kraft und sollte durch die
Ansässigkeit des Farmers direkt auf dem Feld zu einer intensiveren
Bewirtschaftung des Landes führen. Wie im Fall von Kolonga ist davon jedoch selten Gebrauch gemacht worden. Sofern der Anspruch auf
eine solch übergroße Parzelle nicht durch Eintragung in das Grundbuch rechtlich abgesichert ist, können daraus heute - wie bei dem
vom Sample erfaßten 12 ac-*'api* - Rechtsstreitigkeiten entstehen.
Um dies zu veranschaulichen soll das Beispiel (aus der Sicht des
betroffenen *'api*-Besitzers) angeführt werden:

Der '*api*-Halter T. erhielt im Oktober 1980 einen notariellen
Brief des Inhalts, daß er den über die Normgröße hinaus gehenden
Teil seiner Parzelle (also etwa 4 ac) sofort zu räumen hätte. Der
Verfasser des Briefes war ein in einem anderen Dorf Tongatapus le-
bender Mitarbeiter des "Lands & Survey Department", der seine offenbar durch die berufliche Tätigkeit gewonnene Information über
den unsicheren Rechtsstatus der Parzelle dazu benutzt hatte, sich
selber in deren Besitz zu bringen. Ohne Wissen von T. hatte er sich
mit dem *Nopele* darüber geeinigt (und nach T.s Vermutung dafür wohl
eine größere Summe gezahlt), daß 4 ac der Parzelle auf seinen Namen registriert werden sollten. Der Brief räumte T., der gerade
diesen Teil seines Landes durch Melonen, Süßkartoffeln, Bananen und
Yams intensiv bestellt hatte, ein, daß die Melonen als Kurzzeit-
frucht noch abgeerntet werden konnten, der Rest der Pflanzung aber
an den neuen Besitzer übergehen würden. - Entsetzt wandte sich T.
daraufhin an den *Nopele*, der - den Vorgang bestätigend - ihm das
Angebot unterbreitete, daß T. die fraglichen 4 ac auf den Namen
seines Bruders registrieren lassen könne, wenn er bereit sei, eine
größere Summe Geldes zu bezahlen. Außerstande den Betrag aufzubrin-
gen und unsicher, ob bei Zahlung der verlangten Summe die Registrierung tatsächlich erfolgen würde, sah sich T. gezwungen, den
Anspruch auf sein Land und seine Ernte aufzugeben.

Diese Handlungsweise des *Nopele* wird nachvollziehbar, wenn man
bedenkt, daß der größte Teil (etwa 90%) der von ihm abgetretenen
Parzellen bereits registriert sind und sich ein Vorteil in der oben
beispielhaft beschriebenen Weise nicht mehr daraus ziehen läßt.
Dafür hat vor allem der Vorgänger des derzeitigen Trägers des Adelstitels *Nuku* gesorgt: Wie sich aus der Reihenfolge der Registrierungen der vom Sample erfaßten '*api*s ergibt, wurden vor 1940 etwa 10%
der Parzellen eingetragen, in der Zeit von 1940 bis 1960 - der
"Amtszeit" des Vorgängers - etwa 50 % und gegen Ende dieser Ära,
am Anfang der 70er Jahre, noch einmal 27 %.

Der größere Teil der Registrierungen (etwa 60 %) waren Erbschaftsfälle, die vom Landgesetz abgedeckt sind und auf die der *Nopele*
normalerweise keinen Einfluß hat. Weniger als ein Drittel (29 %)
waren einfache Erbschaftsfälle; das heißt, das Land ging direkt

auf den - in der Regel ältesten[1] - Sohn über. In jeweils etwa einem Zehntel der Fälle wurde das Land auf die Witwe des verstorbenen 'api̱Halters übertragen, wurde vom Großvater, Bruder oder Onkel
geerbt. Daß aber auch die vom Gesetz geregelten Erbschaftsfälle
für den Nopele Möglichkeiten der Manipulation bieten, zeigt das
Beispiel einer durch Verschleppungstaktik um ihren Besitzanspruch
bebrachten Erbin:

S. wurde von ihrem einzigen Bruder eine registrierte Buschparzelle hinterlassen, auf die sie einen lebenslangen Erbanspruch hatte, weil sie die älteste Schwester und der Bruder kinderlos war.
Wissend, daß der Anspruch - wie bei allen weiblichen Erben - mit
ihrem Tode erlöschen und die Parzelle an den Nopele zurückgehen
würde, wollte sie das Land in rechtlich einwandfreier Weise auf
ihren Sohn übertragen, der dann an seine Nachfahren hätte weitervererben können. Ihr ältester Sohn kam dafür nicht in Frage, weil
er unehelich geboren war; erbberechtigt war also der zweitälteste,
ehelich geborene Sohn. Voraussetzung für die Übertragung des Besitzanspruches beim Katasteramt war die formelle Genehmigung des
to̱ḭ'a-Besitzers, die dieser jedoch auch nach mehrmaligen Bitt-
gängen (in der traditionellen Weise mit einem gerösteten Schwein
und Kava-Wurzeln; Bestechung in Form von Geld konnte sich die Familie nicht leisten) immer wieder hinauszögerte.

Als sich die Frist für den Verfall des Erbanspruches (ein Jahr
nach dem Tod des früheren 'api-Besitzers) ihrem Ende näherte, ging
S. mit ihrem Sohn direkt zum "Ministry of Lands", wo ihr allerdings
dings lediglich beschieden wurde, daß es einzig im Ermessen des
Nopele liege, seine Zustimmung zu geben. Als nach verzweifelten Versuchen, den Adeligen umzustimmen, die Frist abgelaufen war, sprach
S. erneut beim Ministerium vor und wurde davon in Kenntnis gesetzt,
daß das Land auf jemanden anderes übertragen worden war. Wie sich
bald herausstellte war diese andere Person ein ihr bekannter Zimmer-
mann aus Kolonga, der für den Nopele kurz vorher ein neues Haus gebaut hatte. Von rechtlichen Schritten zur Durchsetzung ihres Anspruches mußte S. wegen der hohen Kosten (200 - 500 T$) absehen.

---

1) Von den Haushaltsvorständen in Kolona, die als 1. Sohn geboren wurden, sind
   nach dem Sample nur 5 % landlos, von den als 2. Sohn geborenen ein Drittel,
   3. Söhne 40 %, 4. Söhne 50 %.

Größer noch als in normalen Erbschaftsfällen sind die Manipulationsmöglichkeiten des Adeligen in den übrigen 40 % des Samples,
die durch die Erbgesetzgebung nicht abgedeckt sind. Diese Transfers betreffen etwa zur Hälte Erbschaftsangelegenheiten unter entfernteren Verwandten als die oben aufgeführten Kategorien. In einem weiteren Viertel der Fälle fand die Übertragung des Landes
auf jemanden statt, der mit dem verstorbenen 'api-Besitzer in keiner Weise verwandt war. In beiden dieser Gruppen geht das Land zunächst formalrechtlich an den Nopele zurück, in dessen Ermessen es
dann liegt, seine Genehmigung für die beabsichtigte Übertragung zu
geben oder nicht. Die Position der einfachen Tonganer ist in diesen
Fällen - besonders bei den Nicht-Verwandten - äußerst schwach und
hängt ab von der persönlichen Beziehung zum tofi'a-Besitzer.

Diese Beziehung wiederum definiert sich zum einen über den Grad
des Verwandtschaftsverhältnisses, das zur kāinga (Großfamilie) des
Adeligen konstruiert werden kann. Zum anderen wird diese Beziehung
bestimmt vom Maß an Wohlverhalten gegenüber dem Nopele, das sich
manifestieren kann in freiwilliger, unbezahlter Arbeit (s.o.), in
traditionellen Ernteabgaben (vor allem Schweine, Yams, Kava) und
- besonders im letzten Jahrzehnt - in der Höhe des Geldbetrages,
der der Einwilligungsbereitschaft des Grundherren einen entscheidenden Anstoß geben kann.

Letzteres Moment spielt vor allem in jenem letzten Viertel der
Fälle eine Rolle, bei denen es sich um Neu-Registrierungen handelt;
also nicht um Übertragungen zwischen 'api-Besitzern, sondern um
die Schaffung neuer Besitz-Titel aus dem tofi'a-Bestand. Obwohl
über die Höhe dieser Bestechungsgelder im Einzelfall keine beweis-
kräftigen Informationen zu erlangen sind, muß nach einer Vielzahl
von Quellen und Hinweisen davon ausgegangen werden, daß der "Marktpreis" eines 'api tukuhau in Kolonga bei mindestens 1.000 T$ liegt.

Dem vom Landgesetz vorgesehenen Weg, daß die Registrierung
der Buschparzellen nach Antrag beim Katasteramt vom zuständigen
"Minister of Lands" direkt genehmigt wird, konnten nur 5 % der heutigen 'api-Besitzer folgen. Die Auswirkungen des schon 1915 von den
Nopele durchgesetzten Rechts, vorher konsultiert zu werden (s. Kap.

II,5.), waren derart weitreichend, daß in allen 95 % der anderen
Fälle sich die einfachen Tonganer genötigt sahen, vorher die schriftliche Genehmigung des Adeligen einzuholen. Bezeichnend für diesen
Umstand ist auch, daß es 40 % der heutigen *'api*-Besitzer für rat-
samer hielten, den *Nopele* nicht im direkten persönlichen Gespräch
um seine Einwilligung zu bitten, sondern einen einflußreicheren,
in der tonganischen Hierarchie ranghöheren Verwandten oder Freund
mit ihrer Angelegenheit zu beauftragen.

In den angeführten Erbschaftsfällen wurden die durch traditionelle Geschenke unterstützten Anträge auf Einwilligung zur Registrierung in der Regel beim ersten Mal genehmigt. In den anderen
Fällen jedoch wurden die Antragsteller mit dem Hinweis auf eine
notwendige "Probephase" der informellen Landhaltung beschieden.
Diese vom Grundsatz her sinnvolle Einrichtung wird dadurch legitimiert, daß ein Anwärter auf eine vererbbare Buschparzelle zunächst
unter Beweis stellen soll, daß er das Land auch hinreichend intensiv bearbeitet.

In der Praxis steht diese Probephase, die Kultivierung des Landes unter völlig unsicheren Rechtsbedingungen, der willkürlichen
Handhabung seitens des *Nopele* offen. Während sich in der Hälfte
aller letztendlich registrierten Parzellen eine Probephase von
bis zu fünf Jahren noch rechtfertigen läßt, kann in den anderen
Fällen bei längeren Zeiträumen (über 10 Jahre: 30 %) wohl kaum
noch von einer sachlich begründeten Entscheidung gesprochen werden.
Für die letzten zwei Jahrzehnte kann man feststellen, daß diese
"Probephasen" in Kolonga immer längere Zeiträume in Anspruch genommen haben, daß also eine ursprünglich einsichtige Maßnahme in immer stärkerem Maße als machtpolitisches Instrument mißbraucht wird.

Belegen läßt sich dieser Trend auch durch die Antworten derjenigen *'api*-Halter, denen zwar die Nutzung ihrer Parzelle erlaubt
wurde, die aber in ihrer Mehrheit (drei Viertel) seit länger als
zehn Jahren vergeblich auf die Registrierung ihres Landes warten.
Obwohl von diesen *'api*-Haltern eine Teilgruppe als "customary holders" ausgesondert werden kann, bei denen die betreffende Parzelle
seit Generationen von der Familie bearbeitet wird, halten alle die

Registrierung ihres Landes für notwendig, um sich vor Enteignung
wirksam zu schützen. Nicht alle haben jedoch konkrete Schritte
dazu eingeleitet. Die Anträge der anderen wurden auch nach mehrmaligen Gesprächen mit dem *Nopele* durch das Argument "not enough
money" abgelehnt bzw. auf unbestimmte Zeit hinausgeschoben.

2.2.2 Informelle Pachtabsprachen

Das bereits dargestellte hohe Ausmaß der Landlosigkeit in Tonga
läßt vermuten - und dies wird durch die Ergebnisse der Untersuchung in Kolonga bestätigt -, daß ein Teil des als Buschparzellen
vergebenen Landes von Haushalten mitbenutzt wird, die nicht über
eigene *'apis* verfügen.

Um dieser seit langer Zeit üblichen Praxis einen legalen Rahmen
zu geben, wurde 1976 ein Gesetz erlassen, das die Verpachtung von
Parzellen, die bis dahin nur den *Nopele* offiziell erlaubt war,
auch für *'api*-Besitzer ermöglichte. Das Gesetz nahm jedoch eine
so komplizierte Form an (der Text umfaßt neun Seiten, s. Zusammenfassung in Kap.IV,3.) und ist mit so vielen Einschränkungen versehen, daß es von der Bevölkerung nicht angenommen und in seinen
Möglichkeiten ausgeschöpft wurde. In der Tat hat sich während der
gesamten Untersuchung - so auch in Kolonga - kein einziger Fall
eines Pachtabkommens herausgestellt, das aufgrund dieses Gesetzes
auf eine solide Rechtsbasis gestellt war. Vielmehr waren alle Ab-
machungen über die Nutzung von Buschparzellen oder Teilen davon
informeller Art.

Von den in Kolonga erfaßten Haushalten mit einem Besitzanspruch
auf eine Buschparzelle haben 60 % Absprachen mit anderen Haushalten
getroffen, die es diesen ermöglichen, einen Teil des *'api* (in einigen Fällen das ganze) zu nutzen. In der Mehrheit dieser Fälle
(zwei Drittel) ist in solchen Absprachen die Erfüllung sozialer Verpflichtungen gegenüber engeren Verwandten zu sehen; nicht verwandten Personen werden Nutzungsrechte nur selten eingeräumt. Verpflich-

tungen gegenüber Verwandten, die nicht über eigenes Land verfügen,
ergeben sich - zwar nicht im juristischen, aber im moralischen
Sinn - aus einem Familienverständnis, das sich an das beschriebene
Konzept einer traditionellen Großfamilie (*kāinga*) anlehnt. Dementsprechend räumt der Vorstand eines landbesitzenden Haushaltes
nicht nur den Familien seiner Brüder (ein Drittel der Fälle),
seinen Söhnen, Schwestern und Töchtern Nutzungsrechte ein, sondern
auch dem Familienzweig seiner Frau und noch entfernteren Verwandten.

Der relativ hohe Anteil der jüngeren Brüder, die das Land des
Haushaltsvorstandes (in der Regel der älteste, erbberechtigte Bruder) mitnutzen, mag als Indiz dafür gelten, daß auch in der vori-
gen Generation schon Landmangel herrschte. Der in Kolonga untypisch
niedrige Anteil der Söhne (7 %) ist eher dadurch zu erklären, daß
die meisten der in der jetzigen Generation zu einem '*api* berechtigten jungen Männer kein eigenes Land haben,[1] deshalb aus wirtschaftlichen Gründen keinen eigenen Haushalt gründen können und
somit in den niedrigen Prozentsatz nicht eingegangen sind, weil
sie weiterhin im Haushalt des Vaters leben. An entferntere, im
Dorf lebende Verwandte werden Nutzungsrechte in 20 % der Fälle
vergeben.

Flächenmäßig entspricht der von den landbesitzenden Haushalten
abgetretene Teil ihrer Parzellen im Durchschnitt etwa einem Drittel. Dieser Anteil errechnet sich, wenn man die außerhalb des
tofi'a auf einer anderen Insel gelegenen Parzellen als Ganzes einbezieht (weil sie von den Besitzern nicht genutzt werden können),
die überlassenen Rechte an Kokospalmen aber ausschließt.

Rechte an Kokospalmen lassen sich nicht flächenmäßig, sondern
nur als Anteil an der Kokos-Produktion erfassen. Sie nehmen auch
insofern eine besondere Stellung ein, als sie in weniger als einem Drittel der Fälle (30 %) in den vergebenen Nutzungsrechten eingeschlossen sind. In allen anderen Fällen wurde zwar die Erlaubnis
erteilt, das Land für den Anbau von Feldfrüchten zu nutzen, die

---

1) Im Landesdurchschnitt haben von den unter 30jährigen Tonganern über 80 %
   kein eigenes Land; von denen unter 25 Jahren sind es fast 92 % und von den
   unter 20 Jahre alten fast 98 % (Census 1976, Tab.48); der jüngste vom Sample
   in Kolonga erfaßte Mann ist 39 Jahre alt (!), alle jüngeren sind landlos.

stockwerkartig sich darüber erhebenden Palmen (s. Abb. Nr.41 im
Anhang) werden jedoch von den Besitzern der Parzelle selber abgeerntet. Die strenge Durchführung dieser Differenzierung von Nutzungsrechten bereitet manchmal Schwierigkeiten, weil Kokosnüsse
auch einen wichtigen Bestandteil der tonganischen Nahrungszusammensetzung darstellen. Der Besitzer der Parzelle, für den unter Umständen Kokosnüsse die einzige Geldquelle sind, sieht sich deshalb oft genötigt, das Sammeln von Kokosnüssen für den Eigenverbrauch seines "Unterpächters" zu erlauben; das Privileg für die
Produktion von Kopra - also die kommerzielle Nutzung - behält er
jedoch für sich selber.

Auch bei den Nutzungsrechten für den Anbau von Feldfrüchten ist
zu differenzieren zwischen solchen, die den Anbau für den Eigenbedarf erlauben, und solchen, die die kommerzielle Nutzung des
Landes einschließen. Bezeichnend ist dabei für Kolonga der relativ
geringe Anteil (15 %) der Pachtabsprachen, die nur die Subsistenz-
Nutzung des Landes erlauben. Hierin kann ein Hinweis auf den Grad
der Kommerzialisierung der Landwirtschaft in diesem Dorf gesehen
werden. Darin fügt sich auch ein, daß mehr als die Hälfte der vergebenen Nutzungsrechte umfassender Art sind - also Subsistenz- und
kommerziellen Anbau erlauben - und rund 20 % der Absprachen nur
für die Kultivierung von "cash crops" getroffen werden. In der
ersten Kategorie sind vor allem Absprachen mit Nicht-Verwandten
enthalten, die das Recht der Nutzung häufiger als Verwandte außer
mit einem Teil der Ernte auch in Form von Bargeld bezahlen.

Ein wesentlicher Zug informeller Absprachen über Nutzungsrechte
an Land liegt - im Gegensatz zu formalisierten Pachtverträgen -
in der Unbestimmtheit ihrer Gültigkeitsdauer. Die Laufzeit einer
"Pacht"-Absprache hängt unter anderem ab
- von der Art der Nutzung des Landes (mit der Tendenz, daß nicht-
  kommerzielle Nutzung für einen längeren Zeitraum gestattet wird),
- von der persönlichen Beziehung der beiden "Vertragspartner" (je
  enger die durch den Verwandtschaftsgrad geschaffene soziale Verbindlichkeit, um so länger die Laufzeit) und nicht zuletzt
- von der subjektiven Interpretation einer Abmachung.

So gilt für Kolonga aus der Sicht derjenigen, die Nutzungsrechte abtreten, daß 30 % der Absprachen keine zeitliche Limitierung beinhalten; für den Rest der Fälle ergibt sich eine durchschnittliche Laufzeit von 6 1/2 Jahren. In der am häufigsten bezifferten Kategorie sind fast alle Fälle von Subsistenz-Nutzungsrechten enthalten, während rein kommerzielle Nutzung zumeist nur über eine Kultivierungsperiode bzw. ein Jahr erlaubt wird. Ausgesprochen lange Laufzeiten (über 20 Jahre) werden nur in wenigen Fällen und dann nur engeren Verwandten verbindlich zugestanden. Eine als "no limit" vorgegebene Kategorie erwies sich im tonganischen Kontext als recht schwierig zu analysieren, weil sie einerseits für enge Verwandte unter Umständen ein Nutzungsrecht auf Lebenszeit beinhalten kann (die Verbindlichkeit ist eine andere Frage), andererseits für entferntere und Nicht-Verwandte eine völlige Unsicherheit über den Status ihrer Nutzungsrechte bedeutet.

Ebenso wie die Dauer oder der Grad von Sicherheit der Nutzungsrechte kann die dafür erbrachte Gegenleistung bei informellen Absprachen nur durch einen Vergleich der Antworten beider "Vertragspartner" objektiv geklärt werden. So geben etwa die "Verpächter" nur in etwa der Hälfte aller Fälle an, überhaupt eine materielle Gegenleitstung zu bekommen (was eher als Untertreibung anzusehen ist), während die "Pächter" des Landes ihren Pachtzins erwartungsgemäß wesentlich höher darstellen (s.u.). Weil die Zahlung von Geld für die in Frage kommenden informellen Absprachen nach dem Gesetz nicht erlaubt ist, müssen zudem sowohl die Angaben von Pächtern wie Verpächtern in diesem Punkt mit Vorsicht gedeutet werden. Immerhin gaben etwas über ein Drittel der Verpächter an, für die Überlassung ihres Landes Beträge zwischen 50 und 500 T$ zu erhalten, wobei höhere Beträge ausschließlich für kommerzielle Nutzung bzw. von Nicht-Verwandten verlangt wurden.

Weitaus üblicher ist die Gegenleistung in Form eines Teiles der Ernte. Das Ausmaß oder gar der Wert dieses Ernteanteils ist aus verschiedenen Gründen aber schwer zu beziffern, weil zum einen darin traditionelle Familienverpflichtungen einfließen, die auch unabhängig von Landnutzungsrechten existieren; zum anderen viele der Pachtabsprachen die sehr vage Bedingung enthalten, daß der *'api-*

Besitzer sich nach seinem Bedarf von der Pflanzung seines "Pächters" bedienen darf. Weil aber die Ernte vor allem der Knollenfrüchte ein beinahe kontinuierlicher Vorgang ist (jeden Tag oder jede Woche), läßt sich der Anteil des Landbesitzers nur schätzen: er dürfte in der überwiegenden Mehrzahl der Fälle in Kolonga 25 % der Ernte nicht übersteigen.

Als Extremfall ist ein *'api*-Besitzer zu sehen, der mit seinem Pächter eine (in SE-Asien verbreitete) "share cropping" Absprache getroffen hat und dadurch mindestens die Hälfte der Ernte seines Pächters für sich behält. Mit wachsender Kommerzialisierung des Agrarsektors ist allerdings nicht auszuschließen, daß sich solche Praktiken weiter verbreiten.

Als Gegenleistungen anderer Art wurde von den Parzellenbesitzern etwa genannt, daß ihr Pächter das Land einzäunen mußte, sie täglich mit Essen versorgen sollte (ein Drittel der Fälle; hier gehen neben alten und gebrechlichen Landbesitzern vor allem die Witwen mit ein) oder Düngemittel zur Verfügung gestellt wurden.[1]

Wenn bisher nur diejenigen Sample-Haushalte in Kolonga betrachtet wurden, die über eine eigene (registrierte oder nicht-registrierte) Buschparzelle verfügen, so ist zu ergänzen, daß auch das restliche Viertel jener Haushalte, die bisher als "landlos" definiert wurden, sich Zugang zu Land verschaffen konnten. Im Unterschied zur juristischen Interpretation kommt man nach pragmatischen Gesichtspunkten - das heißt, wenn man auch die durch informelle Absprachen gewonnenen Nutzungsrechte einbezieht - zu dem Schluß, daß in Kolonga keine Landlosigkeit existiert.

Von den Sample-Haushalten, denen in Kolonga kein Land vom *Nopele* zur Verfügung gestellt wurde, mußten sich zwei allerdings an Verwandte in anderen Dörfern Tongatapus wenden, um ein Feld zur Sicherung ihrer Existenzgrundlage bestellen zu können. Den anderen, formal landlosen Haushalten gelang es, Nutzungsrechte in Kolona zu erwerben. In über der Hälfte dieser Fälle wohnten die Besitzer dieser Parzellen nicht mehr im Dorf, so daß das ganze *'api tukuhau* (in

---

1) In dieser Währung zahlte ein Angestellter des Landwirtschaftsministeriums, der durch seine berufliche Stellung "freien" Zugang zu dem durch Entwicklungshilfegelder bereit gestellten Kunstdünger hatte; ein Hinweis darauf, daß Korruption nicht auf die höheren Chargen beschränkt bleibt.

- 225 -

zwei Fällen sogar 2 '*api*, in einem gar 3 1/2) genutzt werden durfte. In den anderen Fällen müssen sich diese Haushalte mit einer halben Parzelle, einem Viertel davon oder - wie in einem Extremfall - mit 0,2 ha begnügen.

Im Durchschnitt steht damit diesen, formal landlosen Haushalten mit 3,1 ha nur unwesentlich weniger Land zur Kultivierung offen als jenen 15 Haushalten des Samples, die zwar eine Buschparzelle der Normgröße 3,3 ha besitzen, darüberhinaus aber kein Land gepachtet haben. In allen restlichen 30 Haushalten, also der Hälfte des Dorf-Samples, steht außer dem eigenen '*api* zusätzlich Land durch informelle Absprachen und/oder durch Pachtverträge mit dem *Nopele* zur Verfügung. Die Gesamtfläche dieses zusätzlich gepachteten Landes beträgt etwa 147 ha, von denen ein Drittel auf formelle Pachtverträge mit dem Adeligen fallen und 21 ha sich auf drei Grundstücke verteilen, die durch informelle Absprachen außerhalb des *tofi'a* genutzt werden.

Die vom Sample erfaßte Fläche des *tofi'a* kann damit - nach Abzug aller außerhalb liegenden Grundstücke - folgendermaßen zusammengefaßt werden: 150 ha als registrierte und nicht-registrierte '*api tukuhau*; 47 ha Pachtland und etwa 124 ha zusätzlich genutztes Land anderer, im Sample nicht enthaltener Haushalte. Die letztgenannte Angabe muß indessen noch um den Betrag der Fläche reduziert werden, die von den landbesitzenden Sample-Haushalten anderen zur Nutzung überlassen wurde. Daraus ergibt sich eine Fläche von etwa 75 ha; ein immer noch hoher Überschuß, der sich aber dadurch erklären läßt, daß mehr als 60 % der Besitzer dieses Landes nicht mehr in Kolonga wohnen und deshalb ihr Land nicht mehr selber kultivieren können. [1]

Die vom Sample erfaßten Haushalte lassen sich gruppieren - außer nach dem Kriterium Landbesitz oder nicht - unter dem Gesichtspunkt der durchschnittlichen Fläche, zu deren Nutzung sie berechtigt sind.

---

1) Auch von den im Dorf verbleibenden sind nur 40% Farmer, 40% sind zu alt und 20 % haben eine entlohnte Beschäftigung und bearbeiten deshalb ihr Land nicht selber. - Von den abgewanderten Landbesitzern arbeiten etwa die Hälfte im Ausland, ein Viertel in Nuku'alofa und das restliche Viertel in anderen Dörfern Tongas. Die mit diesen "absentee landholders" verbundene Problematik soll im zweiten Beispieldorf ausführlicher diskutiert werden.

Danach ergibt sich eine Gruppe aus "Nur-'apí-Besitzern", eine zweite Gruppe, die nur "gepachtetes" Land haben, und eine dritte Gruppe
von Haushalten, die über beide Landbesitzformen verfügen. Die ersten beiden Gruppen können durchschnittlich eine etwa gleich große
Fläche beanspruchen (3,3 ha bzw. 3,2 ha), während den anderen Haushalten durchschnittlich 8,2 ha zur Verfügung steht.[1]

Die Antworten der "Pächter" zusätzlichen Landes bestätigen die
aus der Perspektive der 'apí-Besitzer gezogenen Schlüsse, daß informelle Nutzungsabsprachen größtenteils (90 %) unter Verwandten,
zum überwiegenden Teil sogar unter engeren Verwandten (zwei Drittel) getroffen werden. Die genaue Bestimmung gewisser Verwandt-
schaftsgrade ist aus der Sicht der Landnutzer allerdings schwieri-
ger; denn in etwa einem Viertel der Fälle sind 2 bis 5 zusätzliche
Grundstücke und damit ebenso viele verschiedene Besitzer zu berücksichtigen. Zur Vereinfachung mußte der Besitzer des größten Grundstücks herangezogen werden. Danach kann jedoch die Tendenz als bestätigt gelten, daß je enger die Verwandtschaftsbeziehung ist,
desto umfassender und längerdauernder die vereinbarten Nutzungsrechte ausfallen.

Abweichungen treten dagegen bei den Angaben der Landnutzer über
den Umfang der von ihnen erbrachten Gegenleistungen auf, wo aus dieser Perspektive fast zwei Drittel angaben, in der einen oder anderen
Weise Pacht zu bezahlen. Ebenso liegt der Anteil der als kommerzielle Farmer ausgewiesenen Landnutzer (Pachtzahlungen über 200 T$
pro Jahr mit Extremfällen von 1000 T$ bzw. 2000 T$) etwas höher als
die Angaben der Landbesitzer vermuten ließen.[2]

Die den Landnutzern nach ihren Angaben abverlangten Ernteanteile
weisen ebenfalls in eine Richtung, die die zu erbringenden Gegenleistungen höher erscheinen lassen als nach den Angaben der Parzellenbesitzer: Etwa ein Viertel der "Pächter" geben an, bis zur Hälfte
ihrer Ernte an die 'apí-Besitzer zu verlieren. Diese Angabe darf

---

1) Schließt man bei dieser Berechnung den Extremfall eines kommerziellen Farmers
   aus, der alleine 40 ha gepachtet hat, ergibt der Durchschnitt 7,2 ha.
2) Eine von der unmittelbaren Beteiligung an Landnutzungs-Absprachen abgekoppelte
   Kontrollfrage erbrachte, daß der außer-legale Marktpreis für intensiv genutztes Land in Kolonga über 200 T$ pro Hektar und Jahr beträgt.

zwar in ihrer Exaktheit nicht überbewertet werden (Schätzung, s.o.),
sie weist jedoch nachdrücklich auf die Kommerzialisierung informeller Pachtabsprachen hin.

Als wesentliche Ergänzung zur Liste der von den Landbesitzern
angeführten zusätzlichen Leistungen geben die Landnutzer in 30 %
der Fälle an, den Bestand an Kokospalmen aufforsten zu müssen. In
einem Fall beinhaltete ein geschlossenes Pachtabkommen in größerem
Umfang unbezahlte Arbeit für den Grundstücksbesitzer, den *Nopele*.

2.1.4   Dorfparzellen

Obwohl für die im weiteren darzustellende Landnutzung die Besitzverhältnisse für die Dorfparzellen (*'api kolo*) nicht berücksichtigt sind, sollen sie der Vollständigkeit halber doch kurz erörtert werden.

Weil die Umfrage ausschließlich auf im Dorf ansässige Haushalte
bezogen war, konnten die zwei ständig im Busch lebenden Familien
nicht in das Ergebnis einbezogen werden, das demnach alle Haushalte
in der einen oder anderen Weise als über ein *'api kolo* verfügend
ausweist. Die dadurch entstehende Fehlerquote ist jedoch bei einem
25 %-Sample (es würde sich rechnerisch ein halber Haushalt ohne
Zugang zu einer Dorfparzelle ergeben) vernachlässigbar gering.

Von den 60 erfaßten Haushalten haben 27 eine zumeist nach 1960
registrierte Dorfparzelle, weitere 22 haben lediglich eine Erlaubnis des *Nopele* bzw. wohnen seit Generationen im Dorf. Weitere 10
Haushalte nutzen das Grundstück von Verwandten mit, die ihnen eine
Erlaubnis dazu erteilt haben ("permissive occupancy"). Bei einem
Haushalt ergab sich der Sonderfall eines Mannes, dessen Großvater
Europäer war und der deshalb nach tonganischem Recht kein Land besitzen darf. Dieser hat vom *Nopele* formal eine Dorfparzelle gepachtet.

Die von Verwandten erteilten Nutzungsrechte sind zum Teil mit
der Auflage verbunden, daß das Dorfgrundstück nur so lange genutzt

werden darf wie der Besitzer abwesend ist (wenn dieser etwa aus
beruflichen Gründen einige Jahre in der Hauptstadt oder im Ausland
wohnt). Auch sind in dieser Kategorie die Nutzungsrechte auf einen
kürzeren Zeitraum beschränkt (Höchstdauer 10 Jahre) als für die
vom *Nopele* überlassenen *'api kolo*.

2.2   Landnutzung

Die agrarische Nutzung der Buschparzellen erfolgt nach tonganischer Rollenzuweisung in der Hauptsache durch die arbeitsfähigen
Männer der Haushalte, von denen (vergl. Tab. Nr.11) über 86 %
einen wesentlichen Teil ihrer Zeit dieser Tätigkeit widmen. Zwar
werden sie in dieser Arbeit gelegentlich von den weiblichen Haushaltsmitgliedern und - in einem nicht geringen Maß - von den unter
15jährigen Jungen unterstützt, in der Regel jedoch sind die Männer
unter sich.

2.2.1   Arbeitsorganisation

Die Arbeit wird dabei in den meisten Fällen so organisiert, daß
entweder die Männer eines Haushaltes in einer kleineren Gruppe zusammenarbeiten oder sich Männer aus verschiedenen Haushalten zu einer größeren Abreitsgruppe, der sogenannten *kautaha*[1], zusammen-
schließen. Die am weitesten verbreitete Form einer solchen Gruppe
ist die *kautaha toungaue*, deren Mitglieder entweder bei bestimmten
Ernte- oder Rodungsarbeiten für kürzere Zeiträume oder allgemein
für die Feldarbeit eines Jahres zusammenfinden.

Eine *kautaha toungaue* funktioniert nach dem Prinzip, daß alle
Männer auf dem Land jeweils eines Mitgliedes zusammenarbeiten, um

---

1) Der Begriff kann in dieser allgemeinen Form jede Bedeutung einer gesellschaft-
lichen Gruppe annehmen, so auch Genossenschaften, Klubs, Firmen etc.; Vergl.
CHURCHWARD,C.M., 1959; MAUDE,A., 1965, S.123ff; THAMAN,R.R., 1975, S.175ff;
AOYAGI,M., 1966; BEAGLEHOLE,E.&P., 1941,S.30ff.

dann - in einem rotierenden System - an den folgenden Tagen eine
etwa gleich lange Zeit auf dem Land der anderen Mitglieder zuzu-
bringen. Sollte ein Mitglied an einem Tag nicht zur Arbeit erscheinen, wird entweder seine Pflanzung beim nächsten Mal übersprungen
oder er muß den anderen den ortsüblichen Arbeitslohn (in Kolonga
zwischen 0,55 T$ und 0,60 T$ pro Stunde) bezahlen.

In Kolonga ist in über der Hälfte der Haushalte mindestens ein
Mann Mitglied einer *kautaha toungaue*, die zwischen 5 und 20 Mitglieder hat (im Durchschnitt 11). Die Zusammensetzung dieser Gruppen kann als Ausdruck persönlicher Freundschaft oder Solidarität
der Dorfbewohner gewertet werden; denn nur in einem Fall bestand
die Gruppe nicht ausschließlich aus Einwohnern Kolongas. In geringerem Maße drückt sich darin die Zugehörigkeit zur gleichen Konfes-
sion aus; in noch geringerem Umfang ist die Zugehörigkeit identisch
mit einer Verwandschaftsbeziehung innerhalb des gleichen Familien-
verbundes. Die durchschnittlich vier Arbeitsstunden pro Tag,[1] die
der gemeinsamen Arbeit gewidmet sind, werden häufig ergänzt durch
zusätzliche Arbeit einzelner Mitglieder auf ihren eigenen Feldern
am späten Nachmittag.

Eine andere, in Kolonga weniger verbreitete Organisationsform
einer *kautaha* dient vor allem dem Anbau der prestigeträchtigen
Knollenfrucht Yams (*'ufi*). Bei einer solchen Gruppe, der sogenannten *toutu'u 'ufi*, wird die von einem Mitgleid zur Verfügung gestellte oder von allen Mitgliedern angepachtete Parzelle in Streifen aufgeteilt. Nach der gemeinsam verrichteten Rodungs- und Pflan-
zungsarbeit wird auch die zur Instandhaltung der Pflanzung notwendige Arbeit (Jäten) und die Ernte zumeist als Gruppe verrichtet.
Die Erntemenge ist jedoch für die einzelnen Mitglieder verschieden
und hängt ab von dem vorher ausgehandelten Anteil an der Pflanzung,
der sich über den Rang des Einzelnen in der Gruppe und seinen Beitrag (etwa das zur Verfügung gestellte Land) definiert.

Die personelle Zusammensetzung einer *toutu'u 'ufi* orientiert
sich häufiger (in Kolonga alle) als bei anderen Formen einer *kautaha*

---

1) meist in der weniger heißen Tageszeit vom frühen Morgen bis zum frühen Vor-
mittag; ein Umstand, der MAUDE,A., 1965, S.125, zu einem Vergleich mit dem
für Jamaica beschriebenen "morning sport" veranlaßte; s. EDWARDS,D.T., 1961,
S.76

an der Zugehörigkeit zur selben kirchlichen Organisation. Nach
der Ernte und der Auflösung der Gruppe wird das Land häufig (so
auch in Kolonga) nach der gleichen Organisationsform von einer
Gruppe von Frauen (*kautaha fefine*) mit dem zur *Tapa*-Herstellung
notwendigen "Paper Mulberry"-Strauch (*hiapo*) bepflanzt. Der Arbeitsaufwand zur Instandhaltung einer solchen Pflanzung ist jedoch relativ gering, und der Zusammenhalt einer solchen Frauengruppe ist
wohl eher durch den gemeinsam verrichteten Rest des Produktions-
prozesses für ein *Tapa*-Tuch zu erklären (Schälen der Rinde des
hiapo, Ausklopfen und Zusammenkleben der Fasern und Bemalen).

Als Sonderfall einer mit der Landnutzung allerdings nur indirekt
befaßten *kautaha* wurde von den Bewohnern Kolongas eine Art Älte-
stenrat ("Village Community Council") genannt. Diese Gruppe stellt
in verschiedener Hinsicht so etwas wie eine "Elite"[1] dar und gibt
damit Aufschluß über die Sozialstruktur des Dorfes. Ihre auf Lebenszeit gewählten 12 Mitglieder sind in der Tat die einflußreichsten
Männer des Dorfes: Neben dem *Nopele* und dem "town officer" sind
in dieser Gruppe die Oberhäupter der traditionell angesehendsten
Familien vertreten, darunter ein direkter Nachfahre eines durch
die Umstrukturierung des 19. Jahrhunderts entmachteten *eiki*-Häupt-
lings. Die Mitglieder repräsentieren somit die heute in Tonga relevanten Statuskriterier: Rang in der traditionellen Hierarchie,
ein Amt in der politischen Administration und - besonders deutlich
zu erkennen in Kolonga - wirtschaftliche Macht.

Die durch die Interviews erfaßten Mitglieder dieser Gruppe
brachten eine bemerkenswert oppositionelle Haltung gegen die Machtstellung des *Nopele* zutage, was in einem Fall gar in der Forderung
nach revolutionärer Änderung der politischen Verantwortlichkeit
gipfelte. Solche Äußerungen sind insofern ernst zu nehmen, als sie
nicht nur den Unmut der von Willkürmaßnahmen betroffenen reflektieren, sondern auch die Haltung einer aufkommenden Bourgeoisie
zum Ausdruck bringen, die sich in ihren Entfaltungsmöglichkeiten
durch die herrschenden politischen Verhältnisse eingeschränkt fühlt.

---

1) Dieser Begriff zieht sich durch alle Veröffentlichungen von MARCUS,G.E.:
   1975 a), 1975 b), 1977 a), 1977 b), 1980, 1981

Um einen Eindruck von der Bedeutung dieser Gruppe zu vermitteln,
sei eine Auseinandersetzung mit dem *Nopele* wiedergegeben: Eine
Entwicklungshilfe-Organisation machte die für den Straßenbau vergebenen Gelder von der Zustimmung des "Village Community Council"
abhängig. Die Entscheidung über die Verwendung der Gelder wurde
diesem (allerdings auch nicht demokratisch zu nennenden) Gremium
überlassen, weil davon ausgegangen wurde, daß es in stärkerem Maße
den Willen der Mehrheit des Dorfes repräsentiert als der *Nopele*.
Der Adelige, als einer der wenigen Auto-Besitzer des Dorfes, sprach
sich für die Asphaltierung der Hauptstraße aus; er wurde jedoch
von allen anderen überstimmt, die das Geld zur Befestigung der Zufahrtswege zu den Buschparzellen verwenden wollten. Diese Maßnahme kam damit allen Dorfbewohnern zugute, deren Pferdekarren
(*saliote*) vorher die in der Regenzeit morastigen Buschwege oft
nicht passieren konnten.

Als letzte Organisationsform einer *kautaha* ist der Zusammenschluß einer Gruppe arbeits- und landloser junger Männer zu nennen,
die ihre Arbeitskraft anderen Haushalten für besondere Aufgaben wie
Rodungs- und Erntearbeiten anbieten. Die Zusammensetzung dieser
Gruppe wechselt je nach Bedarf ständig; oft bilden sich Untergrup-
pen mit zwischen 2 und 10 Mitgliedern. Die bezahlten *kautaha ngaue*
werden von mehr als einem Drittel der im Sample erfaßten Haushalte
in Anspruch genommen, im Durchschnitt mit 80 Mann-Arbeitstagen pro
Jahr.[1] Für die Arbeit dieser *kautaha* wenden die betreffenden Haushalte durchschnittlich (Extremfälle ausgeschlossen) etwa 180 T$
pro Jahr auf; hinzu kommt allerdings in der Hälfte der Fälle die
Bereitstellung von Lebensmitteln für den Arbeitstag.

---

1) In diesem Durchschnitt ist der Extremfall eines kommerziellen Farmers nicht
berücksichtigt. Als Mann-Arbeitstag wurde eine durchschnittliche Arbeitszeit von 4 Stunden pro Tag ermittelt, wenn die Zeit für den Anweg vom Dorf
zum Buschgrundstück nicht eingerechnet wird. 80-Mann-Arbeitstage bedeuten
zum Beispiel bei 10 Mitgliedern einer Kautaha, daß die Gruppe an acht Vor-
mittagen eines Jahres für einen Haushalt gearbeitet hat.

2.2.2   Inputs

Außer der Bezahlung, die die Haushalte gegebenenfalls für eine
kautaha ngaue aufwenden, leisten sie als weiteres "Input" für ihre
Agrarproduktion natürlich ihre eigene Arbeit. Wenn man die dabei
erbrachte Leistung der Frauen und unter 15jährigen einbezieht, beteiligen sich im Durchschnitt drei Personen pro Haushalt an der
Feldarbeit, die dazu im Mittel 4,1 Stunden pro Tag aufwenden. In
das Mittel der Tagesarbeitszeit gehen dabei allerdings extrem niedrige Werte von Jugendlichen, Frauen und Teilzeit-Farmern ein, die
den höheren Wert der größtenteils in der Landwirtschaft tätigen
Männer (5,6 Stunden pro Tag) erheblich verzerrt.

Als durchschnittliche Zahl der Tage pro Woche, die die Haushaltsmitglieder auf dem Feld arbeiten, kann 3,5 errechnet werden;
dabei liegt der Schnitt für Männer wiederum mit 4,8 Arbeitstagen
pro Woche erheblich höher. Als durchschnittliche Wochenarbeitszeiten auf dem Feld können- über alle Haushaltsmitglieder verteilt - etwa 15 Stunden , auf die Männer bezogen etwa 27 Stunden
pro Woche und je nach Interpretation der Berufsgruppe "Vollzeitfarmer" mindestens 30 Wochenstunden gerechnet werden. Zur Bewertung dieser Angaben sei bemerkt, daß nach tonganischem Recht an
Sonntagen nicht gearbeitet werden darf und die voll in einem anderen Beruf tätigen Männer in einigen Fällen nur an Samstagen auf
dem Feld tätig sind.

Stichprobenartig vorgenommene Beobachtungen einzelner Farmer
haben ergeben, daß in den wiedergegebenen Arbeitszeiten der Weg
zwischen Dorf und Buschparzellen teilweise eingeschlossen ist. Bei
einer durchschnittlichen Entfernung der bearbeiteten Felder zum
Wohnhaus von 2,8 km[1] würde der Weg hin und zurück zu Fuß knapp
1 1/2 Stunden in Anspruch nehmen. Dies trifft für etwa ein Viertel
der Haushalte zu, die nicht über ein eigenes Transportmittel verfügen. Die übrigen Haushalte jedoch besitzen mindestens ein Pferd,

---

1) Dieser sehr hoch erscheinende Wert läßt sich unter anderem dadurch erklären,
   daß die in unmittelbarer Nähe des Dorfes liegenden Grundstücke kaum genutzt
   werden, weil Knollenfrüchte von im Dorf frei umherlaufenden Schweinen aus-
   gegraben würden.

mit dem sich der Hin- und Rückweg in durchschnittlich etwa einer
halben Stunde zurücklegen läßt. Zusätzlich besitzen 30 % der Haushalte einen der landesüblichen Pferdekarren (*saliote*), weitere 40%
leihen sich ein *saliote* gelegentlich oder öfter von ihren Nachbarn.

In einer betriebswirtschaftlichen Bilanz schlagen sich die Kosten, die durch den Gebrauch von Lastwagen entstehen, als nennens-
werter Aufwandsposten nieder. Von den in Kolonga erfaßten Haushalten konnte sich ein relativ hoher Anteil von 15 % die Anschaffung eines eigenen kleinen Transporters leisten ; ein weiteres
Drittel der Haushalte benutzt diese Kleinlastwagen mit für den
Transport ihrer Agrarprodukte vom Feld ins Dorf oder vom Dorf in
die Hauptstadt. In mehr als der Hälfte dieser Fälle bleibt der
Mietpreis für die Inanspruchnahme der Transportmittel unter 200T$
pro Jahr, bei den anderen liegen die Ausgaben dafür höher mit drei
Extremfällen von über 1000 T$ pro Jahr.

Als weitere Inputs wenden die Haushalte Geräte und Maschinen
zur Bodenbearbeitung auf. Zur Standard-Kollektion einfacher Geräte
gehören Hacken und Spaten (*huo*) mit einem eisernen Geräteteil[1]
und einem langen hölzernen Griff. Die gebräuchlichsten Formen sind
am unteren Ende abgeflachte Hacken (*huo lafalafa*) zum Jäten und
Umgraben und solche, die am unteren Ende in der Art einer Lanze
spitz zulaufen (*huo sipeiti*), die vor allem zum Ausheben der Pflanz-
löcher für Knollenfrüchte gebraucht werden. Desweiteren sind gabel-
förmige Geräte (*huo langa*) für die Erntearbeit, Buschmesser oder
Macheten (*hele pelu*) und Äxte (*toki*) für Rodungsarbeiten gebräuch-
lich. Von dieser Standard-Kollektion besaßen die meisten Haushalte
in Kolonga (93 %) alle diese Geräte, die anderen borgten sie sich
bei Bedarf von Verwandten oder Nachbarn.

Von den 60 Haushalten verfügt keiner über einen maschinengezo-
genen Pflug oder Traktor; jedoch nahm die Hälfte der Haushalte die
vom Landwirtschaftsministerium bereitgestellten Maschinen in Anspruch.[2] Diese Maschinen werden vor allem zur Vorbereitung des

---

1) Eiserne Geräte haben mindestens seit Mitte des letzten Jahrhunderts weiteste
   Verbreitung.
2) Selbst ein als Extrem eines kommerziellen Farmers herausragender Proband gab
   an, daß es wirtschaftlicher sei, die Maschinen des Landwirtschaftsministeriums
   zu benutzen. Die Mietkosten sind über Entwicklungshilfegelder so subventioniert,
   daß von den echten Betriebskosten (ca.40T$ pro Stunde) nur 20% bezahlt werden
   müssen.

Bodens vor dem Pflanzen eingesetzt. Die Mehrzahl der Haushalte
(90 %), die diese Dienste in Anspruch nehmen, geben dafür zwischen
20 und 200 T$ pro Jahr aus. In einem Fall konnte der Traktor wegen
guter Beziehungen zum Landwirtschaftsministerium umsonst genutzt
werden, in zwei Fällen wurden 500 T$ bzw. über 1000 T$ pro Jahr
dafür aufgewendet.

Verwundert mag man darüber sein, daß in Kolonga - wie auch in
anderen ebenen Gebieten Tongas, wo es ohne weiteres möglich wäre -
von Pferden gezogene Pflüge nicht verwendet werden. Bei den angegebenen Mietpreisen für Traktoren wäre die Förderung dieser angepaßten
Technologie für die tonganischen Farmer aus wirtschaftlichen wie
ökologischen Gründen sicher angebracht. Warum dies nicht geschehen ist, wird im Abschlußbericht eines Landwirtschaftsexperten
angedeutet:

> "The utilization of horses for land tillage and crop
> maintenance started about 1960 and was abandoned shortly
> afterwards in favour of tractors. A technology suited to
> use the available draught power could not develop as ideas
> in that context were not supported sufficiently. This has
> led to constraints in the development of Tongan Agricul-
> ture which have created widespread discontend among the
> more active farmers. Farmers further down the pyramid of
> intensive farming may be completely discouraged by these
> constraints."   1)

Etwa die Hälfte derjenigen Haushalte, die für die Benutzung
landwirtschaftlicher Maschinen Geld investieren, geben auch Geld
für den Kauf von Pflanzenschutzmitteln (Insektizide und Fungizide)
aus. In der Mehrzahl dieser 11 Fälle werden dabei Beträge zwischen
20 und 200 T$ pro Jahr investiert. Drei kommerzielle Farmer liegen
mit 500 bis 1000 T$ darüber; in weiteren drei Fällen wurde für die
Beschaffung der Pflanzenschutzmittel über das Landwirtschaftsministerium kein Geld bezahlt.

Von den damit insgesamt 17 Farmern, die sich durch den Gebrauch
von Pflanzenschutzmitteln als marktorientierte Produzenten ausweisen, verfügen 11 über ein eigenes Sprühgerät für diese Mittel; die
anderen leihen sich das Gerät bei Verwandten oder Nachbarn. In den
gleichen 17 Haushalten wird vor allem für den kommerziellen Anbau

---

1) WEBER,G.G., 1980, S.9

von Bananen und Wassermelonen Kunstdünger verwendet. Der Anteil der Haushalte, die für ihren Dünger auch bezahlen (40 %) ist durch den großzügigen Umgang des Ministeriums mit diesen Mitteln und durch die Möglichkeiten, die sich im Verteilungsprozeß über persönliche Beziehungen für den einzelnen Farmer ergeben, allerdings noch geringer als bei den Pflanzenschutzmitteln.

Für Kunstdünger geben die betreffenden Haushalte mehrheitlich unter 200 T$ pro Jahr aus, nur zwei investieren mit 500 bzw. etwa 1000 T$ mehr. Für Samen und sonstiges Pflanzmaterial geben von den wiederum gleichen 17 Haushalten zwei über 200 T$ aus; die Mehrheit dieser Haushalte investiert dafür nur zwischen 10 und 50 T$ bzw. gewinnt ihre Setzlinge aus alten Pflanzungen.

2.2.3   Brache

Das traditionelle tonganische Landnutzungssystem ist eine Form des Brandrodungsfeldbaus (shifting cultivation),[1] bei der nach einer Fruchtfolge, die sich über 2 bis 5 Jahre erstreckt, eine mehrjährige Brache eingeschoben wird. Diese Brache (bush fallow) dient der natürlichen Regenerierung des Bodens und ist in ihrer Dauer - wie Maude durch eine Überprüfung der Theorie Boserups für den Fall Tonga gezeigt hat[2] - zum einen abhängig von der Entwicklung der Bevölkerungsdichte, zum anderen von der Inanspruchnahme des Landes durch kommerzielle Landwirtschaft. Maude konnte dazu noch am Anfang der 60er Jahre feststellen, daß die Bracheperiode nur in den traditionell dicht besiedelten Gebieten unter vier Jahren lag.[3]

Bei der Erhebung in Kolonga, also in einem auch heute noch relativ dünn besiedelten Gebiet, mußte am Anfang der 80er Jahre fest-

1) Eine ausführliche Darstellung etwa in NYE,P.H. & GREENLAND,D.J., 1960
2) Boserups These besagt im wesentlichen, daß eine Intensivierung traditioneller Agrarsyteme (Verkürzung der Buschbrache-Perioden) vor allem hervorgerufen wird durch wachsenden Bevölkerungsdruck; s. BOSERUP,E.,1960; MAUDE,A.,1970
3) MAUDE,A., 1965, S.137: "In most parts of Ha'apai, because of the shortage of land, the fallow is usually less than four years and sometimes gardeners can only afford to rest their land for one year."

gestellt werden, daß die durchschnittliche Dauer der Brache nur noch 3 Jahre beträgt. Von den befragten Haushalten gaben sechs sogar an, daß sie keinen Teil des ihnen zur Verfügung stehenden Landes brach liegen lassen. Zum einen hatte dies den Grund, daß die Haushalte sehr viele Personen von einer sehr kleinen Fläche ernähren mußten, es sich also nicht leisten konnten, Land brach liegen zu lassen; in den anderen Fällen handelte es sich um kommerzielle Farmer, die das entstehende Defizit an Bodenfruchtbarkeit durch Künstdünger ausgleichen wollten. Am anderen Extrem befanden sich vier Haushalte, die angaben, den größten Teil ihres Landes niemals bearbeitet zu haben, wenn man von den Kokospalmen absieht. Von den verbleibenden Haushalten gaben mehr als die Hälfte an, ihr Land zwischen 6 Monaten und 2 Jahren brach liegen zu lassen und zwar durchweg aus Gründen, die sich auf die Bodenfruchtbarkeit bezogen.

An der Gesamtfläche des den Haushalten zur Verfügung stehenden Landes (273 ha) macht der Anteil des brachliegenden Landes 51,2 % aus (vergl. Tab.30 im Anhang). Dabei ist nicht differenziert worden zwischen niemals kultiviertem Land oder den verschiedenen Altersstufen von Brache. Zudem ist zu beachten, daß auch das als Brache bezeichnete Land durch Kokospalmen, zum Feuerholz-Sammeln oder als extensive Viehweide genutzt werden kann. Die in den Beispielen zur Landnutzung ausgewiesenen Busch-Flächen sind in diesem Sinn zu verstehen (s. Abb. Nr. 27).

Bezieht man den Anteil des brachliegenden Landes auf die nach Landbesitzformen unterschiedenen Gruppen von Haushalten, läßt sich ein erster Zusammenhang zwischen Besitzform und Landnutzung erkennen: Während diejenigen Haushalte, die Zugang zu Land nur über informelle Absprachen mit anderen 'apí-Besitzern gewonnen haben, nur einen Anteil von etwa 30 % ihres Landes brach liegen lassen, liegt unter den 'apí-Besitzern selber dieser Anteil mit über 55 % wesentlich höher. Dabei spielt offenbar nicht - wie man vermuten könnte - die Größe der Landfläche eine Rolle; denn wenn man von den 'apí-Besitzern diejenigen ausklammert, die noch über zusätzlich gepachtetes Land verfügen, lassen sich zwei Gruppen von Haushalten unmittelbar vergleichen:

Die erste Gruppe von nur-'*api*-besitzenden Haushalten verfügt
zusammen über eine Fläche von etwa 50 ha; davon sind 79 % Brache.
Die gleichgroße Gruppe von 15 Haushalten mit nur gepachtetem Land
verfügt über eine Fläche von etwa 47 ha und davon - wie erwähnt -
30 % brach liegen. Gemessen am Anteil der kultivierten Fläche
kann man daraus den zunächst überraschenden Schluß ziehen, daß
die Haushalte mit einem unsicheren Nutzungsrecht einen intensiveren Gebrauch von ihrem Land machen als diejenigen mit sicherem
Besitzanspruch. In welcher Weise das kultivierte Land genutzt
wird, soll jedoch im folgenden näher betrachtet werden:

2.2.4 Outputs

Auf dem intensiv genutzten Land beginnt die Fruchtfolge in der
Regel mit dem anspruchsvollen Yams. Ein solches Yams-Feld (*ma'ala*)
ist jedoch keine Mono-Kultur, sondern fast immer mit Riesentaro
(*kape*) und verschiedenen Sorten Kochbananen (plaintains, *hopa*)
durchsetzt, die in sich abwechselnden Reihen im Abstand von 4 bis
5 Metern dazwischen gepflanzt werden. Auch bei den anderen Phasen
der Fruchtfolge werden mehrere Nutzpflanzen gleichzeitig und etagen-
artig auf einem Feld angebaut (s. Abb. Nr. 41, im Anhang).

Diese Mischkulturen (inter-cropping oder mixed cropping) stellen ein ökologisch bewährtes System des Anbaus dar, was unter anderem Bodenmineralien gleichmäßiger ausnutzt und der Ausbreitung
von Pflanzenkrankheiten entgegenwirkt.[1] In Monokultur angebaut
werden dagegen zumeist als letztes Glied der Fruchtfolge das an-
spruchslose Maniok (cassava, *manioke*) und - unter Zugabe von Kunstdünger - die größtenteils zum Verkauf bestimmten Kulturen wie Bananen und Wassermelonen.

---

[1] weitere Argumente für diese Formen traditionellen Anbaus in KLEE,G.A.,1980
"World Systems of Traditional Resource Management", bes. Kap.10 "Oceania"

TAB.17: VERWENDUNG DER WICHTIGSTEN KULTURPFLANZEN IN KOLONGA

Kulturen	Gesamt-fläche (ha)	Fälle	Haupt-Verwendungszweck (in % der Fälle)						Summe Erlös aller Haush. (T$)
			1	2	3	4	5	6	
Yams	36,4	51	56		35	2	6		25.875
Taro	39,1	51	57		27	4	10	2	25.275
Süßkartoffel	1,8	6	50		33		17		625
Maniok	20,1	40	82		15			2	1.400
Riesentaro	24,7	35	94	3				3	400
Gemüse	5,1	16	56	13	31				1.300
Kochbananen	37,5	50	72		26			2	4.575
Bananen	26,6	28	48		3	48			12.700
Melonen	27,1	14	6	13	33	47	1		35.375
Ananas	2,0	18	95		5				25
Kava	2,0	15	67	25			8		750
Papaya	7,7	41	100						- -
Erdnüsse	0,3	2				100			350
Kokosnüsse	232,9	50	22	9		69			32.450
Vanille	6,7	10					100		4.000
Brotfrucht-bäume (Stck)	244	47	100						- -

1) = Eigenbedarf/Subsistenz   4) = Verkauf an Commodities Board
2) = Verkauf im eigenen Dorf   5) = Verkauf an privaten Exporteur
3) = Verkauf auf lokalem Markt   6) = Verkauf an Sonstige

Quelle: eigene Erhebung (vergl. Tab.30 im Anhang)

Die in Tabelle 17 in der ersten Spalte wiedergegebenen Gesamt-
flächen der wichtigsten Kulturpflanzen, die von den Sample-Haushalten angebaut wurden, addieren sich durch das "mixed cropping"
zu einem weit größeren Betrag als die Differenz von zur Verfügung
stehender Nutzfläche und Brache. Nimmt man die Kokospalmen heraus,
die 85 % des gesamten Landes abdecken, verbleibt immer noch eine
Differenz von etwa 100 ha. Diese wird durch Kombinationen von
Yams, Riesentaro und Kochbananen, von Taro mit anderen Knollenfrüchten und durch Einstreuungen von Papaya und Kava-Sträuchern
hervorgerufen (s.u. die Landnutzungsbeispiele).

Weiteste Verbreitung haben neben der Kokosnuß, die Grundnahrungsmittel und "cash crop" zugleich ist, die traditionellen Knollenfrüchte Yams und Taro und die zur Standard-Diät gehörende Kochbanane. Der meist in Kombination mit anderen Knollen angebaute Riesentaro nimmt unter den Knollenfrüchten flächenmäßig die dritte
Stelle ein, wird aber von dem nährstoffarmen Maniok an Anbauhäufigkeit noch übertroffen.

Die für den ganzen polynesischen Raum so bekannte Süßkartoffel
(kumala) nimmt unter den Knollenfrüchten eine so unbedeutende Stellung ein, weil sie - wie erwähnt - 1980 und 1981 von einer Blattkrankheit befallen war. Aus einem ähnlichen Grund nehmen sich die
Erdnüsse so unbedeutend aus.

Die Zahl der Brotfruchtbäume ist in die Tabelle mit aufgenommen
worden, weil Brotfrucht saisonbedingt einen wichtigen Bestandteil
der tonganischen Ernährung darstellt. Wie sich für Kolonga erkennen
läßt, verfügen mehr als drei Viertel der Haushalte über mehr Bäume
dieser Art als zur Deckung des eigenen Bedarfs notwendig wäre.
Brotfrucht und Papaya, von deren reifen Früchten sich im übrigen
auch andere als der Besitzer bedienen dürfen, können als typische
Relikte einer in Kolonga schon weitgehend verdrängten "subsitence
affluence"-Wirtschaft gelten.

Auf dem Vormarsch sind die als "cash crops" anzusprechenden
Agrarprodukte wie Vanille und Wassermelonen, die ausschließlich
bzw. zum ganz überwiegenden Teil zur Vermarktung angebaut werden.
Über die Vanille , die in Kolonga noch vergleichsweise wenig Ver-

breitung gefunden hat, lassen sich wegen der geringen Zahl der
Fälle kaum repräsentative Aussagen treffen, weil nur drei Farmer
am Verkauf beteiligt waren. Melonen, die von fast einem Viertel
der Haushalte angebaut werden und etwa zur Hälfte für den Export
(über das "Commodities Board"), zur anderen Hälfte für den Verkauf im Dorf und auf dem Markt in Nuku'alofa verwendet werden,
nehmen mit einigem Abstand die erste Stelle bei der Aufsummierung
der Erlöse von Feldfrüchten ein.

Die an der Vermarktung beteiligten Haushalte erzielen einen
durchschnittlichen Bruttoerlös von über 2.500 T$; diese Angabe
wird jedoch durch einen einzigen Großfarmer verzerrt, der alleine
für die Hälfte dieses Betrages verantwortlich ist. Die Verschie-
bungen, die sich aus demselben Grund bei den Durchschnittsbe-
rechnungen für Yams und Taro (1.125 T$ bzw. 1.204 T$) ergeben,
bewegen sich in einer vergleichbaren Größenordnung; während bei
Bananen der Anteil dieses einzelnen Farmers "nur" etwa ein Drittel
ausmacht. Diese unverhältnismäßg hohen Anteile eines kommerziellen
Farmers am Erlös besonders gewinnträchtiger "cash crops" sind nicht
nur auf die Größe des ihm zur Verfügung stehenden Landes zurückzuführen, sondern auch auf eine private Exportlizenz und die aus-
gezeichneten persönlichen Beziehungen zu Mitarbeitern des "Commodities Board", die ihm hohe Aufkauf-Quoten und Informationen über
das richtige "timing" von Ernte und Vermarktung sichern.

Ähnlich wie bei Yams und Taro fällt auch bei Gemüse die eindeutige Zuordnung unter "cash-" bzw. "subsistence crops" schwer.
Von allen Sorten, die unter Gemüse subsumiert sind (u.a.: Tomaten,
Paprika, Bohnen, Karotten, Zwiebeln, Kohl, Kürbis ...) wurde immerhin fast die Hälfte in Kolonga oder auf dem Talamahu-Markt in Nuku-
'alofa verkauft. Dieser Anteil könnte sicher noch höher sein, wenn
die Qualität der Erzeugnisse besser wäre.

Bananen werden fast von der Hälfte aller Haushalte in Kolonga
angebaut; die durchschnittliche Anbaufläche von etwa 1 ha errechnet
sich jedoch aus zwei sehr unterschiedlichen Gruppen: Zum einen Haushalte, die nur kleine Felder (0,4 ha) mit Bananen bestellen und
wenig davon verkaufen; zum anderen Haushalte, deren Bananenfelder

ABB.27: BEISPIELE ZUR LANDNUTZUNG IN KOLONGA

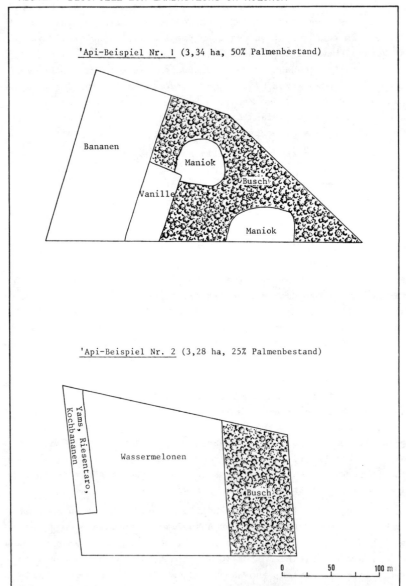

'Api-Beispiel Nr. 1 (3,34 ha, 50% Palmenbestand)

Bananen

Maniok

Busch

Vanille

Maniok

'Api-Beispiel Nr. 2 (3,28 ha, 25% Palmenbestand)

Yams, Riesentaro, Kochbananen

Wassermelonen

Busch

0   50   100 m

'Api-Beispiel Nr. 3 (3,35 ha, 75% Palmenbestand)

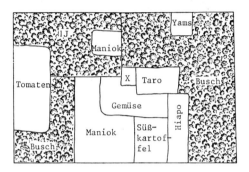

X = Hütte

'Api-Beispiel Nr. 4 (3,23 ha, 100% Palmenbestand)

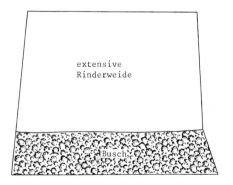

0   50   100 m

'Api-Beispiel Nr. 5 (3,34 ha, 100% Palmenbestand)

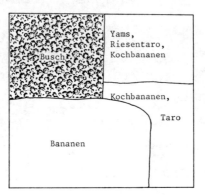

'Api-Beispiel Nr. 6 (3,34 ha, 50% Palmenbestand)

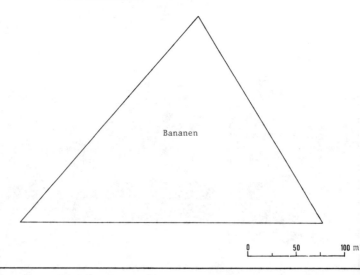

Quellen: Eigene Erhebung; Katasterkarten

weit über der durchschnittlichen Anbaufläche liegen und die gezielt für den Export produzieren.

Durch den Verkauf landwirtschaftlicher Produkte erzielen die
im Sample erfaßten Haushalte ein durchschnittliches Bruttoeinkommen von etwa 2400 T$ pro Jahr.[1] Bezieht man nun - wie schon bei
den Berechnungen zu den Flächenanteilen des Brachlandes - die
Agrareinkommen auf die nach Landbesitzformen unterschiedenen Gruppen von Haushalten, ergibt sich folgendes Bild:

Die Gruppe von Haushalten, die über ein eigenes 'api und zusätzliches Land verfügen, haben (wie durch die größere Landfläche zu
erwarten) ein überdurchschnittliches Einkommen von fast 3.700 T$
pro Jahr. Bei den Haushalten, die nur über eine eigene Buschparzelle verfügen, ergibt sich ein Bruttoeinkommen von nur etwa 660
T$ pro Jahr aus dem Verkauf landwirtschaftlicher Produkte; während
die Haushalte, die nur über "gepachtetes" Land verfügen ein Einkommen von etwa 1.600 T$ erreichen.

Um einen Zusammenhang zwischen Landbesitzform und der Art landwirtschaftlicher Nutzung herstellen zu können, soll wiederum ein
Vergleich der beiden letztgenannten Gruppen von Haushalten herangezogen werden. Zunächst ist festzustellen, daß in der Gruppe der
"Nur-'api-Besitzer" der Anteil der Haushalte, die überhaupt keine
Produkte verkaufen, 20 % beträgt. Dieser Anteil reiner Subsistenz-
Farmer ist in der Gruppe der "Nur-Pächter" doppelt so hoch. Darin
läßt sich ein Hinweis erkennen, daß die Marktbeteiligung bei gesicherten Landrechten höher liegt als bei informellen Absprachen.

Dazu scheint zunächst im Widerspruch zu stehen, daß die Haushalte, die nur über gepachtetes Land verfügen, ein durchschnittlich höheres Bruttoeinkommen erzielen. Betrachtet man die Quellen
dieses Einkommens jedoch genauer, stellt sich heraus, daß bei den
'api-Besitzern der weitaus größte Teil des Einkommens (90 %) vom
Verkauf mehrjähriger bzw. langjähriger Kulturen (Kokosnuß) herrührt;
bei den Pächtern dagegen kurzfristige Kulturen (vor allem Wasser-

---

1) Schließt man den mehrfach erwähnten Fall eines Agrarunternehmers aus, ver-
bleiben für den Rest der Haushalte durchschnittlich 1.560 T$ pro Jahr.

melonen) mit 60 % für das Bruttoeinkommen verantwortlich sind.
Während bei den 'api-Besitzern für die Produktion traditioneller
Früchte (dazu gehören Yams, Taro und Kokosnuß) kaum zusätzliche
Mittel außer der eigenen Arbeitskraft aufgewendet werden, müssen
bei den Pächtern für die Produktion von "cash crops" außer der
eigenen Arbeitskraft noch andere "Inputs" berücksichtigt werden,
um zu einer realistischen Angabe des Haushaltseinkommens zu gelangen.

Da die von 'api-Besitzern und Pächtern aufgewendete Arbeits-
zeit in etwa gleich ist, kann dieser Faktor aus der Betrachtung
heraus genommen werden. Es bleiben die mit Geld bezahlten "Inputs"
Pachtzins, bezahlte Arbeiter (kautaha), Benutzung von Geräten und
Maschinen, Transportkosten, Dünge- und Pflanzenschutzmittel und
Pflanzmaterial.

Nach Berücksichtigung all dieser Faktoren ergibt sich für die
Gruppe der Pächter ein durchschnittliches Nettoeinkommen von etwa
790 T$. Dies ist zwar ein Wert, der immer noch mit etwa 150 T$
über dem Durchschnitt des Nettoeinkommens der 'api-Besitzer liegt;
berücksichtigt man jedoch weiterhin, daß der Durchschnitt in dieser Gruppe vom extrem hohen Einkommen (9.325 T$) eines einzelnen
Farmers beeinflußt ist, dann läßt sich die Aussage treffen, daß
die überwiegende Mehrheit der Pächter über ein wesentlich geringeres Nettoeinkommen verfügt als die 'api-Besitzer.

2.3   Zusammenfassung

Für das Beispieldorf Kolonga kann durch die Ermittlung der
Grundbesitzverhältnisse als erwiesen gelten, daß der wachsende
Bevölkerungsdruck nicht die einzige Ursache zunehmender Landlosigkeit ist, daß vielmehr ein wesentlicher Grund in der Landvergabepolitik des adeligen Grundherrren liegt.

Der Nopele kontrolliert im rechtlichen Sinn etwa die Hälfte seiner Ländereien und hat es durch geschickte Manipulation verstanden,

sich mehr als ein Viertel des $to\{i'a$ direkt ökonomisch nutzbar
zu machen. Es kann dabei als ein wesentliches Element des Wandels
der Grundbesitzstruktur bezeichnet werden, daß außer-legale Pachtzahlungen, die den offiziellen Pachtzins bei weitem übersteigen,
nunmehr die Regel sind. Die rechtswirksame Vergabe weiterer Buschparzellen wird aus machtpolitischen Interessen verschleppt.

Für die Dorfbewohner bedeutet dieser Zustand, daß nur etwa ein
Drittel der dazu berechtigten Personen bzw. zwei Drittel der Haushalte über 'api-Landbesitz verfügen. Der Rest der Bevölkerung ist
- in der Hoffnung auf eine spätere Landzuteilung - auf ein gutes
Einvernehmen mit dem Nopele angewiesen, das durch unbezahlte Arbeit, traditionelle Ernteabgaben und auch direkt durch Bestechungsgelder zu erreichen versucht wird.

Auch der formal landlose Teil der Haushalte hat sich informelle
Nutzungsrechte an Grundstücken erworben. Diese Pachtabsprachen
- sofern sie nicht unter engen Verwandten getroffen werden - rük-
ken immer mehr ab vom Charakter einer unbezahlten Familienver-
pflichtung hin zu einem "share cropping" bzw. einer durch Geld
bezahlten Vertragsregelung. Die seit einigen Jahren vom Landgesetz legalisierte schriftliche Form von Pachtverträgen wird nicht
in Anspruch genommen; vielmehr sehen sich die Pächter einem unsicheren Status ausgesetzt, der sich negativ auf ihre langfristige
Investitionsbereitschaft auswirkt.

Die Landnutzungsuntersuchung belegt in der Gegenüberstellung
von Haushalten, die über relativ sichere Landrechte verfügen, mit
solchen, die nur einen unsicheren Besitzanspruch geltend machen
können, den grundsätzlichen Zusammenhang von Landrechtsform und
Landnutzungsintensität.

Als Ergebnis der Fallstudie von Kolonga läßt sich zusammenfassen, daß die Sicherheit von Landrechten zwar nur geringe Bedeutung
für den Subsistenz-Sektor der Landwirtschaft hat, sich für die
marktorientierte Produktion jedoch in der Weise auswirkt, daß ein
höheres Maß an Sicherheit von Landrechten tendenziell zu einer intensiveren Nutzung des Landes und damit zu einem höheren von den
Haushalten zu erzielenden Nettoeinkommen aus der Landwirtschaft
führt.

Bevor im weiteren zu einer differenzierteren Analyse dieses Zusammenhanges gelangt werden kann, soll anhand anderer Dorfbeispiele untersucht werden, inwieweit regionale Besonderheiten und eine Reihe ausgewählter Faktoren auf diese Beziehung Einfluß nehmen.

3. NUKUNUKU

Das Dorf Nukunuku ist als Beispiel in die Untersuchung aufgenommen worden, weil vorab bekannt war, daß besonders in diesem
Ort viele jüngere Einwohner in den 70er Jahren abgewandert sind.
Außer der Überprüfung des im ersten Beispieldorf bestätigten Zusammenhangs von Landrecht und Landnutzung bietet dieses Fallbeispiel die Möglichkeit zu untersuchen, inwieweit und unter welchen
Bedingungen die ausgewanderten Tonganer ihr Land anderen zugänglich gemacht haben.

Nukunuku liegt im Westteil Tongatapus, etwa auf der Hälfte der
Strecke zwischen dem äußersten Nordwest-Zipfel der Hauptinsel und
Nuku'alofa. Auf der vergleichsweise gut ausgebauten Straße in diesem Teil der Insel lassen sich die elf Kilometer vom Zentrum der
Hauptstadt bis zur zentralen Straßenkreuzung in Nukunuku in etwa
einer halben Stunde zurücklegen. Das Dorf liegt auf den Ländereien
des Adeligen *Tu'ivakanō* und ist mit 1.328 Einwohnern[1] nach Houma,
dem südlich davon gelegenen Nachbardorf, das zweitgrößte im westlichen Teil der Hauptinsel.

Im Gegensatz zu den meisten anderen Dörfern Tongas liegen über
Nukunuku einige historische Belege vor, die einen - wenn auch frag-
mentarischen - Eindruck von der Entstehungsgeschichte dieses Ortes
vermitteln:

Im Laufe der Missionierungskriege in der ersten Hälfte des 19.
Jahrhunderts zogen sich die Untertanen des damaligen Häuptlings
Tu'ivakanō auf eine zum Schutz vor Überfällen befeindeter Stämme
errichtete Befestigungsanlage zurück. Dieses Fort mit den Namen
Hule entwickelte sich zu einem der wehrhaftesten Zentren des Wider-
standes gegen die Eroberungsfeldzüge des mit den christlichen Missionaren verbündeten späteren Königs *Taufa'ahau* Tupou I. Nachdem es
(1835) den Missionaren gelang, den Häuptling des Stammes -eben
Tu'ivakanō - zum christlichen Glauben zu bekehren,[2] wurde dieser

---

1) KINGDOM OF TONGA, Census 1976, Tab.2
2) WOOD,A.H., 1932, S.47

von seinem eigenen Volk aus dem Fort verstoßen und mußte sich den
in Nuku'alofa konzentrierten Christen anschließen. Zwei Jahre später gelang *Tu'ivakanō* aus dieser Position heraus ein Rachefeld-
zug, der das Dorf Nukunuku bis heute für eines der grausamsten
Massaker und "indiscriminate slaughter"[1] in der Geschichte Tongas
bekanntmacht:

> "Soon afterwards Tu'ivakanō, with Taufa'ahau's powerful
> help, had his revenge on those who had expelled him. These
> people were in occupation of the fort of Hule, near Nuku-
> nuku. After they had been given the opportunity to sur-
> render, Taufa'ahau attacked the fort from the east, with
> Tu'ivakanō and his supporters on the west to cut off the
> defenders' retreat to Houma. All the people in Hule, to
> the number of 300, were killed; Tu'ivakanō's people were
> conspicious in carrying out this butchery."   2)

Aus der brutalen Vorgehensweise des Häuptlings *Tu'ivakanō* dürfen allerdings keine voreiligen Schlüsse auf die Beziehung seiner
zu *Nopele* geadelten Nachfolger mit den Einwohnern von Nukunuku abgeleitet werden. Dies wäre schon deshalb abwegig, weil von den
Einwohnern des Forts *Hule* niemand überlebte und sich die verbleibenden Mitglieder des Stammes der integrierenden Kraft der neuen
Ideologie beugten. Die ehemalige Befestigungsanlage ist heute noch
als kreisrunde Parzelle, die von einem etwa zwei Meter hohen Wall
und einem etwa fünf Meter tiefen Graben umgeben ist, südöstlich
von Nukunuku im Busch auszumachen (s. Abb. Nr.29).

Den Ortskern des nach der Niederlage der "Heiden" gegründeten
neuen Dorfs, das etwa 1 km von *Hule* entfernt liegt, bilden die Gebäude der "Free Wesleyan Church". Wie der Ortsgrundriß von Nukunuku erkennen läßt (s. Abb. Nr. 28), befindet sich eine dieser Kirchen nördlich der Hauptstraße; dies ist eines der ältesten Gebäude
Tongas, das jedoch wegen der unzureichenden Möglichkeiten eines
effektiven Denkmalschutzes dem langsamen Verfall preisgegeben ist.
Auf der gegenüber liegenden südlichen Seite der Hauptstraße befindet sich als geschmacklich fragwürdige Manifestation westlicher
Betonarchitektur das neue Kirchengebäude der "Wesleyan Church", das
nach Größe und Gestalt dem Hauptgebäude dieser Glaubensrichtung in
Nuku'alofa nachempfunden ist.

---

1) LĀTŪKEFU,S., 1974, S.110
2) WOOD,A.H., 1932, S.48

ABB.28: ORTSGRUNDRISS VON NUKUNUKU

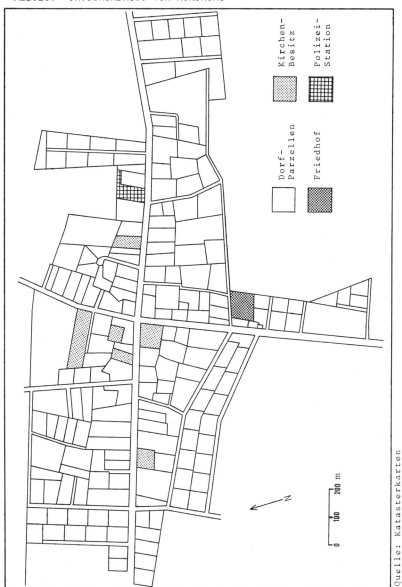

Quelle: Katasterkarten

Die neue Kirche bildet im Ortsgrundriß den Bezugspunkt eines
Koordinatensystems, dessen Achsen in west-östlicher Richtung von
der Hauptstraße (Hihifo Road), in nord-südlicher Richtung von der
Verbindungsstraße nach Houma aufgespannt werden. Die Fläche des
Dorfes von etwa 43 Hektar[1] wird dadurch in vier etwa gleich große
Gebiete aufgeteilt, auf die die Einwohner von Nukunuku durch unterschiedliche Namen Bezug nehmen: So wird der nordwestliche Qua-
drant "Tonga" genannt, der südwestliche "Amerika", der südöstliche
"Britannien" und der nordöstliche (kurioserweise) "Griechenland".
Dieser Namensgebung liegt jedoch - nach eigener Einschätzung -
nicht eine genetische Differenzierung zugrunde; vielmehr scheint
die Bebauung sich vom Ortskern aus etwa gleichmäßig in alle Richtungen verbreitet zu haben. Anhand funktionaler Strukturmerkmale
kann man heute auf keine wesentlichen Unterschiede der einzelnen
Siedlungsteile schließen.

Andeutungen einer sozialräumlichen Gliederung im Sinne einer
"Viertelsbildung" lassen sich allenfalls in dem als "Griechenland"
bezeichneten nordöstlichen Quadranten der Siedlung ausmachen, wo
zahlreichen jüngeren und zugewanderten Einwohnern neue Dorfparzellen ('api kolo) zur Verfügung gestellt wurden. Durch den geringeren Status beider dieser Gruppen hebt sich dieser Siedlungsteil
leicht vom Rest des Dorfes ab, dessen soziale Struktur sich ansonsten weniger durch die Ausprägung distinkter "Viertel" in räumliche Strukturen umsetzt als vielmehr durch die Bevorzugung der
Wohnlage in der Nähe der Hauptstraße.

So läßt sich auch im Ortsaufriß eine Häufung großer und zum
Teil mehrstöckiger Häuser direkt an der Straße erkennen, während
kleinere, mit bescheideneren Mitteln errichtete Häuser und Hütten
eher an der Peripherie des Dorfes zu finden sind. Bezeichnend sind
für Nukunuku (Stand 1981) einige Bauruinen; das sind mit großem
Aufwand begonnene Steinhäuser, die jedoch nicht fertiggestellt werden können, weil die durch Arbeit im Ausland erworbene finanzielle
Grundlage erschöpft ist. In mehreren Fällen sahen sich die Besitzer
dieser halbfertigen Häuser gezwungen, zur Beschaffung zusätzlichen

---

1) Angabe nach Katasterkarte "Nukunuku Township", 3 chains to an inch; auch hier
   sind zur Berechnung der Gesamtfläche Teile des "Township Reserve" (ca. 41 ha)
   hinzuzurechnen.

Kapitals wiederum einen längeren Auslandsaufenthalt anzutreten;
bei anderen ist die bis dahin geschaffene Bausubstanz schon soweit wieder verfallen, daß sich ein Weiterbau kaum lohnt.

Die Ländereien des Adeligen *Tu'ivakanō* (s. Abb. Nr. 29) sind
ein zusammenhängendes Gebiet im Westteil Tongatapus und umfassen
eine Fläche von 1.486 Hektar.[1] Das Flächensegment erreicht an
der Nordküste, in dessen Nähe das Dorf Nukunuku liegt, eine Breite
von etwa 3,5 km und geht dort (je nach Intensität der Niederschlä-
ge) in einen mehrere hundert Meter breiten Mangrovensumpf über.
Unter Ausschluß dieses agrarisch nicht nutzbaren Streifens an der
Nordküste beträgt die Entfernung von der Nordost- bis zur Südwest-
spitze des *tofi'a* 6,4 km. An der Südküste reicht das *tofi'a* an einen zwei bis dreihundert Meter breiten, von salzresistenten Pflanzen bewachsenen Streifen heran, der zwar nicht agrarisch nutzbar
ist, aber Zugang zum Fischreichtum in diesem Abschnitt der *liku*-
Küste ermöglicht.[2]

Die Gesamtfläche des *tofi'a* macht an der Fläche der übergeordneten Verwaltungseinheit, dem Nukunuku-District, etwa ein Drittel
aus,   an der Fläche der Hauptinsel Tongatapu etwa 5,8 % und an
der von ganz Tonga etwa 2,6 %.

Wie bereits mehrfach angedeutet steht jedoch nicht die gesamte
Fläche des *tofi'a* den Einwohnern Nukunukus zur Verfügung, sondern
die müssen sich das Land mit den Einwohnern der ebenfalls auf den
Ländereien befindlichen Dörfern Matahau, Vaotu'u und Matafonu'a
teilen, in denen zusammen weitere 1363 Personen vom letzten Zensus erfaßt wurden. Während der auf dem *tofi'a* durchgeführten Land-
nutzungskartierung und durch Befragung aller "town officer" obengenannter Dörfer stellte sich heraus, daß die Landbesitzansprüche

---

1) Berechnung durch Aufsummierung aller zu den Ländereien gehörenden Grundstücke
   nach Katasterkarte "4 chains to an inch", Blöcke: 78/86, 79/86, 80/86, 78/87,
   79/87, 80/87, 81/87, 79/88, 80/88. Die Gesamtfläche stimmt überein mit den
   Angaben in "Ministry of Finance", 1980, S.4 (3673,34ac) und THAMAN,R.R.,
   1975, S.432 (3673ac).
2) Von diesem Küstenabschnitt hat man zudem Aussicht auf die "Blow Holes"; jenen
   durch Unterspülung entstandenen Löchern im Kalkgestein, durch die der Wellen-
   schlag das Wasser - ähnlich einem Geysir - fontänenartig in die Höhe schießen
   läßt. Ausgerechnet in diesem für Schwimmversuche völlig ungeeigneten, weil
   zu gefährlichen Küstenabschnitt plante eine in Deutschland ansässige Steuer-
   abschreibungsgesellschaft den Bau eines großen Hotelkomplexes. Der Besitzer
   dieses Landes ist der u.a. für Tourismus zuständige Minister Baron Vaea.

ABB.29: LANDBESITZ UM NUKUNUKU

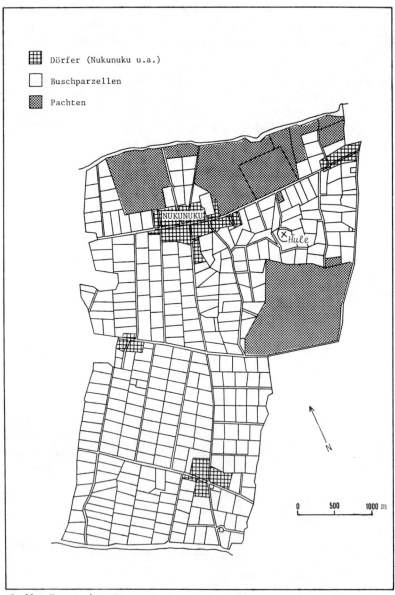

der Dorfbewohner nicht klar voneinander abgrenzbare Einzugsberei-
che bilden; vielmehr ergibt sich eine komplexe Struktur, in der
beispielweise Bewohner Nukunukus Buschparzellen in der Nähe anderer Dörfer und sogar an der Südküste besitzen. Um das zu Nukunuku gehörende Land aus dieser Struktur auszugliedern, wäre eine
vollständige Erfassung der Haushalte aller Dörfer auf dem *to&i'a*
notwendig gewesen; ein emirischer Aufwand, der aus nachvollzieh-
baren Gründen nicht zu leisten war.

Die im folgenden anhand allgemein zugänglicher Daten dargestellten Grundbesitzverhältnisse beziehen sich deshalb auf die gesamte
Fläche des *to&i'a*; die durch eigene Erhebung ermittelte Stichprobe
von Haushalten bezieht sich dagegen im engeren Sinn auf die Besitzverhältnisse des Nukunuku zugeordneten Landes.

3.1   Grundbesitzverhältnisse

Die in Tabelle 18 wiedergegebenen Berechnungen zu den Grundbesitzverhältnissen auf dem *to&i'a* um Nukunuku vermitteln nur einen vagen Eindruck der Verteilung von Landnutzungsrechten. Auffallend ist besonders der hohe Flächenanteil des Landes, das sich
formal im Besitz des adeligen Grundherren befindet (*&aka to&i'a*).

TAB.18:   GRUNDBESITZVERHÄLTNISSE UM NUKUNUKU[§]

FLÄCHE in	Land des *Nopele*	registrierte Buschparzellen	nicht-registrierte Buschparzellen	Pachten	Summe
Hektar	593,6	268,2	260,7	363,2	1.486,5
%	39,9	18,0	17,5	24,4	100

[§]*Tu'ivakanō*-estate(einschl. Nukunuku, Matahau, Vaotu'u und Matafonu'a)

Quelle: Katasterkarten

Dieser hohe Anteil von fast 40 % geht jedoch annähernd zur Hälfte
auf die Unvollständigkeit der auf den Katasterkarten zu findenden
Eintragungen über Besitzverhältnisse zurück:

So fehlen - nach dem Stand von 1981 - in den Unterlagen des
"Lands & Survey Department" alle Eintragungen zu einem ganzen Ka-
tasterblock (79/88). Für die in diesem Block enthaltenen und zum
toɡi'a gehörenden 91 Grundstücke mit einer Gesamtfläche von etwa
290 ha gab es deshalb keine andere Möglichkeit als die 1979 verfaßte "List of Landholders" zu verwenden.[1] Nach dieser Liste, die
den Angaben der Verfasser zufolge auf einer genauen Überprüfung
der Besitztitel nach der Katasterkarte beruht, ist für alle in
diesem Block in Frage kommenden Grundstücke *"Tu'ivakanō"* als Besitzer ausgewiesen. In Ermanglung anderer rechtsverbindlicher Angaben mußte deshalb die Gesamtfläche in diesem Block als Privatbesitz des *Nopele* aufgefaßt und in die Tabelle aufgenommen werden.

Bei der Haushaltsuntersuchung in Nukunuku stellte sich jedoch
als komplizierender Umstand heraus, daß für einen großen Teil
obengenannter Buschparzellen nicht-registrierte Landbesitzansprüche der Dorfbewohner existieren. Für einige der Parzellen ist in
den letzten Jahren sogar eine amtliche Registrierung erfolgt. Danach würde sich in der wiedergegebenen Landbesitzstatistik eine
Verschiebung im wesentlichen zwischen den Kategorien "Land des
Nopele" und "nicht-registrierte Buschparzellen" ergeben. Im Extremfall resultiert daraus ein - allerdings immer noch sehr hoher -
Flächenanteil von etwa 20 % Privatbesitz des Adeligen.

Weiterhin kompliziert werden die Besitzverhältnisse auf dem
toɡi'a des *Tu'ivakanō* dadurch, daß für eine beträchtliche Fläche
südöstlich von Nukunuku im juristischen Sinn ein Schwebezustand
herrscht: Vor 1934 war dieses Gebiet aufgeteilt in eine Reihe über-
großer Parzellen und kleinerer Pachtgrundstücke (s. Abb. Nr. 30).
Auf Veranlassung des *Nopele* fand eine Neuvermessung des Gebietes
und eine Aufteilung in die dem Gesetz entsprechenden Normgrößen
von *'api tukuhau* statt, wobei der Adelige jedoch einen formalrecht-
lichen Fehler beging, indem er die Pächter nicht rechtzeitig über
die Auflösung ihrer Verträge informierte. Die Pächter setzten da-

1) WEBER,G.G. & SAAFI,M., 1979, S.79 ff

ABB.30: ALTE UND NEUE LANDVERMESSUNG

(südöstlich von Nukunuku, vergl. Abb.29)

Beispiele für alte Vermessung

Beispiele für neue Vermessung

Quelle: Katasterkarten

raufhin per Gerichtsurteil die Aussetzung der Rechtsgültigkeit
der Neuvermessung bis zum Ablauf des letzten Pachtvertrages (1990)
durch.

Von diesen rechtstechnischen Feinheiten unbeeinflußt hat sich
aber in den letzten Jahren die tatsächliche Landnutzung in diesem
Gebiet weitgehend an dem ab 1990 gültigen Status orientiert: So
sind die in der alten Vermessung übergroßen Parzellen mit der zum
Teil zwei bis dreifachen Normgröße eines 'apí inzwischen de facto
aufgeteilt unter den Nachkommen oder Brüdern der alten Besitzer.
Ähnliches gilt für die in diesem Gebiet liegenden Pachtgrundstücke,
von denen die formalrechtliche Anerkennung der Aufteilung in Buschparzellen als sicher angenommen wird. Aus den obengenannten Gründen wurden die juristischen Besonderheiten dieses Gebietes nicht
berücksichtigt. Bei der Erstellung der Grundbesitzstatistik wurde
vielmehr von der zu erwartenden Rechtsgrundlage nach der Neuvermessung ausgegangen.

3.1.1   Pachten

Auch der durch die Katasterkarten ausgewiesene Anteil der Pachtgrundstücke von 24,4 % (s. Tabelle 18) bedarf einer eingehenderen
Betrachtung: Zunächst ist festzustellen, daß - nach dem Stand des
Katasters 1981 - sich der Flächenanteil des Pachtlandes aufteilt
in 24,0 % an private Pächter und nur 0,4 % an kirchliche Organisationen. Nun wäre - wie im Fall von Kolonga demonstriert wurde -
dieser hohe Anteil privater Verpachtungen nicht rechtens, wenn die
Verträge dazu nicht vor 1945 abgeschlossen worden wären.

In der Tat setzt sich das an private Pächter abgetretene Land
zu 94 % aus Langzeit-Pachtverträgen mit den Nachfahren zweier europäischer Familien zusammen, die das Land über Jahrzehnte in der
Produktionsform von Plantagen bewirtschafteten. Die Pachtverträge
einer dieser Familien, deren Mitglieder inzwischen zum größten Teil
nach Neuseeland ausgewandert sind, von denen aber einer zur Zeit

ein Ministeramt in Tonga bekleidet, sind bereits 1961 ausgelaufen.
Die für tonganische Verhältnisse sehr große Fläche der Familien-
Plantage (213 ha) ging nach dem Ende der Pachtlaufzeit zu knapp
der Hälfte durch neue Pachtverträge an eine andere Familie mit
europäischem Namen über. Die andere Hälfte der ehemaligen Plantage
verblieb unter der Kontrolle des *Nopele*, dessen Sohn das Land heute
extensiv bewirtschaftet. Je nach Interpretation dieser innerfami-
liären Nutzungsabsprache läßt sich die heute durch den Nachfolger
des *Tu'ivakanō*-Titels bearbeitete Fläche als Pachtland auffassen
(wie in Tabelle 18), oder sie würde den ohnehin schon sehr hohen
Anteil des Privatlandes des Adeligen auf fast die Hälfte des *tofi'a*
erhöhen.

Der Langzeit-Pachtvertrag für die zweite oben erwähnte Plantage
einer europäischen Familie lief erst 1976 aus. Obwohl bis zu diesem Zeitpunkt das Ausmaß der Landlosigkeit in Nukunuku (s.u.) für
einen großen Teil der Einwohner bedrohliche Dimensionen angenommen
hatte und für jeden offensichtlich war, sah sich der *Nopele* veranlaßt, einen neuen Vertrag über eine Laufzeit von 60 Jahren ab-
zuschließen. Vertragspartner ist die Mormonen-Sekte, deren unkon-
ventionelle Missionierungspraktiken ihr Pendant in Tonga nur in
der äußerst aggressiven wirtschaftlichen Ausrichtung derselben
Organisation findet.

In diesem Sinn ist zu verstehen, daß die Mormonen-Sekte für
das Zustandekommen des Pachtvertrages über die 121 ha der Plantage
außer dem offiziell im "Registration Book of Leases" verzeichneten
Pachtzins von 1.800 T$ pro Jahr eine einmalige, außerlegale "Ab-
standszahlung" geleistet hat, die der Hälfte des Pachtzinses über
die gesamte Laufzeit von 60 Jahren entspricht.[1] Die auf diese
Weise gewährleistete Sicherheit der Landnutzung versetzt die Sekte
heute in die Lage, auf der Plantage langfristige Investitionen zum
Aufbau eines vorwiegend exportorientierten "agrobusiness" zu tätigen. Während dadurch die in Tonga erwirtschafteten Gewinne in den
Stammsitz dieser Organisation nach Utah oder nach Hawaii abfließen,
ergibt sich aus dem Pachtvertrag auch für den *Nopele* ein weiterer
Vorteil: Die vormals private Plantage zählt nunmehr zu Pachtland,

---

1) Quelle soll anonym bleiben

das zu gemeinnützigen Zwecken einer kirchlichen Organisation überlassen wurde, und fällt damit aus der 5 %-Begrenzung für private
Verpachtungen heraus.

Damit steigt - auch nach den offiziell zugänglichen Daten des
"Registration Book of Leases" - der an Kirchen verpachtete Anteil
des Landes auf 8,9 % der *toʄi'a*-Fläche. Der nach der gleichen Quelle zu berechnende Anteil des an Privatleute verpachteten Landes von
2,2 % entspricht zwar den gesetzlichen Vorgaben; er enthält jedoch
weder die Flächen der wiederverpachteten Plantagen (wodurch der
Anteil auf 8 % steigt) noch das an engere Verwandte des *Nopele*
abgetretene Land (wodurch der Anteil sich auf über 15 % erhöht).
Ähnlich wie für Kolonga läßt sich damit für die Ländereien von
Tu'ivakanō feststellen, daß etwa ein Viertel des Landes zum Nutzen
des adeligen Grundherren verpachtet und damit der Nutzung durch
die Bevölkerung in der Besitzform der Buschparzelle entzogen ist.

3.1.2   Buschparzellen

Aus den beiden vorangegangenen Abschnitten ergibt sich, daß
auch die nach der Katasterkarte errechneten und in Tabelle 18
dargestellten Flächenanteile der registrierten und nicht-registrierten *'api tukuhau* mit Vorsicht zu bewerten sind.

So käme man von der angegebenen Fläche registrierter Buschparzellen (268 ha) unter Berücksichtigung der Normgröße auf eine Zahl
von nur 80 Parzellen auf dem gesamten *toʄi'a*. Selbst wenn man die
nicht-registrierten in die Berechnung einbezieht ergibt sich eine
immer noch zu niedrig erscheinende Zahl von 168 *'apis*. Eine Gegenüberstellung dieser Berechnung mit den Angaben des im "Lands &
Survey Department" zugänglichen Registrierungsbuches ergibt in der
Reihenfolge der Eintragungen folgendes Bild als Zusammenfassung
der Dörfer Nukunuku, Matahau, Matafonu'a und Vaotu'u:

1902 - 19	20-29	30-39	40-49	50-59	60-69	70-81	Summe
24	102	39	133	54	19	20	391

Bei einer nach den Katasterkarten zu ermittelnden Gesamtzahl
aller Grundstücke (darin sind außer den 'api tukuhau sowohl große
Pachten wie sehr kleine Friedhöfe als "Grundstücke" enthalten) von
352, belegt die oben angegebene Zahl von 391 angeblich registrierter
Buschparzellen - wie im Fall von Kolonga - die Existenz von Doppel-
und Fehlregistrierungen.

Ein Vergleich mit den Angaben des Zensus 1976 (Tab.47) erbringt,
daß dort als Summe aller zu den Ländereien des Tu'ivakanō gehörenden Dörfer 209 registrierte und nicht-registrierte 'api tukuhau
ausgewiesen sind. Dies bestätigt zum einen die Abwegigkeit der amtlichen Landregistrierung, zum anderen läßt sich daraus der Schluß
ziehen, daß die nach den Katasterkarten berechnete Fläche der verteilten Buschparzellen zu gering ausgefallen ist. Bei gleichbleibender Berechnungsgrundlage für den Anteil des Pachtlandes bedeuten die Angaben des Zensus, daß der Flächenanteil des vom Nopele
zur privaten Nutzung zurückbehaltenen Landes nicht mehr 40 %, sondern "nur" noch 29 % ausmacht. Der Anteil des den Dorfbewohnern
zur Verfügung gestellten Landes beträgt demnach nicht nur 35 %,
sondern macht immerhin fast 47 % der toſi'a-Fläche aus. Weil die
diesem Anteil entsprechende Gesamtfläche der Buschparzellen (693 ha)
aber sowohl registrierte wie nicht-registrierte Grundstücke enthält, ist davon auszugehen, daß der Adelige Tu'ivakanō weit mehr
als die Hälfte seiner Ländereien unter seiner Kontrolle behalten
hat.

TAB.19: LANDLOSIGKEIT IN NUKUNUKU (in %)

Quelle	aller zu einer Parzelle berechtigten Einzelpersonen	aller Haushalte
nach Zensus 1976 [§]	72,3	52,5
nach eigener Erhebung	67,3 (reg. 73,6)	43,1 (reg. 56,9)

[§] errechnet nach Tab.47 (S.270) bzw. Tab.51 (S.281)

Das durch die traditionell dichte Besiedlung von Tongatapu zu
erwartende, aber durch die an persönlichem Vorteil orientierte
Landvergabepraxis des *Nopele* verschärfte Ausmaß der Landlosigkeit
ist in Tabelle 19 veranschaulicht. Der in der ersten Spalte dargestellte Anteil landloser Einzelpersonen liegt nach dem Zensus auch
für das Mittel der anderen Dörfer auf dem *toɓi'a* deutlich über
dem Landesdurchschnitt (71 % gegenüber 65 %).

Die in der zweiten Spalte wiedergegebenen Prozentsätze weisen
darauf hin, daß für die Mehrheit der Haushalte in Nukunuku die Sicherung ihrer materiellen Existenz nicht mehr auf der Grundlage
formaler Landrechte gewährleistet ist. Ein Vergleich mit den Angaben der eigenen Erhebung zeigt außerdem, daß die Anteile der landlosen Bevölkerung sich noch erhöhen, wenn man unter "Landrecht"
nicht auch die informellen Rechte subsumiert (wie im Zensus),
sondern nur die juristisch relevante Landbesitzdefinition zugrunde
legt (nur registrierte *'apis* wie bei den Angaben in Klammern).

Von den im Nukunuku-Sample erfaßten 51 Haushalten gaben 31 an,
über Landbesitz zu verfügen. Zwei dieser Haushalte mußten jedoch
aus der Berechnung herausgenommen werden, weil sie sich auf Buschparzellen bezogen, die auf anderen Inselgruppen lagen und auf die
lediglich Nutzungsansprüche informeller Art geltend gemacht werden konnten. Diese Rechte können aber aufgrund der räumlichen
Trennung nicht wahrgenommen werden. Von den verbleibenden 29 Haushalten verfügen neun über jeweils eine weitere Buschparzelle durch
ein anderes Haushaltsmitglied als der Vorstand. Allerdings liegen
nur sieben dieser zusätzlichen *'api* in erreichbarer Nähe, das heißt
auf dem *toɓi'a*.

Über registrierten Landbesitz verfügen jedoch nur 22 Haushalte.
Damit entspricht das Verhältnis von Haushalten mit gesichertem
Landbesitz zu denen, die überhaupt Besitzansprüche geltend machen
(einschließlich "customary holders"), etwa drei zu vier. Dieses Verhältnis läßt sich auch als "Rate der Registrierungen" ausdrücken,
die in Kolonga mit über 90 % sehr hoch lag und in Nukunuku mit 75 %
etwa dem Durchschnitt der untersuchten Dörfer entspricht.

Die auf dem *toɓi'a* liegenden insgesamt 36 *'api tukuau* der Sample-
Haushalte umfassen eine Gesamtfläche von etwa 122 Hektar, woraus

sich ein etwas über der Normgröße liegender Durchschnitt von etwa
3,4 ha errechnet. Diese leichte Verschiebung ergibt sich durch
zwei nach der erwähnten Sonderregelung geschaffene übergroße Parzellen (ca. 5 ha). Die überwiegende Mehrheit der Grundstücke
(90 %) liegt im Bereich zwischen 3,23 ha (8 ac) und 3,39 ha (8,4ac),
wobei die Normgröße der Parzellen (3,34 ha) als häufigster Fall
auftritt.

Die durchschnittliche Fläche und Größenverteilung der 'api
tukuhau ist für Nukunuku insofern von besonderem Interesse, als
durch die eigenen Ergebnisse die von Maude aufgestellte These[1]
in Frage gestellt wird, daß in den dicht besiedelten Gebieten Tongas die Buschparzellen kleiner wären als in den relativ dünn besiedelten Gebieten. Zumindest für Nukunuku läßt sich dagegen feststellen, daß die von Maude angeführten Belege[2] sich empirisch
nicht mehr nachvollziehen lassen. Für Nukunuku bedeutet dieser Umstand, daß die Rate der Landlosigkeit ständig steigen wird, weil
eine Unterteilung des Landes in kleinere Parzellen die bestehenden
Rechte heutiger 'api-Besitzer tangieren würde.

Eine Unterteilung der Buschparzellen in kleinere Einheiten wäre
in Nukunuku nur in jenem Viertel der Fälle möglich gewesen, in denen Besitzansprüche nicht durch Erbschaft erworben wurden. Bei den
Erbschaftsfällen dominieren Übertragungen vom Vater auf den ältesten
Sohn mit drei Vierteln der Fälle; der Rest setzt sich aus Erbschaften vom Großvater, älteren Bruder bzw. der Mutter (als Witwe) zusammen. Bei den nicht durch die Erbgesetzgebung geregelten Fällen
machen Landübertragungen unter entfernteren Verwandten nur einen
verschwindend geringen Teil aus. Die Mehrheit sind Neuregistrierun-
gen aus dem tofi'a-Bestand, die zum einen durch eine überdurchschnittlich lange "Probephase" (über 10 Jahre), zum anderen durch
die Zahlung des wohl auch für Nukunuku ortsüblichen "Marktpreises"
von mindestens 1000 T$ für die Einwilligung des Nopele zur amtli-
chen Registrierung auszeichnen.

In keinem Fall der Übertragung von Landrechten wurde der vom
Gesetz vorgesehene Weg über den "Minister of Lands" zuerst beschrit-

---

1) MAUDE,A., 1965, S.76
2) ebd., S.112ff; Maude bezieht sich auf Feldforschung von Crocombe

ten. Vielmehr konsultierten etwa die Hälfte der heutigen 'apí-
Halter den Nopele direkt, die andere Hälfte bemühte aus Respekt
vor der Autorität des Adeligen die Hilfe einflußreicherer Verwandter für diese Verhandlungen.

Diese Verhandlungen um eine amtliche Registrierung von Landbesitz waren zumeist nicht erfolgreich: Obwohl etwa 80 % derjenigen
'apí-Halter, die ihr Land nach traditionellem oder Gewohnheitsrecht bearbeiten ("customary holders"), die Absicherung ihres Nutzungsrechtes für notwendig halten, wurden ihre Bemühungen darum
mit dem Verweis auf unzureichende finanzielle Angebote abgelehnt.

3.1.3   Informelle Pachtabsprachen

Von den in Nukunuku erfaßten landbesitzenden Haushalten hat ein
- im Vergleich zu Kolonga - geringer Teil (40 %) Landnutzungsrechte
informeller Art an andere Haushalte abgetreten. Das auf diese Weise "verpachtete" Land macht etwa ein Viertel der den 'apí-Haltern
zur Verfügung stehenden Gesamtfläche aus. Dabei wurde in einigen
Fällen die ganze Parzelle anderen zur Nutzung überlassen, in der
Regel jedoch nur etwa die Hälfte der Normgröße von 3,2 ha. Auch
in Nukunuku zeigt sich, daß solche Pachtabsprachen zumeist (drei
Viertele der Fälle) unter engeren Verwandten getroffen werden und
nur zu einem geringen Teil mit Personen, die nicht mit dem Haushaltsvorstand verwandt sind. Es wird weiterhin bestätigt, daß mit
der Enge der verwandtschaftlichen Beziehung die Verbindlichkeit,
die Dauer und der Umfang der getroffenen Nutzungsabsprachen wächst.

Besonders deutlich läßt sich am Beispiel von Nukunuku ein Problemfeld informeller "Pachten" veranschaulichen, das in Kap.III,1.
durch den dargestellten hohen Anteil der Auslandsüberweisungen
am durchschnittlichen Haushaltseinkommen angedeutet wurde: Die
"absentee landholders". In der ersten Hälfte der 70er Jahre setzte
in ganz Tonga, aber in besonderem Maße in Nukunuku, eine Bewegung
ein, die darauf abzielte, den wirtschaftlichen Schwierigkeiten Ton-

gas durch Arbeit im Ausland zu entfliehen.[1] In Nukunuku wurde
diese zunächst auf temporäre, in den folgenden Jahren jedoch immer stärker auf eine permanente Migration gerichtete Bewegung entscheidend unterstützt durch einen einflußreichen Lokalpolitiker,
dessen persönliche Kontakte - vor allem nach Kalifornien und Hawaii -
es vielen Einwohnern ermöglichte, ins Ausland abzuwandern.

Zur Zeit der eigenen Erhebung in Nukunuku war diese Entwicklung
soweit fortgeschritten, daß auf jeden der untersuchten Haushalte
durchschnittlich zwei Familienmitglieder kamen, die sich auf Dauer
im Ausland aufhielten, in Tonga aber über potentielle Landbesitzansprüche verfügen. Die Mehrzahl dieser Auswanderer, von denen
aus untersuchungstechnischen Gründen nur die engeren Verwandten
des Haushaltsvorstandes erfaßt werden konnten, hielt sich zum Zeitpunkt der Erhebung seit fünf bis acht Jahren im Ausland auf; etwa
die Hälfte davon war in die USA (einschließlich Hawaii), jeweils
ein Viertel nach Neuseeland bzw. Australien gezogen.

Als problematisch stellt sich nun für die im Dorf verbliebenen
Einwohner heraus, daß etwa ein Drittel der Ausgewanderten Buschparzellen in Nukunuku besitzen, die allerdings durch die Inflexibilität der tonganischen Landgesetzgebung nicht auf einer sicheren Rechtsgrundlage bewirtschaftet werden können. Hinzu kommt,
daß von den "absentee landholders" nur etwa die Hälfte anderen Dorfbewohnern informelle Nutzungsrechte für ihre Parzellen eingeräumt
haben; in den anderen Fällen bleibt das Land - bis auf die episo-
dische Nutzung der Kokospalmen - brach oder weitgehend ungenutzt.
Das sich daraus ergebende Problem ist treffend aufgezeigt worden:

> "A lot of people who migrate overseas still keep land rights
> here in Tonga and this is happening more and more. The people
> who remain here in Tonga suffer from this problem. Some people
> want to plant crops on the land of absent owners but they do
> not dare because the land holders could return and say they
> didn't agree or they could demand money for the use of the
> land, or a share of the crops. So on the whole the land is
> not used and productivity is going down instead of going up,
> to meet the needs of the growing population and the nation.
> Those who go overseas on working schemes return with different

---

1) Damit soll keineswegs unterstellt werden, daß ökonomische Überlegungen das
einzige Moment dieser Auswanderungswelle sind; wie HABERKORN,G., 1981, S.6,
belegt ist "Geld" nur in jedem vierten Fall die ausschlaggebende Motivation.

attitudes towards Tonga as a result of their experience of
highly paid work in New Zealand, many immediately seek
opportunities to go to Australia or the United States. They
are reluctant to work the land because they wouldn't get
as much out of it as they are now used to. Tongan agriculture
is vulnerable to fluctuating agricultural production and the
vageries of world commodity markets, but leaving land under-
utilised or undeveloped makes the position worse. The level
of productivity per person is decreasing seriously and the
money from overseas that comes through migrants is soon re-
turned overseas to pay for the rising import bill."   1)

Angesichts eines sich in Nukunuku verschärft darstellenden Bevölkerungsdrucks   erscheint der oben postulierte Produktionsrück-
gang besonders schwerwiegend. Als Beleg für die verminderte Produktivität kann zum einen der offensichtlich durch den Absentismus
erhöhte Anteil des brachliegenden Landes angeführt werden. Jedoch
auch auf den Buschparzellen, die anderen zur Nutzung überlassen werden, läßt sich eine weniger intensive Landnutzung vermuten.

Aus den Antworten der "Pächter" dieser Parzellen kann man ableiten, daß diesen nur in etwa der Hälfte der Fälle umfassende Nutzungsrechte eingeräumt wurden, während dieser Anteil bei Absprachen mit
im Dorf lebenden 'apí-Besitzern mit über 80 % bei weitem höher liegt.
Fügt man hinzu, daß dabei unter weniger umfassenden Nutzungsrechten
vor allem solche verstanden wurden, die nur den Anbau für den Eigenbedarf erlauben, zeichnen sich die nachteiligen Konsequenzen besonders für den marktorientierten Bereich der Agrarproduktion deutlich
ab.

Bezogen auf die von den Haushalten beanspruchte Fläche, lassen
sich zusammenfassend wiederum drei Kategorien bilden: Die erste Gruppe von Haushalten verfügt nur über eigene Buschparzellen mit einer
Gesamtfläche von etwa 53 ha. In dieser Gruppe von "Nur-'apí-Besitzern"
steht jedem Haushalt durchschnittlich 3,6 ha zur Verfügung. Die zweite Gruppe besteht aus Haushalten, die zusätzlich zu ihrem eigenen
Land noch Nutzungsrechte an anderen Grundstücken erworben haben.
Dieser Gruppe von 16 Haushalten stehen insgesamt 112 ha bzw. durchschnittlich 7 ha zur Nutzung offen. Als dritte Gruppe sind diejenigen
Haushalte zu nennen, die keine gesicherten Landrechte haben, sondern
nur auf der Grundlage informeller Absprachen mit 'apí-Besitzern Land
(insgesamt 67 ha) nutzen können.

1) KATOA,A.H. in CROCOMBE,R.G., o.J., Land Tenure, S.195

Der sich daraus rechnerisch ergebende Durchschnitt von 3,7 ha
pro "Nur-Pächter" wird allerdings beeinflußt durch einen Haushalt
in dieser Gruppe, der alleine sechs Grundstücke von im Ausland lebenden Tonganern verwaltet. Der Haushaltsvorstand ist in diesem
Fall auch insofern eine Ausnahme, weil er weniger als selbstän-
diger Farmer zu sehen ist (nur für den Eigenbedarf), sondern eher
als lohnabhängiger Angestellter der Landbesitzer, die diesem "Pächter" ein festes Gehalt bezahlen und die von ihm exportierten Agrarprodukte in Australien vermarkten. Nimmt man diesen Sonderfall
heraus, ergibt sich, daß die Mehrheit der Gruppe der "Nur-Pächter"
zwar etwas weniger, aber immer noch vergleichbar viel Land zur Verfügung haben wie die Gruppe der "Nur-'api-Besitzer". Dagegen ist
die durchschnittliche Landfläche der Haushalte, die sich beide
Landrechtsformen zunutze machen können, etwa doppelt so groß.

Als zweiter Sonderfall bleibt ein Haushalt übrig, der weder über
formale noch durch Absprachen gewonnene Landrechte verfügt, also
nach jeder möglichen Definition "landlos" ist. Zur Zeit der Umfrage
bestand dieser Haushalt nur noch aus einem älteren Mann, was darauf
zurückzuführen ist, daß alle seine Söhne nach zahlreichen erfolglosen Versuchen (auch durch Bestechung), in Nukunuku Landrechte
zu erhalten, resignierten und ins Ausland abwanderten. Der ältere
Mann lebte von der Unterstützung anderer Verwandter im Dorf; eine
Situation, die er wegen der Desintegration traditioneller Familien-
bande zunehmend als Abhängigkeitsverhältnis empfand. Seine unter
Tränen berichtete Erfahrung faßte er in den Worten zusammen:

> "The time of pig and yam is over.
> Now it's the time of money;
> not small money, but big money."

Die zunehmende Kommerzialisierung der Landrechtspraxis läßt
sich im informellen Bereich auch an der Tatsache ablesen, daß in
Nukunuku mehr als 80 % der Nutzungsabsprachen mit einer materiellen
Gegenleistung verbunden sind. Die dabei in Form von Geld erbrachten
Gegenleistungen halten sich zwar noch in Grenzen: durchschnittlich
zahlen die Pächter etwa über 100 T$ pro Jahr; bei den in Form eines
Teils der Ernte erbrachten Gegenleistungen ist die Tendenz jedoch
eindeutig: Mehr als die Hälfte der Pächter liefert bis zu 25 % der

Ernte an den *'api*-Besitzer ab und ein weiteres Viertel schätzt
den auf diese Weise verlorengegangenen Teil der Ernte auf bis
zu 50 %.

Die von den Sample-Haushalten in Nukunuku beanspruchte agrarisch
nutzbare Landfläche läßt sich zusammenfassend dadurch charakterisieren, daß 122 ha in der Form von *'api tukuhau* gehalten werden
und zusätzlich für 111 ha informelle Nutzungsrechte existieren.
Zieht man das durch Absprachen wieder "verpachtete" Land ab, verbleibt als Agrarland, zu dem sich die Haushalte in der einen oder
anderen Weise Zugang verschafft haben, etwa 205 ha. Diese Fläche
verteilt sich in ungleicher Weise auf kleinere Landhalter (nur
'api oder nur "Pacht") und auf Haushalte mit flächenmäßig etwa
doppelt so großen Landbesitzansprüchen.

3.1.4   Dorfparzellen

Auch für Nukunuku sollen - um den Landbesitz der untersuchten
Haushalte vollständig zu erfassen - die Dorfparzellen mitberücksichtigt werden. Im Vergleich zu Kolonga ergibt sich dabei, daß
ein etwa gleich großer Anteil von Haushalten (80 %) einen relativ
sicheren und vererbbaren Anspruch auf ihr *'api kolo* geltend machen.
In Abweichung von den Ergebnissen in Klonga ist festzustellen, daß
in Nukunuku ein höherer Anteil von Haushalten (knapp 60 %) auf
registrierten Dorfparzellen wohnen. Der vergleichsweise niedrige
Anteil (ein Viertel) nicht-registrierter Besitztitel ist zudem
weniger auf die Unwilligkeit des *Nopele*, sondern eher auf die ad-
ministrative Überforderung des "Lands & Survey Department" zurückzuführen. Besonders im nordöstlichen Teil des Dorfes ("Griechenland", s.o.) liegen eine Reihe von *'api kolo*, die zwar vom adeligen
Grundherren schon verteilt, die aber noch nicht amtlich vermessen
worden sind.

Wenn - wie oben geschehen - auch die durch Erlaubnis des *Nopele*
bewohnten Grundstücke als relativ sicher klassifiziert worden sind,
müssen doch Abstriche von dieser Regel gemacht werden: Bei den Fa-

milien, die noch nicht seit mehreren Generationen im Dorf wohnen, zieht es *Tu'ivakanō* vor, die Genehmigung zum Aufenthalt in "seinem" Dorf vom Wohlverhalten der Zugewanderten abhängig zu machen.[1] Bei eventuellen Konflikten ist es dem *Nopele* dadurch möglich, sich auf die juristische Ebene zurückzuziehen und seine mündlich gegebene Aufenthaltsgenehmigung zu widerrufen.

Im Extremfall kann die Durchsetzung dieses Rechts zu Härtefällen führen, wie das Beispiel eines Haushaltsvorstandes zeigt, dessen Vater aus Ha'apai zugewandert und dem die Registrierung seines Grundstückes versprochen worden war. Im genannten Fall wurde das vom Vorgänger des *Tu'ivakanō*-Titels gegebene Versprechen von seinem Nachfolger nicht honoriert, woraufhin sich zunächst alle Söhne des Haushaltsvorstandes genötigt sahen auszuwandern. Der Haushaltsvorstand sieht für sich selbst und den Rest seiner Familie nach mehreren legalen und illegalen Versuchen, den *Nopele* umzustimmen, kaum eine andere Möglichkeit als diesem Beispiel zu folgen. Sein durch den unsicheren Rechtsstatus geprägtes Lebensgefühl umschreibt dieser Haushaltsvorstand bildhaft als "like a bird".

Als unsicher ist aber vor allem die Rechtsgrundlage derjenigen 15 % der Haushalte zu bezeichnen, die von Verwandten nur eine vorübergehende Genehmigung zur Mitbenutzung ihrer Dorfparzelle erhalten haben. Soweit es sich dabei um ausgewanderte Verwandte handelt, ist die Absprache immer an die eventuelle Rückkehr der Parzellenbesitzer gebunden. Aber auch in den anderen Fällen beträgt die Dauer der Nutzungsabsprache nie länger als zehn Jahre; ein Umstand, der sich auf langfristige Investitionen wie den Bau eines europäischen Hauses denkbar negativ auswirkt. Auch in Nukunuku stellte sich als Sonderfall ein Haushaltsvorstand heraus, dessen Vorfahren väterlicherseits aus Europa eingewandert waren und der - nach drei Generationen - durch seinen Status als nicht-naturalisierter Tonganer nur durch einen formalen Pachtvertrag über ein *'api kolo* verfügte.

---

1) In der Tat beinhaltet das Landgesetz in diesem Punkt eine weitgehende Einschränkung der Freizügigkeit: §35 besagt: "Nothing (...) shall be deemed or construed as prohibiting any holder of an hereditary estate from refusing permission to take up residence on his hereditary estate to any person who belongs to annother locality (...) Any person coming to reside on an estate may be ordered in writing by the holder to leave"; in WYLIE,C., 1976, S.608f

3.2   Landnutzung

Der am ersten Dorfbeispiel aufgezeigte Zusammenhang zwischen
Landrecht und Landnutzung soll in diesem Abschnitt auf seine Gültigkeit für die in Nukunuku untersuchten Haushalte überprüft werden. Dabei kommt dem im vorliegenden Fall besonders deutlich aus-
geprägten Problem des Grundherren-Absentismus besondere Bedeutung
zu. Bevor ein solcher Zusammenhang anhand der agrarischen "Outputs" verdeutlicht werden kann, sollen jedoch wiederum die Formen
der Arbeitsorganisation, der Umfang der "Inputs" und die Flächen
der Buschbrachen zugrunde gelegt werden.

3.2.1   Arbeitsorganisation

Wie nach der in Tabelle 14 (s. Kap.III,1.) dargestellten relativ geringen Bedeutung des Agrarsektors für das durchschnittliche
Einkommen vermutet werden konnte, ist der Grad der Organisation
unter den in der Landwirtschaft tätigen Männern Nukunukus unterdurchschnittlich gering.

So läßt sich der Anteil von weniger als einem Drittel der Haushalte, bei denen mindestens ein Mann Mitglied einer *kautaha toungaue* ist, etwa dadurch erklären, daß ein Teil der Männer mehrere
Nebentätigkeiten ausübt und dadurch von der verbindlichen Zusammenarbeit in dieser Organisationsform abgehalten wird. Die Größe der
in Nukunuku bestehenden Arbeitsgruppen (durchschnittlich 11 Mitglieder) ist dabei ebenso wie die personelle Zusammensetzung nahezu identisch mit den Verhältnissen in Kolonga: Auch hier orientiert
sich die Zusammenarbeit vorwiegend an freundschaflichen Beziehungen
der Dorfbewohner; die Zugehörigkeit zur selben Glaubensrichtung
oder Verwandschaft sind weniger ausschlaggebend.

Die vor allem für den Anbau von Yams beschriebene kooperative
Landnutzungsform der *toutu'u 'uɟi* wird in Kolonga auch zur Kulti-

vierung anderer Feldfrüchte verwandt. Als Besonderheiten stellen
sich zwei Gruppen heraus, die sich zum einen durch ihre vorgegebene
Organisationsstruktur, zum anderen durch die Marktorientierung
ihrer Agrarproduktion abheben. Die erste Gruppe setzt sich zusammen aus den Beamten des örtlichen Polizeipräsidiums, die (u.a.)
ihre Freizeit dazu verwenden, auf dem Land einer ihrer Kollegen
durch den Anbau zum Export bestimmter Knollenfrüchte ihren knapp
bemessenen Sold zu ergänzen.

Die zweite Gruppe ist eine Klasse älterer Schüler, die durch
Initiative ihres Lehrers vor allem für den lokalen Markt produzieren und damit sowohl zur Verbesserung der Nahrungszusammensetzung
wie auch der finanziellen Situation ihrer Familien beitragen. Dieser Schulklasse wurde durch den im Ausland lebenden Besitzer des
'api zur Auflage gemacht, langfristige Verbesserungen der Parzelle
(Aufforstung des Palmenbestandes, Bau eines Zaunes) zu erarbeiten;
trotzdem ist das dadurch von der Klasse erwirkte Nutzungsrecht so
unsicher, daß nur kurzfristige Kulturen (vor allem Gemüse) mit hinreichender Gewährleistung des eigenen Vorteils angebaut werden können. Die Nachteile des institutionellen Rahmens tonganischer Landwirtschaft überwiegen bei dieser Gruppe allerdings noch nicht die
Vorteile kooperativer Landnutzungsformen.

Nahezu identisch mit den in Kolonga erzielten Ergebnissen sind
in Nukunuku die Angaben bezüglich der *kautaha ngaue*, also der Gruppe junger Männer, die gegen Bezahlung auf den Pflanzungen der Dorfbewohner tätig werden. Diese Arbeit wird von über einem Drittel
der Sample-Haushalte mit durchschnittlich 80-Mann-Arbeitstagen in
Anspruch genommen. Bei einem in Nukunuku etwas höheren ortsüblichen Stundenlohn (0,60 T$) wenden diese Haushalte dafür pro Jahr
etwa 195 T$ auf.

3.2.2   Inputs

Bei den in Nukunuku erfaßten Haushalten arbeiten durchschnittlich nur zwei Personen als Teil- oder Vollzeitbeschäftigung auf den
Buschparzellen. Wenn sich diese niedrige Angabe noch zum Teil da-

durch erklären läßt, daß die Haushalte zahlenmäßg kleiner sind
als im ersten Beispieldorf, so deutet doch die geringere Arbeitsleistung pro Person (täglich 3,8 Stunden bei wöchentlich 3,9 Tagen) in eine Richtung, die in Nukunuku auf ein geringeres "Input"
an Arbeit in der Landwirtschaft erkennen läßt.

Als durchschnittliche Wochenarbeitszeiten lassen sich zwar -
wie in Kolonga - etwa 15 Stunden errechnen; durch den relativ gros-
sen Anteil der Frauen- und Kinderarbeit fällt jedoch der auf die
Männer bezogene Durchschnitt mit etwa 23 Stunden pro Woche niedrig
aus. Legt man als Kriterium der Berufsbezeichnung "Vollzeitfarmer"
eine durchschnittliche Wochenarbeitsleistung von mindestens 30
Stunden zugrunde, ergibt sich, daß von den Männern nicht - wie
nach eigener Einschätzung (s. Tab. 11) - 57 % dieser Anforderung
genügen, sondern nur etwa 40 %.

Bei einer mittleren Entfernung der Buschparzelle zum Wohnhaus
von 1,5 km müssen mindestens für ein Drittel der Haushalte, die
nicht über ein Transportmittel verfügen, etwa 45 Minuten für den
Fußweg gerechnet werden. Bei den anderen Haushalten veringert sich
diese Zeit durch den Gebrauch von Pferden (zum Teil mit *saliote*)
oder Fahrädern.

Nur vier der erfaßten Haushalte verfügen über einen eigenen
Kleinlastwagen, mit dem sie ihre Agrarprodukte nach Nuku'alofa
bringen können. Für die Benutzung dieser Transporter wenden die
Hälfte der übrigen Haushalte Mietkosten auf, die in der Regel
200 T$ pro Jahr nicht übersteigen. Nur in einem Extremfall ergab
sich ein Transportkostenaufwand von fast 1000 T$.

Von der im Fallbeispiel Kolonga beschriebenen Standard-Kollektion einfacher Bodenbearbeitungsgeräte (Hacken, Spaten, Äxte usw.)
besaßen in Nukunuku nur drei Viertel der Haushalte alle diese Geräte. Dies mag als Indiz dafür gelten, daß der Landwirtschaft auch
für den Bereich der Subsistenzbedarfsdeckung , für den die Geräte
hauptsächlich zur Anwendung kommen, eine geringere Bedeutung beigemessen wird.

Für den Bereich der kommerziellen Landnutzung weisen die verhältnismäßig geringen Ausgaben für die Benutzung von Traktoren, Pflügen
und anderen Maschinen des Landwirtschaftsministeriums in die gleiche

Richtung. Bei der Ermittlung der durchschnittlichen Ausgaben von
50 T$ war jedoch eine geringere Streuung der Werte zu verzeichnen
als in Kolonga, wo einige kommerzielle Farmer sehr hohe Kosten für
Maschinenbenutzung angaben. Als Sonderfall erwies sich in Nukunuku
ein Farmer, der durch langjährige Arbeit in Neuseeland das Kapital
zur Anschaffung eigener Landwirtschaftlicher Maschinen zusammen-
brachte und sich entschloß, dieses unter Ausnutzung der Möglichkeiten und Risiken des informellen Bereichs tonganischen Landrechts
zu investieren.

Der geringe Anteil von Haushalten, die in größerem Stil in
marktorientierte Landwirtschaft investieren, findet seinen Ausdruck auch darin, daß in Nukunuku nur 7 der erfaßten Haushalte
Pflanzenschutzmittel und Kunstdünger verwenden und dafür nicht
mehr als 100 T$ bzw. 200 T$ pro Jahr ausgeben. Im Vergleich zu
Kolonga ist damit der Anteil derjenigen Haushalte, die sich durch
den Gebrauch produktionssteigernder (und umweltbelastender) Chemie-
produkte als kommerzielle Farmer ausweisen, in Nukunuku nur etwa
halb so hoch.

3.2.3   Brache

Bereits in der ersten Fallstudie wurde demonstriert, daß die
von Boserup aufgestellte These, wonach mit wachsender Bevölkerungsdichte die Intensität der Landnutzung zunimmt, in Tonga keine un-
eingeschränkte Gültigkeit hat. Die bei relativ geringer Bevölkerungsdichte abnehmende Periode der Buschbrache zeigte in Kolonga
vielmehr, daß mit dem Auftreten kommerzieller Landwirtschaft eine
Modifikation der für traditionelle Agrarsysteme gültigen Intensitätsbeziehung eintreten kann.

In dem mit einer hohen Bevölkerungsdichte versehenen Nukunuku
stellt sich nun - als Verkehrung der Boserupschen These - heraus,
daß die Bracheperioden in den letzten beiden Jahrzehnten um durchschnittlich ein halbes Jahr länger geworden sind. (Bezugsgröße ist

der von Maude am Anfang der 60er Jahre ermittelte Wert von 4 1/2
Jahren.) Zudem ist der Anteil der Buschbrache an dem den Haushalten zur Verfügung stehenden Land deutlich gestiegen und liegt mit
62 % sogar um mehr als zehn Punkte über dem Wert des dünnbesiedel-
ten Kolonga.

Weil für beide angeführten Indikatoren der Landnutzungsintensität die Bevölkerungsdichte alleine keine plausible Erklärung der
Ergebnisse ermöglicht, muß die für Nukunuku besonders betonte Abwanderung vieler Einwohner (bei insgesamt immer noch steigender
oder zumindest gleichbleibender Einwohnerzahl) herangezogen werden.
Als Maßstab der Migration läßt sich dabei das Zahlenverhältnis von
ausgewanderten zu im Dorf verbliebenen Familienangehörigen auffassen. Die auf diese Weise errechnete Migrationsrate ist in Nukunuku
fast doppelt so hoch wie im ersten Beispieldorf.

Im traditionellen Agrarsystem Tongas ist ein gewisser Bracheanteil zwar zur Regenerierung der Bodenfruchtbarkeit unabdingbar;
die hohe Migrationsrate in Nukunuku weist jedoch darauf hin, daß
zumindest die Erweiterung der Bracheflächen soziale Ursachen hat.
In der Tat läßt sich feststellen, daß der hohe Bracheanteil nicht
unwesentlich durch die "absentee landholders" verursacht wird,
die ihre Parzellen über lange Jahre ungenutzt lassen. Ein weiterer
Faktor verminderter agrarischer Produktivität ist in Nukunuku,
daß durch die Nähe zur Hauptstadt eine größere Zahl der Männer
eine bezahlte Beschäftigung ausüben kann und deshalb ihre Buschparzellen nicht voll nutzen. Als Erklärungsansatz für die insgesamt
veringerte Landnutzungsintensität kann demnach das Konzept der
"Sozialbrache" dienen, wenn auch seine Verwendbarkeit in einem
traditionellen "bush fallow" System noch zu klären ist.

Bezieht man den Anteil des brachliegenden Landes wiederum auf
die nach Landbesitzformen unterschiedenen Gruppen von Haushalten,
ergeben sich in der Tendenz die gleichen Ergebnisse wie in Kolonga:
Auch in Nukunuku ist der Anteil der Buschbrache bei den 'apí-besi-
tzenden Haushalten mit über zwei Dritteln des ihnen zur Verfügung
stehenden Landes deutlich höher als in der Gruppe der Haushalte,
die Zugang zu ihrem Land nur durch informelle Absprachen gewonnen
haben. Vergleicht man die letztgenannte Gruppe der "Nur-Pächter",

bei denen der Bracheanteil etwas über die Hälfte ihres Landes ausmacht, mit der Gruppe der "Nur-'apí-Besitzer", bei denen ein Bracheanteil von fast 85 % festzustellen ist, bestätigt sich der
zunächst paradox erscheinende Eindruck, daß die Sicherung von Landrechten einen nachteiligen Effekt auf die Intensität der Nutzung
hat.

Dieser Eindruck wird jedoch relativiert, wenn man die Migrationsrate mitberücksichtigt, wonach der Anteil abwesender Haushaltsvorstände und anderer männlicher Haushaltsmitglieder unter den
'apí-Besitzern wesentlich höher liegt als bei den "Pächtern". Die
Gründe für diesen Umstand liegen zum einen darin, daß von den landlosen Einwohnern Nukunukus offenbar ein erheblicher Teil schon vor
Jahren mit ihrer ganzen Familie ins Ausland abgewandert sind (und
deshalb nicht vom Sample erfaßt wurden), zum anderen darin, daß
von den ausgewanderten 'apí-Besitzern in der Regel ein Teil der
Familie im Dorf zurückgeblieben ist (und deshalb in das Sample ein-
ging).

Der durch den Faktor Abwanderung verursachte Teil des brachliegenden Landes ist flächenmäßig nicht genau zu erfassen. Die
Einbeziehung obengenannter Gründe in eine Schätzung dieses Anteils
ergibt jedoch, daß die im Dorf anwesenden 'apí-Besitzer einen etwa
gleich großen Teil ihres Landes kultivieren wie die Pächter. In
welcher Weise und mit welcher Intensität das ihnen zur Verfügung
stehende Land von den Haushalten genutzt wird, soll im folgenden
dargelegt werden.

3.2.4 Outputs

Die in der ersten Spalte der Tabelle 20 (s.u.) wiedergegebenen
Anbauflächen lassen für Nukunuku eine schon in Kolonga festgestell-
te relative Bedeutung der Nutzpflanzen erkennen, wonach Kokospalmen den größten Teil (90 %) der Gesamtfläche abdecken und die traditionellen Knollenfrüchte - teilweise nach dem "mixed cropping"
System durchsetzt mit Kochbananen - die wichtigsten Kulturen darstellen.

TAB.20: VERWENDUNG DER WICHTIGSTEN KUTURPFLANZEN IN NUKUNUKU

Kulturen	Gesamt-fläche (ha)	Fälle	Haupt-Verwendungszweck (in % der Fälle)						Summe Erlös aller Haush. (T$)
			1	2	3	4	5	6	
Yams	23,3	44	70	9	5	2	5	7	3.600
Taro	27,7	48	58		19	6	13	2	20.700
Süßkartoffel	1,3	4	50		50				450
Maniok	19,4	38	89		11				1.100
Riesentaro	20,2	38	95	3	3				150
Gemüse	5,0	21	60	5	30			5	2.650
Kochbananen	26,4	44	68		32				1.750
Bananen	8,9	19	58		11	32			4.000
Melonen	–	–							– –
Ananas	3,1	20	79		16			5	500
Kava	7,0	27	48	37	4			7	2.150
Papaya	4,5	41	95		5				100
Erdnüsse	3,8	5		20	60				3.800
Kokosnüsse	188,2	39	27			73			27.650
Vanille	4,5	7							– –
Brotfrucht-bäume (Stck)	238	45	100						– –

1) = Eigenbedarf/Subsistenz
2) = Verkauf im eigenen Dorf
3) = Verkauf auf lokalem Markt
4) = Verkauf an Commodities Board
5) = Verkauf an privaten Exporteur
6) = Verkauf an Sonstige

Für Yams, Taro, Kava und Erdnüsse ergab sich eine besondere Kategorie für d. Fall eines Landarbeiter-Pächters (s. Text).

Quelle:eigene Erhebung (vergl. Tab.30 im Anhang)

Die Anbauhäufigkeit der einzelnen Agrarprodukte, die in der
zweiten Spalte als "Fälle" der 51 Sample Haushalte ausgedrückt
ist, deutet an, daß Taro für die Deckung des Eigenbedarfs am wichtigsten ist, gefolgt vom Brotfruchtbaum (saisonabhängig), Yams
und Kochbananen. In der Nähe der Bedeutung dieser Pflanzen liegt
auch im Subsistenzbereich natürlich die Kokosnuß, deren Wert durch
die Angaben unterrepräsentiert ist; denn darin sind die Haushalte
nicht eingegangen, die sich gelegentlich für den Eigenbedarf von
den Pflanzungen anderer bedienen.

Im Vergleich zu Kolonga ergibt die aus gesamter Anbaufläche
und Fällen zu errechnenede durchschnittliche Fläche pro Haushalt
Abweichungen insbesondere für Yams und Taro, deren Flächen in
Nukunuku um etwa ein Viertel kleiner sind, für Bananen, deren Flächen um die Hälfte geschrumpft sind, und für Melonen, die zum Zeitpunkt der Erhebung gar nicht angebaut wurden. Als bedeutend läßt
sich noch die Verdoppelung der durchschnittlichen Anbaufläche für
Kava anführen, wobei der sich ergebende Wert von einem Viertel
Hektar pro Haushalt wegen des "inter cropping" allerdings geschätzt
ist.

Als Anhaltspunkt zur Einschätzung der Kulturpflanzen für die
Eigenbedarfsdeckung können die in Tabelle 20 als "Hauptverwendungs-
zweck 1" (Subsistenz) angeführten Prozentsätze gewertet werden.
Wenn auch Papaya - wegen der geringen Anbaufläche - nicht ganz
in dieses Bewertungsschema paßt, lassen doch die Prozentsätze für
Riesentaro und insbesondere für das nährstoffarme Maniok erkennen,
daß diese Pflanzen einen bedeutenden Anteil an der Nahrungszusammensetzung haben. Überraschend hoch liegt in Nukunuku mit fast
70 % der Subsistenzanteil auch beim Yams, der in Kolonga annähernd
zur Hälfte vermarktet wird.

Der Subsistenz-Verwendung gegenüber stehen die als Hauptverwen-
dungszweck 2 bis 6 angeführten Anteile der Agrarproduktion, die
in der Summe der dafür erzielten Erlöse erkennen lassen, daß Kokosnußprodukte und Taro mit Abstand am bedeutendsten für die marktorientierte Landwirtschaft sind.

Die Kategorie 2 läßt dabei durch die Angaben für Kava, Erdnüsse

und Yams auf eine Nachfrage und ein gewisses Maß an aus anderen
Quellen geschöpfter Kaufkraft der Einwohner Nukunukus schließen.

Die Angaben der Kategorie 3 lassen für fast alle der angebauten
Nutzpflanzen erkennen, daß ein Teil der agrarischen Produktion
auf dem Talamahu Markt in Nuku'alofa verkauft wird, wobei dem Umfang nach besonders Taro, Gemüse und Kochbananen ins Gewicht fallen.

Die Angaben der auf den Export gerichteten Kategorien 4 und 5
belegen, daß - wie in Kolonga - ein erheblicher Teil der durch den
Handel mit Taro zu erzielenden Gewinne am halbstaatlichen "Commo-
dities Board" vorbeifließen, während die durch eine in den letzten
Jahren notwendige Subventionierung des Kopra-Preises entstandenen
Verluste voll zu Lasten der Gemeinschaft gehen.

Die Kategorie 6 deutet im wesentlichen den Umgang des sonstigen
innertonganischen Handels an, so etwa den Verkauf an Krankenhäuser,
Schiffe, Kava-Clubs usw. Unter "Sonstige" fällt aber auch der in
keine der Kategorien einzuordnende Sonderfall des im Text (s.o.)
erwähnten Landarbeiter-Pächters, der seine Produkte nur im Auftrag
der Besitzer des von ihm bebauten Landes verkauft.

Die Vanille-Kultur ist in Nukunuku erst im Anfangsstadium; das
heißt, sie besteht zum Teil erst aus den zum Anbau notwendigen
Stütz- und Schattenbäumen (Jatropha curcas; tonganisch *ŝiki*) bzw.
aus Ranken, die jünger als drei Jahre und damit noch ertraglos
sind.

Als Beispiele für die Landnutzung in Nukunuku sind die in Ab-
bildung Nr. 31 vorgestellten Buschparzellen zu sehen, die in etwa
die für das Dorf charakteristischen Verhältnisse der Bracheanteile
und Anbauhäufigkeit einzelner Kulturpflanzen wiederspiegeln (vergl.
Tab. 30 im Anhang). Wie bei den '*api*-Beispielen für Kolonga beziehen sich die Prozentwerte des Kokospalenbestandes auf den gesetzlich vorgeschriebenen Normbestand von 200 Palmen pro Buschparzelle. Die Prozentzahlen sind geschätzt und beziehen sich auf
diesen Index.

ABB.31: BEISPIELE ZUR LANDNUTZUNG IN NUKUNUKU

'Api-Beispiel Nr. 1 (3,35 ha, 100% Palmenbestand)

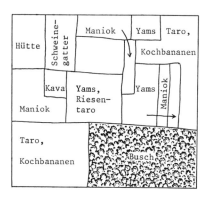

'Api-Beispiel Nr. 2 (3,34 ha, 100% Palmenbestand)

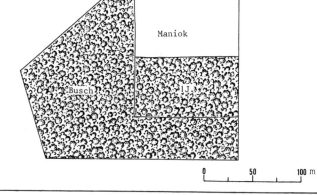

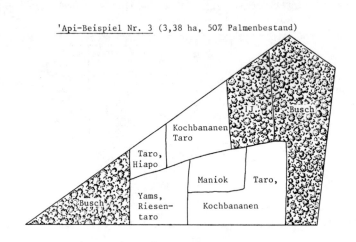

'Api-Beispiel Nr. 3 (3,38 ha, 50% Palmenbestand)

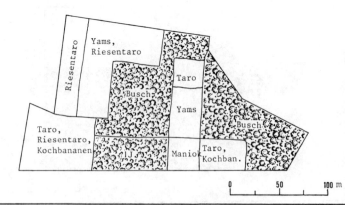

'Api-Beispiel Nr. 4 (3,34 ha, 50% Palmenbestand)

'Api-Beispiel Nr. 5 (3,24 ha, 75% Palmenbestand)

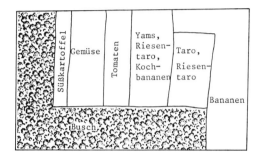

'Api-Beispiel Nr. 6 (3,34 ha, 75% Palmenbestand)

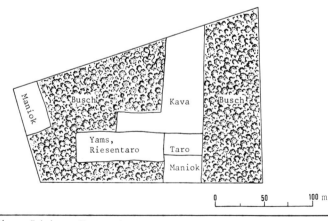

Quellen: Eigene Erhebung; Katasterkarten

Das aus dem Verkauf agrarischer Produkte durchschnittlich erzielte Bruttoeinkommen von 1.350 T$ teilt sich auf in die nach
Landbesitzformen unterschiedenen Gruppen von Haushalten. Unter
den durch die Größe des zur Verfügung stehenden Landes vergleich
baren Gruppen haben danach die "Nur-'api-Besitzer" mit durchschnittlich 1.890 T$ pro Jahr ein wesentlich häheres Agrareinkommen als
die Gruppe der "Nur-Pächter", die nur etwa 750 T$ erzielen. Hin-
zu kommt, daß von den Haushalten mit nur informellen Landrechten
über ein Drittel überhaupt keine Agrarprodukte verkaufen, also
reine Subsistenzfarmer sind; während sich von den 'api-besitzenden
Haushalten alle - wenn auch zum Teil nur durch den Verkauf von
Kopra - am Agrarmarkt beteiligen.

Betrachtet man die Quellen des von den Haushalten erzielten
Einkommens näher, ergibt sich, daß bei den 'api-Besitzern der weitaus größte Teil (etwa 85 %) aus dem Verkauf langjähriger Kulturen
(Kokosnuß) bzw. traditioneller Knollenfrüchte (Yams, Taro) herrührt. Bei den Pächtern dagegen beträgt dieser Anteil weniger als
die Hälfte ihres Bruttoagrareinkommens. Analog dazu läßt sich sagen, daß von den Pächtern in bedeutend größerem Umfang "cash crops"
mit einer kurzen Kultivierungsperiode angebaut werden.

Wenn man als Indikator dafür die verschiedenen Gemüsesorten
heranzieht, zeigt sich, daß bei den 'api-Besitzern der Verkauf
dieser Produkte nur 1 % ihres Einkommens ausmacht, bei den Pächtern aber mit fast 15 % eine weitaus größere Bedeutung hat. Berücksichtigt man, daß für den Anbau dieser "cash crops" die vom
Bruttoeinkommen abzuziehenden agrarischen "Inputs" bedeutend stärker zubuche schlagen als bei den traditionellen Kulturen, ergibt
die Bilanz, daß die Gruppe der 'api-besitzenden Haushalte ein
mehr als dreimal so hohes Nettoeinkommen aus dem Agrarsektor er-
wirtschaftet wie die "Nur-Pächter".

3.3   Zusammenfassung

Für das Beispieldorf Nukunuku ist die Erfassung der Grundbesitzverhältnisse besonders problematisch, weil die amtlichen Statisti-

ken eine große Zahl nachweisbarer Fehleintragungen ausweisen.

Verläßlich erscheint nach eigener Einschätzung, daß der *Nopele* mindestens ein Drittel seiner Ländereien zur privaten Nutzung reserviert hat. Wenn auch eingeräumt werden muß, daß nur ein Teil dieses Landes als hochwertiges Agrarland zu bezeichnen ist, so läßt der hohe Anteil des zusätzlich von ihm verpachteten Landes doch die Aussage zu, daß die Vergabe von Land in Nukunuku eher an der persönlichen Bereicherung des Adeligen als an den Bedürfnissen der Dorfbewohner orientiert ist.

Dieser Umstand drückt sich nicht zuletzt darin aus, daß fast drei Viertel der dazu berechtigten Personen bzw. etwa die Hälfte aller Haushalte in Nukunuku nicht über eigenes Agrarland verfügen. Noch deutlicher als im ersten Fallbeispiel weisen diese Angaben zur Landlosigkeit darauf hin, daß für den größten Teil der Dorfbewohner die Sicherung ihrer materiellen Existenz nicht mehr durch Verfügungsrechte über die Ressource Boden gewährleistet ist, sondern sie in zunehmendem Maße von entlohnter Beschäftigung abhängig werden.

Um diesen Prozeß der Proletarisierung breiter Bevölkerungsschichten aufzufangen, reichen die in Nukunuku und selbst die in der Hauptstadt zur Verfügung stehenden Arbeitsplätze nicht aus. Als willkommenes Ventil ist deshalb die Auswanderung propagiert worden, die aber in Bezug auf die Nutzung des Agrarlandes erhebliche Nachteile mit sich bringt.

Für Nukunuku ist festzustellen, daß trotz hoher Bevölkerungsdichte und relativ einfachem Zugang zum lokalen Markt in Nuku'alofa der Anteil des brachliegenden Landes wesentlich höher ist als im ersten Beispieldorf. Vergleichbar der in Europa bekannten Erscheinung der "Sozialbrache" sind die Auswirkungen der Tatsache, daß ausgewanderte Tonganer ihr Land den im Dorf verbleibenden Einwohnern entweder gar nicht, nur zum Teil oder unter sehr unsicheren Bedingungen zugänglich machen.

Die Untersuchung informeller Pachtabsprachen belegt für Nukunuku, daß die von "absentee landholders" erworbenen unsicheren Nutzungsrechte sich negativ auf die langfristige Investitionsbereit-

schaft von Pächtern auswirkt. Zum großen Teil sind diese Pächter
in ihren Rechten auf die Deckung des Eigenbedarfs reduziert,
während die landbesitzenden Haushalte alle an marktorientierter
Agrarproduktion partizipieren und auf diese Weise ein wesentlich
höheres Einkommen erzielen.

Abschließend sei die in Nukunuku deutlich feststellbare Kommerzialisierung der Landrechtspraxis erwähnt, die nicht nur dem adeligen *toɣiʼa*-Besitzer, sondern auch einfachen *ʼapi*-Besitzern Spekulationsgewinne ermöglicht, die dringend einer Reglementierung
bedürfen. Die gesetzlichen Bestimmungen hinken der Entwicklung
eines außer-legalen Marktes für Verpachtungen und Veräußerungen
hinterher, der sich mit der traditionellen Ideologie von gegenseitiger Liebe, Freundschaft und Solidarität (*ʼoɣa*) nicht mehr
vereinbaren läßt.

4. LOTOFOA

Über das Dorf Lotofoa war vor der Fallstudie bekannt, daß die
Landwirtschaft - gemessen an den Verhältnissen in Ha'apai - eine
große Bedeutung hat. Sowohl für die Eigenbedarfsdeckung der Einwohner als auch für das darüber hinaus erzielte Geldeinkommen hebt
sich sich der Agrarsektor in Lotofoa damit von den übrigen Dörfern
dieser Inselgruppe ab, in denen traditionell der Fischfang eine
fast gleichbedeutende Rolle spielt.

Gemeinsam mit anderen Dörfern Ha'apais weist Lotofoa jedoch ein
Kriterium auf, das für die weitere Entwicklung des Agrarsektors
maßgebend und deshalb für die Auswahl als Fallbeispiel entscheidend war: Das Dorf befindet sich durch seine geographische Lage
und die mangelhafte infrastrukturelle Ausstattung der Inselgruppe
am Rande der derzeitigen wirtschaftlichen Entwicklung. Im Zuge der
propagierten Marktorientierung der Landwirtschaft werden aber die
Chancen des Zugangs zu den lokalen wie überseeischen Märkten immer
wichtiger. Es bietet sich deshalb an zu untersuchen, wie - angesichts der ungünstigen Transportmöglichkeiten - die vorhandenen
"marketing" Chancen von verschiedenen Bevölkerungsgruppen wahrgenommen werden können und wie die daraus resultierenden Einkommen
mit Landbesitzformen korrelieren. Zunächst aber zu den lokalen Besonderheiten:

Um nach Lotofoa zu gelangen, ist von Tongatapu aus - wenn man
nicht eine der beiden Fluglinien benutzt - eine etwa eintägige
Schiffsreise in die aus vier Inseln bestehende Hauptgruppe des
Ha'apai-Archipels notwendig. Dabei werden gleich während der knapp
200 Kilometer langen Anreise[1] Merkmale dieser Inselgruppe offensichtlich, die Tonga im allgemeinen, Ha'apai aber in besonderem
Maße charakterisieren.

Zum einen macht es die Entfernung zum kommerziellen und kulturellen Zentrum des Landes schwierig, ein an den Mobilitätsbedürfnissen
der Bevölkerung orientiertes inter-insulares Transportsystem aufzu-

---

1) nach "Map of the Kingdom of Tonga", 1969

bauen und unter den gegebenen wirtschaftlichen Bedingungen zu erhalten. Zum anderen wird die durch diesen Umstand gekennzeichnete
Isolierung der gesamten Gruppe für einen großen Teil der Einwohner
noch verschärft durch die Fragmentierung der Landfläche auf dutzen-
de kleiner, zum Teil kleinster Inseln, die einen regelmäßigen Schiffsverkehr untereinander (also intra-insular) als bestenfalls sehr aufwendig, unter ungünstigen Wetterbedingungen gar unmöglich erscheinen lassen.[1]

Dabei lassen die bereits dargestellten Bevölkerungszahlen (vergl.
Kap. II,3. und III,1.) der Ha'apai-Gruppe durchaus den Schluß zu,
daß die sich im Zuge beschleunigter kommerzieller Entwicklung als
Nachteile darstellenden Besonderheiten der geographischen Lage nicht
immer in Marginalisierung resultierten.[2] Im Gegenteil läßt sich
feststellen, daß zu Zeiten, als zur Deckung der Bedürfnisse die vom
Land und den umgebenden Riffen zu erzielende Subsistenz-Produktion
noch völlig ausreichte, Ha'apai neben Tongatapu als annähernd gleich-
wertiges Zentrum gegolten hat. So ging etwa von dieser Inselgruppe
am Anfang des 19. Jahrhunderts der Siegeszug Tupou I. und mit der
sich dort entwickelnden Verfassungsgebung die Grundsteinlegung des
"Modernen Tonga", also der konstitutionellen Monarchie aus.[3]

Von dieser ehemals maßgebenden Rolle des Archipels ist heute jedoch bei der Annäherung an die Hauptinsel Lifuka nur noch die als
eine der wenigen touristischen Sehenswürdigkeiten angepriesene[4]
Sommerresidenz des Königshauses zu erkennen. Die Bedeutung, die
der Inselgruppe heute beigemessen wird, ist dadurch gekennzeichnet,
daß die unregelmäßig ankommenden Schiffe sowohl Güter als Personen
bei der Anlandung zuerst auf Lastkähne verfrachten müssen. Dies
galt zumindest bis zum Sommer 1981, als mit Hochdruck an einer Pier
gearbeitet wurde, deren Fertigstellung sich jedoch durch einen Pla-
nungsfehler erheblich verzögerte.[5]

---

1) Eine ausführliche Diskussion des Transportproblems etwa im Beitrag von LAVULO,
   P., 1981, in KINGDOM OF TONGA, CPD, Ha'apai Development Workshop
2) Dies ist heute allerdings anhand diverser Indikatoren der regionalen Disparitäten feststellbar; s. SEVELE,F.V., 1973
3) s. z.B. WOOD,A.H., 1932, S.43ff
4) s, z.B. DALTON,A.H. & STANLEY,D., 1979, S.99
5) Seit der Inbetriebnahme des über Entwicklungshilfegelder finanzierten Schiffes
   "Olovaha II" dürften sich die Verlade- und Transportmöglichkeiten verbesert haben.

Dies bereitet auf den ersten Eindruck des Hauptortes Pangai vor:
Diese Siedlung mit einer sich den übrigen Dörfern Tongas nicht
gravierend abhebenden Einwohnerzahl (1470) kann nach ihrer Größe
und Struktur zunächst nicht als "Stadt" charakterisiert werden.
Die Konzentrierung von administrativen und sonstigen Dienstleistungseinrichtungen (u.a. die bereits bekannten multinational operieren-
den Einzelhandelsketten) und eines kleinen lokalen Marktes verlei-
hen dem Ort jedoch funktional einen Bedeutungsüberschuß gegenüber
dem Rest der Ha'apai-Gruppe.

Vom Hauptort Pangai, der auf der Insel Lifuka liegt, führt eine
der in der gesamten Gruppe nicht gepflasterten Straßen[1] nach Norden zur nahegelegenen Insel Foa. Die direkte Verbindung zwischen
den beiden Inseln wurde durch einen Ende der 70er Jahre von neu-
seeländischem Militär gabauten Damm ermöglicht.[2] Von Pangai aus
erreicht man als zweiten Ort der Nachbarinsel das Beispieldorf
Lotofoa nach etwa 10 Kilometern.

Lotofoa mit seiner für tonganische Dörfer typischen gestreuten
Siedlungsweise erstreckt sich zu beiden Seiten der bis an das nörd-
liche Ende der Foa-Insel ausgebauten Straße auf einer Längsausdeh-
nung (West-Ost) von etwa einem Kilometer. Bei einer maximalen Breite von 400 Metern (Nord-Süd) läßt sich die gesamte von Dorf beanspruchte Fläche nur grob mit etwa 30 Hektar angeben, weil bisher
nur ein geringer Teil der Dorfgrundstücke amtlich vermessen worden
sind. Ausnahmen davon bilden vor allem die Pachtgrundstücke der im
Dorf vertretenen Kirchen, die nach dem Stand der beim Vermessungs-
amt verfügbaren Karte (s. Abb. Nr. 32) etwa ein Zehntel der Dorffläche einnehmen.

Im Gegensatz zum in der vorangegangenen Fallstudie dargestellten
Dorf Nukunuku läßt sich in Lotofoa anhand der Gebäudestruktur nicht
eindeutig ein zentraler Punkt im Ort ausmachen. Etwa in der Mitte
des Dorfes gelegen ist jedoch eine alte Schule, die der Dorfgemeinschaft als Versammlungshaus dient und in zweiwöchentlichem Abstand
auch für Filmvorführungen benutzt wird. Das neue Schulgebäude ist

---

1) Die Straßen sind ein weiterer augenfälliger Indikator der vernachlässigten
   infrastrukturellen Erschließung: auf ihnen werden nur 3% des nationalen Trans-
   portaufkommens abgewickelt; s. LAVULO,P., 1981
2) s. Tonga Chronicle, August 17, 1979

ABB.32: ORTSGRUNDRISS VON LOTOFOA

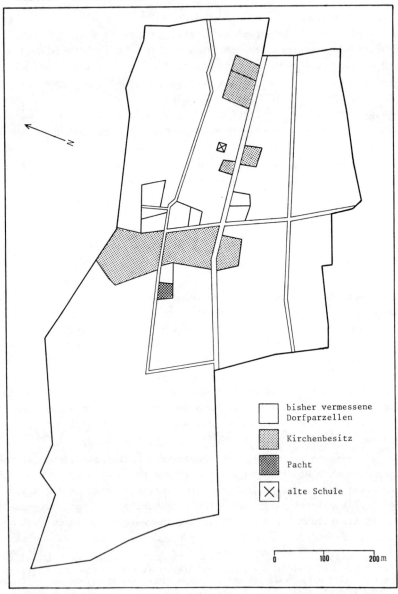

bisher vermessene
Dorfparzellen

Kirchenbesitz

Pacht

alte Schule

0   100   200 m

Quelle: Katasterkarten

- um es auch für die Bewohner des Nachbardorfes Fotua leicht zugänglich zu machen - mehrere hundert Meter westlich aus Lotofoa ausgelagert worden und liegt jetzt auf einem weitgehend ungenutzten etwa 13 ha großen Grundstück, das ein Teil der Ländereien des Königs in diesem Gebiet ist (s. Abb. Nr. 33).

Das Dorf Lotofoa liegt auf einem Teil des *tofi'a* des Adeligen *Tu'ipelehake*, dem jüngeren Bruder des Königs und derzeitigen Premierminister von Tonga. Abweichend vom Regelfall tonganischer Dörfer machen jedoch die Einwohner Lotofoas nicht nur auf den Ländereien "ihres" *Nopele* Landbesitzansprüche geltend, sondern in größerem Umfang (zwei Drittel) auch auf den umliegenden *tofi'a*.

Über diesen genauen Grenzverlauf zwischen diesen anderen Ländereien und damit die Aufteilung des dem Dorf zugeordneten Landes auf die *tofi'a* gibt es allerdings einander widersprechende Informationen: Während nach dem bisher praktizierten Verfahren, die Angaben der Katasterkarten zugrunde zu legen, der bei weitem größte Teil des übrigen von den Dorfbewohnern beanspruchten Landes der Regierung zugerechnet werden müßte, ergeben sowohl die Angaben der topographischen Karte als auch die Originalunterlagen im "Governer's Office" in Pangai, daß ein großer Teil der Buschparzellen auf den Ländereien des Königs liegt. Nach diesen Angaben, die durch Interviews mit dem "District Officer", dem "Town Officer" und zahlreichen anderen Dorfbewohnern bestätigt wurden, teilt sich das Lotofoa zugeordnete Land in vergleichbar großen Anteilen auf die Ländereien des *Tu'ipelehake*, des Königs und der Regierung auf. An der Gesamtfläche dieses Landes von etwa 480 Hektar haben in einem geringen Umfang (knapp 5 %) auch zwei andere Adelige (*Tu'ita* und *Fakafanua*) Anteil.

4.1   Grundbesitzverhältnisse

Die in Tabelle 21 wiedergegebene Statistik der Besitzverhältnisse an dem Lotofoa umgebenden Land nimmt aus den angeführten Gründen eine etwas kompliziertere Form an als bei den anderen Dörfern (s.u.).

ABB.33: LANDBESITZ UM LOTOFOA

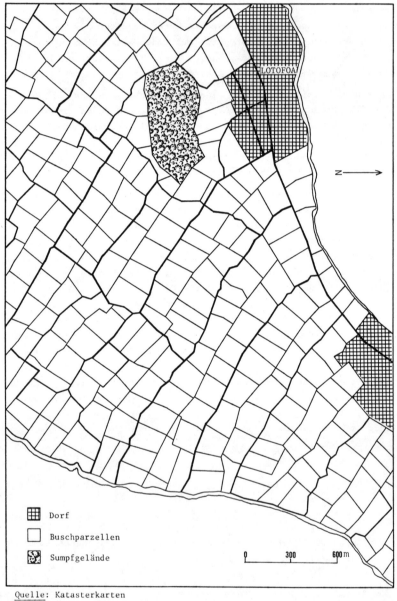

Quelle: Katasterkarten

TAB.21: GRUNDBESITZVERHÄLTNISSE UM LOTOFOA

Titel	Land des *to&i'a* Besitzer	registrierte Buschparzellen	nicht- registrierte Buschparzellen	Pachten	*to&i'a* Anteil
Tuipelehake	40,0 ha 29,0 %	19,4 ha 14,1 %	75,2 ha 54,6 %	3,2 ha 2,3 %	137,8 ha (28,8 %)
König	39,6 ha 21,2 %	34,9 ha 18,7 %	101,2 ha 54,2 %	11,0 ha 5,9 %	186,7 ha (39,0 %)
Regierung	- -	87,1 ha 65,1 %	44,4 ha 33,2 %	2,3 ha 1,7 %	133,8 ha (27,9 %)
Tu'ita und *Faka&anua*	- -	3,3 ha 16,0 %	14,7 ha 71,3 %	2,6 ha 12,6 %	20,6 ha (4,3 %)
Summe Agrarland	79,6 ha 16,6 %	144,7 ha 30,2 %	235,5 ha 49,2 %	19,1 ha 4,0 %	478,9 ha 100 %

Quelle: Katasterkarten

Das in der ersten Spalte dargestellte Privatland der *to&i'a*-Besitzer weist insgesamt einen Anteil von knapp 17 % der agrarischen Nutzfläche aus. Bezogen auf die Ländereien des *Tu'ipelehake*, bei denen ein südlich des Dorfes gelegenes Sumpfgelände nicht einbezogen ist, liegt dieser Anteil mit 29 % jedoch wesentlich höher. Auch der auf den Gütern des Königs zur privaten Nutzung zurückbehaltene Anteil, der fast vollständig aus ungenutztem Buschland besteht, ist überdurchschnittlich groß. Auf dem von der Regierung verwalteten Land und auf den Ausschnitten der anderen *to&i'a* ist dagegen die gesamte Fläche in der einen oder anderen Rechtsform den Bewohnern zur Verfügung gestellt worden.

Für *Tu'ita* - einer der ranghöchsten Adeligen Tongas und amtierender "Minister of Lands, Survey and Natural Resources" - gilt diese Aussage im übrigen für seine gesamten Ländereien.[1] Allerdings

1) persönliches Gespräch, September 1980

ist die Verteilung von 'api tukuhau nicht durch die amtliche Registrierung rechtsverbindlich gemacht worden, so daß Tu'ita nach
wie vor über den größten Teil seiner Ländereien die Kontrolle hat.

4.1.1   Pachten

Der in Tabelle 21 ausgewiesene niedrige Anteil des offiziell
verpachteten Landes (4 %) ist zu einen darauf zurückzuführen, daß
- wegen der traditionell hohen Bevölkerungsdichte - sich ein höherer
Anteil des Pachtlandes gegen die existenziellen Bedürfnisse der
Bevölkerung gerichtet hätte und damit politisch nur schwer durch-
setzbar gewesen wäre. Auf der anderen Seite ist in Lotofoa der
Grad der Kommerzialisierung in der Landwirtschaft und daraus resultierende zusätzliche Raumansprüche bisher sehr gering, so daß
die wenigen Farmer, die vorwiegend für den Markt produzieren, das
von ihnen über ihre Buschparzellen hinaus genutzte Land auch durch
informelle Pachtabsprachen gewinnen konnten.

Die vom "Registration Book of Leases" bestätigten Anteile des
Pachtlandes setzen sich dementsprechend nur zu einem geringen Teil
aus Verpachtungen an private Landnutzer zusammen. Es überwiegen
die an verschiedene kirchliche Organisationen abgetretenen (und
weitgehend ungenutzten) Gründstücke.

Bei den als Pachtland zurückbehaltenen Flächen muß allerdings
die Einschränkung gemacht werden, daß die angegebenen Prozentsätze
nicht die Verhältnisse auf den gesamten Ländereien der betroffenen
tofi'a-Besitzer reflektieren: So hat zum Beispiel der König - nach
den im "Lands & Survey Department" zugänglichen Daten - mindestens
73 Grundstücke mit einer Gesamtfläche von über 250 ha für knapp
9.000 T$ pro Jahr verpachtet.

Der Adelige Faka§anua ist durch eine glückliche Kombination von
hohem traditionellem Rang und unbestrittenem unternehmerischem Ta-
lent an der Spitze der tonganischen Elite anzusiedeln: Er bringt es
zwar nur auf 63 Verpachtungen mit einer Gesamtfläche von knapp 70 ha;

diese Grundstücke liegen jedoch fast ausschließlich in oder etwas
östlich der Hauptstadt Nuku'alofa (Ma'ufanga), so daß die Pächter
(die tonganische Regierung, andere Unternehmer u.a.) dafür etwa
30.000 T$ bezahlen müssen. Das auf der Grundlage semifeudaler Be-
sitzverhältnisse akkumulierte Kapital drückt sich in der an Glanz
den Königspalast übertreffenden Privatresidenz des Adeligen aus
und wurde neuerdings auf produktivere Weise auch in ein aufwendiges
Geschäftsgebäude investiert. Dies hindert den *Nopele* jedoch nicht
daran, seine gesetzlich sanktionierten Privilegien auch weiterhin
rücksichtslos gegen einfache Tonganer durchzusetzen.[1]

4.1.2   Buschparzellen

Auch für Lotofoa ergibt ein Vergleich aller zu den Grundbesitzverhältnissen verfügbaren Quellen Diskrepanzen, die die in Tabelle
21 (s.o.) wiedergegebenen Flächenanteile der registrierten (30 %)
und nicht-registrierten Buschparzellen (50 %) relativieren. Zwar
läßt sich nicht - wie bei den bisherigen Dörfern - die Existenz von
Doppel- und Fehlregistrierungen in einfacher Weise dadurch nachweisen, daß die im Registrierungsbuch zu errechnende Zahl der Eintragungen die der tatsächlich vorhandenen Grundstücke überwiegt; trotzdem
läßt sich anhand der Katasterblocknumern in mindestens 41 Fällen
zeigen, daß die betreffenden *'api tukuhau* mehrfach aufgeführt sind.

Für Lotofoa ergab sich dabei zusätzliche die Gelegenheit, die
Eintragungen im Registrierungsbuch mit den amtlichen Unterlagen über
die Bezahlung von Vermessungsgebühren zu vergleichen. Es stellte
sich auf diese Weise heraus, daß in 84 Fällen Vermessungsgebühren
bezahlt wurden, was aber offenbar - wie die Gegenüberstellung mit
den Angaben des Zensus 1976 (Tab.47) zeigt - nur in höchstens 59
Fällen bisher zu einer tatsächlich vollzogenen Registrierung geführt
hat.

Die dem Zensus zu entnehmenden Flächenangaben (etwa 172 ha Buschparzellen) decken sich dagegen recht gut mit den Angaben der Kata-

---

1) s. z.B. "Fifita vs. Fakafanua" in ROBERTS,H.S., 1974

sterkarten (145 ha registrierte Parzellen). Die Zuordnung der registrierten Parzellen weist zudem in eine Richtung, die den wesentlich höheren Anteil registrierter Buschparzellen auf dem Regierungsland (zwei Drittel) gegenüber den *toḁi'a* der Adeligen und des Königs (im Mittel nur ein Sechstel) deutlich macht. Am Beispiel von
Lotofoa läßt sich damit aufzeigen, daß *'api*-Landbesitz auf Regierungsland wesentlich sicherer ist als auf den anderen Ländereien,
auf denen einfache Tonganer vom Wohlwollen der *Nopele* abhängig sind.

TAB.22: LANDLOSIGKEIT IN LOTOFOA (in %)

Quelle	aller zu einer Parzelle berechtigten Einzelpersonen	aller Haushalte
nach Zensus 1976 [§]	61,7	36,9
nach eigener Erhebung	49,0 (reg. 63,3)	23,1 (reg. 42,3)

[§] errechnet nach Tab.47 (S.270) bzw. Tab.51 (S.281)

Die Verfügbarkeit von Land auf mehreren *toḁi'a* bewirkt für die
Einwohner Lotofoas den günstigen Umstand, daß die Rate der Landlosigkeit aller zu *'api*-Besitz berechtigten Einzelpersonen sowohl
gegenüber dem Landesdurchschnitt (etwa 65 %) als auch gegenüber
dem Mittel von Ha'apai (64 %) etwas niedriger ausfällt. Auch auf
die Haushalte bezogen liegt der in Tabelle 22 wiedergegebene Zen-
suswert um mehrere Prozentpunkte unter dem regionalen (40 %) und
dem nationalen (etwa 41 %) Durchschnitt. Die in der Tabelle dargestellten eigenen Ergebnisse unterstreichen für Lotofoa die aus
dem Zensus abzuleitende Aussage einer relativ geringen Landlosigkeit.

Dabei weisen die für Individuen und Haushalte jeweils als erstes angegebenen Werte darauf hin, daß ein erheblicher Teil der Busch-parzellen nur nach traditionellem oder Gewohnheitsrecht beansprucht werden können, was sich aus den Diskrepanzen zu den in Klammern angegebenen Werten ergibt. Die relativ geringe Abweichung der auf der Basis amtlich registrierten Landbesitzes errrechneten Werte von den nach dem Zensus ermittelten Angaben weist zudem darauf hin, daß bei der Volkszählung in Lotofoa in der überwiegenden Mehrzahl der Fälle unter "Landbesitz" nur die gesetzlich anerkannten, for-malen Landrechte verstanden wurden.

Von den in Lotofoa untersuchten 26 Sample-Haushalten sind nach einem extensiv ausgelegten Landrechtsverständnis 22 als 'api-Halter zu bezeichnen. Zwei der Haushalte verfügen jedoch nur über infor-melle Ansprüche auf eine Buschparzelle außerhalb Ha'apais; fünf der Haushalte besitzen ein zusätzliches 'api tukuhau in der Nähe von Lotofoa durch ein weiteres männliches Haushaltsmitglied. Von den damit 20 Haushalten, die Landbesitzansprüche geltend machen können, haben 15 die amtliche Registrierung ihres Anspruches er-reicht.

Die Fläche der von den Haushalten insgesamt beanspruchten 25 Buschparzellen umfaßt etwa 65 ha, wodurch der zu errechnende Durch-schnitt von 2,6 ha deutlich unter der Normgröße tonganischer Busch-parzellen liegt. Die als Mittel angegebene relativ geringe Fläche hat ihre Ursache darin, daß sich in Ha'apai - nach der schon in Nukunuku angenommenen, aber nicht bestätigten Regel - die tradi-tionelle Landvergabepraxis an der hohen Bevölkerungsdichte orien-tiert hat. So wurden in Lotofoa in keinem Fall die vom Gesetz er-möglichten übergroßen Buschparzellen (5 ha) und nur in vier Fällen die der Normgröße (3,34 ha) entsprechenden Parzellen vorgefunden. Demgegenüber umfassen fünf Parzellen nur etwa die Hälfte der Stan-dardflächeneinheit; die Mehrheit der Fälle (zwei Drittel) sind 'api tukuhau, die zwischen der halben und der vollen Einheitsfläche an-zusiedeln sind.

Von den mit registriertem Landbesitz ausgestatteten Haushalten haben in Lotofoa - wie in den anderen Dörfern - etwa drei Viertel ihre Parzelle von unmittelbaren Verwandten (Vater, Großvater oder

Mutter als Witwe) geerbt. Dementsprechend gering sind die Anteile
der Haushalte, denen ihr Land von entfernteren Verwandten, dem
tofi'a-Besitzer bzw. der Regierung übertragen wurden.

Interessant ist dabei festzustellen, daß von den heutigen *'api*-
Besitzern ca. zwei Drittel für die Verhandlungen um die Anerkennung
ihres Besitzanspruches den einflußreichen "Town Officer" einschal-
teten, der durch seine geschickte Vermittlung erreichen konnte, daß
die in Tongatapu üblichen "Schmiergelder" bisher nicht bezahlt werden mußten. Darin fügt sich ein, daß die in den anderen Beispieldörfern als übermäßig lang bezeichneten "Probephasen" der Landnutzung in Lotofoa im allgemeinen wesentlich kürzer sind und besonders auf dem von der Regierung verwalteten Land in der Regel eine
sinnvoll erscheinende Höchstgrenze von fünf Jahren nicht überschreiten.

Die über nicht-registrierten Landbesitz verfügenden Haushalte
machen ihren Nutzungsanspruch alle mit dem Hinweis auf traditionelle Rechte geltend, was in der Mehrzahl der Fälle die Kultivierung des Landes seit mindestens zwei Generationen bedeutet. Weil
in keinem der vorliegenden Fälle die dadurch erworbenen Rechte je-
mals in Zweifel gezogen worden sind, erachten 80 % dieser "customary holders" die rechtliche Absicherung ihres Besitztitels für nicht
notwendig; der Rest hat sich nach den für die Registrierung erforderlichen Schritten erkundigt, fühlt sich aber nicht soweit verun-
sichert, daß daraus konkrete Handlungen resultiert wären. Die Ausnahme bildete ein *'api*-Halter, der sich direkt an das "Lands &
Survey Department gewendet aht, um eine größere Sicherheit seiner
Landnutzungsrechte zu erreichen.

4.1.3   Informelle Pachtabsprachen

Von den in Lotofoa landbesitzenden Haushalten haben 60 % einen
Teil ihrer Parzellen anderen Haushalten zur Nutzung überlassen. Dabei errechnet sich die Gesamtfläche dieser informellen Verpachtun -

gen auf etwa 16 ha oder ein Viertel aller *'api tukuhau.* Abweichend
von den bisher betrachteten Dörfern beträgt der Anteil umfassender,
die kommerzielle Nutzung einschließender Pachtabsprachen in Lotofoa
nur 50 %; ein Anteil, der nahezu identisch ist mit denjenigen Absprachen, die unter engeren Verwandten (vor allem Brüder und Söhne
des Haushaltsvorstandes) getroffen werden.

Damit wird der bisher gefundene Zusammenhang zwischen verwandt-
schaftlicher Beziehung der "Vertragspartner"und Umfang (das gleiche
gilt für Dauer und Verbindlichkeit) der getroffenen Nutzungsabsprachen bestätigt; modifizierend kommt jedoch hinzu, daß mit dem insgesamt geringeren Umfang der marktorientierten Agrarproduktion auch
das Ausmaß der für Landrechte erbrachten Gegenleistung sinkt. Die
Beobachtung, daß nur in drei Fällen geringe Geldbeträge (etwa 100T$)
und relativ geringe Teile der Ernte als "Pachtzins" bezahlt werden,
läßt den Schluß zu, daß der für Tongatapu beschriebene außer-legale
"Markt" für Landnutzungsrechte sich in Lotofoa noch nicht entwickelt
hat.

Die für Nukunuku herausgestellte Problematik des Grundherren-
Absentismus hat aber auch in Lotofoa einen beträchtlichen Stellenwert: Nach den Angaben der "Pächter" des zurückgelassenen Landes
leben hier jedoch nicht - wie in Nukunuku ermittelt - die meisten
"absentee landholders" im Ausland (nur 10 %), sondern sind in ihrer
überwiegenden Mehrheit nach Tongatapu abgewandert, wobei sich alleine 60 % in Nuku'alofa niedergelassen haben.

Als für die Situation der äußeren Inseln typisch stellen sich
dabei als Sog-Faktor der Hauptstadt im wesentlichen die dort verfügbaren Beschäftigungsmöglichkeiten im Privat-Sektor (50 %) bzw.
bei der Regierung (10 %) heraus; als Schub-Faktor tritt trotz des
zur Verfügung stehenden Landes ebenfalls das ökonomische Element in
den Vordergrund: So werden die durch die mangelhafte infrastrukturelle Erschließung Ha'apais mitverursachten "marketing" Schwierigkeiten für die abwesenden Landbesitzer als häufigster Grund genannt.
Desweiteren läßt sich aus den Antworten der im Dorf zurückgebliebenen Einwohner schließen, daß auch in Lotofoa der bereits beschriebene Mechanismus der Kettenmigration (s. Kap. II,3.) eingesetzt
hat, und ein großer Teil der "absentees" die Hauptstandt nur als
Sprungbrett für eine Abwanderung ins Ausland ansieht.

Es muß einschränkend betont werden, daß in der komplexen Moti-
vationsstruktur der Abwanderer die allgemeine Unzufriedenheit mit
den sozio-kulturellen Bedingungen des Lebens auf den äußeren Inseln als das eigentlich ausschlaggebende Moment zur Abwanderung
eingeschätzt werden muß (obwohl es sich quantitativ nur schwer erfassen läßt). Bei den nicht mit einem eigenen 'api ausgestatteten
Tonganern, was wiederum in erster Linie auf die jungen Männer zutrifft, kommt das Element der Landlosigkeit oft erschwerend hinzu.

Abweichend von den in Nukunuku ermittelten Ergebnissen läßt sich
in Lotofoa feststellen, daß die Mehrheit (zwei Drittel) der abgewanderten Landbesitzer ihren "Pächtern" umfassende Landnutzungsrechte eingeräumt haben; Rechte allerdings, von denen wegen der
sich überlagernden Transportschwierigkeiten nur in wenigen Fällen
für eine marktorientierte Agrarproduktion Gebrauch gemacht werden
kann. Zudem sind auch in Lotofoa "Pächter" (vorwiegend engere Verwandte) der Unsicherheit ausgesetzt, daß alle Nutzungsabsprachen
an die eventuelle Rückkehr der "absentees" gebunden sind.

Diese Unsicherheit der Nutzungsrechte hat gerade für Ha'apai
besondere Relevanz, indem längerfristige Investitionen - etwa für
neue Baum- oder Strauchkulturen, für Vanille oder die Aufforstung
des Kokospalmenbestandes durch Hybrid-Sorten - verhindert werden.
Dieser, den Aufbau kommerzieller Landwirtschaft hemmende Umstand,
wird in einer Entwicklungsstudie vor dem Hintergrund gesehen:

> "In (...) Ha'apai (...) the fragmentation of production
> areas amongst the multitude of islands will continue to
> restrict commercial production to crops which can with-
> stand marketing delays. In the case of Ha'apai there is
> little alternative to copra production for commercial
> agriculture though given regular shipping services to
> Nuku'alofa, and linked small boat services within the
> group, some food crops may be shipped to Nuku'alofa.
> Given that out-migration, and consequent labourshortage,
> are likely to continue in the Ha'apai group (...), it is
> important that high yielding material is used if at all
> possible in the coconut replanting scheme." 1)

Angesichts der damit auch für die zukünftige Entwicklung heraus-
gestellten tragenden Rolle der langjährigen Baumkultur Kokosnuß
kommt der Sicherheit von Landnutzungsrechten in Lotofoa noch grös-

---

1) WARD,R.G. & PROCTOR,A. (Hrsg.), 1980, S.388

sere Bedeutung zu als in den bisher betrachteten Dörfern. Wie in
den anderen Fallbeispielen soll deshalb auch für Lotofoa eine Kategorisierung der untersuchten Haushalte nach der Größe der ihnen
zur Verfügung stehenden Fläche und der Art des Nutzungsanspruches
erfolgen:

Daraus ergibt sich, daß die Gruppe der "Nur-'*api*-Besitzer" (6
Haushalte) insgesamt 17 ha beanspruchen kann, die Gruppe der "Nur-
Pächter" nach Zahl und Landfläche gleichgroß ist, und die Gruppe,
die sich beider Landrechtformen bedient (14 Haushalte) über 120 ha
verfügt.

Die letztgenannte Gruppe von Haushalten ist damit im Vergleich
zu den anderen Dörfern sowohl von ihrem Anteil am Sample als auch
von der ihr zur Verfügung stehenden Fläche (im Mittel 8,7 ha) überdurchschnittlich vertreten. Dies erklärt sich zum einen aus der
oben dargestellten binnenländischen Migration, die es relativ vielen Haushalten ermöglicht, zusätzliche informelle Landrechte zu
erwerben; zum anderen kommt die beträchtliche Gesamtfläche zu fast
der Hälfte durch zwei Sonderfälle zusammen:

In einem dieser beiden Haushalte ist der Vorstand der Sohn eines
engen Vertrauten des Adeligen *Tu'ipelehake*; das zur Verfügung gestellte Land dient in diesem Fall eher Prestige-Zwecken als der
Erzielung eines ökonomischen Vorteils. Über 90 % dieser Fläche sind
seit länger als 10 Jahren Buschbrache. In dem zweiten dieser Haushalte handelt es sich um einen mütterlicherseits von Europäern ab-
stammenden und durch die väterliche Seite über sehr gute Beziehungen zum Königshaus verfügenden kommerziellen Farmer, dem es durch
seinen herausragenden Unternehmungsgeist gelungen ist, die für
Ha'apai charakteristischen Vermarktungsprobleme durch private Initiative zu überwinden.

Die von den Sample-Haushalten in Lotofoa beanspruchte agrarisch
nutzbare Fläche läßt sich somit zusammenfassen als 65 ha Buschparzellen, wovon etwa 16 ha als informelle Verpachtung abgezogen
und etwa 106 ha informelle Pachten hinzugerechnet werden müssen.
Die sich daraus ergebende Fläche, zu der die Haushalte insgesamt
Zugang haben (155 ha), verteilt sich auf eine Gruppe größerer Land-
Besitzer und zwei kleinere Gruppen, bei denen die Haushalte nur

über etwa ein Drittel dieser Fläche verfügen. Dabei unterscheiden
sich die "Nur-'*api*-Besitzer" (im Mittel 2,9 ha) von den "Nur-Pächtern" (im Mittel 2,8 ha) im wesentlichen durch die Rechtsform,
unter der sie ihr Land nutzen. Wie sich der damit isolierte Faktor
der Qualität von Rechten auf die Intensität der Nutzung auswirkt
soll - nach einem kurzen Einschub zu den Besitzverhältnissen an
Dorfparzellen - durch eine Vergleich der beiden Gruppen aufgezeigt
werden.

4.1.4   Dorfparzellen

Wie in den zu Anfang der Lotofoa-Studie getroffenen Feststellungen zum Ausdruck kommt, war zum Zeitpunkt der Erhebung der größte
Teil der Dorffläche noch nicht amtlich vermessen. Dementsprechend
ist unter den Sample-Haushalten der Anteil derjenigen, die über
eine registrierte Dorfparzelle verfügen, mit 12 % sehr gering.[1]
Von den anderen Haushalten lebten mehr als zwei Drittel mit Erlaubnis oder Duldung des Adeligen *Tu'ipelehake* auf ihrem eigenen *'api
kolo*, in der überwiegenden Mehrheit dieser Fälle ohne sich einer
nennenswerten Rechtsunsicherheit ihres Besitzstatus' bewußt zu
sein.

Die Ausnahme bildete ein über 70jähriger Haushaltsvorstand, der
während des Interviews seiner Befürchtung Ausdruck verlieh, daß
er sein Grundstück ohne Registrierung nicht weitervererben könne.
Ähnlich verhält es sich mit dem restlichen Drittel der Haushalte,
die lediglich vorübergehend von Verwandten das Recht zur Niederlassung auf deren Grundstücken erworben haben und zum Erhalt eines
eigenen Grundstücks auf die amtliche Vermessung und Unterteilung
der (bisher übergroßen) Dorfparzellen warten müssen.

---

1) Die drei Registrierungen erfolgten alle erst in den 70er Jahren; diese Angaben entsprechen den Aussagen der Betroffenen und konnten im "Governer's
Office" nicht verifiziert werden.

4.2 Landnutzung

Die in Ha'apai und ebenso in Lotofoa anzutreffende Situation
der Landwirtschaft wurde anläßlich einer vom "Central Planning
Department" 1981 organisierten Tagung folgendermaßen zusammengefaßt und in ihren Entwicklungsmöglichkeiten eingeschätzt:

"It is therefore apparent that the major activities in Ha'apai
are subsistence in Nature. The objective then of any Development in Ha'apai is to consolidate the subsistence sector,
and use this as a take off point for commercially oriented
activities." 1)

Die Konsolidierung der auf die Eigenversorgung gerichteten Landwirtschaft wird also auch in absehbarer Zukunft die Basis der Entwicklungsmöglichkeiten bleiben. Darauf aufbauend ist bisher der
Anbau von Bananen - vor allem wegen der unzureichenden Verschif-
fungskapazitäten gescheitert. 2)

Weil der Ausbau der von Transportschwierigkeiten weniger tangier-
ten Vanille-Kultur lediglich im Anfangsstadium steckt, 3) werden
als Lösungsansätze vor allem langfristige Kulturen in Betracht gezogen, und zwar neben der Auffosrtung der zu alten Kokospalmen
durch ertragreichere Sorten vorwiegend:

"a) Black Pepper, b) Garlic and Ginger, c) Chillies and
Tumeric, d) Macadamia and Cashnew Nuts, e) Coffee and Cocoa."4)

Für das Fallbeispiel Lotofoa, "the main producer of agcricultur-
al crops in Ha'apai"5) ist es deshalb besonders interessant, die
möglichen Auswirkungen des institutionellen Rahmens auf den geplanten Ausbau von Langzeit-Kulturen zu untersuchen. Der Darstellung
der Organisationsstruktur, der agrarischen "Inputs" und den Anteilen
der Bracheflächen folgend soll dabei die These überprüft werden,
daß die bestehenden Transport- und Vermarktungschwierigkeiten stärker auf die Gruppe der "Pächter" durchschlagen.

---

1) MOENGANGONGO,S., 1981, in KINGDOM OF TONGA, Ha'apai Development Workshop,S.2
2) ebd. (Neuseeland zog daraus die Konsequenz, den Anbau von Bananen außerhalb
   von Tongatapu nicht länger zu unterstützen.)
3) ebd.: "...to begin the rehabilitation and expansion of the vanilla industry"
4) ebd., S.4
5) TU'ITUPOU,S., 1981, in Ha'apai Development Workshop

4.2.1   Arbeitsorganisation

Das für die bisher beschrieben Dörfer dargestellte Spektrum der selbstbestimmten kooperativen Landnutzungsformen reduziert sich in Lotofoa im wesentlichen auf eine: die im Durchschnitt zehn Mitglieder umfassende *kautaha toungaue*.

Allerdings beteiligt sich in annähernd der Hälfte der untersuchten Haushalte mindestens ein Mitglied in diesen Arbeitsgruppen; ein Anteil, der etwa in der Mitte zwischen den Werten von Nukunuku und Kolonga liegt und insofern ein Maß für die soziale Bedeutung des Agrarsektors in Lotofoa abgibt. Noch deutlicher als in den Dörfern auf Tongatapu zeigt sich in Lotofoa, daß die gemeinschaftlich verrichtete Arbeit sich weniger an familärer oder religiöser Loyalität orientiert als vielmehr an informellen, freundschaftlichen Kontakten.

Die gegen Bezahlung arbeitenden Gruppen der *kautaha ngaue* werden von etwa 40 % der Haushalte Lotofoas beschäftigt, die dafür bei einer durchschnittlich in Anspruch genommenen Arbeitsleistung von 63 Mann-Arbeitstagen pro Jahr im Mittel 140 T$ aufwenden. Diese Durchschnittswerte liegen gegenüber den Berechnungen von Tongatapu zwar um ein Viertel niedriger; erscheinen aber dennoch durch einen Haushalt, der alleine einmal pro Woche eine große Arbeitsgruppe beschäftigen kann, nicht repräsentativ. Die Mehrheit der untersuchten Haushalte (55 %) beschäftigt eine *kautaha ngaue* nur bis zu dreimal im Jahr.

Die geringe Inanspruchnahme landwirtschaftlicher Arbeitskräfte ist zum einen natürlich im Zusammenhang mit der vorwiegend subsistenzorientierten Agrarproduktion zu sehen; andererseits lassen sich daraus - weil eben ein beträchtlicher Teil der jungen Männer lieber in die Hauptstadt zieht - auch Rückschlüsse auf die Begrenztheit des zum Aufbau einer marktorientierten Agrarproduktion notwendigen Arbeitskräftepotentials ziehen.

4.2.2   Inputs

Korrespondierend zu dem relativ geringen Einsatz bezahlter Arbeitskraft in Lotofoa liegt das "Input" eigener Arbeitsleistung
im Vergleich zu den anderen Dörfern unterdurchschnittlich gering.
Der klassischen Rollenverteilung entsprechend[1] beteiligen sich
nur wenige Frauen an der Feldarbeit, so daß sich - über alle erfaßten Personen - nur ein Mittel von weniger als zwei Haushaltsmitgliedern errechnet, die als Voll- oder Teilzeitbeschäftigung
in der Landwirtschaft tätig sind.

Bei einer dem niedrigen Wert von Kolonga vergleichbaren wöchent-
lichen Arbeitszeit von 15 Stunden (die durchschnittliche Tagesarbeitszeit liegt mit 3,4 Stunden etwas niedriger; dagegen wird mit
4,3 Tagen pro Woche öfter gearbeitet), erhöht sich diese Leistung
bei den Männern auf lediglich etwa 21 Stunden pro Woche. Die Kategorie "Vollzeitfarmer" (mindestens 30 Stunden pro Woche) erscheint
in Lotofoa kaum sinnvoll, weil nur wenige Männer ausschließlich auf
ihren Feldern beschäftigt sind.

Für die - der Größe der Insel entsprechende - kurze Anreise zu
den Buschparzellen (im Mittel 1,2 km) stehen fast allen Haushalten
ein oder mehrere Pferde zur Verfügung; jedoch besitzen nur etwa
ein Viertel davon auch einen eigenen Karren (*saliote*). Zwei Haushalte konnten sich für den Gütertransport eigene Kleinlastwagen
leisten, die fast ausschließlich für Fahrten in den Hauptort benutzt werden, weil die Zufahrtswege zu den Buschparzellen zumeist
unpassierbar sind. Die beiden Lastwagen werden von mehr als drei
Vierteln der Haushalte Lotofoas mitbenutzt, wofür als Transportkosten durchschnittlich etwa 100 T$ pro Jahr aufgewendet werden.[2]

Der für Kolonga als sehr hoch und für Nukunuku als niedrig dargestellte Anteil von Haushalten, die über alle der üblichen Bodenbearbeitungsgeräte verfügen, liegt in Lotofoa mit 85 % in der Mitte

---

1) vergl. dazu BEAGLEHOLE,E.& P., 1941, S.20ff, die eine anschauliche Darstellung
   geschlechtsspezifischer Arbeitsteilung im traditionellen "Setting" liefern.
2) Das arithmethische Mittel ist durch einen kommerziellen Farmer nicht repräsentativ; die Mehrheit der Haushalte wendet für Transport unter 50 T$ auf.

dieser Werte und gibt damit wiederum einen Hinweis auf die relative Bedeutung des Agrarsektors (den Subsistenzbereich betonend) im vorliegenden Beispieldorf. Für die kommerzielle Agrarproduktion relevanter ist der Indikator Traktoren-Benutzung, der anzeigt, daß 40 % der Haushalte von den Maschinen des Landwirtschaftsministeriums Gebrauch machen.[1] Ein Haushalt besaß sogar einen eigenen Traktor, der jedoch älter und zum Zeitpunkt der Erhebung nicht funktionstüchtig war. Für die Inanspruchnahme der Maschinen wenden die Haushalte durchschnittlich 65 T$ pro Jahr auf, wobei die Mehrheit einen Traktor nur für zwei bis vier Stunden im Jahr benutzt, also Mietkosten von maximal 32 T$ aufwendet.

Die geringe Investitionsbereitschaft für die marktorientierte Agrarproduktion artikuliert sich in Lotofoa auch in dem hohen Anteil von Haushalten (80 %), die keinerlei Kunstdünger oder chemische Pflanzenschutzmittel benutzen. Der Anteil derjenigen Haushalte, die dazu ein eigenes Sprühgerät angeschafft haben, ist mit etwa 10 % dementsprechend gering und nahezu identisch mit denjenigen, die für Kunstdünger bis zu 100 T$ und für Insektizide und Fungizide im Mittel knapp 60 T$ pro Jahr ausgeben.

Angesichts der für flache Koralleninseln charakteristischen dünnen Süßwasserlinse im Grundwasser erscheint ein expansiverer Gebrauch chemischer Dünge- und Pflanzenschutzmittel für das labile Ökosystem Ha'apais allerdings bedrohlich; eine Gefahr, der die Geographen Thaman und Manner entgegensetzen:

> "In Ha'apai where the groundwater (*vaitupu*) is limited and of poorer quality than the United Nations World Health Organization (WHO) minimum quality for drinking, and where water is scarce and can be polluted very easily by pesticides, fertilizers and human and animal waste, the protection of fresh water resources is very important (...) to the future quality of life and development (...), the destruction of these natural resources will destroy the ability of the people to provide for their subsistence and monetary needs." 2)

---

1) Nach "Report of the Minister of Agriculture", 1979, gab es auf der Insel Foa im Jahr davor zwei Traktoren, von denen einer "out of order" war, S.88.
2) THAMAN,R.R. & MANNER,H.I., 1981, in KINGDOM OF TONGA, Ha'apai development workshop

4.2.3   Brache

Am Beispiel von Nukunuku im Westteil Tongatapus wurde anhand
der durchschnittlichen Bracheperioden demonstriert, daß hohe Bevölkerungsdichte nicht notwendigerweise in einer Intensivierung
der Landnutzung resultiert. In Lotofoa bestätigt sich diese Einschränkung der Intensitätsbeziehung in der Weise, daß die untersuchten Haushalte für durchschnittlich 4,9 Jahre einen Teil ihres
Landes brach liegen lassen.[1] Maude konnte vor zwei Jahrzehnten
noch feststellen:

> "In most parts of Ha'apai, because of the shortage of land,
> the fallow is usually less then four years, and sometimes
> gardeners can only afford to rest their land for one year;
> (...) the cropping period also tends to be longer than in
> less densely settled areas, taro and cassava often being
> planted two or more times, before the land is abonded for
> a short fallow period."
> [2]

Ein Vergleich mit den eigenen Ergebnissen ergibt dagegen, daß die
an der durchschnittlichen Dauer der Buschbrache gemessene Landnutzungsintensität trotz gestiegener Bevölkerungszahl in den letzten 20 Jahren abgenommen hat.

Beeinflußt von dem auch in Lotofoa hohen Grad der Abwanderung
ist insgesamt der Anteil der Buschbrache mit 104 ha auf mehr als
zwei Drittel des den Sample-Haushalten zur Verfügung stehenden Landes gewachsen. Im Vergleich zu den bisher untersuchten Dörfern
(s. auch Tab.30 im Anhang) liegt damit der Anteil des weitgehend
ungenutzten Landes mit Abstand an der Spitze. Mit einiger Sicherheit läßt sich daraus die Schlußfolgerung ziehen, daß - auch unter
Beibehaltung traditioneller Agrartechniken - das vorhandene Ertrags-
potential nicht ausgeschäpft ist.

Durch die nach Landbesitzformen differenzierten Gruppen von Haushalten läßt sich anhand der Buschbracheanteile ein eindeutiger Zu-

---

1) Um hier zu einer sinnvollen Angabe zu gelangen, wurden aus dieser Berechnung
   diejenigen Flächen ausgeschlossen, die - etwa wegen Abwesenheit der Parzellen-
   Besitzer - seit länger als 10 Jahren weitgehend ungenutzt sind; diese Flächen
   einbeziehend ergibt sich als mittlere Bracheperiode fast 7 Jahre.
2) MAUDE,a., 1965, S.137f; verg. ders., 1970

sammenhang zwischen Besitzform und Nutzungsintensität nicht formu-
lieren: Während nämlich die Gruppe der "Nur-'*api*-Besitzer" etwa
51 % ihrer Parzellen brach liegen lassen, ergibt sich bei der Gruppe der "Nur-Pächter" ein nur unwesentlich höherer Prozentsatz von
etwa 54 %.

Dagegen läßt sich - wenn man diese beiden Gruppen als kleine
Landbesitzer zusammenfaßt - durchaus eine Abhängigkeit der Nutzungsintensität von der Größe des zur Verfügung stehenden Landes erkennen; denn die Gruppe der größeren Landbesitzer (also solche, die
sowohl '*api tukuhau* als auch informelle Pachten haben) lassen mit
72 % einen weitaus größeren Teil ihres Landes ungenutzt. In Anbe-
tracht der in Lotofoa besonders ins Gewicht fallenden Vermarktungs-
schwierigkeiten kann demnach durch den Indikator Buschbrache zunächst vermutet werden, daß sich die Landbesitzform nicht und die
Größe der Grundstücke negativ auf die Nutzungsintensität auswirkt.
Daß mit der Größe des Landbesitzes nicht auch die Anbaufläche
wächst ist plausibel dadurch zu erklären, daß sich die Produktion
von über den Subsistenzbereich hinausgehenden Überschüssen nur in
dem eng begrenzten Maß lohnt, in dem sie sich auch vermarkten lassen.

4.2.4   Outputs

Den ersten Spalten der Tabelle 23 (s.u.) läßt sich die relative
Bedeutung der einzelnen Nutzpflanzen für Lotofoa entnehmen, wonach
- wie in den anderen Dörfern - die Kokosnuß, die über 80 % der Nutzfläche abdeckt, die erste Stelle einnimmt. Dabei liegt für die Kokosnuß die Häufigkeit der Fälle, mit der sich die Haushalte Zugang
zu ihrer Nutzung verschaffen konnten (92 %) sogar noch höher als
in Kolonga (83 %) oder gar in Nukunuku, wo nur drei Viertel der
Haushalte Nutzungsrechte an Kokospalmen haben.

Ein ebenfalls sehr hoher Anteil der Haushalte in Lotofoa baut
Maniok an, das auch durch die angegebene Fläche zu den bedeutendsten Kulturpflanzen zu zählen ist. Wie aus den in den folgenden

TAB.23: VERWENDUNG DER WICHTIGSTEN KULTURPFLANZEN IN LOTOFOA

Kulturen	Gesamt-fläche (ha)	Fälle	Haupt-Verwendungszweck (in % der Fälle)						Summe Erlös aller Haush. (T$)
			1	2	3	4	5	6	
Yams	10,7	22	52		43		5		3.300
Taro	7,2	22	65		26	4	4		1.950
Süßkartoffel	2,6	13	92		8				100
Maniok	10,6	24	75		21	4			500
Riesentaro	10,4	22	95		5				200
Gemüse	1,4	7	86	14					100
Kochbananen	16,6	22	64		27	5		5	1.050
Bananen	6,2	13	46	8	38	8			1.100
Melonen	4,2	6		17		83			5.800
Ananas	0,6	6	100						– –
Kava	0,7	5	40	60					250
Papaya	2,1	21	100						– –
Erdnüsse	1,0	1			100				300
Kokosnüsse	125,5	24	8			92			24.400
Vanille	3,7	12				100			325
Brotfrucht-bäume (Stck)	130	23	100						– –

1) = Eigenbedarf/Subsistenz   4) = Verkauf an Commodities Board

2) = Verkauf im eigenen Dorf   5) = Verkauf an privaten Exporteur

3) = Verkauf auf lokelem Markt   6) = Verkauf an Sonstige

Quelle: eigene Erhebung (vergl. Tab.30 im Anhang)

Spalten abzulesenden geringen vermarkteten Anteilen ersichtlich
ist, wird der Maniok in der Hauptsache für den Eigenverbrauch angebaut und hat damit große Bedeutung für die Nahrungszusammensetzung der Einwohner.

Ein Vergleich der Bedeutung des Maniok zwischen den Dörfern
Kolonga (mit einer stärker marktorientierten Agraproduktion) und
Lotofoa (mit vorwiegend auf den Eigenbedarf gerichteter Landwirtschaft) zeigt, daß der Maniok nach Anbaufläche und Verwendungs-
zweck in Lotofoa als Grundnahrungsmittel wesentlich wichtiger ist
als in Kolonga. Die These, wonach diese leicht zu kultivierende,
aber nährstoffarme Frucht mit wachsender Kommerzialisierung des
Agrarsektors ernährungsphysiologisch günstigere, aber arbeitsin-
tensivere Kulturen verdrängt, ist damit in Frage gestellt. Unterstützt wird dieses Ergebnis etwa durch das für Lotofoa ermittelte
"Output" traditioneller Knollenfrüchte, das noch bedeutend niedriger liegt als in Kolonga. Dort wird zwar ein erheblicher Teil der
Knollen (besonders Taro und Yams) vermarktet), der für den Eigenverbrauch verbleibende Teil stellt jedoch eine mindestens gleichwertige Grundnahrung sicher.

Als für die Subsistenzbedarfsdeckung ebenso wichtig erweist sich
in Lotofoa - außer der Brotfrucht - die Kochbanane, bei der aber
darüber hinaus etwa ein Drittel der Ernte - vorwiegend auf den lokalen Markt verkauft wird. Wegen der erwähnten Transportschwierigkeiten kann von der Taro-, Yams- und Bananenernte nur ein
geringer Teil exportiert werden, ein Teil der Ernte kann jedoch
auf dem lokalen Markt abgesetzt werden.

Durch die vermarktete Agrarproduktion erzielen die vergleichbaren Haushalte in der Gruppe der "Nur-'api-Besitzer" ein durchschnittliches Einkommen von etwa 1.200 T$ pro Jahr, während es die
"Nur-Pächter" auf nur etwas über 800 T$ bringen. Betrachtet man
zudem die Quellen dieses Einkommens näher, stellt sich heraus, daß
die Gruppe mit nur informellen Landrechten den größten Teil des
Bruttoerlöses (60 %) durch den Verkauf von Melonen - also einer
Viermonatskultur - erzielt; nur 35 % stammen aus dem Verkauf von
Kopra, der geringe Rest ist Yams. Bei der Haushaltsgruppe, die ausschließlich über gesicherte Landrechte verfügt, machen Melonen da-

ABB.34: BEISPIELE ZUR LANDNUTZUNG IN LOTOFOA

'Api-Beispiel Nr. 1 (1,76 ha, 50% Palmenbestand)

'Api-Beispiel Nr. 2 (3,06 ha, 50% Palmenbestand)

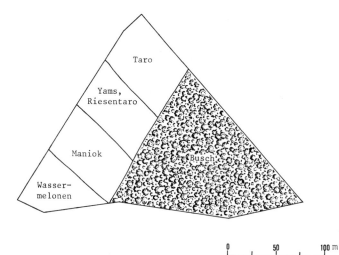

'Api-Beispiel Nr. 3 (1,93 ha, 100% Palmenbestand)

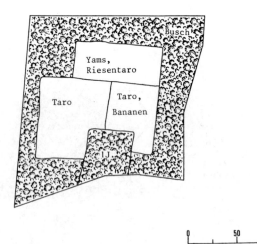

'Api-Beispiel Nr. 4 (2,92 ha, 75% Palmenbestand)

0   50   100 m

Quellen: Eigene Erhebung; Katasterkarten

gegen nur knapp 5 % des Bruttoeinkommens aus, die langjährige Kokospalmenkultur erbringt mehr als drei Viertel des Einkommens.

Die recht eindeutige Zuweisung kurzfristiger Kulturen auf die Gruppe der Pächter belegt, daß die Haushalte mit relativ unsicheren Landnutzungsrechten in wesentlich stärkerem Maß vom richtigen "timing" des Marktzuganges abhängig sind. Hinzu kommen die - bei der Melonenkultur - bedeutend höheren erforderlichen agrarischen "Inputs" (Dünger, Pflanzenschutzmittel etc.), wodurch das Nettoeinkommen in der Gruppe der "Nur-Pächter" sich etwa auf die Hälfte dessen reduziert, was in der Gruppe der "Nur-'api-Besitzer" an durchschnittlichem Reingewinn erzielt wird.

4.3   Zusammenfassung

Für das Beispieldorf Lotofoa stellt sich die Erfassung der Grundbesitzverhältnisse weniger drastisch dar als in den ersten Fallstudien: Das den Dorfbewohnern durch private Nutzung der tofi'a-Besitzer bzw. durch Verpachtungen vorenthaltene Land macht nur etwa ein Fünftel der agrarischen Nutzfläche aus.

Zwar kontrollieren im juristischen Sinn der König, die Regierung und mehrere Nopele eine weitere Hälfte des Landes; angesichts des bisher geringen kommerziellen Interesses fühlen sich jedoch die durch Gewohnheitsrecht legitimierten Bewohner des Dorfes zu zwei Drittel als "Eigentümer" ihrer Parzellen und damit in ihren Nutzungsansprüchen hinreichend gesichert.

Das übrige Drittel der Haushalte hat durch informelle Pachtabsprachen Landrechte erworben, die - abweichend von den ersten Dorfbeispielen - nur in geringem Umfang durch Ernteabgaben oder monetäre Gegenleistungen bezahlt werden. Auf der Grundlage der bisher diskutierten Fallstudien kann deshalb als kausaler Zusammenhang formuliert werden, daß die dargestellte Kommerzialisierung der Landrechtspraxis durch die wachsende Marktorientierung zumindest beschleunigt, wenn nicht verursacht wird.

Die Besonderheiten der Ha'apai-Gruppe bedingen für Lotofoa, daß die Entwicklung des Agrarsektors auch zukünftig von einer qualitativen Verbesserung der Eigenbedarfsdeckung bestimmt sein wird. Als limitierender Faktor marktorientierter Landwirtschaft treten (u.a.) Transportschwierigkeiten auf, die nur durch die Produktion lagerungsfähiger Agrarerzeugnisse zu überwinden sind. In Betracht gezogen werden dafür die Konsolidierung des Bestandes an Kokospalmen und der Anbau weiterer langfristiger Baumkulturen.

Diese Entwicklungsplanung steht in Konflikt mit dem Besitzstatus der "customary land holders" und insbesondere dem unsicheren Nutzungsrecht informeller Pachtabsprachen. Die Untersuchung in Lotofoa belegt, daß die Haushalte mit unsicheren Landrechten nicht in langfristige Kulturen investieren, sondern zur Erzielung von Geldeinkommen auf den Anbau kurzfristiger Erzeugnisse angewiesen sind.

In einer Gegenüberstellung der kurzfristigen Melonen-Kultur mit der Produktion von Kopra, das für längere Zeit lagern kann, wird veranschaulicht, daß sich die für Ha'apai charakteristischen Transportschwierigkeiten stärker auf die Haushalte mit unsicheren Landrechten auswirken. Es konnte gezeigt werden, daß diese Haushalte als Feldfrüchte fast ausschließlich Melonen verkaufen und damit in extremer Weise von der richtigen Terminierung des Verkaufs abhängig sind. Landbesitzende Haushalte dagegen sind mit dem Verkauf des lagerungsfähigen Kopra wesentlich flexibler und erzielen deshalb ein durchschnittlich doppelt so hohes Agrareinkommen.

Zusammenfassend kann damit die Grundannahme eines mit der Sicherheit von Landrechten steigenden Haushaltseinkommens auch für Lotofoa als bestätigt gelten. Die mangelhafte infrastrukturelle Ausstattung Ha'apais wirkt sich in der Weise aus, daß eine breitere Marktpartizipation bestenfalls für Haushalte mit sicherem Landbesitz zu erreichen ist und sich in der Folge die Einkommensunterschiede noch verschärfen werden.

5. TAOA

Das Dorf Taoa in der Vava'u-Gruppe ist bekannt für den erfolgreichen Anbau von Vanille. In der Tat ist Taoa als Fallbeispiel
ausgewählt worden, weil das Dorf auf dem Gebiet der Kultivierung
dieser von allen Experten empfohlenen "cash crop" eine Pionierleistung vollbracht hat, die heute beispielgebend nicht nur für
andere Ortschaften Vava'us,[1] sondern ganz Tongas ist.

Für die Untersuchung der Relation Landbesitz-Landnutzung ist
dabei in Taoa der - bei nach wie vor individualisiertem Landrecht -
weitgehend genossenschaftlich organisierte Produktionsprozeß von
Interesse. Zudem bietet der Extremfall dieser rein exportorientierten Langzeitkultur[2] die Möglichkeit einer Überprüfung der Frage,
ob sich die Ausweitung kommerzieller Landwirtschaft nachteilig auf
den Bereich der Eigenbedarfsdeckung auswirkt.

Taoa liegt auf der Hauptinsel der Vava'u-Gruppe, die von Nuku-
'alofa aus auf direktem Wege nach etwa 320 Kilometern mit Flug- und
Schiffsverbindungen zu erreichen ist.

Vava'u, das am Ende des 18. Jahrhunderts in einer für die Tonganer der damaligen Zeit unverständlichen Flaggenzeremonie für die
spanische Krone anektiert worden war,[3] ist wegen seines ausgezeich-
neten natürlichen Hafens ("port of refuge") für außenstehende Mächte
seit jeher von besonderem strategischen Interesse gewesen. So war
etwa in der zweiten Hälfte des 19. Jahrhunderts die Inselgruppe für
das Deutsche Reich, das zu dieser Zeit seine Kolonie im nördlichen
Nachbarland Samoa etablierte, bedeutend genug, daß es sich in dem
1876 abgeschlossenen Freundschaftsvertrag umfassende Rechte sicherte.
In der Zeit danach war Vava'u Standort einer deutschen Kohleverlade-

---

1) Nach "Report of the Minister of Agriculture" standen 1979 knapp ein Drittel
   der produzierenden Vanille Vava'us in Taoa unter Kultur (S.59); das relativ
   kleine Dorf stand damit an erster Stelle bezüglich der Anbaufläche, wird aber
   mittlerweile von dem größeren Nachbardorf Leimatu'a übertroffen.
2) "Plantation life is 15 years approximately", FA'ANUNU,H.'O., 1981, S.1
3) Dieser symbolische Akt des Kapitäns Alessandro Malaspina (1793) hatte allerdings keine praktischen Konsequenzen für das Schicksal des Archipels; s. z.B.
   CARTER,J., 1981, S.422

station und die Handelshäuser des Reiches hatten eine monopolartige Stellung inne.[1]

Etwa einhundert Jahre später - in den 70er Jahren dieses Jahrhunderts - gelang es der tonganischen Regierung durch die pressewirksame Lancierung einer Offerte der Sowjetunion, die ihr Interesse an Stationierungsrechten in Vava'u bekundet hatte, die strategische Bedeutung zu ihrem Vorteil zu nutzen: Wie an den in der Folge sprunghaft angestiegenen Entwicklungshilfebeiträgen westlicher Mächte abzulesen ist, gelang Tonga damit ein diplomatischer Coup, der normalerweise die Möglichkeiten eines Kleinstaates, in weltpolitischen Auseinandersetzungen eine Rolle zu spielen, bei weitem übersteigt und sich vorläufig wohl kaum wiederholen läßt.[2]

Neiafu, das Handels- und Administrationszentrum Vava'us, vermittelt durch seine flächenhafte Ausdehnung und seine die Dimension der anderen Ortschaften weit übersteigende Einwohnerzahl (über 3.300) in stärkerem Maß den Eindruck einer Stadt als der Hauptort der Ha'apai-Gruppe. Besonders an den "Kreuzschiff-Tagen", aber auch an anderen wichtigen Markttagen der Woche wird Neiafu von den Einwohnern der Dörfer aufgesucht, um ihre Produkte zu verkaufen, Dinge des täglichen Bedarfs zu erstehen oder einfach am regeren kulturellen Leben der Stadt teilzuhaben.

An diesen Tagen füllt sich der Hafen oft mit dutzenden kleiner Boote, die von den Bewohnern der äußeren Inseln zur manchmal mehrstündigen Anreise benutzt werden. Die Bewohner der Hauptinsel 'Uta Vava'u erreichen Neiafu, sofern sie den Weg nicht zu Fuß zurücklegen können, zumeist in größeren Gruppen auf einem der fast in jedem Dorf vorhandenen kleinen Lastwagen. Ein öffentliches Transportsystem - wie es auf Tongatapu ausgebaut ist - gibt es auf Vava'u bisher nicht, und der Gebrauch der auf den anderen Inselgruppen üblichen Pferdekarren wird durch das stark ausgeprägte Relief verhindert.

---

1) Auch am Zustandekommen dieses Vertrages war der Missionar Baker maßgeblich beteiligt und wurde dafür vom deutschen Kaiser ausgezeichnet; s. WOOD,A.,1932,S,59
2) s. z.B. FARREL,B.H., 1972, und eine strategische Studie der USA von PAUKER, G.J., 1977; vergl. auch STEINBAUER,F., 1978, in NOHLEN,D. & NUSCHELER,F., Bd.4, S.698

Die Lage des Beispieldorfs Taoa - in der Luftlinie nur 2,5 km
nordwestlich von Neiafu - macht auf dem Straßenweg eine fast 20
Kilometer[1] lange Anreise notwendig, die um die weit ins Landes-
innere hineinreichende Bucht (Vaipua) herumführt. Während sich dieser lange Anweg für den Transport der meisten Güter nicht umgehen
läßt, benutzen die Einwohner Taoas zumeist eine Abkürzung, um nach
Neiafu zu gelangen. Mit Kanus oder Booten überqueren sie die etwa
400 Meter breite Bucht und legen auf diese Weise den Weg ins Zentrum des Hauptortes in weniger als einer halben Stunde zurück. Zum
Übersetzen über die Bucht ist auf der Neiafu-Seite ein steiler Anstieg von etwa 30 Metern und auf der Seite Taoas ein noch steilerer
Abstieg von etwa 50 Metern auf einem schlecht ausgebauten Pfad zu
überwinden.

Auf diesem mühsamen Weg gelangt man in das Dorf, das - abweichend von den bisher dargestellten Beispielen - nicht auf einer
ebenen Fläche errichtet worden ist, sondern auf einer Grundfläche
von etwa 15 Hektar[2] Höhenunterschiede von über 20 Metern aufweist.

In der lockeren Bebauung des Ortes fallen - außer der am höchsten
Punkt errichteten Kirche der "Free Wesleyan Church" - sofort jene
Einrichtungen ins Auge (und sind wegen des von ihnen ausgehenden
Duftes auch auf andere Weise wahrnehmbar), die das Dorf Taoa in
besonderer Weise charakterisieren: die Trockenanlagen der mit der
Produktion von Vanille beschäftigten Kooperativen. Diese Genossenschaften sind in den letzten Jahren zu sozialen Zentren des Dorfes
geworden, in denen sich die Einwohner nicht nur zu gemeinsamer Arbeit zusammenfinden, sondern in denen auch lokalpolitisch wichtige
Entscheidungen getroffen werden. Die bedeutendste dieser Genossenschaften trägt den Namen des Wahrzeichens des Dorfes, des etwa ein
Kilometer westlich gelegenen Hügels "Sia ko Kafoa". Über die Entstehung dieses Namens berichtet die Legende:

> "Local tradition says this hill was originally called Matanga
> vaka - view of the ships; but two men, Kafoa and Talau, built
> the mound by placing layers of rough coral stones around it
> to broaden the summit. When finished they decided to race to
> the top. The name of the winner was given to the hill." [3]

---

1) nach topographischer Karte 1 : 25.000
2) nach Katasterkarte "4 chains to an inch"
3) in FONUA,P.& M., 1981, S.42

ABB.35: LANDBESITZ UM TAOA

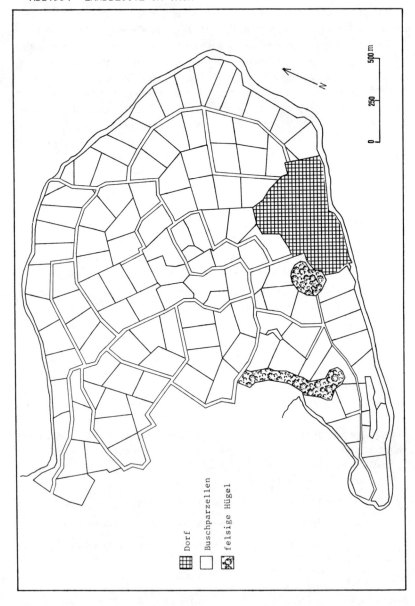

Dorf

Buschparzellen

felsige Hügel

Die Voraussetzungen einer erfolgreichen landwirtschaftlichen
Entwicklung sind in Taoa - verglichen mit den bisher untersuchten
Dörfern - eher als ungünstig zu bezeichen, weil die dem Dorf zur
Verfügung stehende Buschfläche von 377 Hektar   (s. Abb. Nr. 35)
relativ gering ausfällt und in Teilen durch die bedeutenden Höhenunterschiede auf den Parzellen für eine maschinelle Bearbeitung
ungeeignet ist. Das Taoa umgebende Buschland bildet die Spitze eines
Ausläufers der Insel 'Uta Vava'u; agrarisch nicht nutzbar sind -
auch wegen des dort direkt anstehenden Korallengesteins - der äus-
sere Rand dieser Halbinsel und zwei etwa 120 Meter hohe Hügel.

Taoa und das umgebende Buschland stellen nur einen geringen Teil
des *tofi'a* des Adeligen *Tupouto'a* dar; ein Titel, der bis zu seiner
Inthronisation vom derzeitigen Monarchen Tupou IV. verwaltet wurde
und danach auf dessen ältesten Sohn, den Kronprinzen und heutigen
Außen- und Verteidigungsminister überging.

5.1   Grundbesitzverhältnisse

Der in Tabelle 24 ausgewiesene Anteil des Privatlandes von
Tupouto'a enthält unter anderem Teile der Erhebungen "*Sia ko Kafoa*"
und "*Lei'ulu*", wodurch sich - wenn man nur die agrarisch nutzbare
Fläche in Betracht zieht - der Anteil des Adeligen noch einmal um
die Hälfte reduziert.

TAB.24: GRUNDBESITZVERHÄLTNISSE IN TAOA

FLÄCHE in	Land des *Nopele*	registrierte Buschparzellen	nicht-registrierte Buschparzellen	Pachten	Summe
Hektar	28,7	82,1	264,6	1,6	377
%	7,6	21,8	70,2	0,4	100

Quelle: Katasterkarten

In dem geringen Anteil des *ꝗaka toꝗi'a* spiegelt sich die Tatsache wider, daß Taoa mit seinen Ländereien seit Generationen in
Abwesenheit des jeweiligen Titelhalters verwaltet wird, und auch
in der derzeitigen Phase der Adelige weder ein kommerzielles noch
sonst ein Interesse an den Angelegenheiten des Dorfes bekundet
hat.[1] Der im Dorf lebende Verwalter der aristokratischen Privilegien, der nach traditioneller Hierarchie ranghöchste Einwohner und
damit *eiki* von Taoa, entscheidet über die Vergabe von Nutzungsrechten meistens in eigener Regie. Nur weitgehende Beschlüsse -
wie etwa anstehende Registrierungen - werden mit *Tupouto'a* bei
dessen im Abstand mehrerer Jahre stattfindenen Besuchen in Neiafu
abgesprochen.

5.1.1   Pachten

Korrespondierend zu der Begründung, die für den niedrigen Anteil
des *ꝗaka toꝗi'a* gegeben wurde, erübrigt sich eine ausführliche Diskussion des in Tabelle 24 angegebenen Anteils des Pachtlandes, das
zudem an eine Kirche verpachtet wurde.

Allerdings muß bemerkt werden, daß für einen nicht unbeträcht-
lichen Teil des *toꝗi'a* - vor allem im Südwest-Zipfel - Landnutzungsrechte an Haushalte vergeben wurden, die in Neiafu wohnen. Auf diesen Parzellen, die in der Tabelle unter den nicht-registrierten
subsumiert sind, besteht seitens der ortsfremden Familien nur ein
sehr unsicherer Nutzungsanspruch. Bei dem in Taoa zweifellos rapide
wachsenden zusätzlichen Bedarf an Land kann der *Nopele* entweder
in direkter Wahrnehmung eigener finanzieller Interessen oder durch
entsprechende Angebote kommerzieller Farmer von seinen Kontrollrechten Gebrauch machen und diese Parzellen offiziell in Pachtland
überführen.

---

1) Nach den Angaben seines Repräsentanten im Dorf war *Tuouto'a* lediglich einmal
in seinem Leben (1968) in Taoa.

5.1.2   Buschparzellen

Der in Tabelle 24 (s.o.) ausgewiesene überdurchschnittlich hohe
Anteil nicht-registrierter Grundstücke erklärt sich zum Teil aus
dem oben angeführten Umstand, daß mehreren ortsfremden Haushalten
informelle Nutzungsrechte eingeräumt wurden. Jedoch läßt auch für
Taoa ein Vergleich der auf den Angaben der Katasterkarten beruhen-
den Landbesitzstatistik mit den Angaben des im "Governer's Office"
von Neiafu zugänglichen Registrierungsbuch den Schluß zu, daß seit
den 6Oer Jahren ein wesentlich größerer Teil des Landes von den
Bewohnern auf einer gesetzlich abgesicherten Rechtsgrundlage beansprucht wird.

Die Angaben des "Registration Book" erscheinen im vorliegenden
Fall zum einen deshalb verläßlicher, weil sie erst in den letzten
Jahren einer Revision unterzogen wurden und dabei die Parzellen
durch Katasterblock-Nummern identifizierbar wurden; zum anderen
deshalb, weil die Zahl der ausgewiesenen Registrierungen sich recht
gut mit den Angaben des Zensus von 1976 deckt.

So weist - bei insgesamt 131 vorhandenen Grundstücken - das neue
Registrierungsbuch 6O Eintragungen aus, von denen (nur) zwei nachweislich doppelt und sechs (1979: fünf, 1981: eine) nach der Volkszählung erfolgten. Die sich errechnende Zahl von 52 registrierter
'api tukuhau läßt die Aussage zu, daß die im Zensus erscheinende
Zahl von 58 "'api-holders" weitgehend abgesicherten Parzellenbesitz
betreffen. Demnach würde sich der in Tabelle 24 angeführte Anteil
registrierter Buschparzellen auf Kosten der Kategorie nicht-registrierter Pazellen annähernd verdoppeln auf fast 4O %.

Die niedrigen Flächenanteile des faka tofi'a und des Pachtlandes
schlagen sich in relativ geringen Prozentsätzen der formal landlosen Einzelpersonen und Haushalte nieder (s.u., Tabelle 25). Im Vergleich zu den bisher betrachteten Dörfern liegt - den Angaben des
Zensus zufolge - der Anteil der landlosen Einzelpersonen in Taoa um
drei bis fünf Prozentpunkte günstiger als Kolonga bzw. Lotofoa; gegenüber Nukunuku ergibt sich sogar eine Differenz von 15 %.

TAB.25: LANDLOSIGKEIT IN TAOA (in %)

Quelle	aller zu einer Parzelle berechtigten Einzelpersonen	aller Haushalte
nach Zensus 1976[§]	57,7	24,3
nach eigener Erhebung	50,0 (reg. 66,6)	17,4 (reg. 47,8)

[§]errechnet nach Tab.47 (S.270) bzw. Tab.51 (S.281)

Bezieht man den vorhandenen Landbesitz auf die Summe aller Haushalte, ergibt sich, daß in Taoa der bei weitem niedrigste Anteil nicht über formale Landrechte verfügt (weniger als ein Viertel). Diese aus dem Zensus abgeleiteten Angaben werden weitgehend bestätigt durch die Ergebnisse der eigenen Erhebung, wobei die Zensuswerte - wie erwartet -jeweils zwischen den Werten liegen, die auf der Grundlage statuarischer und traditionaller Landbesitzansprüche errechnet wurden.

Dabei ist auffallend, daß von den in Taoa untersuchten 23 Haushalten nur ein sehr geringer Teil nicht über Zugang zu einer Parzelle verfügt, daß aber fast die Hälfte der Haushalte ihre Besitzansprüche bisher nicht durch die amtliche Registrierung absichern konnten. Dieser Umstand drückt sich aus in der in Tabelle 25 wiedergegebenen überdurchschnittlich hohen Diskrepanz der eigenen Werte bezüglich der Landlosigkeit von Haushalten (17,4% gegen 47,8%).

Von den 23 Sample-Haushalten verfügen 20 über Landbesitz. Ein Haushalt hat allerdings lediglich eine praktisch nicht nutzbare Parzelle außerhalb Vava'us; zwei weitere Haushalte verfügen über jeweils eine weitere zusätzliche Parzelle durch Söhne des Haushaltsvorstandes. Die damit insgesamt 21 nutzbaren 'api tukuhau umfassen eine Gesamtfläche von etwa 59 Hektar.

Daraus ergibt sich eine deutlich unter der Normgröße liegende
Durchschnittsfläche von 2,8 ha pro Haushalt. Dieser geringe Mittelwert muß als Konsequenz einer jüngeren Praxis gewertet werden,
nach der - einsetzend in der zweiten Hälfte der 60er Jahre - die
Mehrzahl der amtlichen Registrierungen nur noch für halbe Buschparzellen erfolgt. Von dieser Praxis, die auf die Aufteilung des
Familiengrundstücks auf die beiden ältesten Söhne hinausläuft, sind
ein Drittel der erfaßten Parzellen betroffen; die Mehrzahl der
'api tukuhau liegt in der Nähe der Normgröße von 3,3 ha.

Das bei der Registrierung verwendete "Splitting", das - wie in
Taoa - vor allem auf den Gütern der unmittelbar mit dem Königshaus
liierten Nopele Verbreitung gefunden hat,[1) steht jedoch nach den
Aussagen der betroffenen 'api-Besitzer dem Interesse der Mehrheit
der Tonganer gegenüber, die es vorziehen würden, ihre vom Gesetz
sanktionierten Rechte auf eine volle Buschparzelle realisiert zu
sehen. Marcus kommentiert in diesem Zusammenhang:[2)

> "Foreign consultants have often suggested fundamental reforms
> of Tonga's land system as the only practical means of alleviat-
> ing land shortage an a number of other related problems. For
> example Hardaker in his report on agriculture (1971) suggests
> the reduction in size of statutory allotments to a maximum of
> 4 acres. Not only would this interfere with the existing
> interests of many persons who hold larger allotments, but the
> ideological significance of the original statement of land
> policy (8 1/4 acres to each male of 16) would be a considerable
> obstacle to any explicitly denied modification of present law."

Von den in Taoa mit registriertem Landbesitz ausgestatteten
Haushalten haben drei Viertel ihre Grundstücke von unmittelbaren
Verwandten (Vater bzw. in einem Fall der Bruder) geerbt; das restliche Viertel sind Erbschaften von entfernteren Verwandten bzw.
Neuübertragungen aus dem tofi'a-Bestand. Um die amtliche Registrierung ihres Besitztitels zu erlangen, schaltete die überwiegende
Mehrheit (92 %) der heutigen Landbesitzer zur Vermittlung den "Town
Officer" bzw. den Repräsentanten des Nopele ein. Nur in einem Fall
war zu diesem Zweck ein direktes Gespräch mit Tupouto'a möglich; in
keinem Fall wurde der gesetzlich vorgesehene Weg zum Katasteramt
bzw. "Governer's Office" zuerst beschritten.

---

1) vergl. die Rentabilitätsberechnungen für Betriebsgrößen bei HARDAKER,J.B,
   1971, S.82f
2) MARCUS,G.E., 1980, Fußnote S.87

Die über nicht-registrierte Buschparzellen verfügenden Haushalte
Taoas machen in ihrer Mehrheit (drei Viertel) tradierte Besitzansprüche geltend, die zur Hälfte durch das schwächere Argument der
Landnutzung seit einer Generation, in den restlichen Fällen mit
der überzeugenderen Begründung einer Landnutzung seit mindestens
zwei Generationen vertreten werden. Während sich diese Haushalte
in hinreichender Sicherheit ihrer "customary land rights" glauben
und sich deshalb nicht aktiv um eine Registrierung bemüht haben,
ist die gleiche Tatenlosigkeit bei dem restlichen Viertel der
Haushalte dadurch zu erklären, daß sie sich noch in der "Probephase" der Landnutzung befinden.

Über erfolgreiche Versuche, das Registrierungsverfahren durch
finanzielle Zuwendungen zu beschleunigen, wurde in Taoa - unter
anderem wegen des sehr sporadischen Kontaktes mit dem *tofi'a*-Be-
sitzer - nur in einem Fall berichtet. Dabei handelte es sich um
einen Land-Transfer unter Dorfbewohnern, bei dem durch die Interessenten eine Ablösesumme an den *Nopele* entrichtet wurde (weil Besitzansprüche zunächst an diesen zurückgehen) und zusätzlich der
"Kaufpreis" in der auch in den anderen Dörfern festgestellten Höhe
an den früheren *'api*-Besitzer zu zahlen war. - Für die Zukunft
kann eine Beschleunigung der Kommerzialisierung des praktizierten
Landrechts angesichts des durch Vanille zu erzielenden hohen Einkommens allerdings nicht ausgeschlossen werden.

5.1.3   Informelle Pachtabsprachen

Der Bereich informeller Nutzungsabsprachen ist in Taoa von besonderem Interesse, weil sich hier die bislang dargestellte Verschiebung in der Landrechtspraxis gegenüber den statuarischen Rechtsformen eindeutiger als in den anderen Dörfern auf den Ausbau kommerzieller Landwirtschaft zurückführen läßt.

So ist der Anteil von landbesitzenden Haushalten, die anderen
Bewohnern von Taoa Nutzungsreche einräumen, mit weniger als der
Hälfte unterdurchschnittlich gering, obwohl die insgesamt zur Ver-

fügung gestellte Fläche mit etwa 14 ha einen den anderen Dörfern
vergleichbaren Anteil von fast einem Viertel ihres Landes ausmacht.
Aus den sich ergänzenden Perspektiven der "Vertragspartner" ergibt
sich, daß zwar ein relativ hoher Teil der Pachtabsprachen (zwei
Drittel) das Recht der kommerziellen Nutzung mit einschließt, daß
davon aber nur in wenigen Fällen Gebrauch gemacht werden kann.
In diesen Fällen handelte es sich um mit dem Haushaltsvorstand verwandte Pächter, die vor allem Taro und Gemüse für den lokalen Markt
produzieren.

Setzt man den Grad der Verwandtschaft unter den "Vertragspart-
nern" in Beziehung zu der empfundenen Sicherheit der Landnutzung,
bestätigt sich die auch in den anderen Dörfern getroffene Feststellung, daß die Verbindlichkeit und Dauer der getroffenen Absprachen mit der Nähe der verwandtschaftlichen Beziehung wächst. Unter
den spezifischen Bedingungen Taoas läßt sich die Aussage sogar in
der Weise erweitern, daß die zum Anbau von Vanille notwendige Rechtssicherheit offenbar nur im Vater-Sohn-Verhältnis gewährleistet ist.
Bis auf eine Ausnahme (Brüder) trägt auch unter Verwandten das erhöhte Niveau materieller Gegenleistungen nicht zur langfristig erforderlichen Rechtssicherheit bei.[1]

Der bisher gefundene Zusammenhang von Marktorientierung der
Landnutzung und Kommerzialisierung der Landrechtspraxis bestätigt
sich in Taoa. So ist zu verstehen, daß mehr als die Hälfte der
"Pächter" mindestens ein Viertel der Ernte durch Ansprüche der 'api
Besitzer verliert, und die "Pächter" in der marktorientierten Produktion im Mittel über 200 T$ pro Jahr als Pachtzins zahlen. Eine
von der unmittelbaren Beteiligung an (außer-legalen) Pachtzahlungen
abgekoppelte Frage erbrachte, daß in Taoa für die kommerzielle
Landnutzung im Mittel über 600 T$ pro Hektar und Jahr üblich sind.

Als Erfolg der Entwicklung kommerzieller Landwirtschaft kann dagegen gewertet werden, daß das Ausmaß der Abwanderung von Landbesitzern relativ gering ist. So leben nach Aussagen der "Pächter"

---

1) Nach mehreren übereinstimmenden Aussagen von Bewohnern Taoas hat es in den
   letzten Jahren einige schwerwiegende Zerwürfnisse unter Verwandten gegeben,
   nachdem von "Pächtern" Vanille angebaut und zur Produktionsreife gebracht
   worden war, sich die Parzellenbesitzer aber unvermittelt auf ihren formalen
   Rechtsstatus besannen.

die Besitzer des von ihnen genutzten Landes in ihrer Mehrheit in
Taoa; von den "absentee landholders" leben die meisten in Nuku'-
alofa, ein geringer Teil (15 %) ist ins Ausland (vorwiegend USA)
abgewandert.

In Taoa läßt sich sogar der gegenläufige Trend einer begrenzten
temporären Zuwanderung konstatieren; eine Bewegung, die sich vor
allem aus Verwandten von der Hauptinsel Tongatapu rekrutiert. Diese
Verwandten leben zumeist für ein Jahr in Vava'u, um die verschiedenen Produktionsphasen der Vanille (besonders die Bestäubung und
den Trocknungsvorgang der reifen Bohnen) durch eigene Anschauung
zu erleben. Nach Ablauf dieser "Lehrzeit" ziehen sie mit dem zum
Anlegen einer eigenen Plantage notwendigen Pflanzmaterial in ihre
Heimatdörfer zurück.

Die bisher zur Untersuchung der Relation Landrechtform-Landnu-
tzungsintensität herangezogene Kategorisierung der Sample-Haushalte
fördert auch in Taoa zwei gleichgroße Gruppen von Besitzern kleinerer Grundstücke zutage, denen eine größere Gruppe von Farmern gegenübersteht, die sowohl über ein *'api tukuhau* als auch informelle
Rechte an anderen Parzellen verfügen. Während sich die letztgenannte Gruppe Zugang zu insgesamt etwa 66 ha (im Mittel 4,4 ha)
verschaffen konnte, erreichen die Gruppen der "Nur-*'api*-Besitzer"
und "Nur-Pächter" lediglich Nutzflächen von jeweils etwa 11 ha
bzw. eine pro Haushalt zur Verfügung stehende Durchschnittsfläche
von 2,7 ha.

Als Bilanz aller von den Sample-Haushalten in Taoa beanspruchten
Flächen läßt sich zusammenfassend die Gesamtfläche aller *'api tukuhau* (59 ha), abzüglich der "verpachteten" Flächen (14 ha) und zuzüglich der durch informelle Absprachen hinzugewonnenen Flächen
(42 ha) errechnen. Dies ergibt eine Summe von 87 ha als diejenige
Fläche, zu der die Haushalte in der einen oder anderen Form Zugang
haben.

5.1.4   Dorfparzellen

Wie im vorangegangenen Dorfbeispiel ist auch in Taoa erst in
den letzten Jahren mit der amtlichen Vermessung der Dorfgrundstücke
begonnen worden, wodurch es bisher lediglich einem der untersuchten
Haushalte möglich war, die Registrierung seines '*api kolo* zu erreichen.

Von den übrigen Haushalten beanspruchen mehr als drei Viertel
ein Gewohnheitsrecht durch über Generationen währende Ansässigkeit
im Dorf; ein Recht, das durch das Einverständnis des *Nopele* bzw.
dessen Repräsentanten offenbar als soweit abgesichert angesehen
wird, daß die in den letzten Jahren erwirtschafteten Gewinne durch
den Vanille-Anbau vorzugsweise für den Bau europäischer Häuser verwendet werden.

In der Tat ist in Taoa - bedingt durch die Persönlichkeit des
tofi'a-Besitzers - davon auszugehen, daß die traditionellen Nutzungsrechte der Bewohner an ihren Dorfparzellen nicht angefochten werden,
obwohl - wie das Beispiel anderer Dörfer zeigt - dies durch die of-
fensichtliche Übergröße vieler '*api kolo* theoretisch möglich wäre.

Anders verhält es sich mit jenem restlichen Viertel der Haushalte,
die sich erst in den letzten fünf bis zehn Jahren in Taoa etabliert
haben und auf den Grundstücken von Verwandten oder Bekannten im
Dorf wohnen. Von diesen Familien hat bisher keine ein Haus in europäischem Stil errichtet, was zum einen auf deren durchschnittlich
geringeres Einkommen zurückzuführen ist, zum anderen sicherlich mit
der Unsicherheit von vage definierten Nutzungsrechten.

5.2   Landnutzung

Unter den auch in Vava'u schwierigen Bedingungen des regelmäßigen und termingerechten Abtransports von Massengütern ist im letzten
Jahrzehnt zum Aufbau einer marktorientierten Agrarproduktion der

Notwendigkeit Rechnung getragen worden, sich auf Kulturen zu konzentrieren, bei denen der Transportfaktor minimiert werden kann.
Dazu scheint die Vanille in besonderem Maße geeignet,[1] weil das
fertige Produkt - die getrockneten Bohnen - für einen gewissen Zeitraum lagerungsfähig ist und im Verhältnis zu seinem Volumen einen
so hohen Wert hat, daß sich sogar der Abtransport per Flugzeug
lohnt.

Obwohl Vanille schon vor einem Jahrhundert von der französischen
Kolonie Réunion im Indischen Ozean nach Tonga eingeführt wurde,[2]
ist ihr kommerzielles Potential erst im Laufe der siebziger Jahre
voll zur Geltung gekommen. Die Produktion entwickelte sich von etwa
einer halben Tonne im Jahr 1970 auf etwa sieben Tonnen im Jahr 1980 [3]
und soll nach den Projektentwürfen der zuständigen Experten in der
Zukunft weiter ausgebaut werden.[4]

Dabei werden die Aussichten für eine weiterhin erfolgreiche Entwicklung der Vanille-Kultur durchweg positiv eingeschätzt; unter
anderem wegen
- der den tonganischen Verhältnissen angepaßten relativ geringen
  Raumbeanspruchung dieser Kultur,
- der unter optimaler Ausnutzung des Ertragspotentials hohen zu erzielenden Deckungsbeiträge,[5]
- der auch nach dem Ende der durch den Produktionseinbruch anderer
  Exportländer bedingten Hochpreisphase zu erwartenden günstigen
  Exportchancen [6] und nicht zuletzt wegen
- des relativ einfachen, wenig Kapitaleinsatz erfordernden Produk-
  tionsprozesses.

---

1) s. etwa die Studien von MIMLER,K.A., 1975, Chap.13; RATHSMANN,P., 1981,(3.2.1)
2) TIOLLIER,V., 1980, S.2
3) ebd.
4) etwa auf der Grundlage der Rentabilitätsberechnungen von FA'ANUNU,H.'O.,1981,
   S.15
5) dazu Berechnungen von ZEDDIES,J. & HILLE,M., 1979, S.26, bei denen Vanille im
   oberen Bereich der untersuchten Kulturen liegt.
6) FA'ANUNU,H.'O., 1981, S.15: "Thus over with 75 % drop in the current price of
   Vanila, i.e. per pound, it will still be economical to produce Vanila"; s.
   auch RATHSMANN,P., 1981, S.50, der sich in seiner Einschätzung auf Van Daven
   (1981) und Roberts (1980) bezieht.

Die Vorteile der Vanille können deshalb zusammengefaßt werden durch:

> "The methods of cultivation (...) are tested methods: results are shure. They are based on observation of plant life (...) Nevertheless the work is not exessive nor toilful and gives a high yield. A small farmer can easily grow 1 ha of vanila and care for annother occupation such as coconut plantation, food cropping or fishing. It is a good family cash crop, it does not require important investment, no machines, no chemicals, just work." [1]

Den damit skizzierten Vorteilen stehen Bedenken gegenüber, die aus der auch in anderen Dörfern getesteten Hypothese resultieren, wonach der Anbau kommerzieller (und im Fall von Taoa fast ausschließlich exportorientierter) Agrarproduktion die Subsistenzbedarfsdeckung (speziell den Anbau traditioneller Knollenfrüchte) mindert. Zum anderen handelt es sich bei der Vanille um eine mehrjährige Kultur (ca. 15 Jahre), so daß nach den bisher gefundenen Ergebnissen sich die durch das Landrecht gegebenen institutionellen Rahmenbedingungen besonders nachteilig auf den weiteren Ausbau der Kultur auswirken müßten. Beide Annahmen lassen sich am Beispiel Taoas überprüfen, wozu die Auswirkungen der Vanille-Spezialisierung des Dorfes auf die Formen der Arbeitsorganisation vorangestellt werden sollen.

5.2.1 Arbeitsorganisation

Der Bedeutung des kommerziellen Agrarsektors entsprechend ist der Organisationsgrad der Einwohner in Arbeitsgruppen und genossenschaftlichen Einrichtungen sehr hoch. Bei den untersuchten Haushalten arbeitet in über 80 % der Fälle mindestens ein Mitglied in einer solchen Gruppe mit.

Anders als in den bisherigen Beispieldörfern ist jedoch die der kooperativen Bearbeitung der Buschparzellen dienende Organisationsform der *kautaha toungaue* in Taoa kaum vertreten. Genauer gesagt

1) TIOLLIER,V., 1980, S.36

kommt diese nach einem Rotationsprinzip organisierte Form nur in
einem Fall zur Anwendung, wobei es sich zudem um einen Familienbe-
trieb handelt.

Diese fünf Mitglieder zählende Familiengruppe ist dennoch insofern interessant, als sich darin traditionelle Landrechtstrukturen
auch unter den heutigen Bedingungen einer beschleunigt vorangetrie-
benen marktorientierten Agrarproduktion entdecken lassen: Das von
dieser *kautaha* bearbeitete Land, heute bestehend aus fünf getrenn-
ten *'api tukuhau*, war früher das gemeinsam genutzte und zusammenhängende Grundstück einer Großfamilie (*kāinga*), deren Führer das
Land auf seine Söhne weitervererben konnte. Diese Söhne haben heute
individualisierte Besitzrechte an ihren Parzellen und pflanzen für
sich und ihre Familien auch nur auf den eigenen Grundstücken, bearbeiten das gesamte Land aber nach der *kāinga*-Tradition weiterhin
gemeinsam.

Die zum Teil auch in den anderen Dörfern angetroffene Organisationsform der *toutu'u 'uʎi*, die vor allem dem Anbau von Yams, in
Taoa aber verstärkt auch dem Anbau anderer Subsistenzfrüchte dient,
ist mit drei Gruppen vertreten, die im Durchschnitt sechs Mitglieder zählen. Die größte dieser Gruppen war dabei in der Lage, sich
den Umstand zunutze zu machen, daß der *toʎi'a*-Besitzer ständig abwesend ist und ganz in der Nähe des Dorfes über ein größeres unge-
nutztes Buschgrundstück verfügt. Bis auf Widerruf erhielt diese
Gruppe das Recht, auf der Parzelle eine gemeinsame Pflanzung anzu-
legen; ein Arrangement, das zwar nicht zum Anbau langjähriger Kulturen anreizt, es jedoch einigen der teilnehmenden Farmer ermöglicht, auf ihrem eigenen *'api tukuhau* einen größeren Teil der Fläche für Vanille freizusetzen.

Die eigentlich wichtigen sozialen Gruppierungen in Taoa sind
die drei Vanille-Kooperativen, bei denen sich die Mitgliedschaft
vorwiegend an der Zugehörigkeit zu den verschiedenen Religions-
gemeinschaften orientiert. Die auch heute noch größte Genossenschaft
(30 Mitglieder), "*Sia ko Kaʎoa*", arbeitet seit den 70er Jahren erfolgreich nach dem Prinzip, daß jedes Mitglied
- auf nicht weniger als 1 1/2 acres (0,6 ha) mindestens 1000 Va-
  nille-Pflanzen anbauen muß,

- sich täglich an der gemeinsam verrichteten (stundenweise bezahlten) Arbeit im Vanille-Trockenhaus beteiligen und
- an den regelmäßig abgehaltenen Sitzungen teilnehmen muß.

Alle auf dem Feld anfallenden Arbeiten wie Pflanzen, Jäten, Bestäubung der Vanille und die Ernte werden dabei von den Mitgliedern individuell verrichtet. Die bei der Kooperative abzuliefernden grünen Vanille-Bohnen werden nach einem vereinbarten Grundpreis pro Menge bezahlt. Außer über den gemeinsam verrichteten Trocknungsprozeß entscheidet die Gruppe als ganze (mit Unterstützung des Aufkäufers einer Firma aus Kalifornien, die in Tonga eine marktbeherrschende Stellung einnimmt) über Verkaufsstrategien für das fertige Produkt und betreibt mit einem Teil der erwirtschafteten Überschüsse ein Einzelhandelsgeschäft im Dorf.[1]

Nach einer im Jahr 1980 erfolgten Neugründung einer religiösen Sekte spalteten sich die Mitglieder dieser Glaubensrichtung von der mit der staatstragenden "Free Wesleyan Church" assoziierten Genossenschaft ab und gründeten eine eigene Gruppe. Die Arbeitsorganisation folgt im wesentlichen dem oben dargestellten Prinzip; die Gruppe setzt ihre Vanille jedoch über ein sekteneigenes "marketing"-Netz in Australien ab. Der Abspaltung von der ursprünglichen Kooperative lagen - ebenso wie bei der im gleichen Jahr gegründeten dritten Gruppe - wohl auch die in Tonga nicht unüblichen Disziplinschwierigkeiten zugrunde, die die strikte Einhaltung eines gemeinsam gesetzten Produktionszieles erschweren.

Auch in Taoa gibt es die auf der Basis von Lohnarbeit tätigen Gruppen der *kautaha ngaue;* sie werden allerdings nur von einem Drittel der untersuchten Haushalte in Anspruch genommen. Bezogen auf diese wenigen Haushalte liegt jedoch die Häufigkeit der Inanspruchnahme mit durchschnittlich 85 Mann-Arbeitstagen pro Jahr noch über dem hohen Stand des ersten Beispieldorfs Kolonga. Bei einem überdurchschnittlichen Lohnniveau von 0,85 T$ pro Stunde bezahlen diese Haushalte für die *kautaha ngaue* im Mittel etwa 300 T$ pro Jahr.

---

1) Es muß als ein Kuriosum gewertet werden, für das sich in anderen Ländern der "Dritten Welt" sicher zahlreiche Parallelen finden lassen, daß in diesem Geschäft unter anderem aus den USA importiertes, synthetisch hergestelltes Vanille-Substitut angeboten (und gekauft) wird.

5.2.2   Inputs

Der schon in dem zu den Dorfstudien einleitenden Abschnitt (s.
Tabelle 12) dargestellte außerordentlich hohe Anteil (fast zwei
Drittel) von Frauen, die sich an der Feldarbeit beteiligen, ist
auf das Produktionsverfahren der Vanille zurückzuführen, bei dem
während der gesamten Blütesaison die reletiv einfache, aber regelmäßig auszuführende Arbeit der manuellen Bestäubung anfällt.

Die Beteiligung der Frauen (und Kinder) an dieser Arbeit schlägt
sich in der hohen Zahl von Personen pro Haushalt nieder, die in
der einen oder anderen Weise in der Landwirtschaft tätig sind.
Diese Personenzahl liegt in Taoa bei drei und liegt damit gegenüber den Beispieldörfern Nukunuku und Lotofoa (im Mittel zwei)
eindeutig höher. In Kolonga ist zwar die Zahl der Personen die
gleiche; dort sind aber auch im Durchschnitt die Haushalte größer.
Der Wert von Taoa deutet deshalb auf eine breitere Beteiligung der
Haushaltsmitglieder an der Feldarbeit.

Bei einer auf alle erfaßten Personen bezogenen durchschnittlichen Arbeitszeit von 3,7 Stunden pro Tag und 4,2 Tagen pro Woche
liegt die wöchentliche Arbeitsleistung mit etwa 16 Stunden über
den Werten der anderen Dörfer. Wegen der zahlenmäßig hohen Beteiligung der Frauen, die aber nur relativ kurze Zeit auf dem Feld
verbringen, entspricht die mittlere Wochenarbeitszeit der erwachsenen Männer mit etwa 27 Stunden dem hohen Wert von Kolonga; dementsprechend hoch (über die Hälfte) ist auch der als "Vollzeitfarmer" einzustufende Prozentsatz der Männer.

Wegen der geringen Flächen-Ausdehnung des Taoa umgebenden Buschlandes (die maximale Entfernung vom Dorf auf dem *toʄi'a* beträgt
etwa 2,5 km) muß für den Anweg zu den Parzellen nur ein geringer
Zeitaufwand veranschlagt werden. Der im Mittel etwa 1 km lange
Anweg wird allerdings in der Regel zu Fuß zurückgelegt; die topographischen Gegebenheiten verbieten den Gebrauch der in den anderen
Dörfern üblichen Pferdekarren.

Die im Dorf angeschafften zwei Kleinlastwagen (einer davon gehört einer Vanille-Kooperative) werden von mehr als zwei Dritteln
der Haushalte - vor allem für Transporte nach Neiafu - mitbenutzt.
Für den Gebrauch dieser Fahrzeuge wenden die Haushalte durchschnittliche Transportkosten von etwa 90 T$ pro (maximal 200 T$) auf.

Analog der Ausrichtung des Agrarsektors in Taoa auf eine Spe-
zialkultur liegt der Anteil von Haushalten, der über ein vollstän-
diges Set der üblichen Bodenbearbeitungsgeräte verfügt, mit 70 %
relativ niedrig. Noch geringer ist - dem Relief und den Anforderungen des Vanille-Anbaus entsprechend - der Einsatz landwirtschaftlicher Maschinen, die nur in einem Fall zur Anwendung kommen. Weitere
"Inputs" an Pflanzenschutz- Düngemittel und Pflanzmaterial liegen
in Taoa wegen der besonderen Ausrichtung der Landwirtschaft ebenfalls außerordentlich niedrig: weniger als 10 % der Haushalte wenden dafür im Mittel etwa 50 T$ pro Jahr auf.

5.2.3   Brache

Als überraschend - gemessen an dem Stand der landwirtschaftlichen Entwicklung - stellt sich in Taoa heraus, daß von den Haushalten, die einen Teil des ihnen zur Verfügung stehenden Landes
brach liegen lassen (wie in den anderen Dörfern etwa 90 %), Bracheperioden von etwas über fünf Jahren eingehalten werden.

Verglichen mit dem ersten Beispieldorf Kolonga, wo der marktorientierte Agrarsektor eine ähnliche Bedeutung hat, läßt sich die
relativ lange Zeit der lediglich extensiven Nutzung in Taoa nur
durch die Spezialisierung auf eine einzige "cash crop" erklären,
bei der die intensive Nutzung des übrigen Landes weiterhin nach
traditionellen Agrartechniken erfolgt. In Kolonga dagegen, wo eine
Diversifizierung der kommerziellen Agrarproduktion zu verzeichnen
ist, wird in stärkerem Maße versucht, die Phasen der natürlichen
Regenerierung des Bodens durch den Einsatz von Düngemittel abzu-
kürzen.

Führt man den Vergleich der beiden in der Marktorientierung
der Landwirtschaft am weitesten fortgeschrittenen Dörfer fort,
zeigen sich Parallelen beim Anteil der Bracheflächen an dem gesamten zur Verfügung stehenden Land: Dabei liegen sowohl in Kolonga wie auch in Taoa die Bracheanteile mit etwas über 50 % mit Abstand niedriger als in den anderen Beispieldörfern (s. Tab. 30
im Anhang). Nimmt man die korrespondierenden Anteile des bearbeiteten Landes als Indikator der sowohl den kommerziellen wie den
Subsistenzbereich abdeckenden Intensität der Nutzung, zeigt sich,
daß in Tonga der obere Bereich der Inwertsetzung des vorhandenen
Produktionspotentials derzeit mit etwa der Hälfte der agrarischen
Nutzfläche anzusetzen ist.[1]

Dabei spielt in Taoa die Betriebsgröße offenbar nur eine unter-
geordnete Rolle. Kategorisiert man nämlich - wie in den anderen
Dörfern - die Haushalte nach der ihnen zur Verfügung stehenden
Fläche, ergeben sich bei den Farmern mit größeren Grundstücken
annähernd gleiche Bracheanteile wie bei den Farmern mit kleinerem
Landbesitz.

Dagegen scheint die Form des Zuganges und damit die Sicherheit
der Landnutzung sich in eindeutiger Weise auf den Anteil des intensiv bearbeiteten Landes niederzuschlagen: Die Kategorisierung der
Sample-Haushalte nach diesem Kriterium fördert in Taoa zutage, daß
die Gruppe der "Nur-'apí-Besitzer" einen unterdurchschnittlich
niedrigen Anteil von 45 % ihrer Parzellen brach liegen läßt, während dieser Anteil bei den lediglich mit unsicheren Nutzungsrechten
ausgestatteten "Nur-Pächtern" einen wesentlich höheren Prozentsatz
(65 %) ihres Landes ausmacht. Die Gründe für diesen Umstand werden
im folgenden Abschnitt berücksichtigt.

---

1) SCHRÖDER,P. u.a., 1983, S.1, veranschlagen für das traditionelle Agrarsystem
einen ökologisch erforderlichen Bracheanteil von 60 %; die Belege für die gefundene "fallow ratio of 3 to 5" sind jedoch nicht nachvollziehbar.

TAB.26: VERWENDUNG DER WICHTIGSTEN KULTURPFLANZEN IN TAOA

Kulturen	Gesamt-fläche (ha)	Fälle	Hauptverwendungszweck (in % der Fälle)						Summe Erlös aller Haush. (T$)
			1	2	3	4	5	6	
Yams	9,2	23	91		4	4			325
Taro	11,6	20	90			5		5	2.650
Süßkartoffel	1,5	5	100						– –
Maniok	3,9	13	100						– –
Riesentaro	12,3	22	95					5	350
Gemüse	1,0	13	50		50				1.200
Kochbananen	12,2	21	90			5		5	525
Bananen	0,6	3	100						– –
Melonen	0,5	1			100				200
Ananas	1,1	7	86		14				75
Kava	4,9	14	8	38	38	8		8	2.375
Papaya	2,0	20	100						– –
Erdnüsse	–	–							– –
Kokosnüsse	66,2	19	19			81			11.250
Vanille	21,1	21			13		88		41.725
Brotfrucht-bäume (Stck)	154	21	100						– –

1) = Eigenbedarf/Subsistenz   4) = Verkauf an Commodities Board

2) = Verkauf im eigenen Dorf   5) = Verkauf an privaten Exporteur

3) = Verkauf auf lokalem Markt   6) = Verkauf an Sonstige

Quelle: eigene Erhebung (vergl. Tab.30 im Anhang)

5.2.4   Outputs

Wie den Angaben der Tabelle 26 zu entnehmen ist, liegt auch
in Taoa der Anteil der von Kokospalmen bestandenen Fläche mit
etwa drei Vierteln der agrarischen Nutzfläche noch sehr hoch;
er ist jedoch deutlich zurückgegangen gegenüber den bisher dargestellten Dörfern. Deutlich wird der Rückgang der relativen
Bedeutung der Kokosnuß, besonders wenn man ihre Anteile am gesamten Agrareinkommen der Haushalte in den Dörfern vergleicht:
Während in Taoa und Kolonga die Kokosnuß nur zu etwa einem Viertel am durchschnittlichen Agrareinkommen beteiligt ist, liegt
dieser Anteil in Nukunuku mit über 40 % und in Lotofoa mit über
60 % wesentlich höher.

Die These, wonach die auch in der Tabelle 26 belegte überra-
gende Bedeutung der Vanille den subsistenzorientierten Agrarsektor verdrängt, muß durch die in den ersten Spalten wiedergegebenen
Anbauflächen und Anbaufälle der traditionellen Knollenfrüchte,
der Kochbanane und der Brotfrucht als widerlegt gelten.

Im Gegenteil kann festgestellt werden, daß die umfassende Beteiligung der Sample-Haushalte bei der Kultivierung von hochwer-
tigen Knollenfrüchten (beim Yams alle, bei fast 90 %) und deren
fast ausschließliche Verwendung für den Eigenbedarf auf eine zumindest quantitativ erhaltene Ernährungsgrundlage durch eigene
Produktion schließen läßt. Die qualitative Zusammensetzung der
Grundnahrung scheint in Taoa sogar - darauf weist die gegenüber
den anderen Dörfern signifikant geringere Bedeutung des nährstoffarmen Maniok hin - verbessert worden zu sein.

Für die marktorientierte Agrarproduktion zeigt eine eingehen-
dere Analyse des aus den einzelnen Nutzpflanzen erzielten Agrareinkommens, daß sich bei der Auswahl einer langjährigen Kultur
die Rahmenbedingungen unterschiedlichen Zugangs zu Land als eindeutig entwicklungshemmend für jene Farmer erweisen, die nur über
informelle Landnutzungsrechte verfügen. So tritt bei den nach
Grundbesitzformen differenzierten Haushaltsgruppen zutage, daß

ABB.36: BEISPIELE ZUR LANDNUTZUNG IN TAOA

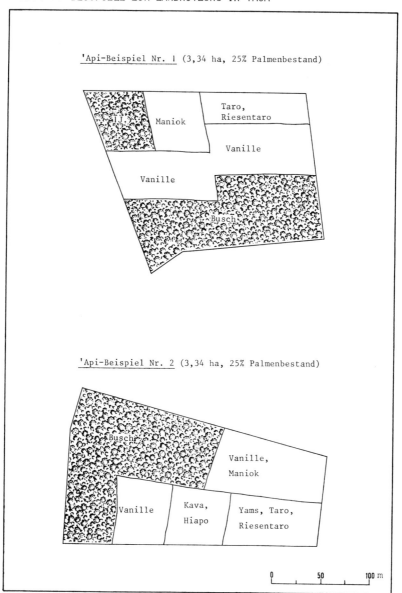

'Api-Beispiel Nr. 1 (3,34 ha, 25% Palmenbestand)

'Api-Beispiel Nr. 2 (3,34 ha, 25% Palmenbestand)

0   50   100 m

Quellen: Eigene Erhebung; Katasterkarten

die "Nur-Pächter" lediglich mit etwas über 1 % an den durch die Vanille zu erzielenden Gewinnen beteiligt sind.[1)] Die mit vergleichbar großen Flächen, aber sicheren Landrechten ausgestattete Gruppe der "Nur-'api-Besitzer" partizipiert dagegen mit über 16 % am Vanille-Erlös.

Desweiteren ist festzustellen, daß von denjenigen Haushalten, die über beide Landrechtsformen verfügen, Vanille nur auf ihren eigenen Parzellen (Ausnahme: Land des Vaters bzw. Sohnes) angebaut wird. Auch hier zeigt sich, daß eine als hinreichend empfundene Rechtssicherheit der Landnutzung als notwendige Voraussetzung für langfristige Investitionen gelten muß.

Das tatsächliche Verhalten der in Taoa untersuchten Farmer reflektiert diese Aussage in der Weise, daß das Agrareinkommen der "Nur-'api-Besitzer" auschließlich durch den Verkauf mehrjähriger Kulturen (Kava, Vanille, Kokosnüsse) zustande kommt, während bei den "Nur-Pächtern" der überwiegende Teil (drei Viertel) des Bruttoeinkommens aus dem Verkauf von Gemüse und Taro (in geringerem Umfang auch Kochbananen, Riesentaro und Yams) stammt.

Bezieht man in die Berechnung des Einkommens die von den Haushalten geleisteten "Inputs" mit ein, ergibt sich aus der unterschiedlichen Produktionsstruktur bei den "Nur-'api-Besitzern" ein geringer Abzug für den geleisteten Kapitalaufwand, während die Berücksichtigung dieser Faktoren bei den "Nur-Pächtern" stärker zu Buche schlägt und zu einem agrarischen Nettoeinkommen führt, das nur etwa über die Hälfte des durchschnittlichen Einkommens der mit sicherem Landbesitz ausgestatteten Haushalte ausmacht.

5.3   Zusammenfassung

Die Ermittlung der Grundbesitzverhältnisse im Beispieldorf Taoa fördert den begrüßenswerten Zustand zutage, daß die offiziellen Statistiken sich weitgehend mit der tatsächlich vorgefundenen Land-

---

1) Nur einer von vier dieser Farmer hat überhaupt eine geringe Menge verkauft.

verteilung decken. Der *toɣiʾa*-Besitzer kontrolliert nur einen sehr
geringen Teil seiner Ländereien und zeigt an den Angelegenheiten
des Dorfes kein Interesse. In Taoa wird damit deutlich, daß das
Patronat der *Nopele* seine historische Legitimation völlig verlo-
ren hat.

Die Einwohner des Dorfes bearbeiten das umliegende Agrarland
zwar nur zum Teil unter einem juristisch abgesicherten Besitzstatus; für die überwiegende Mehrheit der Haushalte (drei Viertel)
sind jedoch die rechtlichen Voraussetzungen für längerfristige
Investitionen im Agrarsektor gegeben. Dies ist dadurch zu erklären,
daß die in Taoa wohnenden Besitzer nicht-registrierter Parzellen
seit mehreren Generationen über Nutzungsrechte verfügen und dies
zumeist für eine hinreichende Sicherheit ihrer Ansprüche halten.

Anders dagegen ist die Situation derjenigen "customary holders",
die ihren Wohnsitz im Hauptort Neiafu haben und im Umland von Taoa
Parzellen bearbeiten. Für diese Haushalte ist nicht auszuschließen,
daß das wachsende kommerzielle Interesse an Land ihre Nutzungsrechte in Frage stellt.

Mit der Ausrichtung der dörflichen Landwirtschaft auf Vanille
ist die Entstehung von Produktions- und Vermarktungsgenossenschaf-
ten verbunden, die mittlerweile nicht nur in wirtschaftlicher, sondern auch politischer Hinsicht die Bedeutung tradierter lokaler
Institutionen übertreffen. Die Genossenschaften arbeiten auf der
Basis individueller Landbesitztitel und stellen einen sinnvollen
Ansatz auf dem Weg zu demokratischen Organisationsstrukturen dar.

Von dieser Entwicklung abgekoppelt scheinen diejenigen Haushalte, die nur über informelle Pachtabsprachen Land nutzen können.
Die daraus resultierenden Landrechte reichen in keinem Fall für
den langfristigen Anbau von Vanille aus, weil die informellen Rechte aus der Sicht der "Verpächter" mit Absicht vage formuliert sind
und aus der Sicht der Landnutzer explizit als "zu unsicher" bezeichnet werden. Diese formal landlosen Haushalte sind deshalb - wie
in anderen Beispieldörfern - auf den Anbau kurzfristiger Kulturen
angewiesen und erzielen dadurch ein wesentlich geringeres Geldeinkommen.

Unter den spezifischen Bedingungen einer Spezialisierung auf eine an die tonganischen Verhältnisse angepaßte, langjährige Kultur trifft in Taoa die in den anderen Dörfern bestätigte Relation von Sicherheit der Landrechte und Intensität der Landnutzung in besonderer Weise zu. Im Kontext beschleunigter Kommerzialisierung des Agrarsektors kann in Taoa gezeigt werden, daß Haushalte mit unsicheren Landrechten von der Partizipation an sozialen und ökonomischen Entwicklungen nahezu ausgeschlossen sind.

Desweiteren belegt die Fallstudie, daß der Ausbau der exportorientierten Landwirtschaft - bedingt durch die Auswahl einer Kultur mit geringem Flächenanspruch - nicht notwendigerweise in räumliche Konkurrenz mit der der Eigenbedarfsdeckung dienenden Landwirtschaft treten muß. Vieleher tritt im vorliegenden Fall der kommerzielle Sektor zum subsistenzorientierten ergänzend hinzu und trägt auf diese Weise zum Entwicklungsziel einer Substitution von Importen bei.

6. FALEVAI

Das Dorf Falevai wird als Beispiel für die Verhältnisse auf
den abgelegeneren Inseln Tongas vorgestellt, auf denen sich der
Wandel sozialer und ökonomischer Strukturen langsamer vollzieht
als auf den größeren und leichter zugänglichen Hauptinseln. Falevai liegt an der Peripherie der Vava'u-Gruppe und ist in mehreren
Aspekten komplemementär zu dem durch die Kommerzialisierung des
Agrarsektors charakterisierten letzten Beispieldorf Taoa.

Zu den ökonomischen Aspekten, die für die Auswahl Falevais
bekannt waren, gehört, daß in diesem Dorf eine für abgelegene
Inseln immer noch typische gemischte Wirtschaftsform vom Fische-
rei und Landwirtschaft üblich ist. Diese Mischwirtschaft stellt
zwar für die Deckung des Eigenbedarfs ein trditionell bewährtes
System dar; mit wachsenden Konsumbedürfnissen sehen aber auch
hier die Einwohner die Notwendigkeit des Ausbaus marktorientierter Produktion. In Falevai sind die Ansätze einer solchen Entwicklung im kommerziellen Agrarsektor erkennbar, der bisher fast
ausschließlich auf die Produktion von Kopra beschränkt ist.

Unter sozialen und kulturellen Gesichtspunkten wurde Falevai
ausgewählt, weil das Dorf - unter anderem durch die Ortsansässig-
keit des *Nopele* - den Ruf einer in sich geschlossenen Gemeinschaft
hat. Es entspricht damit im Spektrum der untersuchten Beispieldörfer noch am ehesten dem traditionellen "Setting".

Die Kombination der genannten Faktoren läßt Aufschlüsse darüber erwarten, welche Bedeutung Landrechte in einer noch weitgehend als "subsistence affluence" zu bezeichnenden Produktionsform haben. Diesem letzten Fallbeispiel kommt somit auch eine
Kontrollfunktion für die Ergebnisse der anderen Dörfer zu.

Falevai liegt per Luftlinie etwa acht Kilometer südwestlich
von Neiafu an der Westseite der etwa 0,6 km^2 großen Insel Kapa.[1]
In vergangenen Jahren, als Motorboote für den intra-insularen

---

1) Berechnung der Nutzfläche mit Planimeter; vergl. WOOD,A.H., 1932, S.105

Transport noch äußerst selten waren, bildete Falevai - wegen seiner vorgelagerten, einen natürlichen Hafen darstellenden Bucht -
die Drehscheibe für den Verkehr zwischen der Gruppe der äußeren
Inseln und der Hauptinsel 'Uta Vava'u. Noch vor einer Generation
war Falevai aus diesem Grund Standort für ein größeres europä-
isches Geschäft und die für die äußeren Inseln zuständigen Haupt-
quartiere der Polizei, der Schulverwaltung und der "Wesleyan
Church". Die Mitarbeiter dieser Institutionen pendelten von dort
aus zu den noch entlegeneren Dörfern, um ihre administrativen
und seelsorgerischen Aufgaben wahrzunehmen.

Mit der technischen Entwicklung der Transportmöglichkeiten ent-
fiel im Laufe der letzten zwei Jahrzehnte die Notwendigkeit, Kom-
munikationsströme in Falevai zu bündeln. Das Dorf hat dadurch seine Funktion als Subzentrum weitgehend eingebüßt, obwohl die weiter bestehende Kopra-Sammelstation und die (im Jahr 1981 im Wie-
deraufbau befindliche) Dorfklinik noch an die verblassende regionale Bedeutung des Ortes erinnern.

Heute wird die in europäischen Augen exotisch reizvoll gelegene
Bucht von Falevai vor allem von Jacht-Touristen[1] als sicherer Hafen benutzt. Für die Dorfbewohner wichtiger ist inzwischen eine
kleine Pier am südlichen Ende des Dorfes geworden, wo auch größere
Motorboote anlegen können. Von hier aus fahren die Einwohner in
etwa eineinhalb Stunden nach Neiafu und benutzen dabei entweder
eines der kleinen im Dorf vorhandenen Boote mit Außenbordmotor[2]
oder eines der größeren Boote, die vom Nachbardorf Kapa aus einen
Fährdienst mit der Hauptinsel Vava'u aufrecht erhalten.

Wie an anderer Stelle bemerkt, hat dabei - wegen der Abhängigkeit der äußeren Inseln von der Verbindung mit Neiafu - der Besitz
eines Bootes große soziale Bedeutung:

---

1) Kürzere Spaziergänge der Crew durch das Dorf nehmen sich dann oft aus wie
der bekannte Besuch im "Kulturzoo"; von einem interkulturellen Lernprozeß
kann auch dann kaum die Rede sein, wenn abendlich lärmende Bord-Feste den
Dorfbewohnern einen Hauch europäischen Jet-Sets vermitteln, sie aber von
den Annehmlichkeiten dieses komprimierten Luxus ausgeschlossen bleiben.
2) Der Zensus von 1976, S.264, weist für Falevai drei Motorboote aus; bis
1981 sind mindestens zwei funktionstüchtige Boote hinzugekommen.

"In the island district, the possession of a motor launch,
especially a large one, is not only a source of practical
influence and power, but also an important mark of status.
There are only three launches in the entire island district,
two owned by island entrepreneurs and one by the Wesleyan
Church, on which the various village populations are dependant for the movement of large amounts of goods and
copra between the islands and Neiafu. Remarkably, the people
of (...) with its good habor posseses few serviceable small
boats or motors for regional transportation. They have
largely been dependant on the residents of other neigh-
boring villages for routine transportation to Neiafu."   1)

Transportprobleme ergeben sich für die Bewohner von Falevai
auch im Verkehr mit den beiden auf Gütern der Regierung liegenden Nachbardörfern. Die mangelhafte infrastrukturelle Ausstattung
der Insel Kapa (es gibt keinerlei Straßen, sondern nur unbefestig-
te, nach heftigen Regenfällen oft unpassierbare Buschpfade) machen besonders nach Einbruch der Dunkelheit etwa den Besuch
von Veranstaltungen im drei Kilometer nördlich gelegenen 'Otea
zu einem aufwendigen Unternehmen. Die Reise in das nur 2,5 Kilometer südlich gelegene Nachbardorf, nach dem die Insel Kapa be-
nannt ist, ist zusätzlich mit der Schwierigkeit verbunden, zunächst den knapp 100 Meter hohen steilen Anstieg auf das nahege-
legene Kliff zu überwinden. Dies ist ein weiterer Faktor, der
dazu beiträgt, daß Falevai - über seine geographische Lage hinaus -
auch als "sozialräumliche Insel"[2] bezeichnet werden kann.

Der inselhafte Charakter des Dorfes wird in den letzten Jahren
dadurch unterstrichen, daß die etwa 13 Hektar große Grundfläche
von einem aus Wellblech bestehenden Zaun umgeben ist. Diese Pali-
sade dient allerdings weniger dem Fernhalten unerwünschter Gäste,
als sie die im Dorf frei umherlaufenden Schweine daran hindern
soll, in die Buschpflanzungen einzubrechen und - wie in vielen
anderen tonganischen Dörfern - einen beträchtlichen Teil der Knollenfrüchte zu zerstören.

1) in MARCUS,G.E., 1975; in seiner Studie wird auf das vorliegende Dorf durch
   ein Pseudonym Bezug genommen, weil eine Vielzahl persönlicher Daten diskutiert werden. Dieser ethischen Grundhaltung soll auch bei den im folgenden
   wiedergegebenen Einschätzungen von Marcus dadurch Rechnung getragen werden,
   daß die Seitenzahlen der Zitate nicht im einzelnen ausgewiesen sind. Für
   den in die lokalen Verhältnisse eingeweihten läßt sich allerdings auch dadurch die Identifizierbarkeit von Ort und Personen nicht völlig ausschließen.
2) vergl. DAHLKE,J., 1975

ABB.37: ORTSGRUNDRISS VON FALEVAI

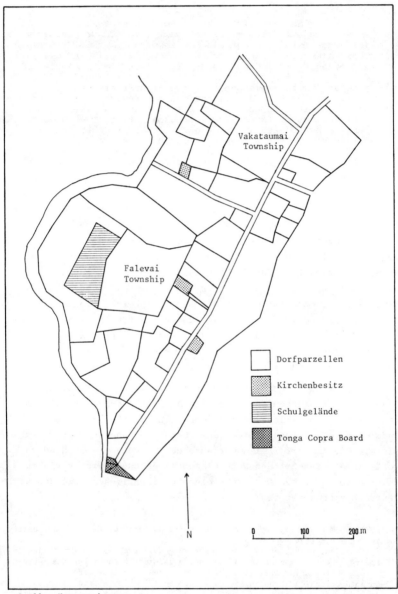

Vakataumai
Township

Falevai
Township

Dorfparzellen

Kirchenbesitz

Schulgelände

Tonga Copra Board

N

0   100   200 m

Quelle: Katasterkarten

Die Fläche des Dorfes umfaßt - nach dem allerdings sehr frag-
mentarischen Ortsgrundriß einer Katasterkarte (s. Abb. Nr. 37) -
technisch gesehen zwei Ortsteile: Falevai und Vakataumai. Für
diese Unterteilung finden sich jedoch in der Siedlungsstruktur
keine Anhaltspunkte. Sofern sich in der ungeordnet wirkenden Bebauung des Dorfes ein Schema ausmachen läßt, ist dieses noch am
ehesten durch die Orientierung einer Reihe von Häusern an dem
durch das Dorf in Nord-Süd-Richtung verlaufenden Pfad gegeben.
Die Mehrheit der Häuser und Hütten verteilt sich in Abständen von
10 bis 40 Metern recht willkürlich auf den Rest des Dorfes.

Auffallend sind dabei zum einen die Gebäude mit offiziellem
Charakter wie die im Westteil auf einer Anhöhe gelegene Grund-
schule, die etwa in der Mitte des Dorfes befindliche Wesleyan-
Kirche und die Kopra-Sammelstation an südlichen Ende. Bemerkens-
wert sind aber auch die wenigen großen Häuser im europäischen
Baustil, in denen nach den für Tonga bezeichnenden Maßstäben die
Sozialstruktur des Dorfes zum Ausdruck kommt. So gilt etwa der
in Falevai ansässige *Nopele* als:

> "...the wealthiest resident in (...), but not conspiciously
> so. He has recently built a concret block home (...) for
> his heir which is perhaps an indication of his wish that
> his heir eventually return to at least part-time residence
> in (...). Two other residents of (...) are visibly far
> more conspicious in consumption of European goods and in
> entrepreneural activities than (the noble). In one case,
> the son of the recently retired town officer returned
> from advanced medical study in Australia and arranged
> that a very modern western-style home be built for his
> parents. This home, only partially occupied by his parents
> is a striking symbol of the mobility of the town officer's
> children. In the other case, the brother-in-law of the
> noble operates a store and employs village men to do various
> contracted construction tasks for the goverment and church
> facilities." 1)

In Falevai ist also noch der für tonganische Dörfer außerhalb
Tongatapus mittlerweile seltene Umstand gegeben, daß der Adelige
seinen festen Wohnsitz auf den *toʻiʻa* hat und dadurch - wie in
früheren Zeiten - in häufigem Kontakt mit den rangniederen Dorfbewohnern steht.

1) MARCUS,G.E., 1975

Der die Ländereien um Falevai besitzende Adelige *Fakatulolo*
lebt wegen seiner Tätigkeit als Parlaments-Repräsentant der Adeligen von Vava'u jedoch nicht ständig im Dorf. Für seine Aufenthalte in Nuku'alofa hat er in der Hauptstadt ein Grundstück mit
Haus erworben, in dem die Mehrzahl seiner Familienangehörigen
die von ihnen geschätzten Vorzüge des Stadtlebens genießen.

Fakatulolo selber bevorzugt das Leben auf seinem abgelegenen
tofi'a[1] und untermauert diese Haltung nicht nur durch häufige
Ermahnungen an die Dorfbewohner, ihre Parzellen intensiver zu
kultivieren, sondern auch durch eigene intensive Nutzung des ihm
zur Verfügung stehenden Landes. Dabei kommt ihm möglicherweise
zugute, daß der Titel des *Fakatulolo*[2] ihn nicht - wie bei einigen anderen *Nopele* üblich - zu ausschweifender Hofhaltung veran-
lassen kann und die quantitativ geringen aristokratischen Privilegien manuelle Arbeit zur Sicherung des Lebensunterhalts erforderlich machen.

Die Ländereien des *Fakatulolo* (s. Abb. Nr. 38) unfassen nur
eines der kleinsten *tofi'a*, wobei von einer Gesamtfläche von etwa
225 Hektar[3] durch ein Gerichtsurteil aus dem Jahr 1969 noch einmal etwa 40 Hektar abgezogen wurden. Dieses Urteil des "Land Court"
betraf den rechtstechnischen Status der dem Dorf vorgelagerten
kleinen Insel A'a, die seitdem formaljuristisch unter der Verwaltung der Regierung steht.

---

1) Damit steht Fakatulolo im Gegensatz zu den meisten Nopele, die ständig in
Nuku'alofa leben und von denen einige - anschaulich belegbar durch den An-
kauf von Ferienhäusern in Neuseeland - sich dem westlichen Lebensstil mehr
als aufgeschlossen zeigen.
2) Der Titel stammt ursprünglich von den Tokelau-Inseln und wurde aus nicht
näher bekannten Gründen 1880 von Tupou I. in den Rang eines Nopele beför-
dert. Fakatulolo nimmt im heutigen Kontext zwar eine relativ hohe zeremonielle Stellung ein; durch Unterbrechung der direkten Erbfolge und nicht
nachzuweisende verwandschaftliche Bindungen an das Königshaus zählt der
Titel jedoch zur niederen Aristokratie Tongas. Der heutige Titelhalter
stammt aus mütterlicherseits von der direkten Linie ab und akzeptiert als
Sohn eines erfolgreichen Farmers seines privilegierten Status und die ihm
seitens der Dorfbewohner entgegengebrachte respektvolle Distanz nur unter
Vorbehalt.
3) Berechnung nach Katasterkarte "4chains to an inch"

ABB.38: LANDBESITZ UM FALEVAI

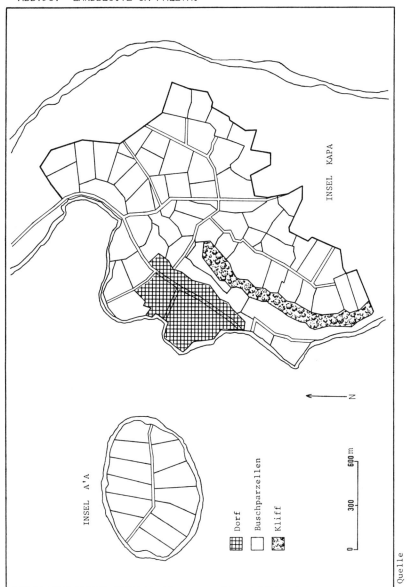

INSEL KAPA

INSEL A'A

N

Dorf
Buschparzellen
Kliff

0   300   600 m

Quelle

6.1   Grundbesitzverhältnisse

Die im folgenden zu diskutierende Grundbesitzstatistik von
Falevai kann durch den ambivalenten Status der Insel A'a keine
verbindlichen Aussagen über den Umfang des von *Fakatulolo* legitim beanspruchten Landes treffen; denn die besagte Insel A'a
wird trotz der ergangenen gerichtlichen Entscheidung nach wie
vor von dem Adeligen kontrolliert.

TAB.27:   GRUNDBESITZVERHÄLTNISSE IN FALEVAI

FLÄCHE in	Land des *Nopele*	registrierte Buschparzellen	nicht- registrierte Buschparzellen	Pachten	Summe
Hektar	78,7	76,1	53,7	16,0	224,5
%	35,1	33,9	23,9	7,1	100

Quelle: Katasterkarten

Die in der ersten Spalte der Tabelle 27 als "Land des *Nopele*"
ausgewiesene Fläche reflektiert den de facto-Status der Besitzverhältnisse, bei dem der zweifelhafte Anspruch des Adeligen auf
die kleine, aber mit fruchtbarem Boden versehene Insel A'a für
die Berechnung der *tofi'a*-Fläche berücksichtigt wurde.

Dieses Vorgehen scheint insofern gerechtfertigt, als *Fakatulolo*
die ganze Insel nicht nur formal beansprucht, sondern auch praktisch als private Plantage benutzt. Den Angaben der Katasterkarte
zu Folge fallen dabei acht der zwölf Buschparzellen direkt an den
tofi'a-Besitzer, die anderen werden von der Familie des Adeligen
(drei von dessen Schwager und eines von seiner Stiefmutter als
Witwe) reklammiert. Der Rest des als Privatland ausgewiesenen Lan-

des liegt im eigentlichen *toғi'a* auf der Insel Kapa und entfällt
etwa zur Hälfte auf agrarisch nur bedingt nutzbares Land mit fel-
sigem Untergrund, zur anderen Hälfte wird es von den Dorfbewohnern
mit Duldung des *Nopele* extensiv genutzt.

Damit reduziert sich der durch die Katasterkarten ausgewiesene sehr hohe Anteil des *ғaka toғi'a* praktisch auf die formal
außerhalb der Ländereien gelegene Insel A'a; ein Umstand, dessen
Hintergründe transparent werden durch die folgende Interpretation
der Haltung von *Fakatulolo* gegenüber den mit der Ausübung von
Kontrollrechten an Land verbundenen lokalpolitischen Einflußmög-
lichkeiten:

> "In a sense, (the noble's) choice to use land outside the
> main estate signified his aloofness, apparently desired,
> from the informal management and manipulation of land in
> (...) proper. I was told by (...) residents that (the no-
> ble's) commoner father, who died only very recently, acted
> for many years as the present (noble's) main advisor and
> manager of village and land affaires in (...). Whereas the
> present (noble) has only a marginal interest in land as an
> informal lever of local influence, his father has been
> actively involved in managing local affaires and oversee-
> ing land distribution, first as a son-in-law and agent of
> the previous(noble) as his wife's father, and then as a
> father and advisor to the present (noble) as his son." 1)

6.1.1   Pachten

Die scheinbare Indifferenz des *toғi'a*-Besitzers gegenüber den
aus seinen Kontrollrechten zu ziehenden Vorteilen findet in dem
relativ niedrigen Anteil des verpachteten Landes seinen Niederschlag.

Dazu muß allerdings bemerkt werden, daß ein kommerzielles Interesse an Land in Falevai in der Vergangenheit nur von den um
die Jahrhundertwende in Vava'u eingewanderten europäischen Pflanzern artikuliert worden ist. Wie auch in Falevai, wo etwa zwei
Drittel des Pachtlandes an die Kirchen und etwa ein Drittel an

---

1) MARCUS,G.E., 1975

die Nachfahren eines Europäers abgetreten waren, orientierten sich die Einwanderer in Vava'u vorwiegend am einheimischen Lebensstil einfacher Tonganer.[1]

Am Beispiel von Falevai ist ablesbar, daß dies gelegentlich zu einer etwas überzogenen Assimilation führte, bei der das den Einwanderern zur Verfügung gestellte Land schon in der zweiten Generation zum überwiegenden Teil brach lag und daraufhin die Pachtverträge wegen Nicht-Einhaltung einer minimalen Nutzungsintensität nicht mehr verlängert wurden. Der nach den Angaben der Katasterkarten ermittelte und in Tabelle 27 wiedergegebene Anteil des Pachtlandes reduziert sich nach dem Stand der Erhebung von 1981 deshalb um etwa ein Drittel.

6.1.2 Buschparzellen

Der in Tabelle 27 ausgewiesene Flächenanteil der registrierten Buschparzellen (ein Drittel) steht in beträchtlichem Mißverhältnis zu den Angaben, die dem "Registration Book" des Gouverneurs von Vava'u zu entnehmen sind.

Dieses Buch enthält für den Zeitraum von 1914 bis 1949 die Summe von 52 Registrierungsvorgängen (was nahezu die gesamte *toṣi'a*-Fläche bedeuten würde) und fügt dazu in einem Ergänzungsband für den Zeitraum von 1972 bis 1979 noch einmal sieben weitere hinzu. Bei einer genauen Überprüfung erweist sich jedoch mehr als die Hälfte dieser Eintragungen als Doppelregistrierungen; insgesamt sind nur elf *'api tukuhau* zu identifizieren, die mit Sicherheit registriert sind. Diese Angaben weisen darauf hin, daß die für Falevai im Zensus wiedergegebene Zahl von 32 "*'api*-holders" zu einem überdurchschnittlich hohen Teil aus Männern und Witwen besteht, deren Rechtstitel nur auf überlieferte Vereinbarungen zurückgehen.

---

[1] Spektakulärer sind allerdings die Ausnahmen, wie an den Namensschildern der großen Geschäftshäuser in Neiafu abzulesen ist, deren Besitzer durch Familienbeziehungen in Nuku'alofa mittlerweile zur tonganischen Elite avanciert sind.

Die vom Vorgänger des heutigen Titelträgers offenbar bewußt
betriebene Landpolitik und die für den heutigen *Nopele* als Indifferenz gekennzeichnete Enthaltsamkeit bei der rechtswirksamen Vergabe von Buschparzellen wird durch den geringen Anteil des registrierten Landes als eine zweckdienliche Haltung erkennbar: Die
Tatsache, daß *Fakatulolo* nicht unmittelbar an der Nutzung seiner
(formalrechtlich abgegrenzten) Ländereien beteiligt ist, sichert
ihm im heutigen Kontext zunehmender Landlosigkeit seine Machtstellung dadurch, daß die von ihm de facto in Anspruch genommenen Privilegien von den Dorfbewohnern nicht in Frage gestellt werden können.

Hinzu kommt, daß der Adelige die vom Gesetz (für registrierte
Parzellen) vorgesehene nominale Landpacht nicht einzieht; dafür
aber von den Dorfbewohner die traditionellen Naturalien-Abgaben
erwartet[1] und anläßlich der von ihm wahrzunehmenden Repräsenta-
tionsverpflichtungen die Zahlung eines kollektiven Beitrages ver-
langt. Problemloser als durch den institutionalisierten Pachtzins kann er dadurch die Abhängigkeit seiner "Pächter" zur Aufwer-
tung seines persönlichen Status nutzen.

TAB.28: LANDLOSIGKEIT IN FALEVAI (in %)

Quelle	aller zu einer Parzelle berechtigten Einzelpersonen	aller Haushalte
nach Zensus 1976 [§]	54,9	34,1
nach eigener Erhebung	68,2 (reg. 90,9)	41,6 (reg. 83,3)

[§] errechnet nach Tab.47 (S.270) bzw. Tab.51 (S.281)

1) Nach Unrechnung der Naturalien-Abgaben wenden die untersuchten Haushalte im
   Mittel etwa 60 T$ pro Jahr - also ein Vielfaches der Nominalpacht - zur Er-
   haltung der Rechte an ihren Buschparzellen auf.

Bei der Quantifizierung von Landlosigkeit in Falevai (s. Tabelle 28) fallen die Unterschiede der aus dem Zensus errechneten Werte zu den Erhebungsergebnissen auf. Wie in anderen Dörfern ist dies dadurch zu erklären, daß der Zensus -unabhängig vom formalen Rechtsstatus - alle "customary holders" als Landbesitzer erfaßte; die eigene Erhebung läßt dagegen erkennen, daß der überwiegende Teil der Haushalte keinen rechtlich gesicherten Anspruch auf Land hat.

So machen von den erfaßten 12 Haushalten zwar sieben Besitzansprüche auf ein *'api tukuhau* geltend, nur zwei können aber diesen Anspruch durch die amtliche Registrierung ihrer Parzelle belegen. Wie im weiteren zu zeigen sein wird, sind jedoch formalrechtliche Ansprüche auf Land in Falevai von geringerer praktischer Bedeutung als für die Einwohner der anderen Beispieldörfer, so daß die Flächenberechnung für registrierte und nicht-registrierte Buschparzellen knapp zusammengefaßt werden kann.

Das von den Sample-Haushalten beanspruchte Land umfaßt eine Gesamtfläche von etwa 22 Hektar, woraus sich eine etwas unter der gesetzlichen Norm liegende durchschnittliche Parzellengröße von 3,1 Hektar ergibt. In die Berechnung des Mittels geht dabei die Mehrheit der Parzellen (drei Viertel) mit Flächen ein, die bedeutend unter der Standardeinheit der *'api tukuhau* liegen.

Für eine Parzelle (mit der Übergröße von 4 ha) ist während der Zeit der eigenen Erhebung eine Absprache zur Aufteilung getroffen worden, wonach die Hälfte des Grundstücks an den *tofi'a*-Besitzer zurückgeht. Der Besitzer dieser Parzelle hat keine direkten Nachkommen, so daß im Fall seines Todes das ganze Land an *Fakatulolo* zurückgegangen wäre. Um dem vorzubeugen hat der Besitzer mit den bereits bekannten Argumenten ein Arrangement ausgehandelt, das die Landrechte teilweise auf seinen Neffen überträgt.

Sonstige Transfers von Landrechten sind in Falevai - außer durch die unmittelbare Erreichbarkeit des *Nopele* - durch außergewöhnlich lange "Probephasen" der Landnutzung gekennzeichnet: 60 % der *'api*-Besitzer warten seit länger als 10 Jahren auf die Einwilligung zur Registrierung. Dieser Umstand ist seitens der Dorfbewohner auch dadurch bestimmt, daß in der Mehrheit dieser Fälle das geltend gemach-

te Gewohnheitsrecht die Sicherheit der Landnutzung bisher hinreichend gewährleistet hat, so daß viele der betroffenen Haushalte
die Registrierung ihres Besitzanspruches nicht für notwendig halten. In den anderen Fällen ist die Verzögerung der Registrierung
darauf zurückzuführen, daß die Einwohner Falevais weniger als die
der bisher untersuchten Dörfer in der Lage sind, das Verfahren
durch die entsprechenden finanziellen Aufwendungen zu beschleunigen.

6.1.3   Informelle Pachtabsprachen

Umfang und Bedeutung informeller Pachtabsprachen in Falevai werden meßbar durch den hohen Anteil der erfaßten landbesitzenden
Haushalte (fast drei Viertel), die anderen Haushalten im Durchschnitt fast die Hälfte des ihnen zur Verfügung stehenden Landes
zur Nutzung überlassen.

Allerdings setzt sich dabei der größere Teil des auf diese Weise
"verpachteten" Landes (insgesamt 9,3 ha) aus zwei Buschparzellen
zusammen, deren Besitzer fast ausschließlich vom Fischfang leben
und deshalb auf ein Einkommen aus der Landwirtschaft nicht angewiesen sind. Nach den Angaben der anderen "Verpächter" schließen die
von ihnen abgetretenen Nutzungsrechte, die in der Mehrzahl kurz-
fristig (1 - 2 Jahre) bzw. auf unbestimmte Dauer gewährt wurden,
lediglich den Anbau von Feldfrüchten für den Eigenbedarf ein.

Nutzungsrechte an Kokospalmen, die in Falevai bislang die wichtigste "cash crop" darstellen, werden nur in wenigen Fällen gewährt,
was im Zusammenhang mit der Tatsache gesehen werden muß, daß die
Mehrheit der "Pächter" mit den 'api-Besitzern nur entfernt oder gar
nicht verwandt ist. Entsprechend dem geringen Anteil die kommerzielle Nutzung einschließender Rechte (20 %) liegt das Ausmaß der materiellen Gegenleistungen niedrig. Nur in einem Fall wurde ein in Geld
zu bezahlender Pachtzins (150 T$ pro Jahr) vereinbart; in der Mehr-
heit der Absprachen bestehen die Gegenleitungen aus einem geringen
Teil der Ernte bzw. gelegentlichen Gaben fertig zubereiteter Nahrung.

Die Angaben der *'api*-Besitzer werden durch die Aussagen der
"Pächter" weitgehend bestätigt, wobei - wie zu erwarten - geringfügig großzügigerere Einschätzungen bezüglich des Umfangs und der
Dauer der erhaltenen Nutzungsrechte wiedergegeben werden. Wichtig
erscheint vo allem, daß der Grad der Kommerzialisierung im Bereich
informellen Landrechts in Falevai - vergleichbar nur mit den Verhältnissen im Beispieldorf aus Ha'apai - sehr gering ist und damit
die These unterstützt, daß die in den anderen Beispieldörfern be-
obachteten Veränderungen in der Landrechtspraxis in einem kausalen
Zusammenhang mit der Entwicklung marktorientierter Agrarproduktion
stehen.

In Falevai schließt sich durch die informellen Arrangements die
Lücke zwischen landbesitzenden und formal landlosen Haushalten vollständig, so daß - zieht man den praktischen Zugang zu Land heran -
für jeden der untersuchten Haushalte die Sicherung der Existenzgrundlage durch die Möglichkeit eigener Feldbestellung gegeben ist.

Dazu trägt zum einen bei, daß - in allerdings geringerem Umfang
als in den anderen Dörfern (ein Drittel) - die Besitzer der Buschparzellen als "absentee landholders" außerhalb des Dorfes leben.
Unter den Bedingungen einer weitgehend subsistenzorientierten
Agrarproduktion unterscheiden sich dabei die von den "absentees"
abgetretenen Nutzungsrechte nicht signifikant von denjenigen, die
durch im Dorf ansässige Landbesitzer vergeben werden. Im vorliegenden Fall kann also durchaus von einem positiven Effekt der Migration für die im Dorf zurückgebliebenen Einwohner gesprochen werden. Die Abwanderung setzt sich etwa zur Hälfte aus Männern zusammen, die bezahlte Beschäftigung in Neiafu oder Nuku'alofa gefunden
haben,[1] zur anderen Hälfte handelt es sich um Auswanderung.[2]

---

1) Dabei ist nicht eindeutig zu entscheiden, ob es sich um temporäre oder permanente Migration handelt.
2) Die Auswanderung aus Falevai richtet sich in den letzten Jahren verstärkt
   auf Pago Pago, wo es einem Familienverband durch verwandschaftliche Kontakte
   möglich war, eine Kettenmigration einzuleiten. Dabei wird häufig über den
   Umweg terminierter Arbeitskontrakte versucht, eine ständige Aufenthaltsgenehmigung in dem durch amerikanische Unterstützung prosperierenden polynesischen Nachbarland zu erlangen. Die Aufenthaltsgenehmigung in Amerikanisch-
   Samoa eröffnet in einem weiteren Schritt den Zugang zu Beschäftigungsmöglichkeiten in Hawaii oder auf dem amerikanischen Festland.

Die Deckung des Subsistenzbedarfs wird für die im Dorf verbliebenen Einwohner auch durch die im Vava'u-Archipel noch reichhalti-
gen Fischgründe gewährleistet. Wie bereits angeführt, liegt darin
ein Grund, warum *'api*-Besitzer einen relativ großen Teil ihres
Landes abtreten können. Hinzu kommt, daß die formal landlosen
Haushalte dadurch in geringerem Maße von gesicherten Landnutzungsrechten abhängig sind.[1]

Der Umfang der informellen Pachtabsprachen ist trotz dieser
Einschränkungen hinsichtlich der existenziellen Bedeutung beträchtlich: So verfügen nur ein Viertel der untersuchten Haushalte nicht
über "gepachtetes" Land; alle anderen haben entweder zusätzlich
zu ihrem eigenen *'api tukuhau* oder stattdessen Nutzungsrechte an
Land erworben.

Abzüglich der wiederabgetretenen Teile ihrer Buschparzellen verfügt dabei die Haushaltsgruppe der "Nur- *'api*-Besitzer" über eine
nur geringfügig größere durchschnittliche Betriebsfläche (2,6 ha)
als die Gruppe der "Nur-Pächter", denen im Mittel 2,4 ha überlassen
wurde. Die Haushaltsgruppe, die sich beide Landrechtsformen zunutze machen kann, hebt sich mit einer durchschnittlichen Betriebsgröße von fast 6 ha deutlich von den beiden Gruppen kleiner Land-
"Besitzer" ab.

In der Summe ergibt sich, daß den in Falevai untersuchten Haushalten etwa 22 Hektar an registrierten und nicht-registrierten Parzellen zur Verfügung steht, von denen 9,3 ha an "Verpachtungen" abgezogen und eine verhältnismäßig große Fläche von 31 ha auf informeller Basis genutztes Land hinzu gerechnet werden müssen. Diese
Bilanz ergibt eine agrarische Nutzfläche der Sample-Haushalte von
knapp 44 Hektar.

---

1) Zwar sind Wasserrechte nicht Gegenstand dieser Arbeit und würden bei einer
detaillierteren Analyse eine annähernd so komplexe Struktur zeigen wie Landrechte; am vorliegenden Beispiel können sie jedoch vereinfacht dargestellt
werden: Nach eigenen Beobachtungen haben alle Bewohner Falevais (und nur diese) das Recht, die dem Dorf unmittelbar vorgelagerten Riffe zu nutzen. Die
bis zu 15 Kilometer von Falevai entfernt liegenden anderen Riffe, die Umge-
bung kleinerer Inseln und Sandbänke müssen mit den Einwohnern der Nachbar-
dörfer geteilt werden.
Studien traditioneller Konzepte des Seerechts im Pazifik etwa in NAKAYAMA,M.
& RAMP,F.L., 1974; aktuelleres in PALAD,E., 1976, am Beispiel von Fiji

6.1.4   Dorfparzellen

Den Einwohnern Falevais stehen insgesamt 54 *api koło* zur Verfügung. Damit überwiegt zwar rein rechnerisch die Anzahl der vorhandenen Dorfparzellen die Zahl der ansässigen Haushalte (nach eigener Erhebung: 48; darin sind auch vorübergehend im Dorf lebende
wie Lehrer und Pfarrer eingeschlossen); trotzdem kann nicht davon
gesprochen werden, daß jeder Haushalt einen gesicherten Anspruch
auf ein Dorfgrundstück hat.

Vielmehr ist eine Reihe von Grundstücken - besonders östlich
des durch das Dorf verlaufenden Pfades - unbebaut, weil die Besitzer nicht mehr im Dorf wohnen. Von diesen zum Teil auf Dauer abgewanderten Einwohnern haben nur wenige ihren im Dorf verbliebenen
Verwandten die Ansiedlung auf diesen Grundstücken erlaubt. Als Konsequenz ergibt sich, daß von den im Sample erfaßten Haushalten
sich ein Drittel auf den Grundstücken anderer Dorfbewohner nieder-
lassen mußte. Im Unterschied etwa zum Beispieldorf Taoa, wo durch
relativ hohe Einkommen ein Kaufkraftpotential für den Bau weiterer
Häuser vorhanden ist, hat der unsichere Besitzstatus vieler *api
koło* (nur 17 % sind registriert) bisher nicht zu Problemen geführt.

6.2   Landnutzung

Während in Taoa der Sonderfall des erfolgreich verlaufenden
Vanille-Anbaus vorlag, kann der Stand der landwirtschaftlichen
Entwicklung in Falevai eher als stellvertretend für den gößeren
Teil Vava'us (zumindest für den Bereich der äußeren Inseln) gelten.
Diese Situation ist folgendermaßen umrissen worden:

> "In the case of Vava'u, coconuts will doubtless remain the
> mainstray of commercial agriculture, and therefore a pro-
> gramme of upgrading of coconut quality is as applicable here
> as in Ha'apai. It may be desirable to diversify, and intensify,
> the use of land by interplanting existing and replanted stands

of coconuts with crops such as cocoa or robusta coffee, or
with pasture for grazing by cattle or small livestock under
the coconuts. Unless the out-migration from Vava'u is stemmed,
which seems unlikely, it would appear that major agricultural
developments requiring significantly increased inputs of
labour are not likely to be successful, thus in general,
attention should be either concentrated on supplementary
crops which are undemanding in either their requirements
for regular attention or in their total labour requirements."
1)

Der damit auch für Vava'u propagierte Ausbau arbeitsextensiver
Langzeit-Kulturen kann am Beispiel von Falevai durch die Einbeziehung der untersuchten Grundbesitzstruktur auf seine Grundlage
überprüft und in seinen möglichen Implikationen auf die Formen
der Arbeitsorganisation eingeschätzt werden.

6.2.1   Arbeitsorganisation

In Falevai ist der Organisationsgrad im traditionellen Bereich
der Landwirtschaft unterdurchschnittlich gering, wie an der Tatsache abzulesen ist, daß nur in einem Drittel der untersuchten
Haushalte mindestens ein Mitglied an den bereits bekannten Arbeitsgruppen teilnimmt.

Hinzu kommt, daß die in den anderen Dörfern vertretene Organisationsform der *kautaha toungaue* in Falevai nicht anzutreffen ist.
Stattdessen schließen sich die Mitglieder des gleichen Familienver-
bundes zu kleineren - zumeist aus zwei bis vier Männern bestehenden-
Arbeitsgemeinschaften zusammen, deren personelle Struktur sehr
flexibel ist und sich in der Regel nur an der Ausführung kurzfristiger Vorhaben orientiert.

Von wesentlich größerer Kontinuität sind dagegen in Falevai die
toutu'u 'uⱹi, bei denen die Zusammensetzung oft über mehrere Anbau-
perioden unverändert bleibt. Wie in anderen Dörfern beobachtet,
dürfte dies damit zusammenhängen, daß die Mitglieder dieser Organisationsform vorwiegend (in Falevai ausschließlich) aus Anhängern

---

1) WARD,R.G. & PROCTOR,A. (Hrsg.), 1980,S.388

der gleichen Glaubensrichtung bestehen und die Gruppen dementspre-
chen hierarchisch strukturiert sind. Dafür kann als Beispiel gelten:

> "The free church of Tonga has 8 affiliated households. The
> entrepreneur brother-in-law of the noble is a very influen-
> tial member of this congregation and in the role of steward,
> its effective and semmingly permanent leader (...). Under
> the steward's direction, the Free church of Tonga residents
> have planted group *toutu'u* gardens (a designated strip of
> garden to each household), focussed on the cultivation of
> yams. The first fruits are shared among church members
> after special shares are presented to the noble, town
> officer and other *faifekaus* (church ministers)."   1)

Als nicht mit der Landwirtschaft, sondern mit gemeinschaftlich
organisiertem Fischfang beschäftigt, erweist sich eine vom Sample
erfaßte Gruppe, die jedoch - weil für das vorliegende Beispieldorf bezeichnend - auch vorgestellt werden soll. Die Gruppe besteht aus vier bis sechs (je nachdem, ob dringend zu verrichtende
Arbeiten auf dem Feld anliegen) befreundeten Männern, deren unbe-
strittener Führer nicht nur als der erfahrendste Fischer des Dorfes gilt, sondern auch als einer der wenigen über ein eigenes Mo-
torboot und ein langes Grundnetz verfügt. Die Gruppe fährt fast
täglich zu einer der weiter entfernt liegenden Fischgründe, wo
kleine Schwärme von Fischen eingekreist und dadurch im Netz ge-
fangen werden können. Die Tagesausbeute wird - nach Abzug eines
zur Deckung der Benzinkosten notwendigen Anteil - unter den Mitgliedern der Gruppe gleichmäßig verteilt und im Dorf verkauft.[2]

Eine Steigerung des in Falevai geringen Umfangs kooperativer
Formen der Arbeitsorganisation deutet sich in den letzten Jahren
durch eine bisher lose strukturierte Gruppe von Farmern an, die -
dem Beispiel von Taoa folgend - mit dem Anbau von Vanille begonnen
haben. Allerdings war zum Zeitpunkt der Erhebung der überwiegende
Teil der kleinen Pflanzungen noch nicht im produktiven Stadium,
so daß die beim Trocknungsprozeß der Vanille sinnvolle Zusammenarbeit erst von zwei der im Sample erfaßten Farmer praktiziert wer-

---

1) MARCUS,G.E., 1975
2) Die von dem Gruppenleiter ausgeübte Kontrolle über die Produktionsmittel kommt
   dabei durch seine lediglich beaufsichtigende Anteilnahme beim Fischen zum Ausdruck. In den seltenen Fällen einer sehr großen Tagesausbeute verkauft er -
   nach eigenen Aussagen - die Fische an das staatliche Kühlhaus in Neiafu.

den konnte. Zwei weitere haben jedoch bei der Konstruktion einer Trocknungsanlage mitgeholfen, was für die Zukunft auf die Entwicklung einer Genossenschaft nach dem in Taoa vorgestellten Modell schließen läßt.

Dieser den Ausbau marktorientierter Agrarproduktion fördernden Tendenz steht der im Zitat von Ward u.a. (s.o.) angeklungene Mangel an Arbeitskräften gegenüber, wie er in der Tatsache zum Ausdruck kommt, daß nur einer der untersuchten Haushalte eine *kautaha ngaue* für sich arbeiten läßt. Die dabei in Anspruch genommene Leistung von nur 14 Mann-Arbeitstagen wurde mit 35 T$ und zusätzlich der Bereitstellung von Lebensmitteln für den Tag entlohnt. Fraglich erscheint, ob die in Falevai nur sporadisch tätig werdende *kautaha ngaue* als eine festgefügte Gruppe anzusprechen ist, weil die Mitgliedschaft - der konkreten Aufgabe angemessen - nach Zahl und personeller Zusammensetzung ständig fluktuiert.

6.2.2   Inputs

Als Maßstab der relativ geringen Bedeutung des Agrarsektors können die - im Vergleich zu allen bisherigen Beispieldörfern - niedrigen "Inputs" gewertet werden. Dabei muß bei der Einschätzung der von den Haushalten in die Landwirtschaft eingebrachten Arbeitszeit der Umstand Berücksichtigung finden, daß in Falevai die Nutzung anderer Ressourcen (so durch Fischfang) eine ungleich größere Rolle spielt als in anderen Teilen Tongas.

So ist das Ergebnis, daß sich nur eine (in nur wenigen Fällen mehrere) Person pro Sample-Haushalt an der Feldarbeit beteiligt, nicht allein als vermehrter Müßiggang zu interpretieren; vielmehr spiegelt sich darin wider, daß ein relativ großer Teil der Männer ihre Hauptbeschäftigung im Fischfang sehen. Die Frauen sorgen - nach klassischer Rollenverteilung - vorwiegend für den Haushalt; nur wenige von ihnen (15 %) arbeiten auf dem Feld mit.

Dadurch liegt der durchschnittliche Arbeitseinsatz über alle erwachsenen Personen mit nur 11 Wochenstunden Feldarbeit (bei durch-

schnittlich 3 Stunden pro Tag und 3,6 Tagen pro Woche) wesentlich
niedriger als in den anderen Beispieldörfern. Schließt man die
Frauen aus der Betrachtung aus, wird der Abstand ebenso offensichtlich, weil in Falevai die Männer nur durchschnittlich 17 Stunden
pro Woche auf dem Feld arbeiten und - nach dem Kriterium von mindestens 30 Wochenstunden - weniger als ein Fünftel als "Vollzeitfarmer" einzustufen sind.

Entsprechend der infrastrukturellen Ausstattung der Insel Kapa
sind die Transportkosten zu den Buschparzellen gleich null, wenn
man - wie in den anderen Dörfern - nur die Unkosten für Lastwagen
berücksichtigt (die es in Falevai nicht gibt). Allerdings schlägt
bei den geringen Haushaltseinkommen die Anschaffung eines Pferdes,
worüber nur 4o % der Haushalte verfügen, stärker zu Buche als in
den anderen Dörfern.

Die unmittelbar für die Landwirtschaft aufgewendeten Kosten für
Fahrten nach Neiafu lassen sich von dem Komplex allgemeiner Trans-
port- und Reiseunkosten (etwa für Einkäufe oder Verwandtenbesuche)
nicht deutlich abgrenzen. Soweit sie den Transport von Kopra betreffen werden sie durch die Subventionen des "Commodities Board"
weitgehend aufgefangen.

Benutzungs- oder Anschaffungskosten für landwirtschaftliche Maschinen entfallen in Falevai, weil der vom Agrarministerium unter-
haltene Fuhrpark die kleinen Inseln an der Peripherie Vava'us nicht
erreicht und sich auch private Investitionen kaum lohnen würden.
Für den Bereich kommerzieller Landnutzung auf den äußeren Inseln
ist ebenso bezeichnend, daß keiner der in Falevai untersuchten
Haushalte für den Kauf von Dünge- und Pflanzenschutzmittel oder
Saatgut nennenswerte Beträge aufwendet.

6.2.3   Brache

Wie bei den bisher getroffenen Aussagen zu erwarten, liegt der
Anteil des Landes, das unter der Etage der Kokospalmen der Buschbrache überlassen bleibt, in Falevai sehr hoch: So hat mit fast

drei Vierteln (74 %) der Prozentsatz des nicht intensiv genutzten
Landes noch einen erheblichen Abstand zu den Beispieldörfern Loto-
foa in Ha'apai und Nukunuku auf Tongatapu (vergl. Tabelle 30 im
Anhang).

Die vergleichsweise extensive Landnutzung in Falevai entspricht
dabei (s.u.) der weitgehenden Beschränkung der Landwirtschaft auf
die Deckung des Subsistenzbedarfs. Hier kommen vorwiegend traditionelle Agrartechniken zur Anwendung, die - nach den Aussagen
der betroffenen Farmer - Buschbracheperioden von durchschnittlich
mehr als sechs Jahren notwendig machen.

Der Anteil des brachliegenden Landes, bezieht man ihn auf die
nach Landbesitzformen unterschiedenen Gruppen von Haushalten, erweist sich in Falevai als ein wenig aussagekräftiger Indikator der
Landnutzungsintensität: So ergibt sich unter den mit vergleichbar
großen Grundstücken ausgestatteten Haushaltsgruppen von "Nur-'api-
Besitzern" und "Nur-Pächtern" eine nicht signifikante Differenz
von nur 3 %. Wenn dieser unbedeutende Unterschied überhaupt gewertet werden kann, dann in der Weise, daß die "Nur-'api-Besitzer"
einen gesicherteren Zugang zur "cash crop" Kokosnuß haben und deshalb weniger abhängig von der Selbstversorgung sind.

Eine Differenzierung der Haushalte nach der Größe des ihnen zur
Verfügung stehenden Landes zeigt dagegen bemerkenswerte Ergebnisse:
Während die Haushaltsgruppen der kleineren Land-"Besitzer" einen
unterdurchschnittlich geringen Teil von weniger als 60 % ihres
Landes brach liegen lassen, beträgt dieser Anteil bei den Haushalten mit eigenen Buschparzellen und einer zusätzlichen "Pacht" über
85 %.

Der Unterschied ist in zweifacher Hinsicht von Bedeutung: Zum
einen zeigt er, daß auch bei größerer zur Verfügung stehender Landfläche keine Intensivierung der Landnutzung stattfindet, wenn sie
nur der Eigenversorgung dient. Zum anderen läßt sich aus den Brache-
anteilen der kleinen Land-Besitzer (Betriebsgröße: 2,5 ha) schließen,
daß zur Deckung der Eigenversorgung eines tonganischen Haushaltes
und unter Beibehaltung traditioneller Agrartechniken mindestens
eine Fläche von 1 Hektar mit Feldfrüchten bestellt werden muß.

TAB.29: VERWENDUNG DER WICHTIGSTEN KULTURPFLANZEN IN FALEVAI

Kulturen	Gesamt-fläche (ha)	Fälle	Haupt-Verwendungszweck (in % der Fälle)						Summe Erlös aller Haush. (T$)
			1	2	3	4	5	6	
Yams	2,3	11	91	9					50
Taro	1,7	7	100						– –
Süßkartoffel	–	–							– –
Maniok	2,6	10	100						– –
Riesentaro	2,1	11	100						– –
Gemüse	0,4	3	100						– –
Kochbananen	2,9	11	100						– –
Bananen	0,3	3	100						– –
Melonen	–	–							– –
Ananas	0,1	1	100						– –
Kava	0,7	7	86	14					100
Papaya	1,0	10	100						– –
Erdnüsse	–	–							– –
Kokosnüsse	35,2	11				100			12.000
Vanille	1,9	4				50	50		450
Brotfrucht-bäume (Stck)	76	10	100						– –

1) = Eigenbedarf/Subsistenz   4) = Verkauf an Commodities Board
2) = Verkauf im eigenen Dorf   5) = Verkauf an privaten Exporteur
3) = Verkauf auf lokalem Markt   6) = Verkauf an Sonstige

Quelle: eigene Erhebung (vergl. Tab.30 im Anhang)

6.2.4   Outputs

Die in Tabelle 29 zusammengefaßten Ergebnisse zur Landnutzung
in Falevai lassen in noch eindeutigerer Weise als in den anderen
untersuchten Dörfern auf die herausragende Bedeutung der Kokosnuß
schließen.

Die in der ersten Spalte ausgewiesene Anbaufläche dieser wichtigsten Kulturpflanze, die über 80 % der den Sample-Haushalten zur
Verfügung stehenden agrarischen Nutzfläche ausmacht, vermittelt
dabei noch ein untertriebenes Bild der relativen Bedeutung, weil
auf vielen der Parzellen in Falevai der gesetzlich vorgeschriebene
Pflanzabstand der Kokospalmen erheblich unterschritten wurde.[1]

Daraus ergibt sich, daß die von Entwicklungsplanern befürwortete
Förderung der Kultivierung von Feldfrüchten unter den Kokospalmen[2]
erst nach einer radikalen Ausdünnung des Bestandes möglich wäre
(unter anderem, weil die Sonneneinstrahlung sonst nicht ausreicht);
ein Unterfangen, dem die Landbesitzer in Falevai durchaus ablehnend
gegenüberstehen. Der Grund liegt offenbar darin, daß die von den
agrartechnischen Experten propagierten neuen "cash crops" bislang
nicht hinreichend überzeugen konnten, so daß die von den Einwohnern
Falevais betriebene"enthusiastic and regular copra production"[3]
noch auf absehbare Zeit den überwiegenden Teil ihres Agrareinkommens
(nach der Erhebung: 95 %) stellen wird.

Ansätze zu einer Diversifizierung des mono-strukturierten kommerziellen Agrarsektors zeigen sich in den letzten Jahren immerhin bei
einem Drittel der untersuchten Haushalte, die mit dem Anbau von Vanille begonnen haben. Die dabei in der ersten Spalte der Tabelle
ausgewiesene Anbaufläche besteht jedoch nur zu einem geringen Teil
aus produzierender Vanille; der größere Teil sind Flächen, die zum
Zeitpunkt der Erhebung erst mit Stütz- oder Schattenbäumen bepflanzt
waren (vergl. die nachfolgenden Landnutzungsbeispiele).

---

1) §68, Abs.1 des Landgesetzes lautet: "Every male Tongan subject who has been
    granted a tax allotment by the Minister shall within one year from the date
    of the grant have growing on such allotment two hundred coconut trees (...)
    thirty (...) or fifteen feet apart in rows sixty feet distant from each other."
2) s. z.B. DEAN,M.K.D., 1981, S.60ff
3) MARCUS,G.E., 1975

ABB.39: BEISPIELE ZUR LANDNUTZUNG IN FALEVAI

'Api-Beispiel **Nr. 1** (2,75 ha, 100% Palmenbestand)

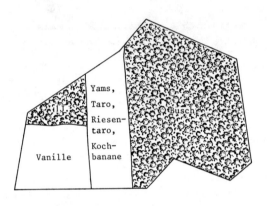

'Api-Beispiel **Nr. 2** (2,65 ha, 75% Palmenbestand)

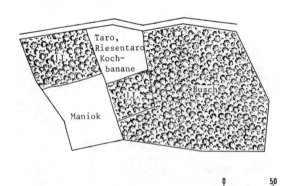

Quellen: Eigene Erhebung; Katasterkarten

Lediglich als Überschüsse der Subsistenz-Produktion sind die
geringen Mengen von Yams und Kava zu sehen, die zudem im Dorf selber verkauft werden.   Dagegen werden alle anderen Feldfrüchte ausschließlich für den Eigenbedarf (einschließlich traditioneller,
auf Gegenseitigkeit beruhender Geschenkgaben) angebaut, wobei Kochbananen und das prestigeträchtige Yams, aber auch der nährstoffarme Maniok die größte Bedeutung haben.

Die bei allen anderen Dorfstudien eingehend geführte Diskussion
über den Effekt der Sicherheit von Landnutzungsformen auf die Intensität agrarischer Nutzung läßt sich in Falevai nach dem gleichen
Verfahren recht knapp darstellen: Im Subsistenzbereich, der bis
auf die Vanille alle Feldfrüchte einschließt, läßt sich ein Zusammenhang von Anbauhäufigkeit oder Anbaufläche zu der Form des Zugangs zu Land nicht nachweisen.

Der Vergleich der Haushaltsgruppen von "Nur-'*apí*-Besitzern" und
"Nur-Pächtern" zeigt dagegen im marktorientierten Sektor, der im
vorliegenden Fall auschließlich langfristige "cash crops" umfaßt,
daß die Haushalte mit sicheren Landrechten ein durchschnittlich
mehr als dreimal so hohes Einkommen erzielen wie diejenigen mit
lediglich informellen Nutzungsrechten. Zusätzlich ist festzustellen, daß Vanille ausschließlich auf statutarisch oder traditionell
gesichertem Landbesitz angebaut wird.

6.3   Zusammenfassung

Die Grundbesitzverhältnisse für das Beispieldorf Falevai weisen
aus, daß der Adelige für seine persönliche Nutzung ("property for
use") nur einen kleinen Teil seines *toɣí'a* zurückbehalten hat, daß
er sich aber gleichzeitig umfangreiche Nutzungsrechte auf einer von
der Regierung verwalteten Nachbarinsel sichern konnte. Bedingt durch
den ständigen Kontakt mit den Dorfbewohnern zeigt sich damit der
Nopele als sehr zurückhaltend in der Ausübung seiner Privilegien.

Diese Zurückhaltung bewirkt aber auch, daß nur ein Drittel der
agrarischen Nutzfläche als registrierte Parzellen an die Dorfbewoh-

ner verteilt ist und dadurch die große Mehrheit der Haushalte (83%) nur über Landrechte verfügt, die durch Gewohnheitsrecht legitimiert sind. Die ungleiche Verteilung von Kontrollrechten ("property for power") reflektiert damit eine Sozialstruktur, die den vorkonstitutionellen Verhältnissen noch weitgehend entspricht.

Für die Einwohner von Falevai haben formalrechtliche Ansprüche auf Land jedoch geringere Bedeutung als in den anderen Dorfbeispielen: Zum einen sind sie durch die Möglichkeit des Fischfangs weniger abhängig von gesicherten Landrechten; zum anderen können sich bisher alle Haushalte zur Deckung des Eigenbedarfs Nutzungsrechte durch informelle Pachtabsprachen verschaffen. Die Sicherheit der daraus gewonnenen Rechte steht im Subsistenzbereich in keinem erkennbaren Verhältnis zur Intensität der Nutzung.

Anders verhält es sich mit der in Falevai nur in geringem Umfang betriebenen marktorientierten Agrarproduktion. In diesem Bereich wird auch in der letzten Fallstudie die Grundannahme einer mit der Sicherheit von Landrechten steigenden Nutzungsintensität und daraus resultierender Geldeinkommen bestätigt.

Für den weiteren Ausbau des kommerziellen Agrarsektors sind damit die institutionellen Rahmenbedingungen - und insbesondere die qualitative Verbesserung von Landrechten - von kritischer Bedeutung. Die daraus abzuleitenden Konsequenzen sollen im folgenden abschließenden Kapitel dieser Studie erörtert werden.

KAPITEL IV

PROBLEMFELDER UND LÖSUNGSANSÄTZE

Die in Kapitel II vor ihrem physisch-geographischen, historischen, demographischen und ökonomischen Hintergrund dargestellte Agrarverfassung Tongas zeigt gegenüber ihrer konkreten Ausprägung - belegt durch die Fallstudien repräsentativ ausgewählter
Dörfer - gravierende Abweichungen. Die Ursachen dieser Diskrepanz
lassen sich zusammenfassend auf folgende Faktoren reduzieren:

a) Das im letzten Jahrhundert unter den Bedingungen stagnierender,
teilweise rückläufiger Bevölkerungszahlen konzipierte Landrechtssystem ist nicht mehr in der Lage, der demographischen Entwicklung
der letzten Jahrzehnte gerecht zu werden. Die Praxis der Landverteilung steht damit im Widerspruch zu dem in der Verfassung verankerten Recht der Tonganer auf Zuteilung standardisierter (ein-
heitlich großer) Buschparzellen; ein offensichtlicher Mangel, der
sich in den Landbesitzstatistiken ebenso ausdrückt, wie in den hohen Anteilen der durch die Feldforschung ermittelten, formal landlosen Haushalte und Einzelpersonen.

Eine völlige Auflösung dieses Widerspruchs erschiene in einfacher Weise dadurch möglich, daß die entsprechenden Verfassungs-
paragraphen geändert würden; ein Verfahren, das allerdings die
Grundlagen der konstitutionellen Monarchie in Frage stellen würde
und von dem, aufgrund der zu erwartenden breiten Opposition, bisher Abstand genommen wurde. Partiell ließe sich die Lücke zwischen
vorhandener Landfläche und der Zahl der zu Landbesitz berechtigten
Tonganer auch dadurch schließen, daß die bereits verteilten Buschparzellen weiter unterteilt und damit einer größeren Zahl von Landnutzern auf einer sicheren Rechtsgrundlage zugänglich gemacht würden. Nicht nur würde dies aber bestehende Rechte heutiger Parzellenbesitzer tangieren; die zu erwartende Fraktionierung der agrarischen Nutzfläche würde auch in absehbarer Zeit zu Betriebsgrößen
führen, die eine marktorientierte Produktion unrentabel werden

lassen und bald die Minimalfläche unterschreiten könnten, die zur
Selbstversorgung tonganischer Familien notwendig ist.

Daß dieser - sich aus dem Widerspruch von Theorie und Praxis
ergebende - Konflikt bislang nicht offen ausgebrochen ist, kann
zum einen der Tatsache zugeschrieben werden, daß ein größerer
Teil der jungen Tonganer im letzten Jahrzehnt aus den ländlichen
Gebieten in die Hauptstadt oder ins Ausland abgewandert ist; zum
anderen dem Umstand, daß heute noch - nach dem Muster traditioneller Landrechtsarrangements - fast jeder Tonganer informelle Nutzungsrechte über seinen Familienverband erwerben kann.

b) Im praktischen Fortbestehen vorkonstitutioneller Elemente des
Landrechts ist auch der zweite Faktor zu sehen, der die Diskrepanz zwischen den Zielen der Agrarreform des letzten Jahrhunderts
und ihrer bis heute völlig unzureichenden Umsetzung ausmacht. Das
vom Gründer der herrschenden Dynastie - Tupou I. - intendierte,
egalitäre Moment der Agrarverfassung (jedem Tonganer der rechtsverbindliche Zugang zu einer Dorf- und zu einer Buschparzelle) zielte
auf die Eingrenzung feudaler Häuptlingsprivilegien.[1]

An diesem Anspruch gemessen, läßt sich die heute festzustellen-
de Fehlentwicklung interpretieren; denn sowohl die offiziellen
Landbesitzstatistiken (nach Entkodifizierung, s. Kap. II,5) als
auch die Ergebnisse der eigenen Erhebung weisen darauf hin, daß
immer noch etwa die Hälfte der agrarisch nutzbaren Fläche von der
Aristokratie kontrolliert wird. Zwar besteht dieses Land zum geringeren Teil aus Privatbesitz (*ʃaka toʃiʾa*), doch die weiter bestehende Verfügungsgewalt auch über jene Parzellen, die zwar verteilt, aber nicht amtlich registriert sind, lassen nicht unerheb-
liche Manipulationsmöglichkeiten offen, mit denen die vollständige
und rechtsverbindliche Landverteilung unterlaufen werden kann.

Im Kontext wachsender Marktorientierung des Agrarbereiches interpretieren die *Nopele* ihre traditionelle Funktion als "Treuhänder" ihrer Ländereien immer stärker als die eines "Eigentümers" im
europäischen Verständnis und ziehen daraus materielle Vorteile. Es

---

1) Simplifizierend werden gelegentlich auch die heutigen politischen Verhältnisse als "Feudalismus" bezeichnet; s. z.B. STEINBAUER, F., 1978

ist jedoch weder Aufgabe dieser Arbeit, solche Fälle mit krimi-
nalistischer Akribie zu verfolgen, noch einer sachlichen Analyse
dienlich, hier moralisierend zu bewerten. Die bloße Existenz dieser "institutionalized corruption" genannten Erscheinung ist jedoch eine in der gesamten neueren Literatur zur tonganischen Grundbesitzstruktur anerkannte Tatsache, die den unterschwelligen Wandel der mit den Grundbesitzverhältnissen verzahnten Ideologie sym-
bolisiert.

Öffentlich dagegen werden Bestechungsfälle, wenn sie sich nicht
totschweigen lassen, gerne als integraler Bestandteil tonganischer
Kultur deklariert, wie ein von R. Crocombe 1980 angedeutetes Beispiel zeigt:

> "To take another example, a noble in Tonga was extorting
> large sums of money and other goods from peasants in re-
> turn for which he promised to 'facilate' the official Go-
> vernment processes to allocate land to individuals. He
> defended himself (and got away with it) on the claim that
> such payments were made to him under 'Tongan custom' and
> were an expression of the peasant's 'love' for him."   1)

c) Doch nicht nur seitens der adeligen Grundbesitzer, sondern auch
seitens der mit gesicherten Titeln ausgestatteten Parzellenbesitzer
läßt sich nachweisen, daß den mit Landrechten korrespondierenden
Pflichten nicht immer nachgekommen wird.

Die (nur für Parzellenbesitzer) gesetzlich vorgesehene Bindung
von Landrechten an eine effektive Landnutzung wird vor allem von
denjenigen Tonganern übersehen, die sich - wegen Abwanderung oder
aus anderen Gründen - längere Zeit von ihren Feldern entfernen.
Zwar bietet die bestehende Agrarverfassung die Möglichkeit, ungenutzte Buschparzellen zu enteignen; der Umstand jedoch, daß die
Verfügungsgewalt über dieses Land dann an die adeligen Grundbesitzer zurückgehen würde, hat bislang die Durchsetzung dieser Bestimmung - bis auf wenige Einzelfälle - verhindert.

Als limitierender Faktor einer optimalen Landnutzung tritt hier
die Inflexibilität des formalen Landrechts zutage: Die Agrarproduktion fördernde, verbindliche Pachtverträge, sind unter Parzellenbesitzern erst in letzter Zeit (seit 1976) möglich, in der der-

---

1) CROCOMBE, R., 1980

zeitigen Form allerdings unzureichend. Für die Entwicklung marktorientierter Agrarproduktion greifen Farmer deshalb auf informelle Landnutzungsabsprachen zurück, die jedoch - besonders beim Anbau langfristiger kommerzieller Kulturen - erhebliche Risiken mit
sich bringen.

d) Die in den letzten etwa zwei Jahrzehnten beschleunigt eingeleitete Kommerzialisierung der Landwirtschaft basiert auf institutionellen Rahmenbedingungen, die den bisherigen (s. Kap. III),
vor allem aber den zukünftig zu erwartenden, Einkommensstrom in
ungleicher Weise zu kanalisieren drohen.[1]

Die landbesitzende Elite (die *Nopele* und deren engere Verwandtschaft) hat bereits unter den Bedingungen einer weitgehend auf
die Selbstversorgung gerichteten Landwirtschaft überzeugend demonstriert, wie sich die Agrarverfassung zu ihrem Vorteil handhaben läßt. Während sich in der Vergangenheit jedoch Statusdenken
auf die Ausübung traditioneller - oft nur symbolischer - Kontrollrechte an Land beschränkte (eine Art Treuhänder- oder Verwalter-
funktion), macht sich unter den Bedingungen wachsender Marktorientierung eine Motivationsverschiebung bemerkbar: Soziales Prestige
definiert sich nicht mehr ausschließlich über ererbte Privilegien,
sondern in zunehmendem Maße über die Anhäufung von Kapital und
die Zurschaustellung materieller Güter. Im Zuge dieser Tendenz
gewinnt in der Wertzumessung von Land die ökonomische Dimension
an Bedeutung und Rechte an Land werden schärfer voneinander ab-
gegrenzt.

Die Diskrepanz zwischen informeller Landrechtspraxis und be-
stehender Agrarverfassung läßt der Elite durchaus die Möglichkeit,
sich auf formaljuristische Landbesitzansprüche zurückzuziehen und
auf ihren Ländereien entweder selbst oder durch Mittelsmänner
"agrobusiness" zu betreiben. Die einseitige Umwandlung traditioneller Kontrollrechte in gewinnbringende Nutzungsrechte an Land
deutet sich in den dargestellten Dorfstudien an zahlreichen Beispielen an; für die soziale Entwicklung des Landes bedeutet dies
die Gefahr einer weiteren Polarisierung zwischen einer oligar-
chisch kleinen Elite und der breiten Mehrheit der Bevölkerung,

---

1) Vgl. BROOKFIELD, H.C., 1979; auch DOMMEN, E.C., 1973

deren Landrechte immer unsicherer werden. In der volkswirtschaft-
lichen Perspektive leitet sich aus der "Vertikalisierung" der
tonganischen Gesellschaft eine wachsende Ungleichheit in der Verteilung von Einkommen und Vermögen ab, die der - im einleitenden
Kapitel begründeten - Notwendigkeit der Schaffung von Massenkaufkraft konträr gegenübersteht. Die rasch wachsende Proletarisierung - das heißt der Entzug der Verfügungsgewalt über den Produktionsfaktor Boden - läßt sich aber in einer kleinen Inselgesellschaft in nur sehr beschränktem Maße durch Industrialisierung
und Schaffung von Arbeitsplätzen auffangen. Es gilt deshalb, dieser Entwicklung durch die Förderung einer mit sicheren Landrechten ausgestatteten Schicht von Kleinbauern entgegenzuwirken.

Auf diesem Wege lassen sich Problemfelder in der Agrarverfassung ausmachen, die - wie oben dargestellt - weitgehend aus der
unzureichenden Anpassung des Landrechtssystems an die Erforder-
nisse des stattfindenden und für die Zukunft abzusehenden sozio-
ökonomischen Wandels resultieren. Weil aber die unter a) diskutierten, demographischen Aspekte bestenfalls langfristig beein-
flußbar sind (durch Familienplanung über mehrere Generationen)
und die unter b) angedeutete Machtstruktur Probleme aufwirft,
die über systemkonforme Optimierung weit hinausgehen, sollen im
folgenden Lösungsansätze vorgestellt werden, die - im Kontext
der gegebenen sozio-politischen Bedingungen - durch Modifikation
der Agrarverfassung zu einer intensiveren Landnutzung beitragen
können.

1.   LANDADMINISTRATION, TITELREGISTRIERUNGEN

Kernpunkt der empirischen Untersuchung in den Beispieldörfern
war es, einen Zusammenhang zwischen dem Grad der Sicherheit von
Landnutzungsrechten der Parzellenbesitzer und der Intensität der
Landnutzung zu belegen. Die dazu notwendige,vollständige Erfassung von Landrechten unterschiedlicher Qualität förderte als
erstes zutage, daß das System der amtlichen Registrierungen von
Besitztiteln unübersichtlich und in grobem Maße inakkurat ist.

Möglicherweise zurückführbar auf nicht hinreichende Einarbeitungs-
zeiten des mit der Landadministration befaßten Personals im "Lands
& Survey Department", läßt die große Zahl von Doppel- und Fehlregistrierungen, die in fast allen Beispieldörfern nachgewiesen werden konnte, die Aussage zu, daß die Eintragungen in den Katasterkarten und amtlichen Registrierungsbüchern nicht den aktuellen
Stand der Landbesitzverteilung reflektieren. Nach den Ergebnissen
der Fallstudien wird vielmehr die Vermutung nahegelegt, daß - über
die detailliert untersuchten Beispiele hinaus - die aus den Registrierungsbüchern abgeleiteten amtlichen Statistiken lediglich
den Umstand verschleiern sollen, daß nach wie vor ein erheblicher
Teil des Landes unter der Kontrolle der Aristokratie steht.

Gemessen an den Kriterien, daß ein System der Landregistrierung sicher, einfach, akkurat, billig, schnell und den lokalen
Bedingungen angepaßt sein sollte,[1] wird das tonganische Verfahren der Landadministration nur der letzten Forderung gerecht. Auf
der Grundlage der weitgehend abgeschlossenen Landvermessung bietet jedoch das praktizierte Torrens-System[2] Möglichkeiten einer
umfassenden Rationalisierung: Problematisch erscheint vor allem
die mit fast jedem neuen Besitzer sich verändernde Namensgebung
für die Buschparzellen, die erheblich zur Fehlerquote der Statistiken beitragen dürfte, weil sie nur für denjenigen nachvollziehbar wird, der mit den lokalen Verhältnissen auf das Engste
vertraut ist. Notwendig wäre hier die Vervollständigung der syste-
matischen Erfassung der Parzellen durch Katasterblocknummern, eine
technisch relativ einfach zu bewältigende Aufgabe, die zudem den
Vorteil hätte, daß die gesammelten Daten auch elektronisch gespei-
chert und dadurch jederzeit schnell, einfach und mittlerweile sehr
billig abrufbar wären. Der personellen Ausstattung des "Lands &
Survey Department" entsprechend,[3] dürfte die Durchführung eines
solchen Projekts nicht länger als ein Jahr in Anspruch nehmen; mit
dem entsprechenden Nachdruck vorgetragen, werden die Chancen einer Finanzierung über Entwicklungshilfegelder günstig beurteilt.

---

1) DOWSON, SIR E. & SHEPPARD, V.L.O., 1956, S. 71
2) zuerst eingeführt bei der Kolonisierung von Südaustralien; s. WEST, H.W.,
   1972; vgl. SIMPSON, S. ROWTON, 1976
3) s. KINGDOM OF TONGA 1980, "Civil Service List", S. 63 ff

Die Modernisierung des Systems der Titelregistrierungen ist
dabei keineswegs nur von statistischer Relevanz oder - wie von
West formuliert - "not a sterile legal exercise, but part of
the dynamic infrastructure of development."[1] Als bislang recht
vage formuliertes Planziel hat diese Erkenntnis auch Eingang in
den neuesten Entwicklungsplan gefunden, in dem für die nächsten
Jahre gefordert wird "... to improve the administration of all
land matters."[2]

Abgesehen von einer jederzeit und überall zu begrüßenden "Verbesserung" herrschender Umstände vermeidet der Entwicklungsplan
jedoch, die politischen Hintergründe der notwendigen Rationalisie-
rungen zu konkretisieren. Lediglich angedeutet - im einzelnen aber
auf die Kompetenz eines noch zu gründenden Expertengremiums verschoben - wird der Kernpunkt tonganischer Landrechtsproblematik
durch die Forderung "... to ... improve security of land holdings
through the registration of all tax and town allotments."[3] Als
Begründung dieser Forderung läßt sich das - an späterer Stelle
und in anderem Zusammenhang angeführte - Argument heranziehen,
daß "crops with the greatest potential for development in Tonga
tend to be longterm in nature."[4] Geleitet durch die Erfahrungen
von Agrarfachleuten in anderen Entwicklungsländern - für den tonganischen Kontext jedoch a priori - wird hier eine positive Korrelation zwischen agrarischer Produktivität und der Sicherheit von
Landnutzungsrechten vorausgesetzt. Die Ergebnisse der vorliegenden
Untersuchung weisen nunmehr auf eine Bestätigung des vermuteten
Zusammenhangs hin und sind damit - zumindest partiell - geeignet,
die Argumentationskette der Entwicklungsplaner durch empirische
Befunde zu untermauern:

Am deutlichsten zu veranschaulichen ist die Tatsache, daß mit
zunehmender Marktorientierung auch tonganische Familien in einer
hinreichenden Rechtssicherheit die notwendige Voraussetzung für
Investitionen sehen, am Vanilledorf Taoa: Bezogen auf die Registrierung von Buschparzellen konnte hier gezeigt werden, daß die

---

1) WEST, H.W., 1972
2) KINGDOM OF TONGA, CPD, DP IV, 1981, S. 18
3) ebd.
4) ebd.

Langzeitkultur Vanille fast ausschließlich auf Parzellen angelegt wird, auf die ein rechtsverbindlicher Besitzanspruch besteht. Durch Tradition und Gewohnheitsrecht legitimierte Absprachen mit dem adeligen *toﬁi'a*-Besitzer sowie informelle "Pacht"-Vereinbarungen mit Parzellenbesitzern, (auf die im weiteren noch eingegangen wird) werden nicht als hinreichend sichere Landnutzungsrechte empfunden. Das daraus resultierende, tatsächliche Investitionsverhalten läßt den Schluß zu, daß - bezogen auf den Anbau mehr- und langjähriger kommerzieller Kulturen - Familien ohne amtliche Registrierung ihres Besitzanspruches von der Partizipation an marktorientierter Landwirtschaft nahezu ausgeschlossen sind.

Weniger eindeutig, jedoch die Tendenz bestätigend, kann dieses Ergebnis auf den Bananenanbau im Beispieldorf Kolonga bezogen werden, wo zudem exemplarisch aufzuzeigen ist, daß die relativ weit fortgeschrittene Kommerzialisierung des Agrarsektors einer tongaspezifischen Form institutionalisierter Korruption Vorschub leisten kann. Für die über Titelregistrierung zu erlangende Sicherung von Landnutzungsrechten ist hier ein - bislang außerlegaler - Markt entstanden, auf dem standardisierte Buschparzellen nicht unter vierstelligen Dollarsummen gehandelt werden. Die unter betriebswirtschaftlichen Gesichtspunkten durchaus zu rechtfertigende Investition in solcherart "Kauf" von Land (der auch in anderen tonganischen Dörfern nachweisbar ist und an der Peripherie der Hauptstadt mehr oder weniger offen betrieben wird) bestätigt zum einen die Wichtigkeit der amtlichen Registrierung; zum anderen wird auch dadurch erkennbar, wieweit das kodifizierte Landrecht der tatsächlichen Entwicklung hinterherhinkt. Notwendig wäre hier die teilweise Legalisierung einer Praxis, bei der Transfers von Landbesitztiteln unter Kontrolle der Regierung stattfinden und bei der nicht - wie bisher - Spekulationsgewinne von einer privilegierten Elite abgeschöpft werden können.

Die Korrelation:Sicherheit von Landrechten und Intensität der Landnutzung ist bei der Kokosnußpalme besonders komplexer Art. Zwar läßt sich auch hier nachweisen, daß die durch Kopraproduktion erzielten Gewinne bei Familien mit registriertem Parzellenbesitz höher liegen als bei Familien mit lediglich traditionellen Nutzungsansprüchen; die Differenz ist für eine befriedigende Erklä-

rung jedoch nicht ausreichend. Vielmehr muß gesehen werden, daß
in der wichtigsten Pflanzphase zur kommerziellen Nutzung der Kokosnuß (um die Jahrhundertwende) die mündliche Zusage der *Nopele*
noch als einzige und verbindliche Grundlage der Landnutzung gegolten hat. Unabhängig davon, ob ihre Parzellen in der Zwischenzeit registriert worden sind oder nicht, ernten deren Besitzer
heute die Früchte früherer Investitionen. Da der Palmenbestand
jedoch mittlerweile zum großen Teil die Grenze des produktiven
Alters erreicht oder überschritten hat, sind Wiederaufforstungen
notwendig, die die heute üblichen Rentabilitätsüberlegungen in
Kraft setzen. So ließ sich in allen Beispieldörfern zeigen, daß
Neuanpflanzungen von Kokospalmen fast ausschließlich auf registrierten Parzellen getätigt werden; die Einkommensschere zwischen
Familien mit registriertem und solchen mit relativ unsicherem
Landbesitz wird sich dadurch in der Zukunft weiter öffnen. Gravierende Auswirkungen wird diese Entwicklung - bei unveränderten
Rahmenbedingungen - in jenen Teilen Tongas haben, die (wie die Beispieldörfer Lotofoa und Falevai) auch in absehbarer Zukunft von
der Kokosnuß als Haupteinnahmequelle abhängig sind. Die Defizite
des Landrechtssystems werden damit zur Mit-Ursache regionaler
Disparitäten, die die Inselgruppe Ha'apai, Teile Vava'us und die
äußerste Peripherie von der Entwicklung auf der Hauptinsel abkop-
peln.

Der oben angeführte Minimalansatz der Modernisierung der Land-
administration - die umfassende, akkurate und einfach zu handha-
bende Registrierung von Landbesitzansprüchen[1] - kann lediglich
als Voraussetzung weiterreichender Maßnahmen zur Überwindung einer Tendenz gesehen werden, die durch sozio-ökonomische und räumliche Unausgewogenheit charakterisiert ist. Dennoch müssen auch
zur Implementierung dieses ersten Schrittes, der an sich keine
Reformmaßnahme, sondern nur eine Bestandsaufnahme der bisher erzielten Ergebnisse in der Landverteilung beinhaltet, politische
Hindernisse einkalkuliert werden: Die Interessenskollision von
Aristokratie einerseits und - mittlerweile größtenteils - landlosen Tonganern andererseits wird sich kaum ohne schmerzhafte

---

[1] als Forderung bereits formuliert in: SOUTH PACIFIC COMMISSION, 1969, S. 6ff

soziale Umwälzungen vollziehen lassen. Im Interesse der Vertreter der landbesitzenden Elite, die traditionell den Verwaltungsapparat des "Lands & Survey Department" kontrolliert, wird es dabei auch weiterhin liegen, ihren Anteil an der produktiven Ressource Land möglichst gering erscheinen zu lassen. Von einer organisierten Interessensvertretung unterprivilegierter Tonganer wird es deshalb abhängen, inwieweit bestehende Reserven an agrarischer Nutzfläche aufgedeckt und - in einem weiteren Schritt - einer effektiven Landnutzung durch Kleinbauern zugänglich gemacht werden können.[1)]

2.   GRUNDSTEUER .

Erst auf der Basis eines verläßlichen Systems von Titelregistrierungen ließe sich ein Problemfeld angehen, das in den Dorfstudien durch die große Zahl weitgehend ungenutzter Buschgrundstücke aufgezeigt worden ist. Eine unzureichende Inwertsetzung des vorhandenen Agrarlandes wird dabei nicht in den Fällen unterstellt, in denen das traditionelle Produktionssystem eine ausgedehnte Buschbrache erforderlich macht; vielmehr belegen die Befunde, daß vor allem solche Parzellen unproduktiv bleiben, deren Besitzer über alternative Einnahmequellen (Lohnarbeit im In- oder Ausland) verfügen, bzw. solche, die durch Alter oder körperliche Gebrechen den Anforderungen landwirtschaftlicher Tätigkeit nicht mehr gewachsen sind. Ein eigenes Kapitel stellen in diesem Zusammenhang zahlreiche brachliegende Pachtgrundstücke dar, für die das gesetzliche Instrumentarium zur Enteignung aber bereits vorhanden ist; des weiteren scheinen volkswirtschaftlich die brachliegenden Privatländereien solcher Adeliger problematisch, die sich immer noch eher aus Prestigegründen denn aus ökonomischen Überlegungen an ihren Landbesitz klammern.

Als eine in ein umfassendes Agrarreformprogramm zu integrierende Maßnahme ist deshalb bereits in der ersten Hälfte der sieb-

---

1) Vgl. SEVELE, F., 1980

ziger Jahre eine Revision des Steuerrechts ins Auge gefaßt worden. Die bisherige Praxis - eine jährliche Nominalpacht von
0,80 T$ pro Buschparzelle plus die Besteuerung des aus landwirt-
schaftlicher Tätigkeit erzielten Einkommens - ist in der Tat
eher geeignet, die agrarische Produktion auf dem Niveau der "subsistence affluence" einzufrieren, als sie der angestrebten Steigerung der Marktorientierung förderlich ist. Notwendig wäre eine
in wesentlich stärkerem Maße an der Produktionskapazität orientierte Grundsteuer, die das langjährige Brachliegenlassen ganzer
Felder zu teuer macht und dadurch Anreize schafft, dieses Land
entweder anderen Interessenten zur Verfügung zu stellen oder
selber kommerziell zu nutzen.

Die Debatten im tonganischen Parlament zwischen 1972 und
1974[1) weisen darauf hin, daß sich die Regierenden des Landes
der Problematik des Steuerrechts durchaus bewußt sind. Diskutiert wurden in diesen Debatten mehrere Eingaben nichtadeliger
Parlamentsmitglieder, die zum einen forderten, die bislang nur
nominale Grundsteuer von 0,80 T$ für alle (!) Buschparzellen auf
mindestens 50 T$ zu erhöhen, zum anderen, daß diese Steuer nicht
mehr - wie bislang - an die landbesitzende *Nopele* fließen, sondern in den Staatshaushalt eingehen sollte.

Verständlicherweise erregte der zweite Teil der Forderungen
besonders bei denjenigen Adeligen massiven Widerspruch, die einen beträchtlichen Teil ihres Einkommens aus diesen Steuerein-
nahmen ziehen. Diese waren jedoch in der Minderheit. Als weitaus heikler stellte sich die Ausdehnung der einzuführenden Grundsteuer auf alle Buschparzellen heraus, also auch solche, die
nicht im Namen der Parzellenbesitzer registriert und damit formalrechtlich Eigentum der Adeligen sind. Der Bezug zur oben ab-
gehandelten Titelregistrierung wird offensichtlich: Nicht nur
hätte die Einführung einer allgemeinen Grundsteuer die tatsächlichen Landbesitzverhältnisse in Tonga bloßgelegt. Die Eingaben
scheiterten schließlich daran, daß auch die Aristokraten Abgaben
an einen Staat und für Land bezahlen sollten, das sie ohnehin als

---

1) Mitschriften eingesehen im privaten Tagebuch eines Mitglieds des Parlaments; vgl. die Andeutungen des im folgenden geschilderten Sachverhalts
   in: TONGA GOVERNMENT GAZETTE, No. 9, 1976, S. 121

ihr "Eigentum" betrachten.

Um die Debatten auch in der Argumentation der Nichtadeligen
vor ihrem Hintergrund zu sehen, sei dazu abschließend bemerkt,
daß Parzellenbesitzer, insbesondere solche ohne registrierten
Titel, auch bisher weit mehr als die obligatorischen 0,80 T$
pro Jahr an ihren adeligen Grundherren zahlen. Wie die Dorfbeispiele belegen, errechnen sich die "freiwillig" geleisteten Na-
turalienabgaben (getarnt als "traditional obligations") im Durchschnitt der erfaßten Fälle auf einen Geldwert von ca. 50 T$. Ein-
fachen Tonganern entstünden also durch die Einführung einer allgemeinen Grundsteuer in der vorgeschlagenen Höhe keine finanziellen Nachteile, wohl aber hätten sie den Vorteil, sich von
den *Nopele* weniger abhängig zu fühlen.

Angesichts des abschlägigen Verlaufs der Parlamentsdebatten
mag es verwunderlich erscheinen, daß das Landwirtschaftsministerium 1980 eine Untersuchung zu diesem Thema durchführte und
in den Entwürfen zum neuesten Entwicklungsplan die Diskussion
um die Grundsteuer neu entfachte:

> "The survey that was carried out on Tongatapu in 1980
> of over 2000 growers indicated that there was a strong
> possibility that substitution of income tax with a flat
> unit area land tax would provide an incentive for gro-
> wers to increase production, as taxes would not increase
> with increasing production. A land tax would also en-
> courage greater utilisation of land as absentee owners
> would be more inclined to lease their land to interested
> growers to help pay for the land tax."   1)

Wenn auch von diesem Entwurf in der abschließenden Fassung des
Entwicklungsplanes nur noch die äußerst unverbindliche Formulierung übriggeblieben ist, die "desirability of taxation measures, including a land tax"[2] zu untersuchen und zu evaluieren,
kann doch die Notwendigkeit einer höheren Grundsteuer als im
Ansatz akzeptiert und für die laufende oder kommende Entwick-
lungsperiode als programmatisch gelten. Auch hier wird es von
den Feinheiten eines letztlich verabschiedeten Gesetzes abhängen, inwieweit politische Widersprüche gegen volkswirtschaft-

---

1) SORRENSON, W.J., 1981, S. 24; vgl. ders., 1980
2) CENTRAL PLANNING DEPARTMENT, DP IV, 1981, S. 24

liche Interessen ausbalanciert werden können. Langfristig - so
wird es von Kennern tonganischer Mentalität eingeschätzt[1] -
wird sich auch bei den privilegierten Grundherren die Einsicht
durchsetzen, daß eine an der Produktionskapazität orientierte
Wertzumessung von Land nicht gegen ihre Interessen verstößt.

Problematisch dürfte im Rahmen der tonganischen Agrarverfassung werden, daß ein offizieller Marktwert von Land bisher nicht
existiert und deshalb realistische Steuersätze nur schwerlich zu
fixieren sind. Lemoto stellt fest:

> "The real test of value is difficult to achieve as there
> is no market value or open market for land. The concept
> of 'willing buyer - willing seller' is not available in
> Tonga and therefore cannot be used as a basis for assessing
> value." [2]

In den untersuchten Beispielen tonganischer Dörfer ist jedoch der
Umstand angedeutet worden, daß in Form (außerlegaler) Pacht- und
Transferzahlungen sehr wohl ein inoffizieller Markt für Land existiert, dessen unvoreingenommene Untersuchung Anhaltspunkte zur
Festlegung einer Grundsteuer liefern könnte. Desgleichen wäre es
möglich, die von Gerichten festgesetzten Kompensationszahlungen[3]
zur Orientierung heranzuziehen.

Politische Hindernisse, eine angemessene Nominierung und möglicherweise entstehende Verwaltungskosten sind jedoch nicht die
einzigen Schwierigkeiten bei der Einführung einer sinnvollen
Grundsteuer. Es muß vielmehr vor vorneherein deutlich werden, daß
es sich um eine Maßnahme im Rahmen eines umfassenden Reformpro-
gramms handelt, zu dessen Durchführung die Einnahmen aus der
Grundsteuer verwendet werden sollen, denn:

> "In agriculture, these (land tax) revenues could be
> used ... for a true land reform - a land reform that
> may never take place if a nation relies solely on the
> secondary effects of land taxation." [4]

---

1) z.B. KAUFFMANN, P. ("Tavi-Tonga"), persönliches Gespräch, Dezember 1980
2) LEMOTO, S.N., in: LAMOUR, P., u.a., ebd., 1981, S. 16
3) So etwa der Fall des Flughafenausbaus, bei dem der Wesleyan-Kirche 23.000 T$
   als Kompensation zugesprochen wurde; s. KAVAPALU, O., in: LAMOUR, P., u.a.,
   ebd., 1981, S. 66; zur Problematik allgemein vgl. MELICZEK, H., 1972
4) SASAMA, G.W. & DAVIS, H., 1973, S. 654

3.   PACHTRECHT

Im Brennpunkt sich abzeichnender Agrarreformbestrebungen steht
in Tonga eine Anpassung des geltenden Pachtrechts an die sich
wandelnden lokalen Produktionsverhältnisse. Bis zur Verabschie-
dung des "Land (Amendment) Act 1976"[1] hielt die Agrarverfassung
in allzu starrer Weise an der Unveräußerbarkeit von Buschparzellen fest. Seitdem sind Pachtverträge unter Tonganern und - zur
Deckung von Krediten - die Verpfändung von Land[2] zwar legali-
siert; jedoch mit so komplexen und weitreichenden Einschränkungen versehen, daß die meisten tonganischen Familien sich ihrer
Rechte nicht bewußt sind und von deren Vorzügen praktisch keinen
Gebrauch machen.

Stattdessen wird im Kontext wachsender Marktorientierung der
Agrarproduktion weiterhin ein informelles System von Landnutzungs-
absprachen praktiziert, dessen Darlegung in den Dorfbeispielen
breiter Raum eingeräumt wurde. Als Problemfeld erwies sich in
der Untersuchung dieser Arrangements - wie auch bei der Abgrenzung formalrechtlicher "Eigentums"-Ansprüche - der vermutete Zusammenhang von Sicherheit der Landnutzungsrechte und Intensität
der landwirtschaftlichen Produktion. Als generalisierbares Ergebnis der Dorfstudien bleibt dazu festzuhalten, daß sich in der

---

1) Land (Amendment) Act 1976, No. 18 of 1976 (erweitert und ergänzt durch No.6
   of 1968 und No. 4 of 1980) beinhaltet kurz zusammengefaßt:
   - Verpachtungen einer ganzen oder eines Teiles einer Dorf- oder Buschparzelle sind nur möglich, wenn diese registriert sind. Verpachtungen bedürfen der Genehmigung des Kabinetts, werden Witwen und Lehrern (die *'apis*
   nach einer Sonderbestimmung halten können) nicht erlaubt und können nur
   bis zu einer maximalen Laufzeit von 10 Jahren abgeschlossen werden. Eine
   automatische Verlängerung der Laufzeit ist nicht erlaubt. Der Pachtzins
   wird auf den (unrealistisch niedrigen) Höchstbetrag von 10 T$ pro Acre
   (etwa 25 T$ pro Hektar) festgesetzt und muß an die Regierungskasse gezahlt
   werden, die den Betrag - unter Einbehaltung von 10% Grundsteuer - an den
   Verpächter weiterleitet. Der Pächter darf insgesamt nicht mehr als 5 Parzellen gleichzeitig pachten und ist verantwortlich für deren hinreichend
   intensiven Kultivierungsstand. Sollte er gegen letztere Bestimmung verstos-
   sen, muß er zwar den Pachtzins weiterzahlen, verliert aber sein Nutzungsrecht sofort.
2) nur zugunsten der Regierung, der "Bank of Tonga" oder einzelnen, vom König
   zu autorisierenden Personen oder Körperschaften.

Gegenüberstellung von Haushalten mit relativ sicheren Landrechten
und solchen, die lediglich durch mündliche Absprachen mit Parzellenbesitzern Zugang zu Land gewonnen haben, keine signifikanten
Differenzen im Bereich der Selbstversorgungsproduktion feststellen lassen. Das heißt: Hunger ist eine bislang in Tonga nicht verbreitete Erscheinung; feststellbare ernährungsphysiologische Defizite - insbesondere Proteinmangel[1] - stehen in keinem erkennbaren
Zusammenhang mit der Landrechtsproblematik.[2] Darüberhinaus weisen die Ergebnisse darauf hin, daß die wachsende Kommerzialisierung der Landwirtschaft und die damit verbundene zusätzliche Raumbeanspruchung durch den Anbau von "cash crops" bisher keine negativen Konsequenzen für den Subsistenzsektor mit sich gebracht haben.

Völlig anders stellt sich dagegen die Relation Sicherheit gegen
Intensität der Landnutzung im Bereich marktorientierter Agrarproduktion dar: Für die über den Eigenbedarf hinaus produzierten Überschüsse, bzw. die explizit für den Verkauf angebauten Kulturen,
läßt sich ein eindeutiger Zusammenhang in der Weise konstatieren,
daß für Haushalte mit vage definierten und unsicheren Landnutzungsrechten ein wesentlich geringerer Grad an Marktpartizipation realisierbar ist. Wenn auch einige Großfarmer die gefundene Relation
durch geschicktes Ausnutzen aller Marktchancen zu widerlegen scheinen, bleibt doch festzuhalten, daß über das Mittel aller untersuchten Haushalte solche mit als sicher empfundenen Landrechten
ein wesentlich höheres - zum Teil mehrfaches - Agrareinkommen erzielen als die "Pächter" in getroffenen Nutzungsabsprachen.

Differenziert werden muß dieses Ergebnis in zwei Richtungen:
Zum einen muß als wichtig erachtet werden, daß die untersuchten
Landnutzungsarrangements in den Kontext sozio-kulturell determinierter Verhaltensweisen eingebettet sind, die sich zwar verändern, aber dennoch - besonders auf den äußeren Inseln - von tra-

---

1) s. z.B. SCHRÖDER, P., u.a., 1983, S. 150 ff
2) Die empirische Untersuchung erstreckte sich allerdings nur auf die ländlichen Gebiete Tongas; in der Hauptstadt Nuku'alofa dagegen läßt sich - zumindest in Einzelfällen belegbar - durchaus nachweisen, daß Landlosigkeit
   auf die Ernährungssituation durchschlägt.

ditionellen Normen geprägt sind. Die Eingebundenheit in ein Familiensystem verschaffte vielen der untersuchten Haushalte überhaupt erst die Möglichkeit eigener Landnutzung; die dazu getroffenen Absprachen zeichneten sich dadurch aus, daß sie an Laufzeit und Verbindlichkeit mit der Enge der verwandtschaftlichen Beziehung zunehmen. Mit wachsendem individuellen Gewinnstreben lockern sich jedoch familiäre Bindungen allmählich; die aus diesen Bindungen resultierende Sicherheit von Landrechten erreicht dann eine Grenze, wenn es sich um den Anbau langjähriger kommerzieller Kulturen handelt.

Damit ist ein für die zukünftige landwirtschaftliche Entwicklung Tongas entscheidender Punkt angesprochen: Die Befunde der Haushaltsuntersuchung weisen darauf hin, daß Familien mit unsicheren "Pacht"-Rechten - so sie überhaupt Produkte vermarkten - ihr Einkommen in der Hauptsache aus Kurzzeitkulturen (z.B. Melonen oder Gemüse) erzielen, während solche mit sicheren Landrechten das Risiko des Anbaus von Langzeitkulturen (z.B. Vanille oder Kokosnuß) eingehen können und aufgrund der dazu erforderlichen geringeren "Inputs", aber auch besserer Vermarktungschancen, ein deutlich höheres agrarisches Nettoeinkommen erzielen. Unter der Voraussetzung, daß auch weiterhin von den agrartechnischen Experten keine neuen, den tonganischen Bedingungen angepaßten, wettbewerbsfähigen Kurzzeitkulturen vorgestellt werden können, lassen die im Pachtrecht liegenden Defizite der Agrarverfassung für die Zukunft eine extrem ungleiche Kaufkraftentwicklung erwarten.

Das Pachtrecht ist - wie mehrfach angedeutet - auch im Zusammenhang mit der durch die Migrationsbewegungen vor allem der siebziger Jahre entstandenen Problematik der "absentee land holders" als Mitursache der unzureichenden Inwertsetzung des Produktionsfaktors Boden erkannt worden. Dazu äußerte sich der herrschende Monarch in der Eröffnungsrede zur 75. Legislaturperiode des tonganischen Parlaments am 29. Mai 1975 wie folgt:

> "It is noted that many areas have now been neglected as the holder moves to another place and consequently travels overseas hence the complete desertion of their lands. We should then review our system of land holding, to pass on the land to those who are with earnest desires for cultivation. Once this ist done then I think opportunities will

open up therefrom instead of regarding it merely
as a holding, something for sale or gambling or
any other unwise action."   1)

Die Ergebnisse der Dorfstudien belegen in der Tat, daß tempo-
rär oder permanent abgewanderte Parzellenbesitzer nur in sehr unzureichender Weise ihren im Lande verbleibenden Verwandten Nutzungsrechte an ihren Parzellen einräumen. Zwar konnte festgestellt
werden, daß in relativ geringem Umfang der Anbau für den Eigenbedarf, unter Umständen auch das Abernten der Kokosnüsse erlaubt
wird; längerfristige und verbindliche Nutzungszusagen - als Voraussetzung eines effektiven marktorientierten Anbaus - werden jedoch in der Regel nicht erteilt. Die zugrundeliegende Motivation
ist in den Ängsten der Parzellenbesitzer zu suchen, daß die Bodenfruchtbarkeit ihres Landes durch allzu intensive kommerzielle
Nutzung während ihrer Abwesenheit überstrapaziert wird, zum Teil
wohl auch in dem nicht ganz unbegründeten Verdacht, daß ihre Verwandten aus den auf unbestimmte Zeit getroffenen Absprachen Ei-
gentumsansprüche per Gewohnheitsrecht ableiten könnten. Diese Vorbehalte ließen sich jedoch (ähnliches gilt für Parzellenbesitzer,
die aus Alters- oder Krankheitsgründen ihr Land nicht selber nutzen) dadurch ausräumen, daß die Konditionen klar definiert und in
einem Vertrag schriftlich festgehalten würden.

Um dem nachzuhelfen, leitete der König im Jahre 1979 eine Ge-
setzesinitiative ein, die den "absentee land holders" mit der Enteignung ihrer Parzellen drohte. Der Entwurf des "Land (Amendment)
Act 1979" besagte in diesem Punkt:

"An allotment holder shall be deemed to have abandoned his
allotment for a period of more than two years for the pur-
pose for the preceding subsection if:
a) he becomes a citizen of nor naturalized in any foreign
   country. The production of a document certified to that
   effect by the appropriate authority or department of
   that country shall, in absence of evidence to the coun-
   trary, be sufficient proof of such fact;

---

1) TAUFA'AHAU TUPOU IV, 1975, aus: Tonga Goverment Gazette, No.1, 1977, S. 7

b) he has been absent from the Kingdom for a continuous
   period of two years for purposes other than solely
   for:
   I) education, apprinticeship or training;
   II) medical treatment or hospitalization."   1)

Das Manöver der Regierung, eine effektive Landnutzung durch
das Mittel der Enteignung erzwingen zu wollen, erwies sich jedoch als allzu vordergründig im Interesse des landbesitzenden
Adels: In einer für Tonga ungewöhnlich aggressiv und öffentlich
geführten Debatte verwahrten sich die - immerhin zur Mitsprache
berechtigten - Vertreter des Volkes gegen den Umstand, daß ent-
eignete Parzellen automatisch in den Besitz der *Nopele* zurückgehen würden. [2] Sie wiesen ferner darauf hin, daß die Geldüberweisungen von im Ausland lebenden Tonganern große wirtschaftliche
Bedeutung besäßen (nicht zuletzt für das persönliche Vermögen einiger Adeliger), ein Argument, das den Gesetzentwurf letztlich zu
Fall brachte.

Obwohl die Einzelheiten eines realisierbaren, auch den Grundherren-Absentismus erfassenden neuen Pachtrechts im Rahmen der
vorliegenden Arbeit nicht diskutiert werden können, muß doch aus
den fehlgeschlagenen Ansätzen gelernt werden, daß bisher in zu
formalistischer Weise an den Bedürfnissen tonganischer Familien
vorbeikonzipiert wurde. Die zitierte Enteignungsdrohung macht deutlich, daß - weil immer auch politische Erwägungen in ökonomische
Strategien einfließen - die Revision des Pachtrechts mit einer Modifikation der (für einfache Tonganer ohnehin ungünstigen) Landbe-
sitzstruktur verwechselt wurde. Ein Verzicht auf Kontroll- oder
Eigentumsrechte an Land durch Parzellenbesitzer ist aber zur Steigerung der Agrarproduktion keineswegs notwendig; hinreichend erscheint dazu der verbindliche - notfalls durch gesetzliche Maßnahmen forcierte - Transfer von Nutzungsrechten. Seitens der Par-

---

1) KINGDOM OF TONGA, 1979: "Memorandum No. 59, 18/1/79"; den letztlich nicht
   rechtskräftig gewordenen Gesetzesentwurf eingesehen im "Prime Minister's
   Office", April 1981; der Entwurf gelangte an die Öffentlichkeit durch den
   Aufmacher des TONGA CHRONICLE vom 17. August 1979: "New Act Will Confis-
   cate Allotments Of Overseas Tongan Residents".
2) "The Debate On The Land Act In Parliament",in: TONGA CHRONICLE, August 24,
   1979, S. 8

zellenbesitzer würde dies auf geringeren Widerstand stoßen,
(das psychologische Moment der Identifikation mit der eigenen
Scholle bliebe bewahrt) potentiellen Pächtern wären durch die
gesteigerte Sicherheit der Modalitäten Anreize zu Investitionen
gegeben.

In diesem Sinne gilt es, die auch im neuesten Entwicklungsplan aufgegriffenen Ziele mit Inhalt zu füllen:[1] einfache, langfristige und verbindliche Pachtverträge zu ermöglichen und die
Öffentlichkeit darüber hinreichend zu informieren. Gesetzgeber
und Entwicklungsplaner werden jedoch auf diesem Wege in stärkerem Maße als bisher darauf angewiesen sein, die Interessen der
Mehrheit der Bevölkerung nicht aus den Augen zu verlieren und
die aktive Beteiligung der Betroffenen zu suchen, denn:

> "... in this context it is the recognition of oppurtu-
> nity as perceived, and a design around the forms that
> emerge locally rather than being imposed in doctrinaire
> fashion from above, that will create the new institutio-
> nal structures adapted to new needs."   [2]

4.   OPTIMIERUNG DER RAUMSTRUKTUREN ZWISCHEN BETRIEBSORGANI-
      SATORISCHEN MASSNAHMEN UND DEMOKRATISIERUNG

Die ökonomische ist von der sozialen Komponente der sich als
räumliches Ordnungssystem niederschlagenden Agrarverfassung nicht
zu trennen; die sich in beiden Dimensionen abzeichnenden Problemfelder machen zu ihrer Überwindung integrative Ansätze erforderlich, die nicht bei agrartechnischen Innovationen stehenbleiben,
sondern darüberhinaus die für die Verteilung produktiver Ressourcen verantwortlichen gesellschaftlichen Institutionen erfassen.

---

[1] Ansätze lassen sich erkennen in den neuesten Anhängen zum Landgesetz, die
hier allerdings nicht mehr im einzelnen diskutiert werden können. Im "TON-
GA CHRONICLE" vom 10. Juni 1983 wird folgendes vorgestellt: "The amendments
of the land act increase the term of a lease for a tax allotment from 10
years to 20 years and increases the number of leases of the allotments one
person may hold from 5 to 10."

[2] BROOKFIELD, H.C., 1979, S. 51; vgl. FAO, 1981, S. 15

Die von den staatlichen Entscheidungsträgern Tongas eingeleitete wachsende Marktorientierung der Agrarproduktion hat Plan-
ziele hervorgebracht, die sich - darauf weisen die empirischen
Befunde hin - nicht in völligem Einklang mit den bestehenden Möglichkeiten befinden. Eine als notwendig erachtete Agrarreform
läßt sich jedoch auf der gegebenen Basis landwirtschaftlicher
Kleinbetriebe vollziehen; zu unterstreichen ist:

> "Taking into account the ecological, economical and
> social aspects of the Tongan situation, the develop-
> ment of an agriculture based on small holders is the
> only consistent and prospective path toward facing
> the new requirements within the agricultural sector." 1)

Auf der Mikroebene der tonganischen Agrarstruktur - den Buschparzellen - ließe sich das traditionelle Landnutzungssystem durch
einfache betriebsorganisatorische Maßnahmen intensivieren. Das
von Schröder u.a. entwickelte Modell eines "future *'api uta*"[2)]
(s. Abb. Nr. 40) hat dabei den Vorteil, das es eine koordiniertere
Abfolge des auch bisher praktizierten Verfahrens von Buschbrache
und Fruchtwechsel ermöglicht. Erreicht werden soll auf diesem
Idealtypus einer Buschparzelle die Steigerung der Produktivität
durch eine "low input strategy" organischen Landbaus. Abgesehen
davon, daß diese Strategie bei kommerzieller Nutzung nur begrenzt
verwendbar ist, birgt die vorgeschlagene Modifikation der Raum-
struktur durch weitere Fraktionierung der Landfläche jedoch die
Gefahr in sich, der immer deutlicher werdenden Tendenz zu groß-
maßstäblicheren Produktionseinheiten nicht mehr gerecht werden
zu können.

Dem abgebildeten Modell sei deshalb entgegengestellt, daß sich
seit jeher tonganische Farmer zu kooperativen Landnutzungsformen
(den in den Dorfstudien beschriebenen *kautaha*) zusammengefunden
haben, die - unter Beibehaltung individueller Landbesitztitel -
durchaus Ansatzpunkte großmaßstäblicher Produktionseinheiten ab-
geben. Mit den tonganischen Verfahren der Mischkulturen, die die
ökologischen Risiken mindern, und in Rückbesinnung auf vorkonsti-

---

1) SCHRÖDER, P., u.a., 1983, S. 2
2) ebd., S. 158 ff

ABB.40: MODELL EINES "FUTURE 'API"

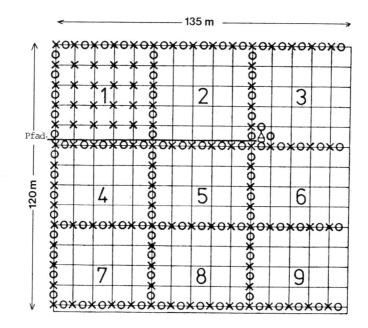

1,62 Hektar

200 Kokosnuß-Palmen

9 Felder

Heckentyp I: OXOX Früchte/Kokosnuß

Heckentyp II: X X Kokosnuß

Quelle: SCHRÖDER,P. u.a., 1983

tutionelle Elemente der Agrarstruktur[1] ließen sich standardisierte Kleinparzellen zu Feldern zusammenlegen, die auch für Tonga die Vorteile einer "economy of scale" nutzbar machen können.

Von der in größerem Stil rentabler abzuwickelnden kommerziellen Agrarproduktion unbeeinflußt bliebe es - wie am Beispiel von Vanille demonstriert - jeder Familie überlassen, das für sie notwendige Land zur Eigenversorgung zu reservieren. Auch ein zu förderndes Modell kooperativer Landnutzung sollte jedoch angesichts der sich verschärfenden Landknappheit auf die Intensivierung der Pflanzenproduktion verpflichtet werden und nicht - wie heute noch völlig unsinnigerweise propagiert - auf extensive Weidewirtschaft.

Produktionsgenossenschaften des dargestellten Typs - mit individuellen Landbesitztiteln und kooperativer Landnutzung - sind in Tonga bereits in Ansätzen realisiert; Parallelen zu den traditionellen "family estates" sind jedoch nur bedingt zu ziehen. Während letztere - ermöglicht durch die frühzeitige Aneignung großer Landstücke und spätere formale Aufteilung in einzelne Parzellen - der für Tonga typischen hierarchischen Organisationsstruktur entsprechen, ist von den neuen Produktionskooperativen die Entwicklung horizontaler Organisationsmuster zu erwarten. Zur Steigerung landwirtschaftlicher Produktivität wird sich der an Statusdenken orientierte Führungsstil vergangener Tage eher als hinderlich erweisen; die Tatsache, daß die Mitglieder einer Genossenschaft sowohl an Landbesitz als auch an Arbeitskraft in etwa gleiche Vorleistungen erbringen, wird Mitbestimmungsmodelle sozialer Organisation fördern.

Begleitet von angemessenen "ceiling and floor operations"[2] werden sich in einem umfassenden Agrarreformprogramm solche Modelle auch zur Arbeitsplatzbeschaffung für bisher landlose Tonganer heranziehen lassen. Wie auf der Plantage einer der Kirchengemeinden bereits erfolgreich vorgeführt, kann die Verteilung von Nutzungsrechten - gebunden an effektive Landnutzung - an Produk-

---

1) Im wesentlichen die Tatsache, daß (auch heute noch) viele Grundstücke eines Familienverbandes aneinander angrenzten und eine Verpflichtung zur Parzipation und effektiven Landnutzung bestand.
2) JACOBY, E.H., 1968, S. 29 ff; darunter sind flankierende Maßnahmen einer Agrarreform wie etwa Kreditvergabe, Bereitstellung von Saatgut, Maschinen etc. zu verstehen.

tionsgemeinschaften dazu beitragen, die in Tonga zweifellos vorhandenen Reserven an Agrarland in Wert zu setzen. Diese Reserven,
die nicht zuletzt auf den Großpachten und den Ländereien der Aristokratie zu suchen sind, können - bei zufriedenstellenden Kom-
pensationsregelungen - durch Enteignungsmaßnahmen erschlossen werden.

Genossenschaftliche Modelle, die hier nicht als Allheilmittel
propagiert, wohl aber als ein dem sozio-kulturellen Kontext Tongas angemessenes Szenario ruraler Entwicklung betrachtet werden,
dürften durch ihre Organisationsform Auswirkungen auf die Makro-
ebene der sozialen Ordnung haben. Die Notwendigkeit der gemeinsamen Überwindung von Schwierigkeiten führt auch in Tonga zu einem Lernprozeß, der Konfliktbewältigung nicht mehr in hergebrach-
ter Autoritätshörigkeit sieht, sondern in der organisierten Ver-
tretung der Interessen. Das in den Dorfstudien abschließend erfaßte Meinungsprofil zur Landrechtsproblematik läßt erkennen, daß
mit dem Fortschreiten marktwirtschaftlicher Orientierung eine Tendenz zur Unzufriedenheit mit den verkrusteten Institutionen ein-
hergeht und immer offener artikuliert wird. Erst durch eine organisierte Form auch divergierender Interessen - selbst für Tonga langfristig vorstellbar durch Gewerkschaften und Parteien -
ist aber ein nachhaltiger Einfluß auf Institutionen möglich, die
die Verteilung produktiver Ressourcen bislang einseitig zugunsten
einer privilegierten Elite kanalisieren. Der zu erwartende Prozeß der Demokratisierung, der möglicherweise den Status des landbesitzenden Adels "in the not too distant future"[1] zum Mythos
reduziert, wird - unter Ausschluß unvorhersehbarer Eskalationen -
jedoch langsam vor sich gehen. Wie Lasaga einschätzt:

> "In conclusion ... change in the social system, of which
> land tenure is a part, is likely to be slow and piece-
> meal rather than drastic and large scale. Overall stabi-
> lity and balance in social organization are likely to be
> the determining factors in any assessment of new tenu-
> rial arrangements." [2]

---

1. TAULAHI, 'A., 1979, S. 23
2. LASAQA, I.Q., 1980, S. 74 f

Im Gegensatz zu anderen "westlichen" Beobachtern, die in ihren Schlußfolgerungen den Verdacht erwecken, die Strukturen ihrer eigenen kapitalistischen Gesellschaften nur unzureichend reflektiert zu haben und mehr oder weniger offen eine tonganische Revolution antizipieren, soll abschließend der Hoffnung Ausdruck gegeben werden, daß die zur intensiveren Landnutzung notwendigen Reformen der Agrarverfassung möglichst bald eingeleitet werden. Je länger mit der dazu noch zu leistenden Detailforschung gezögert wird, umso radikaler und schmerzhafter dürfte der Bruch mit einer Gesellschaft sein, die durch ihre familiäre Vertrautheit auch heute noch den meisten Tonganern ein starkes Gefühl kultureller Identität vermittelt.

L I T E R A T U R V E R Z E I C H N I S

Verwendete Abkürzungen:

ACP	Africa, Caribbean, Pacific (im Sinne der Lomé-Verträge)
ADB	Asian Development Bank, Manila
ANU	Australian National University, Canberra
BTTLV	Bijdragen Tot de Taal-, Land en Volkenkunde
CPD	Central Planning Department, Tonga
DGFK	Deutsche Gesellschaft für Friedens- und Konflikt-forschung e.V.
DIE	Deutsches Institut für Entwicklungspolitik, Berlin
FAO	Food and Agricultural Organisation, Rom
GR	Geographische Rundschau
ILO	International Labour Organisation, Genf
JDS	Journal of Development Studies
JEI	Journal of Economic Issues
JPS	Journal of the Polynesian Society
JTG	The Journal of Tropical Geography
LTC	Land Tenure Center, University of Wisconsin-Madison
MAFF	Ministry of Agriculture, Forestry and Fischeries, Tonga
NZG	New Zealand Geographer
OUP	Oxford University Press
PA	Pacific Affaires
PG	Professional Geographer
PIM	Pacific Island Monthly
PP	Pacific Perspective
PV	Pacific Vievpoint
SPB	South Pacific Commission, Nouméa, Neu-Kaledonien
SPEC	South Pacific Bureau for Economic Cooperation, Suva, Fiji
TESG	Tijdschrift voor Econ. en Soc. Geographie
UNCTAD	UN Conference on Trade and Development
UNITAR	UN Institute for Training and Research
ZW	Zeitschrift für Wirtschaftgeographie

ABBOT, G.C., 1975,: "Small States - The Paradox of their Existence", in: SELWYN,P. (Hrsg.), London, S. 105-114

ALEXANDER, W.D., 1888: "Ancient Systems of Land Tenure in Polynesia", in: The Friend, Honolulu, in: Hawaiian Annual, S. 105-124

ALEXANDER,W.D., 1890/91: "A Brief History of Land Titles in the Hawaiian Kingdom", Honolulu

ALLING,H.L., 1932: "Petrography", in: HOFFMEISTER,J.E.:"Geology of 'Eua,Tonga", Bull. Bishop Museum 96, Honolulu, S. 16-19

AOYAGI,M., 1964,: "Land Tenure in a Tongan Village", in: Japanese Journal of Ethnology, 29, S. 124-140

AOYAGI,M.,1966,: "Kinship Organisation and Behaviour in a Contemporary Tongan Village", JPS 75, S. 141-176

AOYAGI, M.,1966,: "Cooperative Working Groups in Tongan Villages", paper, The 11th Pacific Science Congress, Tokyo

AUSWÄRTIGES AMT DER BRD, o. J.,:"Kurzübersicht Königreich Tonga", Bonn

AUSWÄRTIGES AMT DER BRD, o. J.,:"Der Deutsch-tonganische Freundschaftsvertrag vom 1.11.1976 und seine Erneuerung in den Jahren 1976/77", Bonn

BAHSE, M.F., "Die Wirtschafts- und Handelsverhältnisse der Fidschi-, Tonga- und Samoainseln ", Leipzig, 1881, Separat-Abdruck aus der illustr. Zeitschrift "Aus allen Weltteilen"

BAKER,J.R., 1977,: "Contemporary Tonga - an Economic Survey", in: RUTHERFORD,N.(Hrsg.): "Friendly Islands, A History of Tonga", OUP,Melbourne, S. 228-246

BAKKER,M.L., 1979,: "A Demographic Analysis of the Population of Tonga 1777 - 1975", SPC Occasional Paper No. 14, Nouméa

BAKKER,M.L., 1980,: Persönliche Gespräche, Nouméa und Nuku'alofa

BALL,M.M., 1973,: "Regionalism and the Pacific Commomwealth", in: PA, Vol. 46, No. 2, S. 232-253

BARRAU,J., 1966,: "Subsistence Agriculture in Polynesia and Micronesia", Bull. Bishop Museum 223, Honolulu

BATHGATE,M.A., 1973,: "West Guadalcanal Report", Wellington

BAYLISS-SMITH,T.P., 1980,: "Population Pressure, Resources and Welfare: Towards a more realistic measure of carrying capacity", in: BROKKFIELD,H.C. (Hrsg.), S. 61-93

BEAGLEHOLE,E.& P., 1941,: "Pangai: A Village in Tonga", JPS-Memoir Vol.18, Wellington

BEAGLEHOLE,J.C., 1966,: "The Exploration of the Pacific", London

BEAGLEHOLE,J.C., 1955/1961/1967 (Hrsg.),: "The Journals of Captain James Cook", III Vols., Cambridge

BECKFORD,G.L., 1972,: "Persistent Poverty: Underdevelopment in Plantation Economies of the Third World ", OUP, New York

BEDFORD, R.D., 1980,: "Demographic Processes in Small Islands: The Case of Internal Migration", in :BROOKFIELD (Hrsg.), S. 29-59

BENEDICT,B.(Hrsg.), 1967,:"Problems of Small Territories", London

BENEDICT,B., 1967,: "Sociological Aspects of Smallness", in
    BENEDICT,B. (Hrsg.), S. 45-55

BIERSACK,A., 1974,: "Matrilinearity in Patrilineal Systems: the
    Tongan Case", Ann Arbor

BILLERBECK,K., 1974,: "Probleme und Lösungsmöglichkeiten einer
    Assoziation zwischen Fidschi / Tonga / Westsamoa und der
    Europäischen Gemeinschaft", Schriften des DIE, Bd.21, Berlin

BLANC,Bishop, 1934,: "A History of Tonga", Vista, Ca.

V.BLANCKENBURG,P., 1979,: "Social and Land Tenure Systems in Develop-
    ing Countries and Agricultural Development", Zeitschr. für Ausl.
    Landwirtschaft 18/2, S. 117-134

V.BLANCKENBURG,P. (Hrsg.), 1982,: "Handbuch der Landwirtschaft und
    Ernährung in den Entwicklungsländern", Bd.1, "Sozialökonomie
    der ländlichen Entwicklung", 2. Aufl.(1.Aufl.1967), Stuttgart

BLENCK,J., 1979,: "Geographische Entwicklungsforschung", in:
    HOTTES,K.H. (Hrsg.), Bonn, S. 11-20

BOHANAN,P., 1963,: "Land, 'Tenure' and Land-Tenure", in: BIEBUYCK,
    D. (Hrsg.): "African Agrarian Systems", OUP, auch: LTC-Reprint

BOHLE,H.-G., 1981,: "Traditionelle Raumstrukturen und aktuelle
    Entwicklungsprobleme in Südindien", in: GR, H. 11/81, S. 502-510

BOLLARD,A.E., 1974,: "The Impact of Monetization on Tonga",
    unveröff. M.A. thesis, Econ. Dep., Auckland

BOLLARD,A., o. J.,: "Tonga: A Case Study of Monetization", unver-
    öff. paper, Auckland

BOLLARD,A.E., 1976,: "Dualism in Tongan Commerce", PV 17, S. 75-81

BORN,M., 1980,: "Siedlungsgenese und Kulturlandschaftsentwicklung
    in Mitteleuropa", Wiesbaden

BOSERUP,E., 1965,: "The Conditions of Agricultural Growth: The
    Economics of Agrarian Change under Population Pressure",
    London

BOSERUP,E., (Hrsg.), 1971,: "Foreign Aid to Newly Independent
    Countries: Problems and Orientations", Den Haag

BRENCHLEY,J.L., 1873,: "Jottings During the Cruise of H.M.S.
    Curacao", London

BRISLIN,R.W., LONNER,W.J. & THORNDIKE,R.M., 1973,: "Cross-
    Cultural Research Methods", New York, London

BRITTEN,E.J., 1968,: "The Problems of Agricultural Education in
    the South Pacific", in: SPB (2), S. 21-24

BRITTON,S.G., 1980,: "Review of Hau'ofa, E.: 'Corned Beef and
    Tapioca" in JPS, Vol. 89, No. 3, S. 399-402

BRONGER,D., 1974,: "Probleme regionalorientierter Entwicklungs-
    länderforschung: Interdisziplinarität und die Funktion der
    Geographie", in: Deutscher Geographentag Kassel 1973, Tagungs-
    bericht und wissenschaftliche Abhandlungen, Wiesbaden,S.193-215

BROOKFIELD,H.C., (Hrsg.), 1969,: "Pacific Market Places - A
    Collection of Essays", Canberra

BROOKFIELD,H.C., 1972,: "Intensification and Disintensification in Pacific Agriculture", in: PV 13:1, S. 30-48

BROOKFIELD,H.C. (Hrsg.), 1973,: "The Pacific in Transition - Geographical Perspectives on Adaption and Change", Canberra

BROOKFIELD,H.C., 1975,: "Multum in Parvo: Questions About Diversity and Diversification in Small Developing Countries", in: SELWYN,P. (Hrsg.), S. 54-76

BROOKFIELD,H.C., 1979,: "Land Reform, Efficiency and Rural Income Distribution: Contributions to an Argument", PV 20/1,S.32-52

BROOKFIELD,H.C., 1980,: "The Transport Factor in Island Development", in: SHAND,R.T. (Hrsg.), Kap.10, Canberra, S.201-238

BROOKFIELD,H.C., (Hrsg.), 1980,: "Population - Environmental Relations in Tropical Islands: The Case of Eastern Fiji", Paris

BRYANT,R.W.G., 1972,: "Land: Private Property - Public Control", Montreal

BUCHHOLZ,H.J., 1983,: "Fischerei- und Wirtschaftszonen im Südpazifik / Grenzen und Möglichkeiten der Veränderung politisch- und wirtschaftsgeographischer Strukturen durch neue Rechtsnormen", in: Erdkunde, Bd. 37, H. 1, S. 60-70

BUCK,P.H. Sir,: siehe: TE RANGI HIROA

BURROWS,E.G., 1970,: "Western Polynesia: A Study of Cultural Differentiation", in: Ethnologiska Studier, Vol. 7

CARTER,J., (Hrsg.), 1981,: "Pacific Islands Yearbook, 14th Edition", Sydney, New York

CHAMBERS,A., 1975,: "Nanumea Report - A Socio-Economic Study of Nanumea Atoll, Tuvalu", Wellington

CHAMBERS,H.E., 1896,: "Constitutional History of Hawaii", Boltimore

CHAPMAN,M., 1975,: "Population Geography and the Island Pacific", in: PV 16:2, S. 177-188

CHINEN,J.J., 1958,: "The Great Mahele - Hawaii's Land Division of 1848", Honolulu

CHINEN,J.J., 1961,: "Original Land Titles in Hawaii", Honolulu

CHRISTODOULOU,D., 1974,: "Rural Development and Land Policy", Diskussionspapier, Berlin

CHRISTODOULOU,D., 1975,: "Integrated Rural Development and Agrarian Reform in Context: Strategic Options and Operational Requirements", FAO, Rom

CHRISTODOULOU,D., 1972,: "Agrarian Reform in Retrospect: Contributions to its Dynamics and Related Fundamental Issues", Seminarpapier, Madison, WI

CHURCHWARD,C.M., 1959,: "Tongan Dictionary", Nuku'alofa

CLARK,W.F., 1975,: "Population, Agriculture and Urbanization in the Kingdom of Tonga", unveröff. Ph.D. thesis, Michigan State University

CLARKE, W.C., 1977,: "The Structure of Permanence", in: BAYLISS-SMITH,T. (Hrsg.):"Subsitence and Survival: Rural Ecology in the Pacific", New York, S. 364-384

COHEN,S.I., 1978,: Agrarian Structures and Agrarian Reform", Studies in Development and Planning No.8, Leiden, Boston

COLONIAL OFFICE, 1952,: "An Annoted Bibliography on Land Tenure in ... South East Asia and the Pacific", Study No.6, London

COLLOCOTT,E.E.V., 1924,: "An Experiment in Tongan History", in: JPS, Vol.33, S. 166-184

COLLOCOTT,E.E.V., 1927,: "Kava Ceremonial in Tonga", JPS 26,S.21-47

COLLOCOTT,E.E.V., 1928,: "Tales and Poems of Tonga", Bull. Bishop Museum 46, Honolulu

COMMONWEALTH BUREAU OF AGRICULTURAL ECONOMICS, 1978,: "Rural Development Abstracts", Vol.1, London

CONZE,W., 1956,: "Agrarverfassungen", in: HdSW, Bd.1, Stuttgart, S. 105-113

COTTRELL-DORMER,W., 1941,: "Annual Report of the Director of Agriculture 1940", Nuku'alofa

COUPER,A.D., 1968,: "Indigenous Trading in Fiji and Tonga: A Study of Changing Patterns", in: New Zealand Geographer, Vol. 24, No.1, S. 50-60

CRANE,E.A., 1978,: "The Tongan Way", Auckland

CRANE,E.A., 1979,: "The Geography of Tonga - A Study of Environment, People and Change", Nuku'alofa

CROCOMBE,M., 1964,: "They Came for Sandalwood", Wellington

CROCOMBE,R.G., 1961/1964,: "Land Tenure in the Cook Islands", Ph.D. thesis, Canberra/ OUP

CROCOMBE,R.G., 1968/1975,: "Improving Land Tenure", SPC Technical Paper No. 159, Nouméa

CROCOMBE,R.G., 1971,: "Social Aspects of Cooperative and Other Corporate Land-Holding in the Pacific Islands", in: WORSLEY,P.M., (Hrsg.): "Two Blades of Grass - Rural Co-operatives in Agricultural Modernization", Manchester, S.159-198

CROCOMBE,R.G., 1972,: "Land Tenure in the South Pacific", in WARD,R.G., (Hrsg.): "Man in the Pacific Islands", London,S.219-251

CROCOMBE,R.G., (Hrsg.), 1971/1977,: "Land Tenure in the Pacific", OUP

CROCOMBE,R.G., 1974,: "An Approach to the Analysis of Land Tenure Systems", in: LUNSGAARDE,H.P., (Hrsg.), S. 1-17

CROCOMBE,R.G., 1975,: "Principles and Problems of Land Tenure in the Pacific", in: SPB, Vol. 25, S. 13-19

CROCOMBE,R.G., 1975,: "Pre-contact Traditional Land Tenure", in: SPB, Vol. 25

CROCOMBE,R.G., 1975,: "Land Tenure in Tonga", Discussion
paper for Seminar on Land Tenure and Migration, Nuku'alofa,
Suva

CROCOMBE,R.G., 1976,: The Pacific Way - An Emerging Identity",
Suva

CROCOMBE,R.G., 1979,: Trends in Pacific Land Tenure", University of Papua New Guinea, History and Agriculture Working
Paper No. 32, Port Moresby

CROCOMBE,R.G., 1980,: "Cultural Policies in the Pacific
Islands", in PP, Vol. 9, No. 1, S. 64-73

CROCOMBE,R.G., o. J.,: "Land Tenure", Extension Service Course
Guide, 2 Vols., Suva

CROSBY,E., 1886,: "The Persecutions in Tonga", London

CUMMINS,H., 1972,: "Sources of Tongan History: A Collection
of Documents, Extracts and Contemporary Opinions in Tongan
Political History, 1616 - 1900", Nuku'alofa

CYCLOPEDIA (...of Samoa, Tonga, Tahiti and the Cook Islands),
1907: "A Complete Review of the History and Traditions and
the Commercial Development of the Islands", Sydney

DABB,G., 1981,: "The Law of the Sea in the South Pacific",
in: CARTER,J. (Hrsg.), S. 21-31

DAHL,A.L., 1978,: "Environmental and Ecological Report on Tonga,
Part I: Tongatapu", SPC, Nouméa

DAHLKE,J., 1975,: "Sozialräumliche Inseln", Oberseminar an der
Technischen Hochschule Aachen, WS

DALTON,B. & STANLEY,D., 1979,: "South Pacific Handbook",
Ruthland, Hongkong

DE BRES,J., 1974,: "How Tonga Aids New Zealand: A Report on
Migration and Education", Pamphlet, Auckland

DE BRES,J. & CAMPBELL,R.J., 1975,: "Temporary Labour Migration
between Tonga and New Zealand", in: International Labour
Review, Vol. 112, No. 6, S. 445-457

DE BRES,J. & CAMPBELL,R.J., o. J.,: "Worth Their Weight in Gold",
Auckland

DEAN,M.D.K. & SORRENSON,W.J., 1980,: "A Revised Economic
Analysis of the Renewed Banana Revitalisation Project for
the Kingdom of Tonga", MAFF-Report, Nuku'alofa

DEAN,M.D.K., 1981,: "A Review of the Coconut Replanting Sceme",
MAFF-Report, Nuku'alofa

DECKTOR-KORN,S., 1974,: "Tongan Kin Groups: The Noble and the
Common View", in: JPS, Vol. 83, S. 5-13

DECKTOR-KORN,S., 1976,: "Demographic Aspects of Ethnography:
Data from the Tonga Islands", in: Ethnos (1976),S.133-145

DECKTOR-KORN,S., 1977,: "To Please Oneself: Local Organization
in the Tonga Islands", unveröff. Ph.D. thesis, Washington
University, Saint Louis

DE JANVRY,A., 1981,: "The Agrarian Question and Reformism in Latin America", Johns Hopkins Uni Press, Boltimore

DEMAS,W.G., 1965,: "The Economics of Development in Small Countries with Special Reference to the Caribean", McGill Uni Press, Montreal

DERRICK,R.A., 1963,: "A History of Fiji", Suva

DIETZE,C.von, 1957,: "Agrarverfassungen", in Staatslexikon, Bd.1, 6.Aufl., Stuttgart, S. 152-162

DIETZE,C.von, 1969,: "Agrarreformen und Agrarrevolutionen", in: Sozialwissenschaftliche Untersuchungen: Gerhard Albrecht zum 80. Geburtstag, Berlin, S. 19-26

DOMMEN,E.C., 1972,: "Tonga: A Twenty-Five Year Prospect", UN Development Advisory Team for the Pacific, Suva

DOMMEN,E.C., 1973,: "Economic Development and SocialJustice in Tonga", in: LTC Newsletter 42, Madison,WI, S. 21-23

DOMMEN,E.C., 1980,: "External Trade Problems of Small Island States in the Pacific and Indian Oceans", in: SHAND,R.T. (Hrsg.), Canberra, S. 179-200

DORNER,P., 1964,: "Land Tenure, Income Distribution and Pro-ductivity Interactions",Land Economics XL/3, S. 247-254

DORNER,P., 1972,: "Land Reform and Economic Development", Harmondsworth (Penguin)

DORNER,P. & KANEL,D., 1971,: "The Economic Case for Land Re-form: Employment, Income Distribution and Productivity", in: "Land Reform, Land Settlement and Cooperatives", No. 1, FAO, Rom

DORAN,E., 1961,: "Land Tenure in the Pacific - A Symposium of the Tenth Pacific Science Congress", in: Atoll Research Bulletin, No. 85, Washington, D.C., S. 1-49

DOWSON,E.Sir & Sheppard,V.L.O., 1956,: "Land Registration", London

DUTTA ROY,D.K., 1981,: "Report on Household Consumption and Production of Crops, Livestock and Fish, Kingdom of Tonga 1980", Nuku'alofa

EDWARD,C., 1975,: "Temporary Migration", in: FONUA,S., S.73-88

EDWARDS,D.T., 1961,: "An Economic Study of Small Farming in Jamaica", Kingston

EISENSTADT, S.N., 1977,: "Soziologische Merkmale und Probleme kleiner Staaten", in: Schweiz. Zeitschr. f. Soz. 1/77, S.67-85

ELIAS,T.O., 1962,: "British Colonial Law", London

ELSENHANS,H., (Hrsg.), 1979,: "Agrarreformen in der Dritten Welt", Frankfurt, New York

ELVY,P.M., 1976,: "A Report for the Inter-Church Committee on Immigration", k. O.

ENZENSBERGER,H.M., 1980,: "Eurozentrismus wider Willen", in
    Trans-Atlantik, 10 / 80, S. 62-67

ERBO,G.F. & SCHIAVO-CAMPO,S., 1969,: "Export Stability, Level
    of Development and Economic Size of Less Developed
    Countries", in: Bulletin of Oxford University Institute
    of Economics and Statistics, Vol. 31, No. 4

FA'ANUNU,H., 1981,: "The Economics of Export Vanilla Pro-
    duction in Tonga", Nuku'alofa

FAIRBAIRN,I.J., 1971,: "Pacific Island Economies", in: JPS,
    Vol. 80, S. 74-118

FAIRBAIRN,I.J., 1972,: "Econonomic Planning - Tonga Style",
    in: PP Vol. 1, No. 1, S. 38-45

FAO, 1947,: "Land Tenure Systems of the World: Project State-
    ment for a Reconnaissance Survey", k. O.

FAO, 1969,: Bibliography on Land Tenure in Asia, the Far East
    and Oceania", Rom

FAO, 1970,: "Provisional Indicative World Plan for Agricultural
    Development", Vol. 2, Rom

FAO, 1972,: "Bibliography on Land Tenure", Rom

FAO, 1979,: "Agrarian Reform and Rural Development", Termi-
    nology Bulletin No. 35, Rom

FAO, 1981,: "The Peasants' Charter", Rom

FARMER,S.S., 1855 / 1976,: "Tonga and the Friendly Islands",
    London / Canberra

FARREL,B.H., 1972,: "The Alien and the Land of Oceania", in:
    WARD,R.G., (Hrsg.), London, S. 34-73

FARREL,B.H., 1977,: "Fijian Land: A basis for Inter-Cultural
    Variance", Center for Pacific Studies, Data Paper 3,
    University of California, Santa Cruz

FARREL,B.H. & MURPHY,P., 1978,: "Ethnic Attitudes Toward Land
    in Fiji", Center for Pacific Studies, Data Paper 6,
    Santa Cruz

FEDER,E., 1973,: "Agrarstruktur und Unterentwicklung in Latein-
    amerika", Frankfurt a.M.

FEINBERG,D., 1956,: "Land Tenure in Relation to Native Economic
    Development: Comments on the Secretary for Territories",
    New York

FELDMAN,H., 1980,: "Informal Kava Drinking in Tonga", in: JPS
    Vol. 89, No. 1, S. 101-103

FIEFIA,S.N., 1968,: "Report on the Results of the 1966 Census",
    Nuku'alofa

FIJI-GOVERMENT, 1967,: "Subsidiary Legislation, Title XVI, Land",
    Suva

FINAU,P., o. J.,: "Some Theological Reflections on Migration",
    Migration Studies No. 1, Auckland

FINNEY,B.R., 1973,: "Big Man and Business - Entrepreneurship
    and Economic Growth in the New Guinea Highlands", Canberra

FIRTH,R., 1963,: "We the Tikopa: A Sociological Study of
     Kinship in Primitive Polynesia", Boston

FISK,E.K., 1975,: "The Subsistence Component in National
     Income Accounts", in HARDAKER,J.B., (Hrsg.), S.139-153

FISK,E.K., 1978,: "The Adaption of Traditional Agriculture:
     Socio-economic Problems of Urbanisation", ANU- Develop-
     ment Studies Center, Canberra

FISK,E.K., HARDAKER,J.B. & THAMAN,R.R., 1976,: "Food Pro-
     duction in the South Pacific", The R. W. Parkinson
     Memorial Lectures, Suva

FONUA,P. & M., 1981,: "A Walking Tour of Neiafu Vava'u",
     Neiafu, Tonga

FONUA,S.H., (Hrsg.), 1975,: "Land and Migration", Papers
     presented at Seminar sponsered by TONGA COUNCIL OF
     CHURCHES in Nuku'alofa on September 22 to September 26,
     Nuku'alofa

FRANCE,P., 1969,: "The Charter of the Land - Custom and
     Colonization in Fiji", OUP, Melbourne

FRASER,I.L., 1973,: "North Malaita Report", Wellington
FREEMAN,D., 1983,: "Margaret Mead and Samoa", Harvard, Cambridge
GANSHOF,F.L., 1975,: "Was ist das Lehnswesen?", Darmstadt

GARNAUT,R., 1980,: "Economic Instability in Small Countries:
     Macro Economic Responses", in: SHAND,R.T., (Hrsg.)

GEDDES,W.H., 1975,: "North Tabiteuea Report", Wellington

GEERTZ,C., 1963,: "Agricultural Involution: The Process of
     Ecological Change in Indonesia", Berkeley

GEERTZ,C., (Hrsg.), 1963,: "Old Societies and New States",
     New York

GESER, H. & HÖPFLINGER, F., 1976,: "Probleme der strukturellen Diffe-
     renzierung in kleinen Gesellschaften", Schweiz. Zeitschr. f. Soz.
     2/76, S.27-54
GIBBS,H.S., 1967,: "Soils on Tongatapu Island, Tonga", in:
     New Zealand Soil News 6, S. 219-223

GIBBS,H.S., 1968,: "Soil Map of Tongatapu Island, Tonga",
     New Zealand Soil Bureau, Wellington

GIFFORD,E.W., 1924,: "Euro-American Acculturation in Tonga",
     in: JPS, Vol. 33, S. 281-292

GIFFORD,E.W., 1929,: "Tongan Society", Bull. Bishop Museum 61,
     Honolulu

GLAESER,B., 1979,: "Ökonomische Konsequenzen ökologisch orien-
     tierter Landwirtschaft in Ostafrika",in:ELSENHANS,H.,S.255-275

GLOBAL 2000, 1980,: Der Bericht an den Präsidenten, Washington,D.C.

GOLDMANN,J., 1970,: "Ancient Polynesian Society", Chicago

GOLDSMITH,M., 1973,: "Sources of Power, Conflict and Change
     in the Traditional Tongan Polity", unveröff. Arbeit,
     University of Illionois

GRAPOW,von, Adm.a.D., 1916,: "Die deutsche Flagge im Stillen Ozean", Berlin

GREEN,R.G., 1973,: "Tonga's Prehistoric Population",PV 14, S.61-74

GRIFFIN,K, 1970,: "Reform and Diversification in a Coffee Economy: The Case of Guatemala", in: STREETEN,P., (Hrsg.): "Unfashionable Economics", London, S. 75-97

GRIFFIN,K., 1974,: "The Political Economy of Agrarian Change - An Essay on the Green Revolution",Harvard University Press, Cambridge, Mass.

GRIFFIN,K., 1976,: "Land Concentration and Rural Poverty", New York

GROENEWEGEN,K., 1979,: "Censuses in the South Pacific", in: Asian and Pacific Census Forum 5 (3), S. 9-14

GROUBE,L.M., 1971,: "Tonga, Lapita Pottery, and Polynesian Origins", in: JPS, Vol. 80, S. 278-316

HABERKORN,G., 1981,: "Report Prepared for Central Planning Department, Kingdom of Tonga - Ha'apai Rural Development Workshop 1980", unveröff. Manuskript, Nuku'alofa

HAHN, B., 1982,: "Die Insel Zypern - Der wirtschafts- und politisch-geographische Entwicklungsprozeß eines geteilten Kleinstaates", Dissertation, Hannover

HARDAKER,J.B., 1971,: "Report on the Economics of Agriculture", Nuku'alofa

HARDAKER,J.B., 1975,: "Agriculture and Development in the Kingdom of Tonga", unveröff. Ph.D. thesis, Armidale, N.S.W.

HARDAKER,J.B., (Hrsg.), 1975,: "Seminar on the Subsistence Sector in the South Pacific, University of the South Pacific, Suva 1974", Armidale, N.S.W.

HARTKE,W., 1960,: "Denkschrift zur Lage der Geographie", Wiesbaden

HAU'OFA,E., 1977,: "Our Crowded Islands", Suva

HAU'OFA,E., 1978,: "The Pangs of Transition: Kinship and Economy in Tonga", in: Australian and New Zealand Journal of Sociology, Vol.14, No.2, S. 160-165

HAU'OFA,E., 1979,: "Corned Beef and Tapioca: A Report on the Food Distribution Systems in Tonga", Development Studies Center, Monograph No. 19, Canberra

HAYTER,T., 1971,: "Aid as Imperialism", Harmondsworth (Penguin)

HEATH,I., (Hrsg.), 1979,: "Land Research in the Solomom Islands", Honiara

HELU,F., 1980 / 1981,: Persönliche Gespräche, Nuku'alofa

HELU,F. & HAU'OFA,E., (Hrsg.), 1978 ff.,: "Faikava - A Tongan Literary Journal", Nuku'alofa

HEMPENSTALL,P.J., 1975,: "Resistance in the German Pacific
    Empire: Towards a Theory of Early Colonial Response",
    in: JPS, Vol. 84, No. 1, S. 5-24

HEMPENSTALL,P.J., 1978,: "Pacific Islanders Under German Rule",
    ANU-Press, Canberra

HER MAJESTY'S STATIONARY OFFICE, 1963,: "Biennial Report Tonga
    1960/61 ", London

HIS MAJESTY'S STATIONERY OFFICE, 1948,: "Colonial Annual
    Report Tonga 1946", London

HEYERDAHL,T., 1948,: "The KON-TIKI Expedition", (Penguin)

HEYERDAHL,T., 1952,: "American Indians in the Pacific. - The
    Theory Behind the Kon-Tiki Expedition", Chicago, London

HODGKINSON,P.W., 1977,: "Overseas Trade 1975-76", Statistical
    Bulletin of the South Pacific No. 11, SPC, Nouméa

HODGKINSON,P.W., 1978,: "Overseas Trade 1976-77", Statistical
    Bulletin of the South Pacific No. 13, SPC, Nouméa

HOFFMEISTER,J.E., 1932,: "Geology of 'Eua,Tonga", Bull. Bishop
    Museum 96, Honolulu

HOGBIN,H.I., 1934,: "Law and Order in Polynesia - A Study of
    Primitive Legal Institutions", London

HORNE,W.K., 1929,: "A Revised Edition of the Law of Tonga",
    Nuku'alofa

HOTTES,K.H., (Hrsg.), 1979,: "Geographische Beiträge zur
    Entwicklungsländerforschung", DGFK-Heft Nr. 12, Bonn

HUGHES,T., 1972,: "What is Development", in: PP 1/2, S.8-19

"HUNGER NACH LAND", in: 'Entwicklungspolitik, Spiegel der
    Presse', 1981, Nr. 14

HUNTER,D.B., 1963,: "Tongan Law Reports, Vol. II - Reports of
    Land Court Cases 1923 - 1962", Nuku'alofa

JACOBY,E.H., 1966,: "Evaluation of Agrarian Structures and
    Agrarian Reform Programs", FAO-Agricultural Studies No. 69,
    Rom

JACOBY,E.H., 1968,: "Agrarian Reconstruction", FAO-Basic
    Study No. 18, Rom

JACOBY,E.H., 1971,: "Man and Land", London

JAMES,R.W., 1975,: "Land Tenure Reform in Developing Countries -
    from Westernisation to Indigenisation", Inaugural Lecture
    at University of Papua New Guinea, Port Moresby

JEUDA,B., 1971,: "Tonga - Independent Dependence", in: Venture,
    Vol. 23, No. 3, S. 25-28

JOHNSTON,P.H., 1969,: "A System of Local Goverment for the
    Kingdom of Tonga: A Feasibility Study", London

JOHNSTONE,R.D., 1978,: " 'Ata, the Most Southerly Vulcanic
    Island in Tonga", in: ANDERSON,A.J. u. a.,: "Lau - Tonga
    1977", Wellington, S. 153-164

JUNG,K.E., 1883,: "Der Weltteil Australien", 3. Abteilung:
    I. Melanesien, II. Polynesien , Leipzig

KAEPPLER,A.L., 1971,: "Eighteenth Century Tonga: New Inter-
    pretations of Tongan Society and Material Culture at the
    Time of Captain Cook", in: Man, Vol. 6, No. 2, S.204-220

KAEPPLER,A.L., 1971,: "Rank in Tonga",Ethnology 10, S.174-193

KALAUNI,S. u. a., 1977,: "Land Tenure in Niue", Institute
    of Pacific Studies, Suva

KAMIKAMICA,J., 1982,: "Land Leasing in Fiji", Paper for:
    Advanced Research Institute Workshop "The Impact of Land
    Tenure on Land Use", La Napoule, Frankreich

KANEL,D., 1971,: "Land Tenure Reform as a Policy Issue in
    Modernization of Traditional Societies", in: DORNER,P.,
    (Hrsg.): "Land Reform in Latin America", Madison,S.23-35

KANEL,D., 1976,: "Theoretical Issues in the Relation of Land
    Tenure to Economic Development", unveröff. Manuskript,
    Madison, WI

KATOA,A.H., o. J.,: "The Problem of Absentee Land Holders in
    Tonga", in: CROCOMBE,R.G., o. J., S. 195-196

KAUFFMANN,P. (TAVI-TONGA), 1980,: Persönliche Gespräche,
    Nuku'alofa

KAVALIKU,S.L., 1961,: "An Analysis of 'Ofa in Tongan Society:
    An Empirical Approach", unveröff. B.A. thesis, Harvard

KAVALIKU,S.L., 1967,: "Educational Reorganisation for National
    Development in Tonga", unveröff. Ph.D. thesis, Wellington

KEARNEY,R.E. & GILLET,R.D., 1978,: "Interim Report of the
    Activities of the Skipjack Survey and Assessment Programme
    in the Waters of the Kingdom of Tonga", SPC, Preliminary
    Country Report No. 6, Nouméa

KELLY,J.C., 1885,: "The South Sea Islands: Possibilities of
    Trade with New Zealand", Chamber of Commerce, Auckland

KENNEDY,T.F., 1958,: "Village Settlement in Tonga", in: New
    Zealand Geographer, Vol. 14, S. 161-172

KENNEDY,T.F., 1959,: "Geography of Tonga", Nuku'alofa

KENNEDY,T.F., 1961,: "Land, Food and Population in the Kingdom
    of Tonga", in: Economic Geography, Vol. 37, S. 61-71

KINGDOM OF TONGA, 1891,: "Criminal and Civil Code 1891",
    Nuku'alofa

KINGDOM OF TONGA, 1899,: "Statutes and Laws, 1899", Nuku'alofa

KINGDOM OF TONGA, 1970,: "An Economic Survey of Tonga 1970", Nuku'alofa

KINGDOM OF TONGA, 1975,: "Statistical Abstract 1975", Nuku'alofa

KINGDOM OF TONGA, 1976,: "Census of Population and Housing", Nuku'alofa

KINGDOM OF TONGA, 1976,: "Tonga Third Five Year Development Plan 1975 - 1980", Nuku'alofa

KINGDOM OF TONGA, 1979,: "Memorandum No. 59, (18.1.79): A Bill for an Act to Amend the Land Act", Nuku'alofa

KINGDOM OF TONGA, 1980,: Statistics Department: unveröff. Tabellen des Zensus 1976, Nuku'alofa

KINGDOM OF TONGA, 1980,: Ministry of Finance: unveröff. Papier, Nuku'alofa

KINGDOM OF TONGA, 1980,: "Civil Service List", Nuku'alofa

KINGDOM OF TONGA, 1981,: "Fourth Five Year Development Plan 1980 - 1985", Central Planning Department, Nuku'alofa

KINGDOM OF TONGA, 1981,: "Preliminary Report, Ha'apai Development Workshop", Central Planning Department, Nuku'alofa

KINGDOM OF TONGA, versch. Jahrgänge,: Jahresberichte aller relevanten Ministerien, Nuku'alofa

KINGDOM OF TONGA, versch. Jahrgänge,: Karten / Katasterkarten / Registrierungsbücher des Lands & Survey Department, Nuku'alofa

KINGDOM OF TONGA, versch. Jahrgänge,: Gesetzesartikel und Anhänge, Nuku'alofa

KLECKA,W.R. u.a., 1975,: "SPSS-Primer / Statistical Package for the Social Sciences", McGraw-Hill

KLEE,G.A., 1980,: "World Systems of Traditional Resource Management", New York

KOCH,G., 1949,: "Die frühen europäischen Einflüsse auf die Kultur der Bewohner der Tonga-Inseln", Diss., Göttingen

KOCH,G., 1955,: "Südsee, gestern und heute: Der Kulturwandel bei den Tonganern und der Versuch einer Deutung dieser Entwicklung", Braunschweig

KO E BO'OBO'OI, 1875 u. versch. Jahrgänge,: Tonganische Zeitschrift (Hrsg.: S. Baker), Nuku'alofa

KOHLHEPP,G., 1979,: "Brasiliens problematische Antithese zur Agrarreform: Agrarkolonisation in Amazonien. Evaluierung wirtschafts- und sozialgeographischer Prozeßabläufe an der Peripherie im Lichte wechselnder Strategien", in: ELSENHANS,H., (Hrsg.), S. 433-453

KRAMER,F. & SIGRIST,C., (Hrsg.), 1983,: "Gesellschaften ohne Staat / Gleichheit und Gegenseitigkeit", Syndikat/EVA, Frankfurt a.M.

KREISEL,W., 1981,: "Cultivated Plants as Indicators in the Reconstruction of the Progression of Settlement in Oceania - The Example of the Sweet Patato", in: TESG 72, Nr. 5, S. 266-278

KREISEL,W., 1983,: "Die Pazifik-Insulaner zwischen Tradition und westlicher Leistungsgesellschaft - Gastarbeiter in Neuseeland und ihre Schwierigkeiten", in: RWTH-Themen 1, Aachen, S. 17-23

KUEHNE,J., 1970,:"Das Bodenrecht - die wirtschaftliche und gesellschaftliche Bedeutung des Bodens", Habil., Wien

KUHNEN,F., 1982,: "Agrarverfassungen" und "Agrarreform" in: V.BLANCKENBURG,P. (Hrsg.), 2.Aufl.,S.69-85 und S.330-347

KUHNEN,F., 1982,: "Man and Land", Saarbrücken

LAMBERT,M., (Hrsg.), 1971,: "Market Gardening in the South Pacific", SPC-Handbook No. 8, Nouméa

LAMBERT,S.M., 1934,: "The Depopulation of Pacific Races", Bishop Museum Special Puplication Nr. 23, Honolulu

LAMOUR,P., (Hrsg.), 1979,: "Land in Solomon Islands", Institute of Pacific Studies, Suva

LAMOUR,P, u. a., (Hrsg.),: "Land, People and Goverment - Public Lands Policy in the South Pacific", Suva

LASAQA,I.Q., 1980,: "Land Tenure in the Context of South Pacific Development", Background Paper No. 1, ADB South Pacific Agricultural Survey, Manila

LATHAM,M. & DENIS,B., 1980,: "The Study of Land Potential: An Open-ended Inquiry", in: BROOKFIELD,H.C.,(Hg.),S.113-123

LĀTŪKEFU,S., 1973,: "The Collection of Oral Traditions in Tonga", in: Australian UNESCO Seminar: Source Materials Related to Research in the Pacific Area, Canberra,S.23-27

LĀTŪKEFU,S., 1974,: "Church and State in Tonga", ANU-Press, Canberra

LĀTŪKEFU,S., 1975,: "The Tongan Constitution", Nuku'alofa

LĀTŪKEFU,S., 1975,: "King George Tupou I of Tonga", Nuku'alofa

LAVULO,P., 1981,: "Transportation - Sea and Land - and Housing", in: KINGDOM OF TONGA, Ha'apai Development Workshop (o.S.)

LAWRENCE,R., 1977,:"Tamana Report", Wellington

LEA,D.A.M., 1964,: "Abelam Land and Sustenance", unveröff. Ph.D. thesis, ANU, Canberra

LEACH,D.L., 1960,: "The Cadastral Survey of Tonga", in: New Zealand Surveyor (8/60), S. 124-131

LEMOTO,N., 1981,: "Tonga - Assessing Compensation", in: LAMOUR,P., (Hrsg.), S. 15-18

LEWIS,J., 1981,: "Some Perspectives on Natural Disaster Vulnerability in Tonga", in: PV, Vol.22, No. 2, S.145-162

LINI,W. u.a., 1980,: "Vanuatu", Institute of Pacific Studies, Suva

LISTER,J.J., 1891,: "Notes on the Geology of the Tonga Islands", in: Journal of the Geological Society of London, Vol. 47

LLOYD,P.J., 1968,: "International Trade Problems of Small Nations", Duke University Press, Durham

LOCKWOOD,B.A., 1968,: "A Comparative Study of Market Participation and Monetization in Four Subsistence-Based Villages in Western Samoa", unveröff. Ph.D. thesis, ANU, Canberra

LOCKWOOD,B.A., 1970,: "Economic Statistics of Samoan Village Households", Canberra

LOCKWOOD,B.A., 1971,: "Samoan Village Economy", OUP, Melbourne

LORENZO,A.M., 1969,: "Report to the Kingdom of Tonga on Manpower Assessment and Planning", UN / ILO, New York

LUCAS,D., 1980,: "Population Trends in the Island States of the Pacific and Indian Oceans", in: SHAND,R.T., (Hrsg.),S.145-166

LÜHRING,J., 1977,: "Kritik der (sozial-) geographischen Forschung zur Problematik von Unterentwicklung und Entwicklung - Ideologie, Theorie und Gebrauchswert", in: Die Erde, 108, S. 217-238

LUNSGAARDE,H.P., (Hrsg.), 1974,: "Land Tenure in Oceania", Honolulu

MACDONALD,B., 1975,: "Imperial Remnants - Decolonization and Change in the British Pacific Islands", in: The Round Table (Commonw. Journ. of Intern. Aff.), 259, S.281-293

MACKENSEN,G., 1977,: "Zum Beispiel Samoa - Der sozio-ökonomische Wandel Samoas vom Beginn der kolonialen Penetration im Jahre 1830 bis zur Gründung des unabhängigen Staates im Jahre 1962, mit einem Exkurs über die Planungstätigkeit des unabhängigen Staates in den Jahren 1962 - 1970", Bremen

MAIR,L., 1969,: "Anthropology and Social Change", London

MALINOWSKY,B., 1935/81,: "Korallengärten und ihre Magie", (Hrsg. deutsche Ausg.: KRAMER,F.), Frankfurt a.M.

MAMAK,A. & MCCALL,G., (Hrsg.), 1978,: "Paradise Postponed - Essays on Research and Development in the South Pacific", Rushcutters Bay, N.S.W.

MAMAK,A. & ALI,A., 1979,: "Race, Class and Rebellion in the South Pacific", Studies in Society No. 4, Sydney

MANN,H.M., 1967,: "The Social Framework of Agriculture", New York

MANN,J., 1980,: "Tonga King up to Hips in Germans", in: Los Angeles Times, 10/4/80

MANSHARD,W., 1963,: "Die Bedeutung der Geographie für Entwicklungsarbeiten in Tropisch-Afrika", in: Die Erde, 94, S.225-246

MARCUS,G.E., 1975,: "The Ancient Regime in the Modern King-
    dom of Tonga: Conflict and Change Among the Nobility of
    a Polynesian Constitutional Monarchy", unveröff. Ph.D. thesis,
    Harvard

MARCUS,G.E., 1975,: "Alternative Social Structures and the Limits
    of Hierarchy in the Modern Kingdom of Tonga", in: BTTLV 131,
    S. 34-66
MARCUS,G.E., 1977,: "Succession Disputes and the Position of
    the Nobility in Modern Tonga", in: Oceania 47, No. 3 & 4,
    S. 220-242 & S. 284-300
MARCUS,G.E., 1977,: "Contemporary Tonga: The Background of
    Social and Cultural Change", in: RUTHERFORD,N., (Hrsg.),
    S. 210-227
MARCUS,G.E., 1979,: "Review of: Epeli Hau'ofa, 'Our Crowded
    Islands' ", in: JPS, Vol. 88, No. 2, S. 223-225

MARCUS,G.E., 1980,: "The Nobility and the Chiefly Tradition in
    the Modern Kingdom of Tonga", Polynesian Society Memoir
    No. 42, Auckland

MARCUS,G.E., 1981,: "Power on the Extreme Periphery: The Perspec-
    tive of Tongan Elites in the Modern World System", in:
    PV, Vol. 22, No. 4, S. 48-64

MARTIN,F.W., 1970,: "Cassava in the World of Tomorrow", in:
    PLUCKNETT,D.L., (Hrsg.), S. 53-58

MARTIN,J., 181°,: "An Account of the Natives of the Tonga Islands
    in the Pacific Ocean, Compiled and Arranged from the Ex-
    tensive Communications of Mr. William Mariner", 2 Vols.,
    London

MARTIN, Jo., 1911,: "Origin of the Name of Tonga Island", in:
    JPS, Vol. 20, S. 165 f

MARTNER,G., 1970,: "Kingdom of Tonga - Report on the Advisory
    Mission on Budgetary Planning", unveröff. Papier, Nuku'alofa

MAUDE,A., 1965,: "Population, Land and Livelihood in Tonga",
    unveröff. Ph.D. thesis, ANU, Canberra

MAUDE,A., 1970,: "Shifting Cultivation and Population Growth
    in Tonga", in: JTG,Vol. 31, S. 57-64

MAUDE,A., 1971,: "Tonga - Equality Overtaking Privilege", in:
    CROCOMBE,R.G., (Hrsg.), S. 106-128

MAUDE,A., 1973,: "Land Shortage and Population Pressure in Tonga",
    in: BROOKFIELD,H.C., (Hrsg.), S. 163-186

MAY,J., 1980,: "Sub-Regional Training Course in Population Data
    and Population Polycies", Nouméa/Nuku'alofa

MAY,J., 1980,: Persönliche Gespräche, Nouméa und Nuku'alofa

MCARTHUR,N., 1961,: "Population and Social Change: The Prospect
    for Polynesia", in: JPS, Vol 70, S. 393-400

MCARTHUR,N., 1967/68,: "Island Populations of the Pacific",
    ANU, Canberra

MCGEE,T.G., 1975,: "Food Dependency in the Pacific: A Preliminary
    Statement", Development Studies Center, Working Paper No. 2,
    ANU, Canberra

MCKERN,W.C., 1929,: "Archeology of Tonga", Bull. Bishop
    Museum 60, Honolulu

MCNAMARA,R.S., 1973,: "Address to the Board of Governors,
    Nairobi, Kenya, September 23, 1973", Nairobi

MEAD,M., 1928,: "Coming of Age in Samoa", Penguin

MEEK, C.K., 1949,: "Land Law and Custom in the Colonies",
    2. Aufl., OUP

MEINHOLD,W., 1966,: "Agrarverfassungen", Handwörterbuch R&R, Hannover

MELICZEK,H., 1972,: "Financing Land Reform: Compensation to
    Landowners and Payment by Beneficiaries", in: FAO, Land
    Reform, Land Settlement and Cooperatives No. 2, Rom,S.36-46

MELLER,N. & HORWITZ,R.H., 1971,: "Hawaii - Themes in Land
    Monopoly", in: CROCOMBE,R.G., (Hrsg.), S. 25-42

MEYER,P.A., 1974,: "Demographic and Resource-Use Differentials
    on 'Eua, Tonga", unveröff. M.A. thesis, University of
    Hawaii

MITCHEL, C.B.H. Sir, 1887,: "Report in Connection with the
    Recent Disturbances in and the Affairs of Tonga", London

MIMLER,K.A., 1975,: "The Economic and Horticultural Aspects
    of Selected Cash Crops in Tonga", unveröff. M.Sc. thesis,
    University of Hawaii

MITTEIS,H., 1933/58,: "Lehnsrecht und Staatsgewalt - Unter-
    suchungen zur mittelalterlichen Verfassungsgeschichte",
    Darmstadt

MITTEIS,H., 1944,: "Der Staat des hohen Mittelalters. Grund-
    lagen einer vergleichenden Verfassungsgeschichte des
    Lehnszeitalters", Weimar

MOENGANGONGO,S., 1981,: "Acriculture", in: KINGDOM OF TONGA,
    CPD, Ha'apai Development Workshop (o. S.)

MONHEIM,H., 1976,: "Der Geograph in der räumlichen Planung",
    in: GR, 28, S. 200-210

MOOREHEAD,A., 1966/71,: "The Fatal Impact - An Account of the
    Invasion of the South Pacific 1767 - 1840", Penguin

MORTON,K.L., 1972,: "Kinship, Economics and Exchange in a
    Tongan Village", unveröff. thesis, University of Oregon

MORTON,K.L., 1978,: "Mobilizing Money in a Communal Economy:
    A Tongan Example", in: Human Organisation, Vol. 37,S.50-56

MUGGEN,G., 1969,: "Human Factors and Farm Management - A Review
    of the Literature", in: World Agricultural Economic and
    Rural Sociology Abstracts, Vol. 11, No. 2, Wageningen,S.1-11

MURR,K., 1971,: "Tonga, die 'Freundlichen Inseln' ", in: ZW, H.7
    S. 197-207
MURU,J. u.a., 1976,: "Pazifik-Insulaner in Neuseeland, Ein-
    wanderung und Anpassung", (Original: Palmerston North,
    Neuseeland), übersetzt in: 'Ausländerarbeit', H. 20,
    Aktuelle Probleme und christliche Verantwortung, Genf

NAIR,K., 1979,: "In Defense of the Irrational Peasant", Chicago

NAKAYAMA,M. & RAMP,F.L., 1974,: "Micronesian Navigation, Island Empires and Traditional Concepts of Ownership of the Sea", Saipan

NAVAL INTELLIGENCE DIVISION, 1944,: "Pacific Islands", Vol. III, B.R. 519 B. (Restricted) Geographical Handbook, o. O.

NAVUNISARAVI,N. & MANLEY,J., 1979,: "Statistical Bulletin of the South Pacific No. 15: Population 1978", SPC, Nouméa

NAYACAKALOU,R.R., 1959,: "Land Tenure and Social Organisation in Tonga", in: JPS, Vol. 68, S. 93-114

NAYACAKALOU,R.R., 1960,: "Land Tenure and Social Organisation in Western Samoa", in: JPS, Vol. 69, S. 104-122

NEEF,E., 1970,: "Das Gesicht der Erde", Frankfurt a.M.

NOHLEN,D. & Nuscheler,F., (Hrsg.), : "Handbuch der Dritten Welt",
    Bd. 1: "Theorien und Indikatoren von Unterentwicklung und Entwicklung", 1974
    Bd. 4: "Unterentwicklung und Entwicklung in Asien", 1978
    Bd. 1 (überarbeitete Neuauflage), 1982
    Hamburg

NUHN, H., 1978,: "Spezifische wirtschafts- und sozialgeographische Entwicklungsprobleme von Kleinstaaten und Ansätze für ihre Überwindung", in: Die Erde, 109, S. 337-352

NYE,P.H. & GREENLAND,D.J., 1960,: "The Soil under Shifting Cultivation", Harpenden

OFFICE OF THE AUSTRALIAN DEVELOPMENT ASSISTANCE AGENCY, 1974: "International Training Course in Sub-Tropical Horticulture, Reference Papers", Canberra

OLDOFREDI,A.E., 1975,: "Das Südsee-Königreich Tonga - Versuch einer Darstellung aus völkerkundlicher Sicht", Diss., Freiburg i.B.

OLIVER,D.L., 1962,: "The Pacific Islands", Havard University Press, Cambridge

ORAM,P.H., 1971,: "The Scope of Foreign Aid to the Agricultural Sector", in: BOSERUP,E., (Hrsg.), S. 132-167

ORANGE,J., 1840,: "Narrative of the Late George Vason of Nottingham, One of the First Missionaries Sent out by the London Missionary Society, in the Ship DUFF, Captain Wilson, 1796", London

ORLEBAR,J., 1833,: "A Midshipman's Journal, on Board H.M.S. Seringapatam During the Year 1830", London

PALAD,E., 1976,: "Water Rights in Fiji", Suva

PARSONAGE,W., 1942,: "The Story of Tonga", Auckland

PARSONS,K.H., PENN,R.J. & RAUP,P.M., (Hrsg.), 1963,: "Land Tenure - Proceedings of the International Conference on Land Tenure and Related Problems in World Agriculture Held in Madison, Wisconsin, 1951", Madison, WI

PARSONS,K.H., 1974,: "The Institutional Basis of an Agricultural Market Economy", in: JEI, Vol. 8, No. 4

PARSONS,K.H., 1982,: "The Reform of Customary Tenure in the Economic Transformation of Traditional Agriculture", Colloquium Paper, Madison, WI

PARSONS,K.H., 1982,: "Transforming the Economic Order in Agricultural Development: Some Issues in Methodology and Policy Formation", Discussion Paper, Madison, WI

PAUKER,G.J., 1977,: "New Centers of Power in the Pacific Basin 1985 - 1995", Santa Monica, CA

PILLING,Q.F., 1961,: "Land Tenure in Tonga", in: Atoll Research Bulletin, Vol. 85, S. 45-49

PACIFIC ISLANDS MONTHLY (PIM), 1967,: "There's Not Enough Land to Go Round, Tonga's King Says", 11/67

PIM, 1969,: "Don't Lose Touch With the Land", 11/69

PIM, 1970,: "Outside Investment Invited for Tonga's New Five Year Plan", 7/70

PFLAUMER,G., 1972,: "Die Grüne Revolution schafft neue Probleme", in: Entwicklung und Zusammenarbeit, 3/72, S.8-15

PLUCKNETT,D.C., (Hrsg.), 1970,: "Proceedings of the Sekond International Symposium on Tropical Root and Tuber Crops, August 23 to 30, 1970, Honolulu, Hawaii and Kapaa, Kauai, Hawaii", Honolulu

POULSEN,J., 1967,: "A Contribution to the Prehistory of the Tonga Islands", unveröff. Ph.D. thesis, ANU, Canberra

POWLES,C.G. u.a., (Hrsg.), 1977,: "Pacific Courts and Justice", Institute of Pacific Studies, Suva

POWLES,C.G., 1979,: "The Persistence of Chiefly Power and its Implications for Law and Political Organisation in Western Polynesia", unveröff. Ph.D. thesis, ANU, Canberra

POWLES,C.G., 1980,: "Law, Decision-Making and Legal Services in Pacific Island States", in: SHAND,R.T., (Hrsg.),S.405-418

QUINN,P., (Hrsg.), 1980,: "Report on the East-West-Centre Conference 'Development the Pacific Way' Held in Hawaii 26 - 29 March 1980", Honolulu

RATCLIFFE,J. & DILLON,R., 1982,: "A Review and Study of the Human Settlements Situation in the Kingdom of Tonga: A Paper Prepared for the Economic and Social Commission for Asia and the Pacific", CPD, Nuku'alofa

RATHEY,R. & TU'IFUA,H., 1982,: "Talamahu Market Report, January to April 1982 / Prices, Supply and Weights of Common Trade Units", MAFF-Report, Nuku'alofa

RATHSMANN,P., 1981,: "Beurteilung der Wettbewerbsfähigkeit ausgewählter exportbestimmter Kulturen aus einzelbetrieblicher Sicht im Königreich Tonga", Diplomarbeit, Stuttgart-Hohenheim

RESTREPO,C.L. u.a., 1971,: "Report of the Special Commitee on Agrarian Reform", FAO-Report, Rom

RIDDLE,T., 1979,: "Talks from Tafahi", Ravenna, Ohio

RINGER,K., 1967,: "Agrarverfassungen", in:V.BLANCKENBURG,P.,1.Aufl.

ROBERTS,H.S., 1974,: "Tongan Law Reports - Land Court Cases and Privy Council Decisions 1962 - 1973", Nuku'alofa

ROBINSON,E.A.G., (Hrsg.), 1960,: "Economic Consequences of the Size of Nations, Proceedings of a Conference Held by the International Economic Association", London

ROGERS,G., 1968,: "Some Comments on the Report on the Results of the 1966 Census, Kingdom of Tonga, 1968", in: JPS, Vol. 78 S. 212-222

ROGERS,G., 1968,: "Politics and Social Dynamics in Niuafo'ou: An Outlier in the Kingdom of Tonga", unveröff. M.A. thesis Auckland

ROGERS,G., 1975,: "Kai and Kava in Niuatoputapu: Social Relations, Ideologies and Contexts in a Rural Tongan Community", unveröff. Ph.D. thesis, University of Auckland

ROGERS,G., 1977,: "The Father's Sister is Black: A Consideration of Female Rank and Powers in Tonga", in JPS, Vol. 86,S.157-182

RUNEBORG,R.E., 1979,: "Communication in Tonga: A Case Study", Communication Institute, East-West-Center, Honolulu

RUSSET,B.M., 1963/64,: "Inequality and Instability - The Relation of Land Tenure to Politics", in: World Politics, Vol. 16

RUTHERFORD,N., 1971,: "Shirley Baker and the King of Tonga", OUP

RUTHERFORD,N., (Hrsg.), 1977,: "Friendly Islands - A History of Tonga", OUP

SACK,P.G., (Hrsg.), 1974,: "Problem of Choice - Land in Papua New Guinea's Future", ANU-Press, Canberra

SALAS,O. u.a., 1970,: "Land Titling in Costa Rica: A Legal and Economic Survey", San José

SASAMA,G.W. & DAVIS,H., 1973,: "Land Taxation and Land Reform", in: Economic Development and Cultural Change,21/4,S.642-654

SCHAFFER,B., 1975,: "The Politics of Dependence", in: SELWYN,P., (Hrsg.), S.25-53

SCHÄTZL,L., 1983,: "Regionale Wachstums- und Entwicklungstheorien", in: GR 35, H. 7, S. 322-327

SCHEUERMANN,E., 1921/1975,: "Der Papalagi - Die Reden des Südseehäuptlings Tuiavii aus Tiavea", Buchenbach/Berlin

SCHICKELE,R., 1952,: "Theories Concerning Land Tenure", in: Journal of Farm Economics, Vol. 24, S. 734-744

SCHICKELE,R., 1955,: "Evolution of Land Tenure in World Perspective", in: Economic Review (New Dehli), Vol.6,S.59-64

SCHICKELE,R., 1970,: "Toward a Progressive Theory of Land Tenure", in: SPB, Vol. 20(2), S. 28-32

SCHILLING-KALETSCH,J., 1979,: Zentrum-Peripherie-Modelle in
    der geographischen Entwicklungsländerforschung", in:
    HOTTES,K.H., (Hrsg.), S. 39-53

SCHLIMM,K., 1905,: "Das Grundstücksrecht in den deutschen
    Kolonien", Diss., Tübingen

SCHMIDTBAUER,W. & SCHEIDT,J., 1976,: "Handbuch der Rauschdrogen",
    Frankfurt a.M.

SCHNEIDER,T., 1977,: "Functional Tongan - English Dictionary",
    Nuku'alofa/Suva

SCHOFIELD,J.C., 1967,: "Notes on the Geology of the Tongan
    Islands", in: New Zealand Journal of Geology and Geo-
    physics, Vol. 10(6),S.1424-1428

SCHRÖDER,P., BRUNOLD,S., MÜHLBAUER,G., ORTH,M.,PETERSON,A.,
PREISSLER,R., REHFELDT,K. & SCHUMACHER,A., 1983:
    "Investigation on Current Yield Potentials on Tax Allotments
    on the Islands of Ha'apai and Vava'u, Kingdom of Tonga,
    South Pacific", Seminar für landwirtschaftliche Entwick-
    lung, Berlin

SCOTT,J. & KERKVLIET,B.J., 1973,: "How Traditional Rural Patrons
    Lose Legitimacy", in: Cultures et Developpement, Louvain,501-540

SEERS,D., 1972,: "What Are We Trying to Measure?", in: JDS, 8(3)

SEERS,D., 1974,: "Was wollen wir messen?", in: NOHLEN,D. &
    NUSCHELER,F., (Hrsg.), S. 222-238

SEERS,D., 1974,: "Was heißt Entwicklung", in: SENGHAAS,D.,S.39-67

SELWYN,P., (Hrsg.), 1975,: "Development Policy in Small Countries",
    Institute of Development Studies, Sussex

SENGHAAS,D., (Hrsg.), 1972,: "Imperialismus und strukturelle
    Gewalt. Analysen über abhängige Reproduktion", Frankfurt a.M.

SENGHAAS,D., (Hrsg.), 1974,: "Peripherer Kapitalismus. Analysen
    über Abhängigkeit und Unterentwicklung", Frankfurt a.M.

SENGHAAS,D., 1977,: "Weltwirtschaftsordnung und Entwicklungs-
    politik - Plädoyer für Dissoziation", Frankfurt a.M.

SETCHELL,W.A., 1926,: "The Tonga Expedition of 1926", in:
    Science, Vol. 64, S. 440-442

SEVELE,F.V., 1972,: "The Importance of Agriculture in Pacific
    Island Development", Paper for Catholic Church Conference,
    Suva

SEVELE,F.V., 1973,: "Regional Inequalities in Socio Economic
    Development in Tonga: A Preliminary Study", unveröff. Ph.D.
    thesis, University of Canterbury, Christchurch

SEVELE,F.V., 1979,: "Rural Employment and Rural Development in
    the Pacific Islands", SPC-Occasional Paper No. 13, Nouméa

SEVELE,F.V., 1980,: "Agricultural Marketing in the South Pacific",
    Background Paper No. 3, ADB South Pacific Agricultural
    Survey, Manila

SEVELE,F.V., 1980,: "How Successful is Small Holding Farming in the South Pacific Islands?", in: SPB 30/1,S.97-120

SEVELE,F. & BOLLARD,A., 1979,: "South Pacific Economies: Statistical Summary", SPC Occasional Paper No. 15, Nouméa

SEWELL,B., 1976,: "Butaritari Report", Wellington

SHAND,R.T., (Hrsg.), 1980,: "The Island States of the Pacific and Indian Oceans: Anatomy of Development", ANU Development Studies Centre, Monograph No. 23, Canberra

SHUMWAY,E.B., 1971,: "Intensive Course in Tongan", Honolulu

SIMIKI,T.T., 1979,: "A Review of the Banana Export Industry in the Kingdom of Tonga", MAFF-Report, Nuku'alofa

SIMKIN,C.G.F., 1945,: "Modern Tonga", in: NZG 1/2,S.99-118

SIMPSON,S. ROWTON, 1976,: "Land Law and Registration", London

SMITH,W., 1813,: "Journal of a Voyage in the Missionary Ship DUFF...1796 - 1800", New York

SNOW,P.A., 1969,: "A Bibliography of Fiji, Tonga and Rotuma", Canberra

SOPE,B., o. J.,: "Land and Politics in the New Hebrides", Suva

SORRENSON,W.J., 1980,: "Agricultural Incentives Assessment - Tongatapu", CPD, Nuku'alofa

SORRENSON,W.J. u.a., 1981,: "Revised Draft for DP IV", Chap. "Agriculture", CPD, Nuku'alofa

SOUTHWORTH,H.M. & JOHNSTON,B.F., (Hrsg.), 1967,: "Agricultural Development and Economic Growth", Ithaca, N.Y.

SOUTH PACIFIC COMMISSION (SPC), 1969,: "Symposium on Land Tenure in Relation to Economic Development, University of the South Pacific, Suva, 1969", Nouméa

SPC, 1972,: "Regional Seminar on Agricultural Curriculum Development, Nouméa, New Caledonia, 10 - 19 Jan. 1972", Nouméa

SPC, 1976,: "Report on an Ad Hoc Meeting of Scientists to Discuss Skipjack Fisheries Developments and Research Requirements", Nouméa

SPATE, O.H.K., 1979,: "The Pacific Since Magellan", Vol. I: "The Spanish Lake", ANU-Press, Canberra

SOUTH PACIFIC BUREAU FOR ECONOMIC COOPERATION (SPEC), 1980,: "A General Perspective of Problems of Pacific Island Countries: The SPEC Experience", in: SHAND,R.T.,S.465-486

SPILLIUS,E., 1960,: "Report on a Brief Study of Mother-Child Relationships in Tonga", WHO-Paper, Nuku'alofa

SPILLIUS,J., 1959,: "Report on the Social Survey of Villages of Tongatapu", WHO-Paper, Nuku'alofa

STAVENHAGEN,R., 1974,: "Agrarische Strukturen und Unterentwicklung in Afrika und Lateinamerika", in: SENGHAAS,D., (Hrsg.) S. 276-297

STAVENHAGEN,R., 1975,: "Social Classes in Agrarian Societies", Garden City, N.Y.

STEINBAUER,F., 1978,: "Tonga", in:NOHLEN/NUSCHELER,S.691-698

STERNBERG,G., 1971,: "Agrarian Reform and Employment", ILO, Genf

STREET,J.M., 1969,: "An Evaluation of the Concept of Carrying Capacity", in: PG 21, S. 104-107

SUTHERLAND,J.A., 1971,: "Introduction to Tropical Agriculture", Sydney/New York

SUGGS,R.C., 1960,: "The Island Civilizations of Polynesia", New York

TAI, HUNG-CHAO, 1972,: "The Political Processes of Land Reform: A Comparative Study", in:UPHOFF/ILCHMAN,S.295-305

TALIAI,S., 1975,: "Theology of Land", in: FONUA,S., S.18-30

TALIAI,S., 1979,: Fragebogen zur Landrechtsproblematik

TALIAI,S., 1980,: Persönliche Gespräche

TAUFA'AHAU TUPOU IV, 1975,: "Opening Address to 75th Legislative Assembly, May 29, 1975", in: Tonga Goverment Gazette 1/77

TAUFAETEAU,S., 1978,: "Introduction Land Law in Tonga", unveröff. Manuskript, Auckland

TAUFAETEAU,S., 1978,: "Land Tenure: Its Problems and Reform", unveröff. Manuskript, Auckland

TAULAHI,'A., 1979,: "His Majesty King Taufa'ahau Tupou IV of the Kingdom of Tonga", Suva

TE RANGI HIROA (Sir Peter Buck), 1938/59,: "Vikings of the Pacific", Chicago

THAMAN,R.R., 1974,: "Tongan Agricultural Land Use: A Study of Plant Resources", Proceedings of the International Geographical Union, New Zealand Regional Conference, Palmerston North

THAMAN,R.R., 1975,: "The Tongan Agricultural System: With Particular Emphasis on Plant Assemplages", Ph.D. thesis, University of California, Los Angeles, veröff.: Suva

THAMAN,R.R., 1975,: "The Nature and Importance of Tongan Root Crop Production", SPC-Paper, Suva

THAMAN,R.R., ca. 1976,: "The Tongan Bush-Fallow Agroecosystem: A Basis for Developing Sustained Agricultural Production", Suva

THAMAN,R.R. & MANNER,H.I., 1981,: "The Role of Land, Soil, Plants, Animals, Water and Air in the Future of the Ha'apai Group, Kingdom of Tonga", in: KINGDOM OF TONGA, Ha'apai Development Workshop (o. S.)

"THE COURIER", 1980,: "Fiji, Tonga, Western Samoa - The Sea-locked ACP States of the Pacific", in: No. 60

THE FOUNDATION FOR THE PEOPLES OF THE SOUTH PACIFIC, 1972,: "Report on the Sixth Socio-Economic Survey", Vol.3, New York

THIESENHUSEN,W.C., 1974,: "Food and Population Growth", in: Economics and Finance in Indonesia, 22, S.209-224

THIESENHUSEN,W.C., 1975,: "Development and Equality: Partners or Rivals", in: Solidarity, Vol. 9(3), S. 7-19

THIESENHUSEN,W.C., 1977,: "What Next?", in: CERES, the FAO Review on Agriculture and Development, 10/6,S.29-32

THIESENHUSEN,W.C., 1978,: "Reaching the Rural Poor and the Poorest: A Goal Unmet", in: International Perspectives in Rural Sociology, S. 159-182

THOME,J.R., 1971,: "Improving Land Tenure Security", in: DORNER,P., (Hrsg.): "Land Reform in Latin America", Madison, WI, S. 229-238

THOMSON,B., 1894,: "The Diversions of a Prime Minister", Edingburgh

THOMSON,B., 1902,: "Savage Island", London

TIFFANY,S.W., 1976,: "Principles of Land Tenure Relations in Oceania: An Overview", in: LTC-Newsletter No. 54

TIFFANY,W.W., 1977,: "Problems of Decentralization in Customary Land Courts: A Solomon Island Study", in: LTC-Newsletter No. 58, S. 21-27

TIOLLIER,V., 1980,: "Vanilla Cultivation in Tonga", MAFF, Technical Bulletin No. 1, Nuku'alofa

TONGA CHRONICLE, versch. Jahrgänge, versch. Ausgaben (s. Text)

TONGA GOVERMENT GAZETTE, versch. Jahrgänge

TONGAN NATIONAL COUNCIL OF CHURCHES, 1980,: "Rural Development in Tonga", Nuku'alofa

TONGILAVA,S.L., 1969,: "Land Tenure and the Cadastral Survey in the Kingdom of Tonga", SPC-Symposium-Papier, Suva

TOWNSEND,A.H., 1974,: "Exchange Pattern and Trading in Tonga and Tahiti at the Time of Contact with the Explorers", Research Essay, Dept. of Anthropology, Auckland

TRUST TERRITORY OF THE PACIFIC ISLANDS, 1958,: "Land Tenure Patterns", Guam

TUITA, Baron, 1980,: Persönliches Gespräch, Nuku'alofa

TU'INUKUAFE,E., 1979,: "An Introduction to the Tongan Language", Auckland

TU'ITUPOU,S., 1981,: Paper for Ha'apai Development Workshop, Nuku'alofa

TUMA,E.H., 1965,: "Twenty-Six Centuries of Agrarian Reform", UCa-Press, Berkeley

TUPOUNIUA,P., 1970,: "Persistence and Change - A Study of a Village in Tonga", M.A. thesis, Auckland

TUPOUNIUA,P., 1977,: "A Polynesian Village - The Process of Change in the Village of Hoi, Tonga", Suva

TUPOUNIUA,S. u.a., (Hrsg.), 1975,: "The Pacific Way", Suva

TUPOUNIUA,'U.M., 1958,: "Report on the Results of the 1956 Census", Nuku'alofa

UCHENDU,V.C., 1970,: "The Impact of Changing Agricultural Technology on African Land Tenure", in: The Journal of Developing Areas, Vol. 4, 7/70, S. 477-486

ULUFA'ALU,B., 1977,: "The Fffect of Colonialism and Christianity on Customary Land Tenure in the Solomons", in: WINSLOW,J.H., (Hrsg.), S. 537-543

UNABHÄNGIGE KOMMISSION FÜR INTERNATIONALE ENTWICKLUNGSFRAGEN, 1980: "Das Überleben sichern", Köln

UNABHÄNGIGE KOMMISSION FÜR INTERNATIONALE ENTWICKLUNGSFRAGEN, 1983: "Hilfe in der Weltkrise", Hamburg

UNITED NATIONS (UN), RESEARCH INSTITUTE FOR SOCIAL DEVELOPMENT, 1966,: "Land Tenure, Land Concentration and Agricultural Productivity", Background Paper for World Land Reform Conference, Genf/Rom

UN, FAO, ILO, 1976,: "Progress in Land Reform, Sixth Report", New York

UNCTAD, 1973,: "Special Measures in Favour of the Least Developed Amoung the Developing Countries. Report of the Panel of Experts on Developing Island Countries Presented to the 13th Session of the Trade and Development Board", Genf

UNITAR, 1971,: "Small States and Territories: Status and Problems", New York

UPHOFF,N.T. & ILCHMAN,W.F., (Hrsg.), 1972,: "The Political Economy of Development", London

URBANOWICZ,C.F., 1972,: "Tongan Culture: The Methodology of Ethnographic Reconstruction", unveröff. Ph.D. thesis, University of Oregon

URBANOWICZ,C.F., 1975,: "Drinking in the Polynesian Kingdom of Tonga", in: Ethnohistory, Vol. 22/1, S.33-51

URBANOWICZ,C.F., 1977,: "Motives and Methods: Missionaries in Tonga in the early 19th Century", in: JPS, Vol. 86

URBANOWICZ,C.F., 1978,: "Comments on Tongan Commerce with Reference to Tourism and Traditional Life", in: PV, Vol.20(2) S. 179-184

VAN TREASE,H. u.a., 1981,: "Report of the Regional Conference on Land Management", Port Vila

VARGHESE,T., 1977,: "Agrarian Reform and Rural Development: An Analysis of their Interrelationship", Seminar Paper, Madison, WI

VASON,G., 1815,: "An Authentic Narrative of Four Years' Residence at Tongataboo", London

WACE,N., 1980,: "Exploitation of the Advantages of Remoteness and Isolation in the Economic Development of Pacific Islands", in: SHAND,R.T., (Hrsg.), S. 87-120

WALDGRAVE,W., 1833,: "Extracts from a Private Journal Kept on
    Board H.M.S. Seringapatam, in the Pacific, 1830", in:
    Journal of the Royal Geographic Society, Vol.3,S.168-196

WALSH,A.C., 1964,: "Nuku'alofa, Tonga: A Preliminary Study
    of Urbanisation and In-Migration", unveröff. M.A. thesis,
    Victoria University, Wellington

WALSH,A.C., 1964,: "Urbanisation in Nuku'alofa, Tonga", in:
    SPB, Vol. 14 (2), S. 45-50

WALSH,A.C., 1970,: "Population Changes in Tonga: An Historical
    Overview and Modern Commentary", in: PV 11/1,S.27-74

WALTHER,F.L., 1786,: "Erdbeschreibung des freundschaftlichen
    Inselmeeres in Südindien", Bayreuth und Leipzig

WALTER,M., 1978,: "The Conflict of the Traditional and the
    Traditionalised: An Analysis of Fijian Land Tenure",
    in: JPS, Vol. 87, S. 89-108

WARD,A., 1979,: "Agrarian Revolution - Handle with Care",
    Mimeographed Paper, Melbourne

WARD,M., 1975,: "Dependent Development - Problems of Economic
    Planning in Small Developing Countries", in: SELWYN,P.,(Hrsg.)
    S. 115-133
WARD,R.G., 1967,: "The Consequences of Smallness in Polynesia",
    in: BENEDICT,B., (Hrsg.), S. 81-96

WARD,R.G., (Hrsg.), 1972,: "Man in the Pacific Islands", OUP

WARD,R.G., 1980,: "Agricultural Options for the Pacific Islands",
    in: SHAND,R.T., (Hrsg.), S. 23-40

WARD,R.G., WEBB,J.W. & LEVISON,M., 1973,: "The Settlement of
    the Polynesian Outliers: A Computer Simulation", in: JPS,
    Vol. 82, S. 330-342

WARD,R.G. & PROCTOR,A., (Hrsg.), 1980,: "South Pacific Agricul-
    ture - Choices and Constraints", ANU-Press, Canberra

WATTERS,R.F., 1960,: "Some Forms of Shifting Cultivation in
    the Southwest Pacific", in: JTG, No. 14, S.35-50

WATTERS,R.F., 1970,: "The Economic Response of South Pacific
    Societies", in: PV, Vol. 11(1), S.120-140

WATTERS,R.F., 1978,: "Abemama Report", Victoria University
    Rural Socio-Economic Survey of the Gilbert and Ellice
    Islands, Wellington

WEBER,G.G. & Saafi,M., 1979,: "List of Landholders Established
    on the Basis of the Cadastral Map", 4 Vols., MAFF, Nuku'alofa

WEBER,G.G. & Saafi,M., 1980,: "Preliminary Report on the Farm
    Management Survey of the Kingdom of Tonga", MAFF, Nuku'alofa

WENDT,F.S., 1980,: "Education and Extension for Rural Develop-
    ment in the South Pacific", Background Paper No. 2, ADB
    South Pacific Agricultural Survey, Manila

WEST,H.W., 1972,: "Land Registration and Land Records: Their
    Role in Development", in: Land and Water Economics and
    Policies, No. 1

WEST, T, 1865: "Ten Years in South Central Polynesia", London

WIDDOWSON,J.P., (Hrsg.), 1977,: "Proceedings of the Kingdom of Tonga Soil and Land Use Seminar, Nuku'alofa, Tonga, June 14 - 18, 1976", New Zealand Soil Bureau, Wellington

WIEMER,H.-J., 1982,: "Land Tenure in Tonga - An Outline of the System and Selected Aspects of its Relation to Agricultural Production", Vortrags-Manuskript, Madison, WI

WIEMER,H.-J., 1984,: "Eine aktuelle Kontroverse im interdisziplinären Bereich kulturvergleichender Studien: Derek Freeman vs. Margaret Mead", Vortrags-Manuskript, Aachen

WILKES,C., 1845,: "Narrative of the United States Exploring Expedition During the Years 1838 - 1842", Vol.3, London

WILLIAMSON,R.W., 1924,: "The Social and Political Systems of Central Polynesia", 3 Vols., Cambridge

WINSLOW,J.H., (Hrsg.), 1977,: "The Melanesian Environment", Canberra

WITTFOGEL,K.A., 1962,: "Die orientalische Despotie", Köln/Berlin

WOOD,A.M., 1932/78,: "History and Geography of Tonga", Nuku'alofa

WOODS,G., (Hrsg.), 1978,: "South Pacific Dossier", Australian Council for Overseas Aid, Canberra

WORDSWORTH,L.H., 1959,: "Land System in Tonga", in: New Zealand Surveyor, Vol. 22, S. 491-494

"WORLD BANK" (IBRD), 1974,: "Land Reform", WB Paper, Rural Development Series, Washington, D.C.

"WORLD BANK" (IBRD), 1982,: "World Development Report 1982", Washington, D.C.

WYLIE, CAMPBELL Sir, (Hrsg.), 1967,: "The Law of Tonga", 3 Vols., Überarbeitete Ausgabe, Nuku'alofa

YEN,D.E., 1973,: "The Origins of Oceanic Agriculture", in: 'Archeology and Physical Anthropology in Oceania', Vol. 8 S. 68-85

YEN,D.E., 1980,: "Pacific Production Systems", in: WARD,R.G. & PROCTOR,A., (Hrsg.), S. 73-106

YOUNG,R., 1854,: "The Southern World", London

ZEDDIES,J. & HILLE,M., 1979,: "Pflanzen - und Ernteschutz-Programm", Gutachten im Auftrage des Bundesministeriums für wirtschaftliche Zusammenarbeit (BMZ), Bonn, über das Projekt Nr. 77.2070 Königreich Tonga, Stuttgart-Hohenheim

ZELINSLY,W. u.a., (Hrsg.), 1970,: "Geography and a Crowding World", OUP, London

ANHANG

TAB.30: ÜBERSICHT ZUR LANDNUTZUNG IN DEN BEISPIELDÖRFERN

Dorf	Brache pro 'api %	durchschnittliche agrarisch genutzte Fläche pro Haushalt (in ha)							
		Knollen-früchte§	Maniok	Koch-bananen	Gemüse	Bananen	Melonen	Kokos-nüsse	Vanille
Kolonga	51 %	1,7	0,3	0,6	0,1	0,4	0,5	3,9	0,1
Nukunuku	62 %	1,4	0,4	0,5	0,1	0,2	–	3,7	0,1
Lotofoa	67 %	1,2	0,4	0,6	0,05	0,2	0,2	4,8	0,1
Taoa	52 %	1,5	0,2	0,5	0,05	–	–	2,9	1,0
Falevai	74 %	0,5	0,2	0,2	0,05	–	–	2,9	0,2

§ = Yams, Taro, Süßkartoffeln und Riesentaro

Quelle: eigene Erhebung

HOUSEHOLD QUESTIONNAIRE

Sample No.:_____   Location:_____

Housing: Large European ( )/Small European ( )/ Part Tongan ( )/
         Tongan Fale ( )/ Other Structures_____

1) How many people used to live and eat together in this household during
   1980 (apart from short term visitors)?

   Total_____   number males_____   number females_____

2) Do you supply any people outside this household on a regular basis?

   No_____   Yes_____   Whom?_____   With what?_____

3) Males, 15 years and over:

(First) Name	Age	Relation to Head of H.	Full-t. Farmer	Part-t. Farmer	Fisher man	Wage earn. occup. spec.	Looking for job?/ unempl.

Females, 15 years and over:

(First) Name	Age	Relation to Head of H.	House keep.	Handi- craft	Helps on 'api	Wage earn. occup.spec.	Looking for job?/unempl.

4) Do you have a tax allotment ('api tukuhau)?   No_____   Yes_____

   If yes: - How many acres?_____
           - Where is it located?   This village_____
                                    Other village/Ils.Group._____
           - Block number (or point out on map)_____
           - Is your 'api tukuhau registered?   Yes_____   No_____

5) Yes ( )

   When was it registered?_____

   Who was the former holder of the
   '*api*?
   ( ) relative, rel. how?_____
   ( ) estate owner(noble,government)

   If not inherited: whom did you
   approach to get your '*api* registered?
   ( ) kinsmen, ( ) friends,
   ( ) town of.,( ) est.owner,
   ( ) Min. of Lands

   Before the date of registration:
   for how long did you use your
   '*api* with permission only?
   ( ) not at all, ( ) 1-2 years,
   ( ) 3-5 years, ( ) 6-10 years,
   ( ) longer

   Have you leased out (per contract)
   your '*api tukuhau*?

   No ( )   Yes ( )

No ( )

Has your family traditionally cultivated this '*api*? No_____ Yes_____
father ( )   grandfather ( )

How many years have you worked and
cultivated your '*api*?
( ) 1-2 years, ( ) 3-5 years,
( ) 6-10 years, ( ) longer

Do you think it is necessary for you
to get your '*api* registered?
No_____ Yes_____ reason why_____
_____

Have you taken any steps to do so?
Approached: ( ) kinsmen, ( ) friends,
( ) town officer, ( ) estate owner,
( ) Min. of Lands

Has any application been refused?
No_____ Yes_____ reason why_____
_____

Are there any spoken agreements when
your '*api* will be registered?
No_____ Yes_____ in_____years

---

6) Have any other people access to your '*api*? No_____   Yes_____

   If yes:
   Who?   ( ) family/*kainga* member (spec.)_____
          ( ) other (spec.)_____

   What right do they (does he) have?
         ( ) collect coconuts only, how often?_____ how much?_____
         ( ) plant food (subsistance) crops only, approx. area ____ ac
         ( ) plant cash crops only   "   " ____ ac
         ( ) plant food and cash crops   "   " ____ ac
         ( ) other (spec.)_____ "   " ____ ac

   For how long have you given the right?
   ( ) 1 year only ( ) 2-5 years ( ) longer (spec._____years)
   ( ) no limit

   Do you get anything in return? No_____   Yes_____

   If yes, in form of: ( ) money, approx. amount_____
                  ( ) part of the harvest_____ %
                  ( ) other, kind/amount_____

7) Do you temporary cultivate or use land that is owned by other people?
   No_____   Yes_____

   If yes:
   How many acres?_____
   Where is it located? ( ) this village, ( ) other village/Ils.Group_____
   Block number (or point out on map)_____
   Who gave permission to use the land?
   ( ) owner,   ( ) other person (spec.)_____, ( ) no one
   Who is the owner of this land?
   ( ) 'api holder   ( ) estate owner
   Is he related to you?   Is there any agreement that you
   No_____ Yes_____ spec._____   will own the land in the future?
   Where does he live?_____   No_____ Yes_____ When?_____
   What is his occupation?_____

   How long is the period you are allowed to use this land? ( ) 1 year,
   ( ) 2-5 years, ( ) 6-10 years, ( ) longer (_____years), ( ) no limit

   What right do you have on this land?
   ( ) collect coconuts only, how often?_____how much?_____
   ( ) plant food (subsistence) crops only,
   ( ) plant cash crops only
   ( ) plant food and cash crops
   ( ) other (spec.) _____

   Do you pay anything in return to the owner? No_____   Yes_____

   If yes, in form of:
   ( ) money, approx. amount_____, ( ) part of the harvest_____ %
   ( ) other, kind/amount_____

8) Have you leased or rented any land (per contract)? No_____ Yes_____

   If yes:
   How many acres?_____
   Where is it located? ( ) this village, ( ) other village/Ils.Gr._____
   Block number (or point out on map):_____
   Who is the lessor (owner) of this land?_____
   Is he related to you? No_____ Yes_____ (spec.)_____
   What is his occupation?_____
   When did the contract start?_____
   Is there any agreement that the contract can be renewed? No_____ Yes_____
   How much do you pay per year? ( ) money,_____ pa'anga
   ( ) part of the harvest_____ % ( ) other, kind/amount_____

9) Is your town allotment ('api kolo)
   ( ) registered, since when?_____
   ( ) permissive occupancy, since when?_____
   ( ) temporary use, by permission of_____, for how long?
   _____ years
   ( ) leased from_____?

10) Has any other member of this household access to an *'apí tukuhau*?

(First)Name	ac	Village/Bl.-No.	regist.	permiss.	tempor.	leased

11) Where did your grandfather live most of his life?

( ) this village,   other village/Island-Group_____

Where was your father born?

( ) this village,   other village/Ils.-Gr._____

Where did your father live most of his life?

( ) this village,   other village/Ils.-Gr._____

12) Where were you born?

( ) this village,   other village/Ils.-Gr._____

If born in other village, how many years ago did you move here?

( ) 0-2 years, ( ) 3-5 years, ( ) 5-10 years, ( ) longer ago_____

Reasons for coming to this village (in order of importance):_____

_____

Are you the ( ) 1st, ( ) 2nd, ( ) 3rd, or _____son of your father?

13) Do you have sons who are at present living elsewhere? No_____ Yes_____

If yes:

(First) Name	Age	*'apí* hold. where?	living where?	since when?	main reason for leaving the village

14) Who cultivates the land of this household and how much average work is done (not including paid *tou ngaues*, but including the help of women and children on the *'apis*)

Person	hours/day	Check	days/week	Check	months/year	

15) Are you a member of a work group (*kautaha*)? No_____ Yes_____

    If yes: What kind of work group?_____
           How many members?_____
           Are the members from your ( ) village, ( ) church, ( ) *kainga*?

    Have you payed anyone to work on your land during 1980? No____ Yes____

    If yes: How many people?_____
           How long did they work?_____months,_____weeks,_____days
           How much did you pay? ( ) food_____, ( ) money_____

16) What is your equipment for cultivating your land? Indicate (-) for
    for don't use, (O) for own yourself, (B) for used to borrow, (H) for
    used to hire:
    Hoe ( ), Bush knife ( ), Digging spade ( ), Sprayer ( ), Plough ( ),
    Tractor ( ), other_____

17) How far is your *'api uta* away from your place of residence?
    Approx._____miles

    How do you usually get to your *'api uta*? Indicate (O) for own yours.
    Walk ( ), Horse ( ), Saliote ( ), Bicycle ( ), Motocycle ( ),
    Truck ( ), Bus ( ), Car ( ), other_____

18) Is your land periodically under fallow? No____ Yes____

    If yes: How long is the usual fallow period? (nearest applicable)
    ( ) 6 months, ( ) 1 year, ( ) 2 years, ( ) 3-5 years, ( ) longer

    What part of your land is fallow at the moment? For
    1 year_____ac, 2 years_____ac, 3 years and longer_____ac

    Why do you think bush fallow is necessary or not necessary?

    _____

    What is your crop sequence after fallow? Main crop:
    ( ) 1st year_____, ( ) 2nd year_____, ( ) 3rd year_____

19) Do you use fertilizer on your land? No_____ Yes_____

    If yes: What kind of fertilizer?_____
           How much did you spend on it during 1980? Approx._____*pa'anga*

    Do you use insecticides/fungicides on your land? No_____ Yes_____

    If yes: What kind?_____
           How much did you spend on it during 1980? Approx._____ *pa'anga*

    Do you buy anything else for your farming like seeds, young plants, etc.?
    Name of item(s):_____ Approx. value 1980_____

20) Did you plant/replant during 1980 long term crops like

	no	yes	how many	acreage	Check
Coconut					
Banana					
Vanilla					

21) Which main crops did you grow on your land and which products did you sell during 1980?

	est. ac	est. yield	(Standard Unit) sold in: Village	Market	Com.Board	Check	Priv.Exp.	Other	Value
Yam									
Taro									
Kumala									
Manioke									
Kape									
Plaintain									
Tomato									
Cabbage									
Beans									
Carrots									
Breadfruit									
Banana									
Watermelon									
Pineapple									
Bellpepper									
Kava									
Papaya									
Peanuts									
Niumata									
Niumotu'a									
Vanilla									

22) Did this household have other sources of income during 1980 (and what approx. did this amount to)?
( ) Overseas remittances_____, ( ) livestock sold_____,
( ) Fish sold_____, ( ) Approx. total wages earned by household members_____, ( ) other sources_____

23) Besides what you grow yourself, how much does this household spend on food?
Give an estimate as good as possible per week:_____ *pa'anga*.

How much does this household usually spend on other items (like school fees, transportation, clothing, housing materials, etc.)? Give an estimate as good as possible per week:_____ *pa'anga*.

How much did this household spend for social obligations during 1980? (Indicate kind/amount)
( ) Church donations_____, ( ) village affaires_____,
( ) family obligations (feasts, funerals, etc.)_____,
( ) obligations to higher ranking persons_____,
( ) other (spec._____)_____

24) Please comment on the following questions:

Would an office job be better than farming? No_____ Yes_____

Why or why not?_____

Would you prefer to work overseas for a year (to having a larger block of land to farm)?   No_____ Yes_____

Why or why not?_____

Do you want your children to become farmers? No_____ Yes_____

Why or why not?_____

Would you rather rent out your land than leaving it fallow for a few years?   No_____ Yes_____

Do you make special use of your land (other than usually) when you need money for certain purposes?   No_____ Yes_____

If yes: For which purposes?_____

          What do you do?_____

Do you think there are too many people in this village for everyone to get land?   No_____ Yes_____

Why or why not?_____

Do you think this is ( ) the same, better ( ), or worse ( ) for the whole of Tonga?

Would it be difficult for you to borrow or rent more land for:
a) food crops   No_____ Yes _____ Why?_____
b) cash crops   No_____ Yes _____ Why?_____

Do you think a period of 10 years borrowing/leasing is long enough for making improvements on the land (like clearing, planting long term crops, etc.)?   No_____ Yes_____
Why or why not?_____

How do you feel about land that is not yet registered?
(If this does not apply to you think about the situation of other people)
_____

25) What do you think is good about the system of land tenure in Tonga and what do you think could be improved?

ABB.41: STOCKWERK-BEPFLANZUNG UND MISCHKULTUR

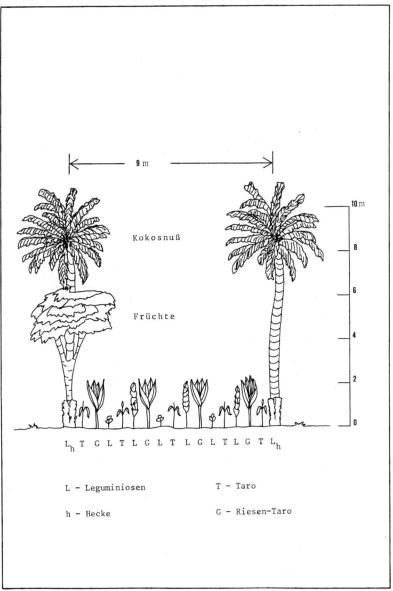

9 m

Kokosnuß

Früchte

10 m
8
6
4
2
0

L_h T G L T L G L T L G L T L G T L_h

L – Leguminiosen   T – Taro

h – Hecke   G – Riesen-Taro

Quelle: SCHRÖDER,P. u.a., 1983

Quarterly Journal
of International Agriculture

Zeitschrift für ausländische Landwirtschaft

Herausgeber:
Prof. Dr. P. von Blanckenburg, Berlin; Prof. Dr. F. Kuhnen, Göttingen; Prof. Dr. R. Sachs, Berlin; Prof. Dr. W. von Urff, München; Prof. Dr. A. Weber, Kiel

Die „Zeitschrift für ausländische Landwirtschaft", wie sie im Untertitel heißt, ist die einzige in der Bundesrepublik Deutschland herausgegebene wissenschaftliche Publikation, die sich mit der Analyse allgemeiner wie regionaler Tendenzen der Weltlandwirtschaft hinsichtlich Erzeugung, Vermarktung und Verbrauch befaßt. Die Zeitschrift behandelt Probleme, Strategien und Erfahrungen in der Landwirtschaft von Entwicklungsländern mit Themen wie: Theorie und Durchführung ländlicher Entwicklung, Agrarverfassung und Reform, Fragen der Arbeitsverteilung, der Kredit-, Genossenschafts- und Marktsysteme, Forschung, Ausbildung und Beratung, Beschreibung und Analyse von Entwicklungsprojekten und relevanter Organisationen, Ernährungswirtschaft und internationaler Handel sowie auch ökonomische Aspekte der Produktionstechnik.

Die Zeitschrift erscheint viermal jährlich und kostet im Abonnement pro Jahrgang DM 140,– (für DLG-Mitglieder DM 112,–) zuzüglich DM 4,– Vertriebskosten. Preis des Einzelheftes DM 40,–.
Bitte fordern Sie kostenlose Probehefte an.

**DLG-Verlags-GmbH
Rüsterstraße 13
D-6000 Frankfurt 1**